पूर्व-मध्यकालीन भारत
का
सामंती समाज और संस्कृति

रामशरण शर्मा

राजकमल प्रकाशन

ISBN : 978-81-7178-560-5

मूल्य : ₹ 895

पहला संस्करण : 1996
नौवाँ संस्करण : 2026

प्रकाशक : राजकमल प्रकाशन प्रा.लि.
1-बी, नेताजी सुभाष मार्ग, दरियागंज
नई दिल्ली-110 002
शाखाएँ : अशोक राजपथ, साइंस कॉलेज के सामने, पटना-800 006
पहली मंजिल, दरबारी बिल्डिंग, महात्मा गांधी मार्ग, प्रयागराज-211 001
1, अनमोल सोराबजी सन्तुक लेन, धोबी तलाव, मरीन लाइंस, मुम्बई-400 002
वेबसाइट : www.rajkamalprakashan.com
ई-मेल : info@rajkamalprakashan.com

मुद्रक : बी.के. ऑफसेट
नवीन शाहदरा, दिल्ली-110 032

POORVA MADHYAKALEEN BHARAT KA
SAMANTI SAMAJ AUR SANSKRITI
A book on history by Ram Sharan Sharma

धन माने धरती धन माने गाय।
कुछ-कुछ सोना और सब छाय।।

—पूर्वी हिन्दी क्षेत्र में प्रचलित
मध्यकालीन कहावत

आभारोक्ति

मेरी यह पुस्तक पहले-पहल हिन्दी में निकल रही है। पर इसका अधिकतर भाग अंग्रेजी में लिखा गया था जिसका हिन्दी रूपांतर श्री आदित्यनारायण सिंह ने बड़े परिश्रम और सावधानी से किया। वह मेरे धन्यवाद के पात्र हैं। प्रोफेसर राजेश्वरप्रसाद सिंह का मैं आभारी हूँ कि उन्होंने भाषा और विषयवस्तु की दृष्टि से पांडुलिपि का अवलोकन किया है। पुस्तक लेखन में मुझे डॉक्टर सीताराम राय तथा डॉक्टर अंगराज चौधरी से कुछ जानकारी मिली है जिसके लिए मैं उन्हें धन्यवाद देता हूँ। पांडुलिपि को टाइप कराने और संदर्भ-ग्रंथों की सूची बनाने में मुझे डॉक्टर अंजनी कुमार से सहायता मिली है, मैं उन्हें भी धन्यवाद देता हूँ। प्रेस भेजने के पहले पांडुलिपि को मैंने कई बार पढ़ा है और इसके प्रूफ में भी काफी जोड़-तोड़ किया है, इसलिए सारी त्रुटियों की जिम्मेदारी मुझ पर है।

पटना, 13 मई 1996

रामशरण शर्मा

विषय-सूची

विषय-प्रवेश

सामंती समाज का अध्ययन कई दृष्टियों से लाभप्रद है। 'फ्यूडल', 'फ्यूडलिस्टिक' जैसे शब्द लोगों की भावना उभारते हैं, और आधुनिक जनतांत्रिक परिवेश में भारत तथा दूसरे देशों में वे निंदात्मक समझे जाते हैं। पर इतिहास की दृष्टि से इनका अपना महत्त्व है। एक समय में सामंती प्रथा को अच्छा समझा जाता था। इसलिए इस प्रथा की खूबियों और खामियों पर विचार करना अपेक्षित है। भारतीय इतिहास के अध्ययन में सामंतवाद की अवधारणा इसलिए उपयोगी नहीं है कि इससे पूँजीवाद के जन्म पर प्रकाश पड़ता है। भारत के संदर्भ में इसके अन्य उपयोग हो सकते हैं। यदि हम यह मानकर चलें कि प्रभुतासंपन्न भूस्वामियों के साथ बेबस किसानों के आर्थिकेतर बंधनों की शृंखला का नाम सामंतवाद है, तो हम मध्यकालीन भारत की कला, धर्म, साहित्य, जातिप्रथा आदि को सही ढंग से समझ सकते हैं। सामंतवाद को समझना इसलिए भी आवश्यक है कि हमारे समाज में अनेक सामंती अवशेष हैं जो हमारी प्रगति के मार्ग में बाधक हैं।

इंडियन फ्यूडलिज़्म (भारतीय सामंतवाद) के प्रकाशन के बाद भारत के मध्यकालीन समाज के स्वरूप के विषय में मार्क्सवादी और अन्य विद्वानों ने काफी विवाद खड़ा किया। अंग्रेजी में इस पुस्तक का प्रकाशन 1965 में हुआ और हिंदी में 1973 में। इस पुस्तक को मैंने उस निबंध के आधार पर लिखा था जिसे मैंने 1958 में *जर्नल ऑफ इकॉनमिक एण्ड सोशल हिस्ट्री ऑफ द ऑरियण्ट*, जिल्द-2, में प्रकाशित किया था। *इंडियन फ्यूडलिज़्म* में मूलतः सामंतवाद के आर्थिक और राजनीतिक पक्षों का प्रतिपादन किया गया था। आलोचकों ने दोनों पक्षों के विषय में प्रश्न उठाए हैं, पर अधिकांश प्रश्नों का संबंध आर्थिक पक्ष से है। कहा गया है कि उत्पादन के साधनों पर मध्यकालीन किसान का पूरा अधिकार था और वह स्वतंत्र रूप से उत्पादन करता था। इस पुस्तक में मैंने ऐसे प्रश्नों पर विचार किया है। साथ ही साथ मैंने सामंतवाद के सामाजिक और सांस्कृतिक पक्षों पर भी प्रकाश डालने का प्रयास किया है।

इस विषय पर मैंने जो आरंभ में लिखा था उसमें साक्ष्यों का विश्लेषण तो किया गया, पर सामंतवाद की अवधारणा का पर्याप्त विवेचन नहीं किया गया। मेरी सोच है कि भूमि और उसकी उपज के वितरण में घोर असमानता के आधार पर ही सामंतवाद की परिकल्पना की जा सकती

है। यह स्पष्ट है कि प्रागौद्योगिक समाज में उत्पादन का प्रमुख साधन भूमि था। इसके असमान वितरण के कारण और कृषि-अधिशेष के असमान अधिग्रहण के कारण उस समाज में पराधीन कृषक वर्ग का उदय हुआ। कृषक वर्ग की परवशता केवल कृषिदासप्रथा के कारण ही नहीं उत्पन्न होती है बल्कि बहुत-से ऐसे तरीके हैं जिनके कारण स्वेच्छा से किसान अपनी जमीन पर खेती नहीं कर पाते हैं। मार्क्स और मार्क्सवादी विद्वानों ने जो सामंतवाद का ढाँचा प्रस्तुत किया है उसमें किसानों की पराधीनता सर्वाधिक महत्त्व की है। प्रसिद्ध फ्रांसीसी इतिहासकार मार्क ब्लॉक ने अपनी पुस्तक *फ्यूडल सोसाइटी* में सामंतवाद की इस विशेषता को प्रमुख स्थान दिया है।

राजनीतिक और सामाजिक संस्था के रूप में सामंतवाद में कार्ल मार्क्स की अधिक दिलचस्पी नहीं थी। मूलतः उन्होंने सामंतवाद को ऐसी उत्पादन पद्धति के रूप में देखा जिसके पेट से पूँजीवादी उत्पादन पद्धति का जन्म हुआ। जॉन प्रायर नामक आस्ट्रेलियन इतिहासकार ने मार्क्स के विचारों पर जो प्रकाश डाला है उसे हम अपना आधार बना सकते हैं। मार्क्स के अनुसार सामंती पद्धति में खेती और कारीगरी बड़ी-बड़ी जागीरों (एस्टेट) में परतंत्र खेतिहर और दस्तकार चलाते थे, और इन जागीरों पर बैठकर खानेवाले जमींदारों का कारगर कब्जा था। पर इसके कुछ अपवाद भी मिलते हैं। पहला यह कि अस्वतंत्र होने पर भी कुछ किसानों के हाथ में कारगर रूप से जमीन के हिस्से रहते थे। दूसरा यह कि शहरों में जो स्वतंत्र कारीगर सामान तैयार करते थे उस उत्पादन को भी सामंती पद्धति ने समेट लिया था। पूँजीवाद के समान सामंती उत्पादन पद्धति में अतिरिक्त श्रम या श्रमजनित अतिरिक्त उपज का हस्तांतरण आर्थिक उपायों और उद्देश्यों से नहीं होता था, बल्कि सीधे राजनीतिक, कानूनी और सैनिक शक्ति अथवा बलप्रयोग द्वारा यह हस्तांतरण किया जाता था। ऐसा इसलिए किया जाता था क्योंकि जमीन किसानों के कब्जे में रहती थी और शिल्प के औजार कारीगरों के पास रहते थे।[1]

सामंतवाद पर मार्क्स के क्या विचार थे, उनका पता उससे लगता है जो कि उन्होंने यूरोप में सामंती उत्पादन पद्धति की उत्पत्ति के विषय में कहा है। मार्क्स ने पहले-पहल रोमन और जर्मन उत्पादन पद्धति के सम्मिश्रण को पहचाना और रेखांकित किया। उनके अनुसार जर्मन बर्बर जातियाँ जो खेती पर जीती थीं, कृषिदासों द्वारा अपनी खेती चलाती थीं, और फिर रोमन प्रांतों में कुछ लोगों के हाथों में भूसंपत्ति केंद्रित हो गई थी जिसके कारण पूर्वप्रचलित कृषि संबंध बिल्कुल टूट गये थे।[2] इस कारण जर्मन बर्बर जातियों ने रोमनों पर अपना कृषि संगठन लाद दिया। मार्क्स के विचार में इन दो तत्त्वों के सम्मिश्रण के कारण सामंती उत्पादन पद्धति का उद्‌भव हुआ। इस रोमन-जर्मन सामंतवाद में जनसाधारण के आधिपत्य में जमीन नहीं दी जा सकती थी। जो भी हो, यह स्पष्ट है कि प्रागौद्योगिक समाज में सामंती उत्पादन पद्धति का आधारभूत तत्त्व यह था कि जमीन थोड़े-से भूस्वामियों के हाथ में केंद्रित थी और वे इसमें पराधीन खेतिहरों की सहायता से खेती कराते थे। इस प्रकार की उत्पादन पद्धति की बुनियाद पर जो राजनीतिक संरचना खड़ी की गई उसकी चर्चा अधिकांश इतिहासकार करते हैं, पर आर्थिक ढाँचे की चर्चा बहुत कम करते हैं।

भारत के परिवेश में भी सामंतवाद पर हमें मार्क्स के विचार मिलते हैं। उन्नीसवीं सदी के रूसी विद्वान कोवलेवस्की ने सुलतानों और मुगल राजाओं के राज्य को सामंती बतलाया है। कोवलेवस्की ने अनुदानप्रथा (बेनिफिस) के प्रचलन की ओर ध्यान दिलाया है, किंतु मार्क्स इस प्रथा को सामंतवाद का आवश्यक लक्षण नहीं मानते हैं। वे *सर्फडम* अर्थात् कृषिदासता को आवश्यक अंग मानते हैं। याद रहे कि उनके सहयोगी विद्वान मित्र फ्रेडरिक एंगेल्स का यह विचार नहीं है। एंगेल्स के अनुसार, 'सर्फडम' को 'विशिष्ट रूप से मध्यकालीन सामंती प्रथा' नहीं माना जा सकता। सच पूछिए तो *सर्फडम* में किसानों को जमीन के छोटे-छोटे टुकड़े देकर उन्हें जमींदारों के बड़े-बड़े जमीन के चकले के साथ बाँध दिया जाता है और इस प्रकार उन्हें पराधीन बनाकर शोषित किया जाता है।

मेरे विचार में सामंती ढाँचे का आधार यह है कि इसमें जमीनवाला मध्यवर्ती वर्ग किसानों को दबाकर रखता है। अतएव हमें किसानों की पराधीनता के प्रश्न पर अधिक ध्यान देना चाहिए, और उनको पराधीन बनाने के जितने तरीके अपनाए जाते थे उन सब पर विचार करना चाहिए, केवल कृषिदासता या *सर्फडम* पर ही ध्यान देना काफी नहीं है। कृषिदासता तो जागीर में अथवा किसी भूस्वामी के *मैनर* में खेती और कारीगरी चलाने के जो विभिन्न तरीके थे उनमें से एक थी। इसका प्रयोग इसलिए किया जाता था कि किसान कब्जे में रहें और स्वतंत्र किसान के हाथ में बड़े पैमाने पर जमीन नहीं जा सके। किंतु खेती को चलाने के लिए अथवा किसानों की अतिरिक्त उपज और अतिरिक्त श्रम को इकट्ठा करने के लिए इसे एकमात्र उपाय नहीं माना जा सकता। किसानों को पराधीन रखने और उनके श्रम का शोषण करने के और भी उपाय थे। ध्यान देने का विषय है कि मार्क ब्लॉक और मार्क्सवादी रूसी इतिहासकार इ.ए. कॉस्मिस्की *सर्फडम* को सामंतवाद का सारतत्त्व नहीं समझते हैं और उनकी दृष्टि में कृषक वर्ग की परवशता ही सामंतवाद का अभिन्न अंग है।

सामंती संरचना को समझने के लिए इसके उत्पादन संबंधों को समझना जरूरी है। इसमें एक ओर तो भूस्वामियों का प्रभुतासंपन्न वर्ग होता है जो पैदावार में सीधा हाथ नहीं बँटाता; वह इसका प्रबंध करता है और उपज का काफी हिस्सा वसूल करता है। दूसरे, इस संरचना में बहुसंख्यक किसान होते हैं जिनके हाथ में जमीन रहती है और उसे वे कोड़ते-जोतते हैं। किंतु कानूनी, सैनिक, वैचारिक और दूसरे उपायों द्वारा उनसे अतिरिक्त उपज और अतिरिक्त श्रम उगाहा जाता है जिससे उनकी स्थिति परवशता की हो जाती है। किसान का जमीन पर कब्जा रहने पर भी, टैक्स, नजराना और श्रम-सेवा द्वारा जमींदार उत्पादन और वितरण पर उसके अधिकार को बहुत कमजोर कर देता है।

भारत में प्राक्-सामंती और विशेषकर सामंती विशेषता यह रही है कि इसमें जातियों की संख्या बढ़ती रहती है और उन्हें ऊँच-नीच की श्रेणियों में बाँट दिया जाता है। इस लक्षण को उत्पादन संबंध से अलग करके नहीं समझा जा सकता। इसमें यह देखना जरूरी हो जाता है कि भूमि और उसकी उपज के वितरण में बड़ी जातियों का क्या स्थान है, और इस दृष्टि से छोटी

जातियों के साथ उनका कैसा संबंध बनता है।

सामंतवाद के उदय के कारणों को सामंती ढाँचे के मूलभूत लक्षणों में नहीं रखा जा सकता। सामंतवाद के उदय और इसके ढाँचे के बीच में अंतर करना अत्यावश्यक है। सामंतवाद के जन्म की प्रक्रिया अलग-अलग क्षेत्र में अलग-अलग रूप धारण कर सकती है। उदाहरण के लिए, यूरोप में सामंतवाद का जन्म बाहरी हमलों के कारण हुआ पर भारत में ऐसी बात नहीं थी। यहाँ आंतरिक उथल-पुथल के कारण इसका जन्म दिखलाई पड़ता है। अलग-अलग क्षेत्रों में इसके जन्म के जो भी कारण हों पर जब पश्चिमी यूरोप और भारत में सामंती व्यवस्था स्थापित हो जाती है तो दोनों क्षेत्रों के सामंती ढाँचे के मूलभूत लक्षणों के बीच हम कोई बुनियादी अंतर नहीं पाते।

संस्थागत दृष्टि से सामंती प्रथा की पहचान कई चिह्नों द्वारा की जा सकती है। ये हैं : भूमिअनुदान अथवा *बेनिफिस* की प्रथा, सैनिक सेवा के लिए जागीर देने की प्रथा, लोगों का प्रभु के सामने जमीन-जायदाद देकर सुरक्षा के लिए आत्मसमर्पण करने की प्रथा (*कमेन्डेशन*), जागीरदारी की प्रथा, अमन-कानून बनाए रखने और मुकदमे का फैसला करने में राज्य के हस्तक्षेप से छूट देने की प्रथा, उपसामंतीकरण और *सर्फडम* अथवा कृषिदासता की प्रथा।

नव-मार्क्सवादी विद्वान सामंतवाद की परिभाषा में आर्थिक तत्त्व को सर्वाधिक महत्त्व देते हैं। वे सैनिक सेवा के लिए दी गई जागीर को सामंतवाद का आधार नहीं मानते। वे इसे सबसे महत्त्वपूर्ण सामंती तत्त्व भी नहीं समझते। उनकी दलील है कि मध्यकाल में सामंती उत्पादन पद्धति कायम थी, और यदि सैनिक जागीर नहीं भी चालू की जाती तो भी वह उत्पादन पद्धति बराबर चलती रहती। यदि जागीर के द्वारा उत्पादन करने का आर्थिक और सामाजिक ढाँचा पहले से कायम नहीं रहता तो सैनिक जागीर के लिए भी गुंजाइश नहीं रहती। जमीन को संपत्ति के रूप में किस तरह से बाँटा जाता है इसी को आधारभूत तत्त्व माना जाता है। ब्रिटिश विद्वान ब्रेनर का मानना है कि सामंती संरचना भूमि के रूप में सामाजिक संपत्ति के वितरण और प्रबंधन की व्यवस्था है, जिसमें किसानों का जमीन पर कब्जा होने पर भी उनसे गैर-आर्थिक दबावों के जरिए अतिरिक्त उपज उगाही जाती है।

सामंती समाज के स्वरूप का पता लगाने के लिए कई तरीके बतलाए गए हैं। ब्रिटिश इतिहासकार विकहेम का विचार है कि इस प्रकार के समाज में कितने लोग सरकार को टैक्स (राजस्व) देते हैं और कितने लोग जमींदारों को लगान देते हैं, यह पता लगाना जरूरी है। जैसे-जैसे भूमिअनुदान की संख्या बढ़ती जाती है वैसे-वैसे लगान देनेवाले इलाके बढ़ते जाते हैं और टैक्स देनेवाले इलाके घटते जाते हैं। इस तरह की खोज से लाभ अवश्य होगा। हमें यह भी पता लगाना है कि कितने किसान स्वतंत्र थे और कितने किसान परतंत्र थे। पर हमारे स्रोतों का स्वरूप ऐसा है कि इस प्रकार का अध्ययन पूर्व-मध्यकालीन समाज के संदर्भ में अत्यंत ही कठिन है।

हाल के किए गए अध्ययन बतलाते हैं कि किसी भी देश में पाया गया सामंतवाद न तो स्वतंत्र है और न ही गतिहीन। एक देश के सामंती समाज का संपर्क अन्य देश के सामंती

समाजों और फिर गैर-सामंती समाजों के साथ भी होता है। ये सारे समाज एक-दूसरे को कैसे प्रभावित करते हैं, इसकी जाँच आवश्यक हो जाती है। यह बतलाया गया है कि फ्रांस और इंग्लैंड की सामंती व्यवस्थाओं ने एक-दूसरे पर कैसे असर डाला। फिर यह भी ध्यान रखना चाहिए कि सामंतवाद का अध्ययन गतिहीन समाज के रूप में नहीं हो सकता। शोधकर्ताओं ने इस संस्था के विकास के कई चरण बतालए हैं, और वे इस संस्था से पूँजीवाद की ओर जो संक्रमण हुआ उस पर विशेष रूप से ध्यान देते हैं। किंतु हम लोगों ने भारतीय सामंतवाद का अध्ययन यह दिखलाने के लिए नहीं किया है कि पूँजीवाद की ओर संक्रमण में यह अवश्यंभावी चरण था।

भूमिअनुदानपत्रों के अध्ययन द्वारा हम जमीन के असमान वितरण की प्रक्रिया का इतिहास जान सकते हैं। हम मध्यवर्ती भूस्वामियों के उदय का पता लगा सकते हैं और भू-राजस्व का इतिहास लिख सकते हैं। इस प्रकार के अध्ययन से यह पता चलता है कि किसान और जमींदार दोनों विभिन्न श्रेणियों में बँटे हुए थे। यद्यपि किसानों के विषय में बहुत अधिक सामग्री नहीं मिलती किंतु उपसामंतीकरण की प्रक्रिया से भूस्वामियों की श्रेणियों पर अच्छा प्रकाश पड़ता है।

यद्यपि सामंतवाद के विकास में उत्पादन पद्धति का मौलिक स्वरूप बहुत नहीं बदलता पर इसके साथ जो संस्थाएँ जुड़ी रहती हैं वे देश, काल तथा विभिन्न सामाजिक संरचनाओं के साथ संपर्क के कारण बदलती रहती हैं। भारतवर्ष के विभिन्न क्षेत्रों में अलग-अलग प्रकार के सामंतवाद हो सकते हैं पर हमने उन पर विचार नहीं किया है। हमारे अनुसार, मोटा-मोटी सामंतवाद के पहले चरण में नगरों का पतन और धातु-मुद्रा तथा दूरदेशी व्यापार का अभाव दिखाई पड़ता है, किंतु इन चीजों को हम सामंती प्रथा के स्थायी चिह्न का रूप नहीं दे सकते। हाँ, यह जरूर है कि जिस आर्थिक अवस्था में गैर-बाजारी या गौण बाजारी अर्थव्यवस्था चलती है उसे सामंतवाद की बुनियादी विशेषता माना जा सकता है।

इंडियन फ्यूडलिज़्म में नगर और व्यापार के पतन को सामंतवाद के उदय का कारण बतलाया गया है। इसके प्रकाशन के बाद मैंने सन् 300 ई. के बाद नगरों के पतन पर स्वतंत्र निबंध लिखा जिसे मैं इस पुस्तक में सम्मिलित करना चाहता था। किंतु जब मैंने उस निबंध को फिर से देखना प्रारंभ किया तो उसने पुस्तक का रूप ले लिया, और यह *अर्बन डिके इन इंडिया (सर्का 300 – सर्का 1000)* के नाम से 1987 में प्रकाशित हुआ। इसलिए अब मैंने पहला विचार छोड़ दिया है। परंतु गुप्तोत्तरकाल में धातु-मुद्रा के अभाव के प्रश्न पर मैंने इस पुस्तक में विस्तार से इसलिए विचार किया है क्योंकि इसका संबंध नगर तथा व्यापार की अवनति से है। मेरे *इंडियन फ्यूडलिज़्म* और दूसरी रचनाओं में सन् 500 से 1000 ई. के बीच सोने और अन्य धातुओं के बने सिक्कों के अभाव की चर्चा है। इस मंतव्य की पुष्टि के लिए मैंने प्रमुख संग्रहालयों में पाए गए सिक्कों के संग्रहों की जाँच की। यद्यपि मैंने सारे संग्रहों को नहीं देखा है तो भी मैंने जो मुद्रा संबंधी सामग्री एकत्रित की है उससे मोटा-मोटी मुद्रा

के क्षेत्र में सन् 500 और 1000 ई. के बीच क्या स्थिति थी, उस पर प्रकाश पड़ता है।

नगर और व्यापार के ह्रास की स्थिति से भूमिअनुदान की प्रथा मेल खाती है किंतु इस प्रकार की स्थिति को भूमिअनुदान के बड़े पैमाने पर फैलने का एकमात्र कारण नहीं बतलाया जा सकता। इसलिए हम लोगों ने पुराणों में पाए गए कलियुग संबंधी अवतरणों के आशय को स्पष्ट करने की चेष्टा की है। उनके आधार पर तीसरी-चौथी सदियों में समाज के आंतरिक कलह के स्वरूप पर विचार किया गया है। ये अवतरण देश के किन क्षेत्रों पर लागू होते हैं यह ठीक से निर्धारित नहीं किया जा सकता, पर उनसे पता चलता है कि उस समय का सामाजिक संगठन चरमरा रहा था। अतः हमने इस पुस्तक में सामाजिक विघटन की प्रक्रिया के परिणामों पर प्रकाश डाला है।

सामंती पद्धति की व्याख्या करने के लिए भारत में मध्ययुग की प्रमुख विशेषताओं को बतलाया गया है और प्राचीन युग से उनका अंतर दिखलाया गया है। पूर्व-मध्यकालीन अर्थव्यवस्था के स्वरूप को पहचानना आसान नहीं है। एक ओर नगर, व्यापार और मुद्रा की कमी से आर्थिक गतिहीनता के संकेत मिलते हैं, दूसरी ओर भूमिअनुदानप्रथा के लगातार चलते रहने के कारण कृषि के विस्तार और उपज के बढ़ने का अनुमान होता है। सामंती परिवेश का प्रभाव जाति-संगठन पर क्या पड़ा इस पर अध्याय सात में विचार किया गया है। वहाँ यह दिखलाया गया है कि वैश्य और शूद्र की स्थिति में क्या उतार-चढ़ाव हुआ और कैसे हुआ। शूद्र कृषक और अन्य वर्णों की उपजातियाँ कैसे बढ़ीं, इस पर विचार किया गया है। कायस्थ और राजपूत जातियों के उद्‌भव पर प्रकाश डाला गया है। जातिप्रथा में, जो सीढ़ी-दर-सीढ़ी बनी हुई है, उसका संबंध सामंती व्यवस्था से क्या है, इसे भी इंगित किया गया है।

हमारी सामंतवाद की जो समझ है उसमें भूस्वामियों और किसानों के बीच लगातार तनाव और संघर्ष की संभावना की बड़ी गुंजाइश है। जमीन के लिए भूस्वामियों के वर्ग के अंदर संघर्ष अवश्यंभावी बन जाता है, और फिर उसके और राज्य के बीच भी संघर्ष होता है। इसलिए हम लोगों ने भूमि-विवाद के आलोक में *राजशासन* अर्थात् राजकीय सनद की भूमिका का विवेचन किया है। उपेन्द्रनाथ घोषाल और के.ए. नीलकंठ शास्त्री जैसे इतिहासकारों ने कौटिल्य के *अर्थशास्त्र* में चर्चित *राजशासन* के आधार पर मौर्यों के प्रशासन को निरंकुश और केंद्रीकृत बतलाया। किंतु गुप्त और गुप्तोत्तरकाल के धर्मशास्त्रों और पुराणों में पाए गए *राजशासन* पद का यह अर्थ नहीं लगाया जा सकता। कहने की आवश्यकता नहीं कि ऐसे सारे ग्रंथों का संकलन राजनीतिक विकेंद्रीकरण के काल में किया गया।

किसानों को केवल कानूनी प्रावधानों और वैचारिक प्रचार के द्वारा कब्जे में नहीं रखा जा सकता था। सामंती भारत में हमें किसानों के संगठित विरोध या विद्रोह नहीं मिलते, किंतु उनके विरोध और यदा-कदा विद्रोह का अभाव नहीं है। इस प्रकार के विरोध की व्याख्या करना कठिन है। हमने उनकी भयंकर प्रतिक्रियाओं का विवेचन किया है और यह बतलाने की चेष्टा की है कि क्या उनके पीछे कोई धार्मिक विचारधारा काम कर रही थी अथवा उनके विद्रोह या विरोध उन

इलाकों में हुए जिनका ब्राह्मणीकरण ठीक से नहीं हुआ।

मैने *इंडियन फ्यूडलिज़्म* में धार्मिक तथा वैचारिक पक्ष पर विचार नहीं किया था। इसमें संदेह नहीं कि सामंतवाद के प्रथम चरण में तंत्र धर्म की प्रधानता थी। इस पुस्तक में भूमिअनुदान तथा तंत्र धर्म के उदय और संगठन के बीच क्या संबंध है, उस पर एक अध्याय लिखा गया है। तंत्र संप्रदाय के सोपानबद्ध गठन की व्याख्या की गई है। प्रभुतासंपन्न भूस्वामियों के विचारों और मनोवृत्तियों का अवगाहन 'सामंती मानस' नामक अध्याय में किया गया है और यह बतलाने का प्रयास किया गया है कि मध्यकालीन मूर्तिकला, वास्तुकला, धर्म और साहित्य के सृजन के पीछे सामंती मानस काम कर रहा था।

---

1. जॉन प्रायर, 'द हिस्टॉरिकल फाउंडेशन्स ऑफ ए फ्यूडल मोड ऑफ प्रोडक्शन,' एडमण्ड लीच, एस.एन. मुखर्जी एवं जॉन वार्ड (सं.), *फ्यूडलिज़्म कम्परेटिव स्टडीज़*, द सिडनी एसोशिएशन फॉर स्टडीज़ इन सोसाइटी एण्ड कल्चर, सिडनी, 1985.
2. कार्ल मार्क्स, *ग्रुण्डरीस : फाउंडेशन्स ऑफ द क्रीटिक ऑफ द पॉलीटिकल इकॉनमी* (ए ड्राफ्ट), अनु. एम. निकोलस्, हरमोंड्सवर्थ, 1973, पृ. 98.

अध्याय एक

प्राचीन से मध्यकाल की ओर संक्रमण

गुप्तोत्तरकाल से भारतीय समाज में परिवर्तन की पृष्ठभूमि तैयार होने लगी थी। लेकिन यह बतलाना आसान नहीं है कि भारत में कब प्राचीनकाल का अंत और मध्यकाल का आरंभ हुआ। इसका एक कारण यह भी है कि मध्यकाल की अवधारणा के संबंध में विद्वज्जगत का दृष्टिकोण उतना स्पष्ट नहीं है जितना आधुनिक काल के संबंध में है। आधुनिक काल का प्रारंभ सामान्यतः विकसित देशों में पूँजीवाद तथा पिछड़े देशों में उपनिवेशवाद के आविर्भाव के साथ माना जाता है। यह मापदंड प्रायः सारी दुनिया पर लागू किया जाता है। किंतु जहाँ तक मध्यकाल का संबंध है, एशिया के संदर्भ में उसका अर्थ शायद वही नहीं हो जो यूरोप के प्रसंग में समझा जाता है। पश्चिमी यूरोप के मामले में मोटे तौर पर 500 ई. से लेकर 1500 ई. तक के सामंती दौर को मध्यकाल कहा जाता है। किंतु इस मापदंड को लेकर चलने में कठिनाई यह है कि प्रागौपनिवेशिक काल में सामंती अवस्था सभी गैर-यूरोपीय देशों में नहीं पायी जाती। प्राचीनकाल की परिभाषा की समस्या तो और भी कठिन है। यदि हम प्रागैतिहास को छोड़ दें तो प्राचीन इतिहास का काल मोटे तौर पर 3500 ई.पू. से 500 ई. तक फैला हुआ है। पहले प्राचीनता का मतलब यूनान और रोम की सभ्यता था। अब इसके दायरे में क्रीट, मिस्र, मेसोपोटामिया, एलम, भारत, मध्य एशिया, चीन आदि की कांस्ययुगीन संस्कृतियों को भी शामिल करना पड़ता है। कांस्ययुग तथा पश्चात्वर्ती पुराकाल की संस्कृतियों को एक चौखटे में रखकर देखना और इस तरह प्राचीन जीवन के अभिलक्षणों का निर्देश करना कठिन कार्य है। कलासिकी यूनान तथा रोम में दासप्रथा उत्पादन का मुख्य आधार थी। जब यह उत्पादन पद्धति बिखरने लगी तभी इसका संयोग जर्मन आक्रमणकारियों द्वारा रोम साम्राज्य में लाई गई विकृत किस्म की आदिम उत्पादन पद्धतियों से हुआ। इसके फलस्वरूप जो समाज दासप्रथा पर आधारित या वह कृषिदासप्रथा पर आश्रित समाज में बदलने लगा। इसी रूपांतरण को प्राचीनकाल का मध्यकाल या सामंतवाद की ओर संक्रमण माना गया है।[1] किंतु भारत में सामाजिक तथा सांस्कृतिक परिवर्तन को इस दृष्टि से नहीं देखा जा सकता, क्योंकि प्राचीन भारतीय समाज में उत्पादन न तो दासप्रथा पर आश्रित था और न ही यह समाज विदेशी आक्रमणकारियों से अभिभूत हुआ था। तथापि इसमें कोई संदेह नहीं कि

चौथी सदी से सातवीं सदी ई. के बीच भारत की राज्यव्यवस्था, अर्थव्यवस्था और उसके समाज तथा जीवन के अन्य क्षेत्रों में कुछ बुनियादी परिवर्तन हुए। पर इन परिवर्तनों की तलाश में हमें उन तत्त्वों को भी नजरअंदाज नहीं करना चाहिए, जो प्राचीन तथा मध्य दोनों कालों में समान रूप से विद्यमान थे। उदाहरणार्थ, राज्य, वर्ण-जाति आधारित समाज तथा पितृसत्तात्मक परिवार, ये तमाम संस्थाएँ दोनों कालों में मौजूद थीं। इसी प्रकार लोहे के फालवाले हल से प्राचीन और मध्य काल दोनों में खेती चलती थी। समानता की बात ईंटों, बरतनों, इमारतों और इमारतें बनाने की विधियों पर भी लागू होती है। इसके अतिरिक्त समानता अनेक कर्मकांडों, वर्ण-सुधार आंदोलनों और भक्ति आंदोलन के संबंध में देखने को मिलती है। किंतु सातवीं सदी से पूर्व और बाद के काल के बीच इन तमाम समानताओं के बावजूद दोनों में कई उल्लेखनीय अंतर भी हैं।

भारत में तुर्क मुसलमानों के शासन की स्थापना को सामान्यतः प्राचीनकाल का अवसान माना जाता है। राखालदास बनर्जी, रमेशचंद्र मजुमदार, के.ए. नीलकंठ शास्त्री तथा रमाशंकर त्रिपाठी जैसे विख्यात विद्वानों द्वारा प्राचीन भारत पर लिखी पाठ्यपुस्तकें मोटे तौर पर अपने वर्ण्य विषयों को 1206 ई. तक लाकर समाप्त कर देती हैं। यह स्थिति भारतीय इतिहास को हिन्दू, मुस्लिम तथा ब्रिटिश कालों में विभाजित करने की अंग्रेजों की योजना पर आधारित है, जिसे मोटे तौर पर भारतीय इतिहास कांग्रेस भी मानकर चलती रही है; वह अपने अधिवेशनों में प्राचीन भारतीय अनुभाग में 1206 ई. तक के काल-खंड का समावेश करती है। भारतीय इतिहासकारों की पूर्ववर्ती पीढ़ी पर मुसलमानी शासन का भूत इस कदर सवार रहा है कि वे उसे मध्यकाल का पर्याय मान लेते हैं। ऐसे इतिहासकारों में हिन्दू और मुसलमान, दोनों शामिल रहे हैं। किंतु यदि मुसलमानी शासन की स्थापना को मध्यकालीन भारत के प्रारंभ का सूचक माना जाता है तब तो तुर्की, मिस्र, ईरान, पाकिस्तान, इंडोनेशिया आदि को सदा के लिए मध्यकाल में और हिन्दू-शासित नेपाल को प्राचीनकाल में ही रखना होगा। इस हालत में जिन देशों पर इस्लामी फौजों ने कब्जा नहीं किया उनमें मध्यकाल के आरंभ के बारे में क्या कहा जाएगा?

कभी-कभी स्रोत-सामग्री की भाषा को भी भारतीय इतिहास में नए काल की पहचान का आधार बनाया जाता है। अरबी और फारसी स्रोतों के प्रचलन को एक नए युग का सूत्रपात करनेवाला माना जाता है। किंतु किसी काल को किसी खास भाषा के प्रयोग के साथ कैसे जोड़ा जा सकता है? एक ही काल में एक-दूसरे से सर्वथा भिन्न भाषाएँ प्रचलित रह चुकी हैं, जिनमें उपलब्ध स्रोत-सामग्री का उपयोग उसी काल के किसी एक या अनेक क्षेत्रों अथवा पूरे उपमहाद्वीप के इतिहास की रचना के लिए किया जाता है। स्रोतों तथा भाषाओं की विविधता के कारण प्राचीन भारत के इतिहास की रचना काफी कठिन हो जाती है। इसके लिए हमें न केवल वैदिक तथा क्लासिकी संस्कृत के साथ पालि एवं प्राकृत स्रोतों का उपयोग करना पड़ता है, वरन् यूनानी, लातिनी, ईरानी तथा चीनी स्रोतों का भी सहारा लेना पड़ता है। यदि स्रोत-भाषाओं की गिनती की जाए तो हमें भारतीय इतिहास के प्रत्येक काल में दो दर्जन से अधिक कालों की कल्पना करनी पड़ेगी।

तब भारत में प्राचीनकाल से मध्यकाल का भेद करने के लिए किस कसौटी का प्रयोग किया जाए? क्या केवल राजनीतिक तथा राजवंशीय इतिहास के आधार पर यह विभाजन-रेखा खींचना सही होगा? इस आधार पर 646, 712, 750, 916, 985, 1174, 1206 तथा 1325 जैसी अनेक तिथियाँ सुझाई गई हैं। किंतु इनमें से किसी को राज्यव्यवस्था, समाज, अर्थव्यवस्था तथा संस्कृति में बुनियादी परिवर्तन का द्योतक नहीं माना जा सकता। इन क्षेत्रों में परिवर्तन की प्रक्रिया के प्रतिफलन में समय लगता है, और इसलिए उसकी कोई खास तिथि नहीं निश्चित की जा सकती। हमें इस बात का पता लगाना है कि क्या कोई ऐसा काल-खंड है जिसमें बुनियादी परिवर्तन की सभी प्रक्रियाओं का संगम होता है।

हेमचंद्र रायचौधरी की *पॉलिटिकल हिस्टरी ऑफ एंशंट इंडिया* नामक पुस्तक गुप्त साम्राज्य के पतन के वर्णन के साथ समाप्त होती है। लेकिन प्राचीनकाल को छठी शताब्दी तक लाकर छोड़ देने का उन्होंने कोई कारण नहीं बताया है। शायद उन्होंने यूरोपीय इतिहास के काल-विभाजन से मार्गदर्शन लिया था, क्योंकि इस विषय का अध्यापन वे काफी समय तक करते रहे थे। कहते हैं, गुप्त साम्राज्य के पतन के बाद सदियों तक देश का वैसा एकीकरण नहीं हो पाया, लेकिन यह प्राचीनकाल को समाप्त मानने का पर्याप्त आधार नहीं हो सकता। देश के अधिकतर भागों पर मौर्य तथा गुप्त शासन की स्थापना के कारण प्राचीनकाल स्थायी एकीकरण का काल नहीं बन पाया। ऐसा भी नहीं है कि मध्यकाल देश के स्थायी विभाजन का काल था। मौर्य शासकों को यूनानी पद्धति पर केंद्रीकृत शासन की स्थापना करने का श्रेय दिया गया है, परंतु प्रागौद्योगिक काल की संचार संबंधी कठिनाइयों के कारण वे केवल मध्य गंगा के मैदानों को ही अपने प्रभावकारी नियंत्रण में रख पाए होंगे। गुप्त साम्राज्य इससे बहुत छोटा था और गुप्तों की केंद्रीय सत्ता मौर्यों की तुलना में बहुत कमजोर थी। गुप्तकाल में राज्यव्यवस्था का सामंतीकरण हुआ, जो मौर्यकाल में नहीं हुआ।

अंततः जिस चीज ने प्राचीन भारतीय समाज को मध्यकालीन समाज में रूपांतरित किया, वह थी भूमिअनुदान की प्रथा। विभिन्न शासकों द्वारा जारी किए गए अधिकार-पत्रों से ज्ञात होता है कि पुरोहितों और पुजारियों को भूमिदान पुण्य अर्जित करने के लिए दिए जाते थे, किन्तु वस्तुतः इसके पीछे युगजनित विवशता का बहुत बड़ा हाथ था। यह विवशता कलियुग की देन थी जिसका वर्णन पुराणों तथा कुछ अन्य ग्रंथों में किया गया है।

युग की परिस्थितियों ने भूमिदान की प्रथा को प्रोत्साहन दिया और भूमिदानों ने समाज के विभिन्न क्षेत्रों में परिवर्तन का मार्ग प्रशस्त किया। दरअसल यह सामाजिक शक्तियों की अंतर्क्रिया का अच्छा उदाहरण है, जो हमेशा परिवर्तन को जन्म देता है, चाहे वह परिवर्तन शुभ हो या अशुभ। अब हम इस पर विचार करें कि भूमिदानों ने परिवर्तन को किस प्रकार बढ़ावा दिया।

भूमिअनुदानप्रथा सामंती अर्थव्यवस्था का आधार बनी, और इसी ने अंततः प्राचीन भारत को मध्यकालीन भारत का रूप दिया। इस प्रथा का जन्म क्यों हुआ? भूमिदानपत्रों से पता चलता है कि दान के द्वारा राजा पुण्य अर्जित करना चाहते थे, और मंदिर, महंत और पुरोहित जैसे ग्रहीताओं को धार्मिक कृत्यों के लिए साधनों की आवश्यकता थी। किंतु इससे पूरी सच्चाई का

पता नहीं चलता। जान पड़ता है, इस प्रथा का उद्‌भव प्राचीन समाजव्यवस्था के आर्थिक आधार पर आए गंभीर संकट से हुआ। इस समय के वर्ण-विभाजित समाज में वैश्य कहलानेवाले किसान तथा शूद्र कहलानेवाले श्रमिक उत्पादन में लगे रहते थे। राज्याधिकारियों द्वारा वैश्यों से वसूल किए गए करों से राजा अपने महलों का खर्च चलाता और सिपाहियों को वेतन देता था, पुरोहितों को दान-दक्षिणा से धन्य करता था, और वणिकों तथा बड़े-बड़े शिल्पियों से अपने लिए ऐशो-इशरत और जरूरत की चीजें खरीदता था। किंतु तीसरी-चौथी सदियों के पुराण इस बात का विलाप करते हैं कि विभिन्न वर्ण या सामाजिक वर्ग अपने-अपने धर्म यानी निर्धारित कर्तव्यों से विमुख हो गए हैं। वे कहते हैं कि निम्न वर्णों के लोगों ने उच्च वर्णों का स्थान प्राप्त कर लिया है और अपने कर्तव्य को त्याग दिया है। दूसरे शब्दों में, उन्होंने कर देना और श्रम के रूप में सेवा करना बंद कर दिया। इससे वर्णसंकर की स्थिति उत्पन्न हुई। वर्ण की मर्यादाओं पर इसलिए प्रहार किए गए कि उत्पादन में लगे आम लोग भारी करों और वसूलियों के बोझ से परेशान थे, और राजा उन्हें कोई संरक्षण देने को तैयार नहीं थे। पुराणों के तीसरी-चौथी शताब्दियों में लिखे अंशों में इस स्थिति को कलियुग कहा गया है,[2] और जान पड़ता है, कलियुग की यह स्थिति दकन तथा मध्य भारत में पैदा हुई, जहाँ अभी ब्राह्मण संस्कृति की जड़ें ठीक से जम नहीं पाई थीं।

इस संकट से उबरने के लिए कई उपाय किए गए। लगभग इसी काल की कृति *मनुस्मृति* का परामर्श है कि वैश्यों तथा शूद्रों को अपने-अपने धर्म से विमुख नहीं होने देना चाहिए। हो सकता है, इन सुझावों के अनुरूप वर्ण-धर्म की रक्षा के लिए दंड का प्रयोग किया गया हो। किंतु इस स्थिति के निराकरण का अधिक महत्त्वपूर्ण उपाय यह था कि पुरोहितों तथा राज्याधिकारियों को दान-दक्षिणा तथा वेतन-पारिश्रमिक पैसे या जिंस के रूप में नहीं दिया जाए, बल्कि भूमिदान द्वारा दिया जाए। इस प्रथा के कारण दान में दिए क्षेत्रों में करों की उगाही तथा शांति-सुव्यवस्था का दायित्व अनुदानभोगियों के सिर चला जाता था। वे सरजोर किसानों से मौके पर ही निबट ले सकते थे। इस प्रथा के कारण गैर-आबाद जमीन में खेती-बारी भी शुरू हो सकती थी। इसके अतिरिक्त विजित जनजातीय क्षेत्रों में ब्राह्मणों को बसाकर लोगों को अनुशासित किया जा सकता था और उन्हें राजा की आज्ञा का पालन करने तथा करों की अदायगी का धर्म सिखाया जा सकता था।

यद्यपि अशोक के शिलालेखों का संबंध धर्म तथा प्रशासन से ही है, तथापि उनमें किसी भूमिदान का उल्लेख नहीं हुआ है। भूमिदान का पूर्वतम अभिलेखगत प्रमाण पहली सदी ई.पू. में मिलता है। लेकिन तब अनुदानभोगी को प्रशासनिक अधिकार नहीं दिए जाते थे। प्रशासनिक अधिकारों के परिहार का सबसे पहला उदाहरण दूसरी सदी ई. में सातवाहन राजा गौतमीपुत्र शातकर्णि द्वारा बौद्ध भिक्षुओं को दिए गए भूमिदानों में मिलता है। उन्हें दान की गई भूमि को *अप्रवेश्यम्* (जिसमें राजा के सैनिकों का प्रवेश वर्जित है), *अनावमर्श्यम्* (जिसमें सरकारी अमले कोई जोर-जबरदस्ती नहीं कर सकते) तथा *अराष्ट्रसंविनयिकम्* (जानपद आरक्षियों के हस्तक्षेप से मुक्त) कहा गया है।[3]

ईस्वी सन् की चौथी सदी के मध्य से ब्राह्मणों को ऐसे अनुदान देने के प्रसंगों में तेजी आ जाती है। उनमें राजस्व के सभी स्रोत ग्रहीताओं को हस्तांतरित कर दिए जाते हैं, और शांति-सुव्यवस्था तथा प्रशासन के काम भी उन्हीं को सौंप दिए जाते हैं। दूसरी सदी के अनुदानपत्रों से हम राजा को केवल नमक पर अपने अधिकार का त्याग करते देखते हैं, जिसका मतलब यह हुआ कि राजस्व के कतिपय अन्य स्रोतों पर वह अपना हक कायम रखता था। किंतु वाकाटक राजाओं को हम राजस्व के प्रायः समस्त स्रोतों का परिहार करते देखते हैं, जिनमें चरागाह, चमड़ा, लकड़ी का कोयला, खान, बेठ-बेगार और निखात-निधियाँ, सब शामिल हैं।[4] इससे भी अधिक महत्त्व की बात यह है कि दाता अनुदान-क्षेत्र में रहनेवाले लोगों पर शासन करने के अपने अधिकार का भी त्याग कर देता था। गुप्तकाल में मध्यप्रदेश में बड़े-बड़े सामंत शासकों द्वारा ब्राह्मणों को दिए गए कम-से-कम छह ग्रामदानों में इन गाँवों के निवासियों को, जिनमें कृषक और शिल्पी भी शामिल हैं, स्पष्ट निर्देश दिया गया है कि वे अनुदानभोगियों को न केवल परंपरागत कर अदा करें, बल्कि उनके आदेशों का भी पालन करें। दो अन्य अनुदानपत्रों में सर्वाध्यक्ष के पद पर आसीन सरकारी अधिकारियों को ब्राह्मणों के जीवनक्रम को निर्विघ्न छोड़ देने का आदेश दिया गया है।[5] इन तमाम साक्ष्यों को देखते हुए इस बात में कोई संदेह नहीं रह जाता कि दान देते समय राज्य अनुदान-क्षेत्र में अपने प्रशासनिक अधिकारों का भी परित्याग कर देता था। पाँचवीं सदी के अभिलेखों में हम देखते हैं कि चोरों को दंडित करने का अधिकार शासक सामान्यतः अपने हाथों में ही रखता था। स्पष्ट ही यह अधिकार राज्य की सत्ता का एक मुख्य आधार था। किंतु बाद के अनुदानपत्रों में राजा परिवार, संपत्ति, व्यक्ति के विरुद्ध किए गए समस्त अपराधों के लिए दंड देने का अधिकार अनुदानभोगियों को दे देता है। इस प्रकार भोक्ताओं को कराधान के साथ-साथ दंड के प्रयोग का भी अधिकार मिल जाता है, जिससे सत्ता अथवा राज्यसत्ता के नए केंद्र की सृष्टि हो जाती है।

भूमिअनुदान सामान्यतः सूर्य, चंद्र तथा धरती और समुद्र के अस्तित्व-पर्यंत के लिए दिए जाते हैं, जिसका मतलब है राज्य के टुकड़े करना तथा छोटे-छोटे सत्ता-केंद्रों की सृष्टि करना। यद्यपि ब्राह्मणों को भूमिदान उनकी धार्मिक तथा आध्यात्मिक सेवाओं के प्रतिदानस्वरूप दिए जाते थे, तथापि इन दानों के फलस्वरूप अनेक सुरक्षित और अलंघ्य राजनीतिक गढ़ खड़े हो गए, जिनमें सरकारी अमले भी पैर नहीं रख सकते थे। पूरी संभावना है कि धर्मेतर भोगियों को भी अनुदान में राजस्विक अधिकार दिए जाते होंगे, यद्यपि इसके बहुत स्पष्ट प्रमाण प्रारंभ में नहीं मिलते। कुल मिलाकर हमें गुप्तकाल में जो राज्यव्यवस्था देखने को मिलती है वह मौर्य राज्यव्यवस्था से बहुत भिन्न है। मेगास्थनीज की *इंडिका*, कौटिल्य के *अर्थशास्त्र* के दूसरे तथा तीसरे अधिकरणों और अशोक के अभिलेखों से मालूम होता है कि राज्य के अधिकारी करों का निर्धारण और वसूली करते थे, बेगार का प्रबंध करते थे, खानों, खेती-बारी आदि की व्यवस्था सँभालते थे और अमन-चैन कायम रखते थे। संभवतः राज्य की ये सारी गतिविधियाँ उसके मध्य गंगा के मैदानवाले केंद्रीय प्रदेशों तक ही सीमित थीं। किंतु परवर्ती काल में इन तमाम दायित्वों और अधिकारों का परित्याग पहले ब्राह्मणों के

और फिर अन्य लोगों के हक में किया जाने लगा।

कौटिल्य ने व्यवस्था दी है कि जनगणना कराकर सभी परिवारों के सदस्यों की संख्या तथा उनकी संपत्ति के परिमाण का लेखा तैयार किया जाए। इसका स्पष्ट उद्देश्य करयोग्य संपत्ति का पता लगाना और राज्य के लिए आवश्यक श्रमशक्ति का आकलन करना था। गुप्तकाल से राज्य ने करों की उगाही के काम का कुछ हिस्सा अनुदानभोगियों को सौंपना शुरू कर दिया, जिससे जनगणना अनावश्यक हो गई। ईस्वी सन् की पाँचवीं और सातवीं सदियों के चीनी तीर्थयात्रियों के विवरणों से भी ऐसा निष्कर्ष निकाला जा सकता है। गुप्त साम्राज्य के हृदयस्थल मध्यदेश के संबंध में लिखते हुए फाहियान कहता है : 'उन्हें अपनी गृहस्थियों का पंजीकरण नहीं करवाना पड़ता है, न उन्हें किसी दंडाधीश के पास जाना पड़ता है और न उनके नियम-निर्देशों की फिक्र करनी होती है।'[6] 'शासन बहुत उदार है, इसलिए सरकारी अपेक्षाएँ बहुत सीमित हैं। परिवारों का पंजीकरण नहीं किया जाता और व्यक्तियों को बेगार नहीं करना पड़ता।'[7] इन दो कथनों का मतलब यह हुआ कि राज्य न तो किसानों से करों की सीधी उगाही की चिंता करता था और न शासनादेशों के कठोर पालन की। स्पष्ट है कि जमीन को कोड़ने-कमानेवाले जनसाधारण तथा सरकार के बीच मध्यवर्ती वर्ग के रूप में उपस्थित भूस्वामियों ने इनमें से कई दायित्व सँभाल लिए थे। इन लोगों में से कुछ धार्मिक दानभोगी रहे होंगे और कुछ धर्मेतर सामंत-सरदार। बंगाल के बहुत बड़े भाग के शासक वैन्यगुप्त के गुनायधर दानपत्र (507-8 ई.) में इसका प्रवर्तन करनेवाले इतक विजयसेन को *महाराजश्री*, *महासामंत*, *पत्युपरिक* तथा *पुरपालोपरिक* कहा गया है।[8] जाहिर है कि प्रशासनिक, सैनिक तथा शांति-सुव्यवस्था संबंधी दायित्व या तो सामंतों को सौंप दिए गए थे या उन्होंने इसे अपने बल से प्राप्त कर लिया था। हर्षवर्धन के भूमिदानपत्रों में उच्चाधिकारियों के लिए *सामंत-महाराज* तथा *महासामंत* जैसे विरुदों का प्रयोग किया गया है। इन तमाम बातों से राज्यव्यवस्था के सामंतीकरण का पर्याप्त संकेत मिलता है।[9]

गुप्तोत्तरकाल में सरकारी अधिकारियों को सेवा का प्रतिदान देने की पद्धति में महत्त्वपूर्ण परिवर्तन हुआ। यदि कौटिल्य के आधार पर देखें तो प्राक्-गुप्तकाल में उच्चतम अधिकारी से लेकर निम्नतम तक सबको नकद भुगतान किया जाता था। अधिकतम वेतन 48,000 पण था और न्यूनतम 60 पण, यद्यपि कुछ लोगों को शायद 20 पण की तुच्छ राशि भी दी जाती होगी। नकद भुगतान की संभावना की पुष्टि इस बात से भी होती है कि खास तौर से चाँदी के जितने आहत सिक्के प्राप्त हुए हैं उनमें सबसे बड़ी संख्या मौर्यकालीन सिक्कों की ही है। सिक्कों की कमी कुषाणों के अधीन भी नहीं थी। उनके शासनकाल के विशेषकर ताँबे के सिक्के प्रचुर परिमाण में मिले हैं, यद्यपि सोने के सिक्के भी बड़े पैमाने पर जारी किए जाने लगे थे। किंतु इस काल तक जारी किए गए सिक्कों में सबसे बड़ी संख्या सातवाहनों के सिक्कों की है। सिक्कों की जो राशियाँ हमें उपलब्ध हो सकी हैं उनके आधार पर देखें तो सिक्कों की ढलाई-गढ़ाई के मामले में 200 ई.पू. से लेकर 300 ई. तक का काल सबसे अधिक उर्वर था।[10] सिक्कों के चलन के लिए कम-से-कम एक खास सीमा तक सत्ता का केंद्रीकरण आवश्यक है। गुप्तकालीन स्वर्ण मुद्राओं के अच्छी-खासी संख्या में प्राप्त

होने से मालूम होता है कि उच्चाधिकारियों को नकद भुगतान किया जाता होगा। किंतु गुप्त राजाओं ने ताँबे के सिक्के बहुत कम जारी किए, और छठी सदी के स्मृतिकार बृहस्पति की अनुशंसा है कि सेवा को भूमिदान से पुरस्कृत करना चाहिए।[11] जो भी हो, हर्षवर्धन के काल में राज्य के अधिकारियों को नकद भुगतान नहीं किया जाता था। हुआनत्सांग के अनुसार, राजस्व का चौथाई भाग बड़े सरकारी ओहदेदारों को भुगतान के लिए सुरक्षित रखा जाता था।[12] वह चीनी तीर्थयात्री यह भी बतलाता है कि प्रांतीय शासकों, मंत्रियों, दंडाधीशों तथा अधिकारियों को उनके व्यक्तिगत खर्चे-पानी के लिए थोड़ी-बहुत जमीन दे दी जाती थी।[13]

जो राज्य हर्षवर्धन के काल में उत्तर भारत में या पल्लवों तथा बादामी के चालुक्यों के काल में दक्षिण भारत में देखने को मिलता है उसका रूप प्राक्-गुप्त राज्य से भिन्न है। प्राक्-गुप्त राज्यों में, जो अपने कर्मचारियों को नकद भुगतान करते थे, नौकरशाही की भूमिका काफी महत्त्व की थी। इसमें संदेह नहीं कि मौर्य राज्य के चारों ओर उसके बहुत-से करद राज्य थे और उनका रूप अधीनस्थ राज्यों का था, किंतु मौर्य राज्य के गठन को सामंती नहीं कहा जा सकता। गुप्तकाल में तथा उससे भी अधिक उसके परवर्ती काल में धार्मिक तथा प्रशासनिक सेवाओं के लिए भुगतान भूमिदानों के माध्यम से किया जाने लगा। यहाँ तक कि राज्य के हृदय-क्षेत्र में भी प्रशासनिक अधिकार अनुदानभोगियों या ऐसे अधिकारियों के हाथों में चले गए जिन्हें भरण-पोषण के लिए कुछ करों की वसूली अपने खाते में रखने का अधिकार दे दिया जाता था। स्वभावतः इससे राज्य के हाथों से काफी सत्ता खिसक गई। राज्य की अनेक राजधानियाँ होने से भी केंद्रीय सत्ता की कमजोरी का भान होता है। प्राचीन ग्रंथों में दुर्ग को राज्य का अंग माना गया है। किंतु पूर्व-मध्यकाल में राजा की कई राजधानियाँ होती थीं, जो स्कंधावार कहलाती थीं। इस काल में राजाओं, उनके सामंतों तथा बड़े-बड़े भूस्वामियों ने प्रतिद्वंद्वियों तथा कृषकों के आक्रमणों और विद्रोहों से बचने के लिए अनेक गढ़ बनवाए।[14] सुलतानों के अधीन गढ़ बनवाने का चलन और भी व्यापक हुआ।

इस प्रकार नई राजनीतिक प्रणाली के अधीन हर बड़े राज्य में काफी सत्ता केंद्र के हाथों से निकल गई। सत्ता के इस क्षय को राजा में देवत्व-आरोपण तथा उसके छवि-निर्माण द्वारा प्रतिसंतुलित करने का प्रयत्न किया गया। उसे तरह-तरह के पराक्रमों का, विशेष रूप से सैनिक पराक्रमों का, श्रेय दिया गया। अशोक के शिलालेखों से राजा की छवि शांतिप्रिय प्रजापालक शासक के रूप में भले ही उभरती हो लेकिन उनमें अशोक को न तो देवतुल्य बतलाया गया है और न उसे चतुर्दिक् उपलब्धियों का श्रेय दिया गया है। इसके विपरीत, इस काल में राजा की महानतम विजेता की छवि प्रचारित करने के लिए जाने कैसे-कैसे अतिशयोक्तिपूर्ण विरुदों और विशेषणों का प्रयोग किया गया है। इसका सबसे जीता-जागता उदाहरण समुद्रगुप्त है, जिसके बाद चंद्र, धर्मपाल आदि का स्थान आता है। बहुत-से अभिलेखों में तो राजा को सर्वथा अपराजित और अपराजेय बताया गया है। इसके अतिरिक्त राजा को प्राचीन तथा प्रतिष्ठित राजवंशों से जोड़ने का प्रयत्न भी सातवीं सदी से ही आरंभ हो जाता है। अब वे अपने मूल की तलाश सूर्यवंश या चंद्रवंश में करने लगते हैं।

ब्राह्मणों, क्षत्रियों, वैश्यों तथा शूद्रों की सोपानबद्ध वर्णव्यवस्था कम-से-कम गुप्तकाल तक कायम रही, और ऐसा भी नहीं कि वह केवल कर्मकांडी वर्गीकरण रहा हो। समस्त सामाजिक तथा आर्थिक विधानों में इस व्यवस्था का पालन किया जाता था। पूर्व-मध्यकाल में क्षत्रियों का स्थान राजपूतों ने ले लिया। *ऋग्वेद* में *राजन्य* शब्द का उल्लेख हुआ है और फिर अन्य वैदिक ग्रंथों में इसका जिक्र बार-बार किया गया है। किंतु धर्मसूत्रों द्वारा प्रतिपादित वर्णव्यवस्था में एक प्रकार से उसका स्थान *क्षत्रिय* ने ले लिया। मध्यकाल में हमें *राजन्* से जुड़ा एक सामाजिक वर्ग देखने को मिलता है। क्षत्रियों के स्थान पर राजपूतों या राजपुत्रों का प्रतिष्ठित हो जाना एक नई बात मानी जा सकती है। सामंती काल में युद्ध का महत्त्व बहुत बढ़ गया। देसी आदिवासी, हिन्द-आर्य तथा मध्य एशियाई, इन विभिन्न मूलों के अलग-अलग योद्धाओं और शासकों का उदय हुआ। यहाँ तक कि कुछ ब्राह्मणों ने भी शस्त्र-धर्म अपना लिया। उन सबके संयोग से एक नए सामाजिक वर्ग का उदय हुआ, जो काम तो क्षत्रियों का करता था किंतु राजपूतों के नाम से जाना जाता था। इसका मतलब यह नहीं कि क्षत्रिय के वर्ग और क्षत्रियत्व का महत्त्व समाप्त हो गया। क्षत्रिय और राजा इस काल में भी एक-दूसरे के पर्याय माने जाते थे : *क्षत्रियो राजा उच्यते।* पूर्व-मध्यकाल के राजवंशों ने स्वयं को लोक-प्रतिष्ठित बनाने के लिए सूर्यवंश और चंद्रवंश की संतति होने का दावा किया। कल्पित वंशवृक्ष तैयार करना इस युग की उल्लेखनीय विशेषता बन गई। वंशवृक्ष-रचना को वस्तुतः पृथक् शास्त्र का रूप दे दिया गया। लोगों को लगातार अंधविश्वासपूर्ण कपोलकल्पित आख्यानों की घुट्टी पिलाई जाती रही। इनका विषय सूर्यवंशी तथा चंद्रवंशी राजाओं के अतिमानवीय पराक्रमों का बखान होता था। *रामायण, महाभारत* तथा पुराणों में इन आख्यानों को स्थायी रूप से सुरक्षित कर दिया गया।

कृषि की उन्नति तथा सामाजिक संघर्ष के कारण शूद्रों के चरित्र में बदलाव आया। अनुदान की भूमि से लगान तथा अन्य लाभों की प्राप्ति के लिए यह आवश्यक था कि अनुदानभोगी उसमें खेती-बारी करवाएँ। इत्सिंग (सातवीं सदी ई.) के विवरण से ज्ञात होता है कि जिन मठों के पास जमीन थी वे उसमें नौकरों तथा अन्य लोगों से खेती करवाते थे। बैल और खेत मठों की ओर से दिए जाते थे, जिसके बदले सामान्यतः उन्हें उपज का छठा हिस्सा मिलता था।[15] हमें मालूम है कि परंपरागत रूप से राज्य को भी यही हिस्सा मिलता था। लेकिन मठों की तरह राज्य काश्तकारों को बैल नहीं देता था। जमीन जोतने-बोनेवाले लोग शायद मौर्य राज्य के बड़े-बड़े कृषि फार्मों में काम करनेवाले दासों एवं मजदूरों की तरह नहीं थे। दरअसल वे पट्टेदार थे और भूस्वामी को उपज का एक अंश अदा किया करते थे। हुआनत्सांग ने शूद्रों को किसान कहा है,[16] जिससे प्रकट होता है कि वे जमीन को सिर्फ कोड़ते-कमाते ही नहीं थे, बल्कि अस्थायी तौर पर उसके कब्जेदार भी होते थे। आरंभिक धर्मशास्त्रों, कौटिल्य के *अर्थशास्त्र* तथा अन्य ग्रंथों में शूद्र मुख्यतः भूमिहीन श्रमिकों के रूप में दिखाई देते हैं, जिनसे उच्च वर्णों के लोग मजदूरों के तौर पर खेती-बारी का काम करवाते थे। राजस्व का मुख्य स्रोत चूँकि भूमि थी और शूद्र भूमिहीन थे, इसलिए उन पर कर नहीं लगाया जाता था। कौटिल्य ने शूद्रों का उल्लेख कृषक के रूप में

किया है[17] जो राज्य द्वारा बसाई नई बस्तियों में ही रहते थे। हुआनत्सांग के अलावा शूद्रों को काश्तकार बतानेवाला सबसे पहला व्यक्ति सातवीं सदी का भाष्यकार असहाय है।[18] स्पष्टतया सातवीं सदी तक बहुत-सारे लोगों को, जिनमें अधिकतर शूद्र थे, अस्थायी पट्टे के रूप में जमीन दी जा चुकी थी। यह बात खासकर उत्तरी भारत के पुराने आबाद इलाकों में देखने को मिलती है, और कुछ दृष्टियों से यूरोप के दासों के कृषिदासों में रूपांतरण से इसका साम्य देखा जा सकता है। मध्यदेश में शूद्र, दास तथा खेतिहर मजदूर, कैसे और क्यों, पट्टेदार तथा काश्तकार बन गए, इसका उत्तर उस काल में उत्पादन संबंधों में आए संकट में देखा जा सकता है, जिसे कलियुग की संज्ञा दी गई है।

जनजातीय इलाकों में किसान धार्मिक दानभोगियों, विशेष रूप से ब्राह्मणों, के नियंत्रण के अधीन हो गए, जिन्हें पाँचवीं-छठी सदियों से बड़े पैमाने पर अनुदान दिए जाने लगे। जमीन के साथ बटाईदारों के हस्तांतरण का सबसे पुराना उदाहरण आंध्र से प्राप्त तीसरी सदी के पल्लव दानपत्र में मिलता है, किंतु, जान पड़ता है, इस प्रवृत्ति का जोर छठी सदी से बढ़ा, जब उड़ीसा तथा दकन जैसे पिछड़े और पहाड़ी प्रदेशों में जारी किए गए दानपत्रों में बटाईदारों तथा किसानों को विशेष रूप से यह निर्देश दिया जाने लगा कि वे दान-क्षेत्र का त्याग नहीं करें।[19] बाद में यह प्रथा मध्यदेश में भी फैल गई। यहाँ से प्राप्त सातवीं सदी के दो दानपत्रों में, जो समुद्रगुप्त के नाम से जाली तौर पर तैयार किए गए थे, शिल्पियों तथा किसानों से कहा गया है कि वे दान किए गए गाँव का त्याग करके करमुक्त गाँवों में न जाएँ। परवर्ती काल में यह प्रथा काफी आम हो गई। अब दान में दिए गए गाँव *जनता-समृद्ध*, *धन-जन-सहित* और *सप्रतिवासी-समेत* कहलाने लगे।[20] इन कारणों से इस काल में अवरुद्ध अर्थव्यवस्था के लिए मार्ग प्रशस्त हुआ।

शिल्पियों को छोटे-बड़े भूस्वामियों की सेवा के लिए उनके साथ बाँध दिया गया तथा शिल्पियों के भरण-पोषण के लिए दोनों फसलों की कटनी के समय साल में दो बार उन्हें वृत्ति दी जाने लगी। संभवतः यह प्रथा सातवीं सदी के आसपास फैल गई। सातवीं सदी के ही उपर्युक्त दो दानपत्रों में अनुदत्त गाँव में रहनेवाले करदाता शिल्पियों तथा किसानों को स्पष्ट रूप से अनुदानभोगियों के साथ बाँध दिया गया है। ऐसे किसानों की गतिशीलता पर लगे प्रतिबंधों के कारण इन्हें कृषिदास माना जा सकता है। बाद में ऐसे बहुत-से उदाहरण सामने आने लगते हैं, खास तौर से उड़ीसा और पूर्वी मध्यप्रदेश में। समुद्रगुप्त से संबंधित दोनों जाली दानपत्र नालंदा तथा गया जैसे विकसित क्षेत्रों में शिल्पियों के बँधुआपन के साक्षी हैं। हो सकता है, शिल्पियों को कटनी के समय जिन्सों के रूप में अदायगी की जाती रही हो या यह भी संभव है कि उनके गुजारे के लिए उन्हें थोड़ी-बहुत जमीन दे दी जाती रही हो। इस प्रथा को, सामाजिक मानववैज्ञानिकों ने *जजमानी* की संज्ञा दी है, जो विद्वज्जगत् में अब काफी लोकप्रिय हो गई है।

छठी शताब्दी से दूर देशों के साथ चलनेवाले व्यापार का ह्रास होने लगा। तीसरी सदी में रोम साम्राज्य के पश्चिमी हिस्से के साथ व्यापार बंद हो गया और छठी सदी में ईरान तथा बैजंतिया साम्राज्य के साथ रेशम का व्यापार भी बंद हो गया।[21] चीन और दक्षिण-पूर्व एशिया

के साथ भारत का थोड़ा-बहुत वाणिज्य चलता रहा, परंतु इसका लाभ भी बिचौलियों का काम करनेवाले अरबों को ही मिलता था। भारत में मुसलमानी शासन की स्थापना के पूर्व ही अरबों ने भारत के निर्यात व्यापार पर लगभग अपनी इजारेदारी कायम कर ली थी।[22] छठी शताब्दी के बाद प्रायः तीन सौ वर्षों तक व्यापार की अवनति की पुष्टि इस बात से होती है कि इस दौर में, खास तौर से उत्तर भारत में और आम तौर पर दक्षिण भारत में भी, स्वर्ण मुद्राएँ लगभग अलभ्य हो जाती हैं और अन्य प्रकार के सिक्कों की भी भारी कमी दिखाई देती है।

व्यापार के ह्रास के फलस्वरूप शहरों का क्षय हुआ।[23] पश्चिम और उत्तर भारत में सातवाहनों तथा कुषाणों के अधीन शहरों का खूब विकास हुआ। कुछ नगर गुप्तकाल में भी कायम रहे। किंतु गुप्तोत्तरकाल में उत्तर भारत में अनेक पुराने व्यापारिक नगर नष्ट हो गए। उत्खननों से पता चलता है कि हरियाणा तथा पूर्वी पंजाब में कई शहर, पुराना किला (दिल्ली), मथुरा, हस्तिनापुर (मेरठ जिला), श्रावस्ती (उत्तरप्रदेश), कौशांबी (इलाहाबाद के निकट), राजघाट (वाराणसी), चिराँद (सारन जिला), वैशाली और पाटलिपुत्र गुप्तकाल में पतनोन्मुख हो चले थे और गुप्तोत्तरकाल में प्रायः लुप्त ही हो गए। चीनी तीर्थयात्री हुआनत्सांग ने बुद्ध के जीवन से जुड़े होने के कारण पवित्र माने जानेवाले कई शहरों की यात्रा की थी, लेकिन सबको वीरान पाया था। सीमित बाजार होने के कारण शिल्पी और व्यापारी गाँवों में जा बसे और खेती-बारी में लग गए। पाँचवीं सदी के उत्तरार्ध में रेशम-बुनकरों का एक समूह पश्चिमी तट (गुजरात) को छोड़कर मालवा क्षेत्र में मंदसौर जाकर बस गया। उन्होंने रेशम की बुनाई के पेशे का त्याग करके दूसरे धंधे अपना लिए। व्यापार तथा शहरों के ह्रास के कारण गाँववालों को अपनी लोहे, तेल, नमक, मसाले आदि की जरूरतें या तो अपने ही साधन-स्रोतों से पूरी करनी पड़ती थीं या साप्ताहिक हाटों में जाकर। इससे उत्पादन की छोटी-छोटी इकाइयों का जन्म हुआ। हर इकाई अपनी आवश्यकताओं की पूर्ति स्वयं करती थी।

भूमिअनुदानप्रथा के उत्थान तथा शहरों के पतन, दोनों के पीछे कलियुग के संकट की प्रेरणा दिखाई देती है, और इन दोनों के कारण जो उत्पादन पद्धति उभरी उससे एक प्रकार की आत्मनिर्भर अर्थव्यवस्था का जन्म हुआ। कार्ल मार्क्स इसमें बिलकुल निचले स्तर पर खेती और दस्तकारी का विशिष्ट ढंग का मिश्रण देखते हैं और इस विशेषता को जड़ तथा गतिशून्य अर्थव्यवस्था के जन्म का मुख्य कारण मानते हैं। इस प्रकार की अर्थव्यवस्था को एशियाई उत्पादन पद्धति की संज्ञा दी गई है। किंतु यह वस्तुतः सामंती अर्थव्यवस्था की मुख्य विशेषता प्रतीत होती है — खास तौर से उसके क्लासिकी दौर की विशेषता, जब उसके विघटन की प्रक्रिया प्रारंभ नहीं हुई थी। लेकिन जैसे ही उत्पादन संबंध सामंती पद्धति पर संगठित होते हैं, वे संघर्ष के अनेक कारणों को जन्म देने लगते हैं। सबसे बड़ा कारण जमीन की मिल्कियत को लेकर पैदा होता है। जमीन के झगड़े के कारण सामाजिक तथा आर्थिक परिवर्तन का उद्‌भव हो सकता है। जो भी हो, यदि एशियाई उत्पादन पद्धति से परिवर्तनहीन अर्थव्यवस्था और गतिहीन समाज का अभिप्राय है तो मध्यकालीन भारत पर उस पद्धति को लागू नहीं किया जा सकता। और जिस चीज को एशियाई उत्पादन पद्धति माना जाता

है उसे वस्तुतः सामंती उत्पादन पद्धति समझना चाहिए।

एशियाई उत्पादन पद्धति का मतलब विभेदरहित ग्रामीण समुदाय है, जिसमें भूस्वामी परिवारों को कमोबेश एक-दूसरे के समान माना जाता है। यह बात भूमि तथा अन्य संसाधनों पर सामुदायिक स्वामित्ववाले कतिपय जनजातीय समाजों पर तो लागू हो सकती है, लेकिन उन गाँवों पर नहीं जिनका उल्लेख भूमिदानपत्रों तथा साहित्यिक स्रोतों में भी हुआ है। गुप्त तथा गुप्तोत्तर कालों की स्मृतियों से स्पष्ट है कि जमीन पर सबसे बड़ा अधिकार राजा का, फिर स्वामी का, उसके बाद क्षेत्रिक या कर्षक का और कहीं-कहीं उपकर्षक का भी होता था। इस प्रकार जमीन के आधार पर समाज तीन या चार वर्गों में बँटा था।[23अ] इस स्थिति की पुष्टि भूमिदानपत्रों से होती है। धंधों तथा कर्मकांडों पर आधारित वर्ण एवं जाति-विषयक विभेद तो समाज में पहले से ही मौजूद थे, लेकिन गुप्तकाल से भूमि के स्वामित्व तथा गाँवों को सँभालने के अधिकारों के कुछ लोगों के हाथों में सिमट जाने से नए प्रकार के विभेद उत्पन्न हुए जिनके कारण पुराने विभेद और भी गहरे हो गए। उत्तर भारत के विभिन्न भागों में बड़े-बड़े किसानों का नया वर्ग उभरता दिखाई देता है। *महत्तर* कहलानेवाले इन किसानों में शूद्र भी शामिल हैं। भूमिदानपत्रों में बार-बार इनका उल्लेख हुआ है। इन अनुदानों की सूचना न केवल गाँव में रहनेवाली विभिन्न जातियों को, वरन् महत्तरों के वर्ग को भी दी जाती है। इन महत्तरों का स्थान बहुत ऊँचा है और गाँवों की व्यवस्था में ये महत्त्वपूर्ण भूमिका निभाते हैं। *महतो* शब्द, जिसका अर्थ मुखिया या प्रधान है, *महत्तर* का ही एक रूप है। अब भी कई ऊँच-नीच जातियों के लोग यह उपाधि धारण करते हैं, जिससे यही मालूम होता है कि किसी समय उनके पूर्वजों का गाँव में बड़ा रुतबा था। पीढ़ी-दर-पीढ़ी फैलते उनके परिवारों के सदस्य वही उपाधि धारण किए रहे, चाहे कालांतर में उनकी वित्तीय या सामाजिक स्थिति जैसी भी हो गई हो।

इसके अतिरिक्त, गुप्तकाल के अभिलेखों में खास प्रकार के कृषक समूहों का उल्लेख देखने को मिलता है, जिन्हें *कुटुम्बिन्* कहा गया है, यद्यपि गृहस्थ के अर्थ में इस शब्द का प्रयोग पहले के अभिलेखों में भी हुआ है। यह शब्द मूल संस्कृत का नहीं मालूम होता। संभव है, यह प्राकृत धातु *कुड* से व्युत्पन्न हुआ हो।[24] *कुड* शब्द का मतलब जमीन की माप भी है और कुएँ तथा अन्य जलाशयों से पानी निकालने का बरतन भी। द्राविड भाषाओं में भूमिकर के लिए *कुडिमाइ* शब्द का प्रयोग होता है।[25] *कुडि* का कुछ संबंध शायद *कुल्य* से भी हो, जो अनाज की एक माप है, जिससे भूमि की माप *कुल्यवाप* व्युत्पन्न हुई है। इसलिए *कुटुम्बिन्* लोग अवश्य ही भूमि की माप और सिंचाई से संबंधित थे और जाहिरन काश्तकार थे। उनमें भारतीय आर्य तथा द्राविड दोनों मूलों के लोग शामिल थे। *कुटुम्बिन्* शब्द से कई कृषक जातियों के नाम निकले — जैसे बिहार और उत्तरप्रदेश के कुर्मी और कोइरी और महाराष्ट्र तथा गुजरात के कुनबी। इनमें से ज्यादातर जातियाँ शूद्र वर्ण की मालूम होती हैं। मध्यकाल में ये लोग प्रमुख करदाता किसानों के रूप में उभरे। इस प्रकार देखा जा सकता है कि ग्रामीण इलाकों में, प्रसंगानुसार, कर या लगान का उपभोग करने के हकदार अनुदानभोगियों अथवा राजा के अमलों के अलावा दो और वर्ग उभरे — एक तो उच्च स्थान

पर स्थित महत्तरों का वर्ग तथा दूसरा उनके नीचे स्थित कुटुंबियों का समुदाय। कहने की जरूरत नहीं कि ग्रामीण सोपान में अनुदानभोगियों का स्थान सबसे ऊँचा था। यह व्यवस्था उत्तरी और पश्चिमी भारत में तथा दकन और पूर्वी भारत के अच्छे-खासे हिस्से में प्रचलित थी।

मध्यकाल में ही ग्रामवासियों पर समग्र रूप से बेगार या विष्टि आरोपित करने का चलन फैला। विष्टि आम लोगों से तालाब बनवाने के लिए ली जाती थी। यद्यपि दूसरी सदी ईस्वी के मध्य में एक राजा को हम यह दावा करते देखते हैं कि उसने सौराष्ट्र में लोगों को बेगारी से बरी कर दिया, किंतु मध्य भारत, महाराष्ट्र तथा गुजरात के कई अभिलेखों से मालूम होता है कि राजा या अनुदानभोगी जन ग्रामवासियों से बेगार लेते थे। इन इलाकों में किसानों को बेगार के तौर पर सामान्यतः अपने मालिकों के खेतों में काम नहीं करना पड़ता था। इसकी बजाय बेगारी का उपयोग सड़कें, राजमहल, किले आदि बनवाने में किया जाता था। इसके अलावा बेगार के मजदूर ग्रामीण क्षेत्रों में राजकीय सेना तथा राज्याधिकारियों के परिवहन में भी सहायता देते थे। लेकिन दक्षिण भारत में स्थिति भिन्न जान पड़ती है। चोलों तथा पांड्यों और दक्षिण भारत के अन्य राजवंशों के दानपत्रों में *वेत्ति* शब्द का उल्लेख बार-बार हुआ है।[26] आंध्रप्रदेश एवं दक्षिण भारत के कतिपय अन्य हिस्सों में *वेत्ति* शब्द का अर्थ खेती-बारी के काम में इस्तेमाल किया जानेवाला बँधुआ मजदूर है। इसलिए दक्षिण भारत के संदर्भ में *वेत्ति* का मतलब नाममात्र की मजदूरी पर या सिर्फ गुजारे के लायक साधन के बदले जमीन कोड़ने-कमानेवाला निम्नतम श्रेणी का खेतिहर मजदूर हो सकता है। *वेल्लाल* कहे जानेवाले समृद्ध किसानों के अस्तित्व से इस बात में कोई संदेह नहीं रह जाता कि दक्षिण भारत में किसान-किसान और गाँव-गाँव के बीच अंतर था। भूमिदान प्रणाली के कारण उत्तर में ही नहीं, दक्षिण में भी एक के ऊपर एक कई-कई भूस्वामियों की मध्यवर्ती श्रेणियों का उदय हुआ। चोलों के अधीन राजा के नीचे अनुदानभोगियों और उनके नीचे जमीन के दखलदारों का वर्ग था। इतना ही नहीं, दखलदार अपनी जमीन पट्टे पर दरदखलदार को दे देता था और दरदखलदार खेतिहर रैयतों से उसमें खेती करवाता था।[27] इस प्रकार इस काल में ग्रामीण आबादी का आर्थिक तथा सामाजिक वर्गीकरण पहले की अपेक्षा बहुत अधिक स्पष्ट हो चला था, और चौथी से सातवीं सदी तक के भूमिदानपत्रों में इस प्रवृत्ति की बहुत साफ झलक मिलती है।

भारत में पूर्व-मध्यकाल में कृषि का विस्तार बहुत तेजी से हुआ। इसका कारण अंशतः शहरों का ह्रास था, जहाँ सैनिकों, प्रशासकों, शिल्पियों, कारीगरों, व्यापारियों, पुजारियों, पुरोहितों आदि का जमाव था। अभिलेखों में ब्राह्मणों के शहर छोड़कर अन्यत्र जा बसने के उल्लेख मिलते हैं। शहरों से पलायन करनेवाले दस्तकारों ने शायद गाँवों में तकनीकी जानकारी का प्रसार किया। खासकर लौह शिल्प का व्यापक चलन हुआ और मध्यकाल में लोहे का उपयोग काफी बड़ी मात्रा में होता था। लोहे के औजारों के कारण बड़ी संख्या में काँसे की मूर्तियों की रचना संभव हुई। सच तो यह है कि इस काल का काँसा परिमाण तथा गुणवत्ता दोनों दृष्टियों से हड़प्पा के कांस्ययुग के काँसे को बहुत पीछे छोड़ गया। इसके अतिरिक्त, लोहे का उपयोग

अनुत्पादक प्रयोजनों में भी किया जाने लगा। इसका उदाहरण चन्द्र नामक राजा की विजय की स्मृति में स्थापित मेहरौली का लौह स्तंभ है। इसका अनुकरण कई राजपूत राजाओं ने भी किया।

उत्पादन की पुरानी शक्तियों से नए क्षेत्रों के लोगों का परिचय कराया गया और साथ ही नई शक्तियों का भी उन्मेष किया गया। लगता है, सिंचाई के लिए अरहट्ट या रहट का उपयोग सर्वप्रथम सातवीं सदी के आसपास आरंभ हुआ।[28] राजस्थान में नवीं सदी से वह लोकप्रिय होता गया और धीरे-धीरे उसका प्रयोग उत्तर भारत के अच्छे-खासे भाग में होने लगा। इसके अलावा, तालाबों के उपयोग और रोपनी के द्वारा धान की खेती करने की विधि का प्रसार सीमावर्ती क्षेत्रों में हुआ। इस सबसे कृषि का विस्तार हुआ। इसका प्रमाण इस काल में सीमावर्ती क्षेत्रों में उदित होनेवाले अनेक राज्य और दक्षिण भारत में उभरनेवाली नाडु नामक राजस्विक इकाइयाँ हैं।

499 ई. में *आर्यभटीय* नामक ग्रंथ की रचना गणित तथा नक्षत्रविज्ञान की प्रगति में युगांतरकारी घटना है। यह त्रिकोणमिति के क्षेत्र में महत्वपूर्ण योगदान था।[29] इसके आधार पर गुप्त तथा गुप्तोत्तर कालों में अनुदान में दिए गए और उत्तराधिकार में विभाजित सभी आकार-प्रकार के भूमिखंडों की पैमाइश करना तथा करों और लगानों के लिए उनका हिसाब लगाना संभव हुआ। इस ज्ञान का उपयोग मंदिर और महल बनाने तथा अभियांत्रिक कार्य में विभिन्न प्रकार की माप लेने के लिए भी किया जा सकता था। *आर्यभटीय* में शून्य और दशमलव प्रणाली का उपयोग भी देखने को मिलता है।[30] लेकिन भारत में इसका कोई खास इस्तेमाल नहीं हो पाया। अरबों के जरिए जब इसका प्रचार पश्चिम में हुआ तब दसवीं सदी के इतालवी व्यापारियों ने हिसाब-किताब रखने में इसका उपयोग किया।[31] भारत में इसकी उपेक्षा का कारण शायद यह रहा कि छठी से सातवीं सदी तक यहाँ वाणिज्य-व्यापार ठीक से नहीं चल रहा था। सातवीं सदी के पूर्वार्ध में ब्रह्मगुप्त द्वारा विकसित बीजगणित से माप तथा कृषि-वैज्ञानिक गणनाओं के लिए अधिक यथार्थ ज्ञान उपलब्ध हुआ।[32] इस बीच छठी सदी में वराहमिहिर, जो आर्यभट का समकालीन लेकिन उससे उम्र में कम था, *बृहत्संहिता* की रचना कर चुका था।[33] उसने वनस्पतियों तथा पशुओं का जो वैज्ञानिक वर्गीकरण किया वह इस काल में कृषि-विषयक ज्ञान को जो महत्त्व प्राप्त था उसके अनुरूप ही था। उसकी बहुत सारी भविष्यवाणियों का संबंध सामाजिक विषयों से है। घर बनाने के स्थान के चुनाव के बारे में उसने जो निर्देश दिए हैं वे नए गाँवों की स्थापना से संबद्ध मालूम होते हैं। ऋतुओं तथा मौसमों के संबंध में वराहमिहिर के पर्यवेक्षण कृषि-पंचांग के लिए बहुत उपयोगी हो सकते थे। वह इस बात पर खास जोर देता है कि ऐसे पर्यवेक्षणों तथा पंचांग को बराबर अद्यतन बनाते रहना चाहिए, क्योंकि समय बदलता रहता है। इस संदर्भ में एक और बात की ओर ध्यान जाता है। अनेक दानपत्रों से मालूम होता है कि ज्योतिषी या दैवज्ञ के पद को महत्त्व मिलना पूर्व-मध्यकाल में ही आरंभ हुआ।[34] निचले स्तर पर देश के कई भागों में पुरोहित/ज्योतिषी जजमानी प्रथा का अभिन्न अंग बन गया। कुल मिलाकर गुप्त तथा गुप्तोत्तर कालों में उत्पादन की शक्तियों में व्यापक परिवर्तन हुआ।

समाज और अर्थव्यवस्था को चलाने के लिए आवश्यक है कि श्रम-बल का अभाव नहीं हो,

और इस अभाव को हटाने के लिए संतानोत्पत्ति आवश्यक है। प्राचीनकाल में वैवाहिक नियमों तथा पारिवारिक रीति-रिवाजों के द्वारा इस अभाव को हटाया गया। इन नियमों के अनुसार, निचले वर्णों के लोगों अर्थात् वैश्यों और शूद्रों को विवाह और पत्नी का त्याग करने की अधिक छूट थी, विवाह की स्वतंत्रता एक हद तक इन वर्णों की स्त्रियों को भी प्राप्त थी। साथ-ही-साथ सामाजिक असमानता कायम रखने के लिए ऊपरी वर्णों के लोगों ने अपने वैवाहिक आचार-व्यवहार पर तरह-तरह के प्रतिबंध लगा रखे थे। फलतः वे खेती-बारी करनेवाले वैश्यों तथा मेहनत-मशक्कत करनेवाले शूद्रों के मुकाबले विशिष्ट कोटि के दिखाई पड़ते थे। मालूम होता है, पुराने वैवाहिक आचार-व्यवहार को अक्षुण्ण रखकर श्रमिकों की उत्पत्ति मध्यकाल में भी प्राचीनकाल जैसी चलती रही। पर मध्यकाल में ऊपरी वर्गों के बीच बहुपत्नित्व का चलन बढ़ा। अपनी शुद्धता तथा ऊँची सामाजिक स्थिति को बनाए रखने के लिए उन्होंने सतीप्रथा और बालविवाह को बढ़ावा दिया और विधवाविवाह तथा नियोग पर अंकुश लगाया।

मध्यकाल में बढ़ती हुई दहेजप्रथा से भूमि के असमान वितरण में सहायता मिली। जैन महाकाव्यों से शासक वर्गों में दहेजप्रथा के व्यापक चलन का आभास मिलता है। वर को घरेलू सेवक-सेविकाओं और शिल्पियों के साथ कई-कई गाँव दहेज में दिए जाते थे।[35] लगता है, समाज के उपरी वर्गों में *कन्यादान* के साथ-साथ *भूमिदान* भी किया जाता था। इसलिए इस तरह के कन्यादान से भी नए उत्पादन संबंध कायम होने में मदद मिली। शिल्पियों को कन्या के साथ दूर-दूर के प्रदेशों में भेजने से तकनीकी ज्ञान का भी प्रसार हुआ होगा।

पाँचवीं-सातवीं सदियों में सामाजिक संगठन में महत्त्वपूर्ण परिवर्तन हुए। मालूम होता है, गंगा की घाटी में वैश्य दीर्घकाल तक जमीन की मिल्कियतवाले किसान बने रहे। लेकिन भूमिदानों के कारण किसानों तथा राजा के बीच अतिरिक्त भूस्वामी वर्ग खड़ा हो गया। फलतः वैश्य पराधीन किसान बन गए। दूसरी ओर भारी संख्या में कबायली किसानों को शूद्रों का दर्जा प्रदान किया गया। इसका परिणाम यह हुआ कि पूर्व काल में दासों, घरेलू नौकर-चाकरों, कृषक-मजदूरों और निम्न वर्ग के शिल्पियों के रूप में काम करनेवाले शूद्रों में अब बहुत-से लोग वैश्यों की तरह किसानों की हैसियत लेकर सामने आए। गुप्तकाल से साहित्य में वैश्यों तथा शूद्रों का उल्लेख साथ-साथ करने की प्रवृत्ति काफी मुखर हो उठती है। इस प्रकार पुरानी ब्राह्मण व्यवस्था में संशोधन हुआ।

इस संशोधित ब्राह्मण व्यवस्था का प्रसार मध्यदेश से बंगाल और दक्षिण भारत में हुआ, जिसका कारण उन प्रदेशों में ब्राह्मणों को दिए गए भूमिदान थे। प्रदत्त भूमि का उपयोग करने के लिए बहुत-से ब्राह्मण पाँचवीं-छठी सदियों में उत्तर से जाकर बंगाल, उड़ीसा और दक्षिण भारत में बस गए। स्वभावतः इन प्रदेशों में ब्राह्मण और शूद्र प्रधान वर्ण बन गए, और अन्य वर्णों का अस्तित्व बहुत कमजोर हो गया। राजपूत सातवीं सदी से उत्तर भारत की राजनीति और समाज में महत्त्वपूर्ण शक्ति के रूप में सामने आते हैं, किंतु बंगाल और दक्षिण भारत में उनका स्थान भूस्वामी ब्राह्मणों ने ले लिया। जहाँ तक पुराने इलाकों का संबंध है, वहाँ परंपरा-पोषित सैद्धांतिक व चातुर्वर्ण्य व्यवस्था उन नए सामंती और सामाजिक दर्जों से मेल नहीं खाती थी जो

भूमि तथा सैनिक शक्ति के असमान वितरण के कारण खड़े हो गए थे। छठी सदी में कर्मकांडी दर्जों से सामंती दर्जों का मेल बैठाने का प्रयत्न आरंभ हुआ। पूर्ववर्ती धर्मशास्त्रों में वर्णों के आधार पर अनेक नियम बनाए गए। किंतु छठी सदी की रचना वराहमिहिर-कृत *बृहत्संहिता* में वर्णों तथा शासक सरदारों के विभिन्न वर्गों, दोनों के अनुसार अलग-अलग आकारों के घर बनाने का सुझाव दिया गया है। आगे चलकर वास्तुकला-विषयक कई मध्यकालीन रचनाओं में यह प्रवृत्ति काफी स्पष्ट होकर उभरती है।

लगभग सातवीं सदी से एक और नई सामाजिक प्रवृत्ति उभरने लगती है। वह है जातियों की संख्या में अभूतपूर्व वृद्धि। सातवीं सदी की कृति *ब्रह्मवैवर्त पुराण* में लगभग 100 जातियों के नाम गिनाए गए हैं,[36] जिनमें मनु द्वारा उल्लिखित 61 जातियाँ भी शामिल हैं। किंतु लगभग आठवीं सदी की रचना *विष्णुधर्मोत्तर पुराण* में कहा गया है कि वैश्य स्त्रियों एवं निम्नतर जातियों के सहवास से हजारों वर्णसंकर जातियाँ जन्म लेती हैं।[37] वैसे तो ब्राह्मणों तथा राजपूतों में भी जातियों की संख्या बढ़ी, लेकिन सबसे अधिक अभिवृद्धि शूद्र एवं अस्पृश्य जातियों की संख्या में हुई। जन्म का बढ़ता अभिमान और प्रादेशिक तथा व्यावसायिक गतिशीलता का अभाव सामंती समाज की विशेषताएँ हैं, और इन दोनों प्रवृत्तियों के कारण अनेक जातियों का जन्म हुआ। शिल्पियों की श्रेणियों के अभिलेखगत उल्लेख पहली सदी ईस्वी से ही मिलने लगते हैं, किंतु गुप्तोत्तरकाल में गतिशीलता के अभाव में उनमें कड़ाई आने लगी और वे जातियों का रूप लेने लगीं। देश-विजय और साथ ही बड़े पैमाने पर दिए जानेवाले धार्मिक भूमिदानों के माध्यम से कबायली लोगों को ब्राह्मणीय व्यवस्था में शामिल किया गया। भारतीय आर्यों तथा कबायली लोगों के बीच व्यापक सांस्कृतिक संपर्क तथा आदान-प्रदान हुआ, जिसके फलस्वरूप अनेक शूद्र तथा वर्णसंकर जातियों की सृष्टि हुई, जिनके देवी-देवताओं को ब्राह्मणीय देवकुल में स्थान दे दिया गया।

छठी-सातवीं सदियों में आंध्र, असम, बंगाल, गुजरात, कर्नाटक, केरल, महाराष्ट्र, उड़ीसा, राजस्थान, तमिलनाडु आदि क्षेत्रीय सांस्कृतिक इकाइयों का रूप कुछ-कुछ उभरने लगा। भारत में बड़ी संख्या में आनेवाले गुर्जरों ने छठी सदी में गुजरात तथा राजस्थान में कई राज्य स्थापित किए और भावी गुर्जर देश के गठन का मार्ग प्रशस्त किया। छठी सदी में देसी कबीलों तथा हूणों एवं अन्य विदेशी तत्त्वों का ब्राह्मणीय समाज में समाहार होने से राजपूतों का उदय हुआ, जिन्होंने राजस्थान के उत्कर्ष की पृष्ठभूमि तैयार की। देश के अन्य भागों में भी पृथक् क्षेत्रीय एवं सांस्कृतिक पहचान की शुरुआत का पता लगाया जा सकता है। अलग-अलग सांस्कृतिक पहचान के कारण बंगाल दो अलग-अलग इकाइयों में बँट गया — गौड तथा वंग। बाद में इस पूरे क्षेत्र का नाम वंग पड़ा। उपराष्ट्रीय समूहों के अस्तित्व को देसी और विदेशी, दोनों स्रोतों में स्वीकार किया गया है। हुआनत्सांग ने कई राष्ट्रीयताओं का उल्लेख किया है। विशाखदत्त-कृत *मुद्राराक्षस* में अलग-अलग क्षेत्रों का उल्लेख हुआ है, जिनके रीति-रिवाज, परिधान तथा भाषाएँ अलग-अलग हैं।[38] आठवीं सदी के जैन ग्रंथ *कुवलयमाला* में 18 प्रमुख राष्ट्रीयताओं का जिक्र हुआ है। इनमें 16 के मानववैज्ञानिक चरित्र की चर्चा करते हुए उनकी मनोवैज्ञानिक विशेषताओं

का निर्देश किया गया है और उनकी भाषाओं के उदाहरण प्रस्तुत किए गए हैं।[39] इस प्रकार छठी सदी भारत के नृजातीय इतिहास में विभाजक रेखा है।[40]

इससे भी अधिक महत्त्व की बात यह है कि सातवीं सदी के आसपास अपभ्रंश भाषा का विभाजन आद्य-हिन्दी, आद्य-राजस्थानी, आद्य-गुजराती और आद्य-मराठी में होने लगा। यद्यपि क्षेत्रीय भाषाओं के आरंभ का ठीक-ठीक निर्देश कर पाना कठिन है, तथापि पूर्वी भारत के वज्रयान बौद्ध साहित्य के आधार पर आद्य-बंगला, आद्य-असमी, आद्य-उड़िया, आद्य-मैथिली तथा आद्य-हिन्दी की शुरुआत सावतीं सदी में देखी जा सकती है।[41] इसी प्रकार जैन प्राकृत साहित्य के आधार पर इसी काल में आद्य-गुजराती तथा आद्य-राजस्थानी के प्रारंभ की भी तलाश की जा सकती है। पूर्वी भारतीय भाषाओं का मूल स्रोत निश्चय ही पश्चिमी भाषाओं के मूल स्रोत से भिन्न था, लेकिन छठी-सातवीं सदियों से देश में भाषागत विविधता मुख्य रूप से इसलिए बढ़ी कि इस काल में पर्याप्त गतिशीलता तथा अंतर्क्षेत्रीय संपर्क का अभाव हो चला था। सैनिकों के प्रयाण तथा भूमिदानों के लोभ में उत्तर भारत और दकन से भिक्षुओं तथा ब्राह्मणों के सीमावर्ती क्षेत्रों की ओर देशांतरण, यही एक से दूसरे क्षेत्र के संपर्क का जरिया रह गये थे। सैनिकों के कूच का नतीजा तो क्षणभंगुर हुआ करता था, किंतु भिक्षुओं एवं ब्राह्मणों के प्रव्रजन के महत्त्वपूर्ण परिणाम निकले। कबायली क्षेत्रों में ब्राह्मणों ने पहले से प्रचलित आर्य एवं प्राक्-आर्य बोलियों पर संस्कृत के विविध रूपों को आरोपित कर दिया। उन बोलियों तथा संस्कृत के इन रूपों के बीच जो अंतर्क्रिया हुई उससे क्षेत्रीय भाषाओं का उदय हुआ। मध्यदेश से देशांतरण करनेवाले ब्राह्मणों ने क्षेत्रीय भाषाओं के शब्दभंडारों को समृद्ध किया। उन्होंने पुस्तकें लिखकर तथा अंत में संस्कृत के आधार पर व्याकरण की रचना करके स्थानीय बोलियों को भाषाओं का रूप दिया।

नए-नए राज्यों तथा सामंती क्षेत्रों के उदय के फलस्वरूप जो बहुत-सी राजस्विक एवं राजनीतिक इकाइयाँ कायम हुईं उनके बाहरी संपर्कों से कटकर अपने-आप तक सीमित हो जाने से भाषा के स्थानीय तत्त्व प्रबल हुए। हर इकाई के शासक वर्ग में अनुदानभोगी शामिल थे और यह वर्ग अपने-अपने क्षेत्र से गहराई से जुड़ा हुआ था। छठी तथा सातवीं सदियों के मध्य विभिन्न क्षेत्रों के बीच घटते हुए संपर्क का संकेत दूरदेशों के साथ चलनेवाले व्यापार के ह्रास से मिलता है, जिसका प्रमाण इस काल में सिक्कों का विशेष अभाव है। गरज यह कि छठी-सातवीं सदियों से राज्यों और सामंती क्षेत्रों की बहुलता, व्यापार के अभाव तथा घटते अंतर्क्षेत्रीय संपर्क, इन तमाम बातों से ऐसी परिस्थितियों का जन्म हुआ जो क्षेत्रीय भाषाओं के उद्भव तथा रचना के लिए बहुत अनुकूल थीं।

क्षेत्रीय भाषाओं के समानांतर क्षेत्रीय लिपियों की भी रचना हो रही थी। मौर्य से गुप्त काल तक लिपि में जो भी परिवर्तन हुए वे क्रमिक रूप से हुए। जिस पुरालिपिशास्त्री ने गुप्तकालीन ब्राह्मी लिपि पर पूरा अधिकार प्राप्त कर लिया है वह देश के विभिन्न भागों से प्राप्त गुप्तकाल तक के अभिलेखों को आसानी से पढ़ सकता है। किंतु सातवीं सदी से क्षेत्रीय विविधताएँ इतनी प्रबल हो उठती हैं कि अभिलेखों को पढ़ने के लिए कई लिपियाँ सीखना आवश्यक हो जाता है। स्पष्ट

है कि क्षेत्रीय लिपियों का जन्म इसलिए हुआ कि विभिन्न क्षेत्र एक-दूसरे से पूरी तरह से कट गए थे, और स्थानीय शिक्षा तथा प्रशासन की जरूरतें पूरी करने के लिए स्थानीय रूप से शिक्षित लिपिक सुलभ थे। देश में मौर्यों, सातवाहनों, कुषाणों अथवा गुप्तों के राज्य की तरह कोई व्यापक राजनीतिक सत्ता नहीं थी जो काफी बड़े क्षेत्र में किसी एक लिपि का प्रयोग लागू करवाती। नए क्षेत्रों में राज्यों के उदय का मतलब यह था कि जमीन के दस्तावेज तथा दूसरे जरूरी कागज-पत्र बनाने के लिए स्थानीय लिपियों में काम करनेवाले कर्मचारी तैयार किए जाएँ, साथ ही धर्म तथा दर्शन की जरूरतें पूरी करने के लिए स्थानीय लिपियों के जानकार पुरोहित तैयार किए जाएँ।

साहित्य के इतिहास में भी छठी-सातवीं सदियाँ उतनी ही महत्त्व की हैं। शासक वर्ग उच्चतम प्रशासनिक स्तर पर संस्कृत का प्रयोग करता रहा। परंतु नवोदित श्रीमंत वर्ग आडंबर, मिथ्याभिमान तथा ऐश्वर्य-प्रदर्शन की जो जिंदगी जी रहा था और जिसकी नकल छोटे-बड़े सभी सामंतों की दरबारी शैली में हो रही थी, उसके अनुरूप संस्कृत गद्य तथा पद्य शैली में सुस्पष्ट परिवर्तन आया। उपमाओं, अलंकारों, बिंबों, विशेषणों तथा क्रियाविशेषणों से लेखन इस तरह ग्रस्त हो गया कि पाठक के लिए लेखक के *कथ्य* को ग्रहण कर पाना कठिन हो गया। इस तरह के लेखन का ठेठ उदाहरण बाण का गद्य है। नई अलंकृत, शब्दाडंबरयुक्त तथा वायवी शैली की अपेक्षाओं की पूर्ति के लिए पद्य में बहुत-से नए-नए छंद गढ़े गए और उन्हें परिष्कृत किया गया। यह चीज अभिलेखों तथा साहित्यिक रचनाओं, दोनों में देखी जा सकती है। सामाजिक श्रेणी-विन्यास पर धनी-मानी भूस्वामियों का प्रभुत्व था, और उनके तथा कृषकों के बीच खाई थी। इसके अनुरूप अभिजनवादी लेखकों के बीच कृत्रिम शैली में गद्य और पद्य लिखने की परिपाटी चल पड़ी। उनके लेखन ने भूस्वामियों तथा कृषकों के बीच की दूरी को और बढ़ा दिया।

मध्यकाल प्राचीन ग्रंथों पर विपुल भाष्य-साहित्य की रचना के लिए विशेष रूप से उल्लेखनीय है। संस्कृत, पालि तथा प्राकृत सभी पाठों के भाष्य लिखे गए। यह काम मुख्यतः पाँचवीं से अठारहवीं सदी तक किया गया, हालाँकि यह क्रम आज भी जारी है। धर्मशास्त्रों तथा स्मृतियों के ही नहीं, पाणिनि के व्याकरण, गृह्यसूत्रों, स्रौतसूत्रों, सुल्वसूत्रों, आयुर्वेद की रचनाओं, दार्शनिक कृतियों आदि सभी की टीकाएँ लिखी गईं।

पालि पाठों की टीकाओं को *अट्ठकथा* तथा प्राकृत पाठों की टीकाओं को *चूर्णिभाष्य* एवं *निर्युक्ति* कहा जाता है। भाष्य-साहित्य से बौद्धिक जीवन में सत्तावादी प्रवृत्ति सुदृढ़ हुई, परंतु पुरातन के पुनर्कथन में नवीनता का समावेश करके उसे पर्याप्त संशोधित कर दिया गया। इस सबका प्रयोजन राज्य तथा वर्णव्यवस्था पर आश्रित पितृसत्तात्मक समाज को अक्षुण्ण रखना और नई परिस्थितियों से उसकी संगति बैठाना था। पूर्व-मध्यकाल की आवश्यकताओं की पूर्ति के लिए 600 और 900 ई. के बीच अनेक विधिग्रंथों की रचना की गई। निरंतरता पर जोर देने तथा अपने लिए स्वीकृति और समर्थन का वातावरण तैयार करने के उद्देश्य से कई धर्मशास्त्रकारों ने स्वयं को वृद्ध मनु, बृहत् पराशर आदि संज्ञाओं से अभिहित किया। ये विधिग्रंथ और भाष्य

सामाजिक असमानता के तत्त्वों को स्थायित्व प्रदान करने तथा भूमि एवं सत्ता के असमान वितरण से उत्पन्न नई विषमताओं के साथ कानून और कर्मकांड का सामंजस्य बैठाने में सहायक हुए। विभिन्न ग्रंथों पर लिखे गए भाष्यों एवं सार-संग्रहों में निरंतरता पर बल दिया गया, और रुद्ध अर्थव्यवस्था से जुड़ी रुद्ध मानसिकता मध्यकाल की प्रबलतम प्रवृत्ति के रूप में प्रकट हुई। ध्यातव्य है कि सोलहवीं सदी में यूरोप से संपर्क के बावजूद न तो यूरोपीय भाषाएँ सीखने का और न छपाई या किसी अन्य यूरोपीय प्रौद्योगिकी को अपनाने का कोई दृष्टांत मिलता है।[42]

मालूम होता है, छठी सदी से जमीन-जायदाद को लेकर खूब मुकदमेबाजी होने लगी। तर्कशास्त्र के जन्म का शायद यह भी एक कारण था। पाँचवीं सदी के पूर्व यह कोई सुस्थापित विषय नहीं था। लगता है, *न्यायसूत्र* का संकलन 400 ई. के आसपास किया गया।[43] इसमें प्रमाणों के चार पद बताए गए हैं — बोध, अनुमान, तुलना तथा साक्ष्य। *युक्त* एवं *अयुक्त* ज्ञान का विशद विवेचन आरंभ हुआ। हर प्रकार के प्रमाण के विविध पहलुओं पर विस्तार से विचार किया गया।[44] यद्यपि शास्त्रार्थ की युक्तियों का प्रयोग दार्शनिक विवादों में किया जाता था,[45] किंतु लगता है कि उसका विकास किसी-न-किसी प्रकार से भूमि-विषयक विवादों से जुड़ा रहा होगा।

मूर्तिकला में क्षेत्रीय शैलियों का उदय होने से कला तथा स्थापत्य ने नए दौर में प्रवेश किया। क्षेत्रीय शैलियाँ आठवीं सदी से विशेष रूप से मुखर होने लगीं। यद्यपि कला में इन शैलियों के जन्म का कारण क्षेत्रीय मनोवृत्ति तथा चेतना मानी गई है, तथापि जिन कारणों से क्षेत्रीय भाषाओं एवं लिपियों का जन्म और विकास हुआ वे इस पर भी लागू थे।

मध्यकाल के जीवन में मंदिर महत्त्वपूर्ण भूमिका निभाने लगे — विशेष रूप से दक्षिण भारत में, जहाँ वे सामाजिक, आर्थिक तथा सांस्कृतिक गतिविधियों के केंद्र बन गए। कहने की जरूरत नहीं कि मंदिर तथा विहार भूमिदान पर आश्रित थे। मंदिर को केंद्र बनाकर नई वास्तुकला का विकास हुआ। इसी काल में *पंचायतन* अर्थात् पाँच मंदिरों के समूह की शैली का प्रवर्तन हुआ। इस विन्यास में देवाधिदेव को गर्भगृह में स्थान दिया जाता था, जो परिसर के मध्य में स्थित होता था और जिसका आकार सबसे बड़ा होता था। उसके चारों कोनों पर चार छोटे-छोटे मंदिर बने होते थे, जो अक्सर देवी-देवताओं के लिए होते थे। इस प्रकार का मंदिर देवकुल में किए गए श्रेणी-विन्यास के सर्वथा अनुरूप था। जिस प्रकार भूस्वामी श्रीमंतों की एक के ऊपर एक कई सामंती श्रेणियाँ बनी हुई थीं उसी प्रकार देवी-देवताओं की मूर्तियों में भी श्रेणी-विन्यास किया गया था और मंदिरों के निर्माण में भी इस बात का ध्यान रखा जाता था।

गुप्तोत्तरकाल के देवी-देवताओं की मूर्तियों में उनका श्रेणी-विन्यास काफी स्पष्ट रूप में सामने आता है, जो वस्तुतः समाज की पिरामिडनुमा संरचना को प्रतिबिंबित करता है। विष्णु, शिव तथा दुर्गा देवाधिदेव हैं। उनके आकार बड़े-बड़े होते हैं। अन्य देवी-देवताओं की विभिन्न छोटे-छोटे आकारों की मूर्तियाँ उनके देवाधिदेवों के सहायकों तथा अनुचरों के रूप में निम्नतर स्थानों में प्रतिष्ठित की गई हैं। मुख्य आराध्य देवी-देवता उच्च, मध्यम या निम्न श्रेणी के हैं, यह इस बात पर निर्भर करता है कि उनके इर्द-गिर्द कितने देवी-देवताओं की मूर्तियाँ प्रतिष्ठित की गई

हैं। ऐसा नहीं लगता कि देवकुलों को कोई खास तरतीब देने और समन्वित रूप देने का प्रयत्न किया गया हो। इसके विपरीत, उनमें कबायली तथा निम्न श्रेणी के देवी-देवताओं को जैसे-तैसे शामिल कर लिया गया है। वर्गगत असमानता शैव, जैन तथा तांत्रिक मठों के संगठन में भी लक्षित होती है। इनमें एक के ऊपर एक पाँच-पाँच श्रेणियों का उल्लेख हुआ है। आचार्य के अभिषेक के लिए जिन संस्कारों की अनुशंसा की गई है वे बहुत-कुछ राजा के अभिषेक के विधि-विधानों के समान हैं।

ईस्वी सन् की आरंभिक सदियों के दौरान और उसके पश्चात् भी धार्मिक कर्मकांडों तथा आचार-व्यवहार में महत्त्वपूर्ण परिवर्तन हुए। लगभग पाँचवीं सदी से छोटी-छोटी निजी गृहस्थियों की स्थापना, सुरक्षित पारिवारिक भूसंपत्ति के उदय तथा मुद्रा के प्रयोग के साथ घरेलू पूजा-अर्चना और महायज्ञों का जो चलन आरंभ हुआ था वह ईस्वी सन् की दूसरी सदी के बाद लोकप्रिय नहीं रह गया था। यद्यपि सातवाहन शासक इन यज्ञों में दक्षिणा देने के लिए हजारों कार्षापण व्यय करते थे किंतु परवर्ती काल में बहुत कम राजा इस तरह के यज्ञ करते थे। सामान्य लोगों के बीच तो इस प्रथा का अस्तित्व ही प्रायः मिट गया था। गुप्त तथा गुप्तोत्तर काल के पुराणों में तीर्थयात्रा तथा दान की महिमा का बखान किया गया। यज्ञों का स्थान इन पौराणिक धर्माचरणों ने ले लिया। दूसरी ओर, अपनी सेवाएँ अपने सामंती प्रभु को समर्पित करके उसके प्रसाद या कृपा के रूप में इससे राजस्विक अधिकार, भूमि तथा सुरक्षा प्राप्त करने के बढ़ते रिवाज के अनुरूप धार्मिक क्षेत्र में भी पूजा की प्रथा का विकास हुआ। पूजा के साथ भक्ति का सिद्धांत भी जुड़ा हुआ था। भक्ति की आद्यतम कल्पना का थोड़ा-बहुत संबंध 'भाग' से था,[46] यद्यपि 'भक्त' का अर्थ भात भी होता है। जो भी हो, आरंभिक दौर की भक्ति ऐसे काल में प्रकट हुई थी जिसमें राजा और उसके अधिकारियों का स्थान बड़े महत्त्व का था, और देवताओं की संख्या कम थी। मध्यकालीन भक्ति का मतलब था अपने आराध्य के प्रति संपूर्ण समर्पण, जो मध्यकाल में धर्म की खास विशेषता बन गया। यह बात सातवीं सदी से तमिलनाडु पर विशेष रूप से लागू होती है। मध्यकालीन भक्ति भूस्वामियों पर रैयतों या अर्ध-कृषिदासों की संपूर्ण निर्भरता की प्रतिच्छाया थी।

पूजा तथा भक्ति, दोनों तंत्र संप्रदाय के अभिन्न अंग बन गए। इस नए संप्रदाय का जन्म मध्य-देश से बाहर आदिवासी और सीमावर्ती क्षेत्रों में हुआ था, जिसके मूल में ब्राह्मणों तथा कबायली लोगों के बीच होनेवाला वह संपर्क और आदान-प्रदान था जो इन प्रदेशों में बड़े पैमाने पर दिए गए धार्मिक भूमिदानों के फलस्वरूप हुआ। नए क्षेत्रों में ब्राह्मणीय प्रभुत्व को कायम रखने का उपाय यही था कि कबायली कर्मकांडों तथा देवी-देवताओं, विशेष रूप से मातृदेवी को अपना लिया जाए। पाँचवीं-सातवीं सदियों के दौरान नेपाल, असम, बंगाल, उड़ीसा, मध्य भारत तथा दकन में बहुत-से ब्राह्मणों को भूमिदान मिले, और लगभग इसी काल में इन क्षेत्रों में तांत्रिक ग्रंथों, मंदिरों तथा रीति-रिवाजों का भी उदय हुआ।[47] तमिलनाडु के अधिकांश भाग में ब्राह्मण बड़ी संख्या में आठवीं सदी से बसने लगे और आगमों का संकलन नवीं सदी के आसपास से होने लगा। तंत्र संप्रदाय के धार्मिक तत्त्वों का समावेश जैन तथा बौद्ध धर्मों और शैव एवं वैष्णव संप्रदायों में हुआ, तथा सातवीं

सदी से लेकर मध्यकाल के पूरे दौर में इसका बोलबाला रहा। कई मध्यकालीन पांडुलिपियों के विषय तंत्र तथा फलित ज्योतिष हैं, जो अभिन्न रूप से अंतर्संबद्ध थे।

इसमें संदेह नहीं कि बढ़ते हुए ब्राह्मणीय प्रभाव तथा संपत्ति के अधिकार पुरुषों के हाथों में होने के कारण पितृतंत्र धीरे-धीरे मातृतंत्र पर हावी हो गया। जब मंदिरों तथा ब्राह्मणों को आदिवासी क्षेत्रों में भूमिदान दिए जाने लगे तो इस प्रक्रिया में तेजी आई। मालूम होता है, जनजातियों के बीच स्त्री की भूमिका ज्यादा अहम होती थी, लेकिन भूमि-विषयक नई व्यवस्था के अधीन और खेती में लोहे के फालों का प्रयोग आरंभ हो जाने से स्त्रियों की अहमियत खत्म हो गई और पुरुषों की प्रधानता बढ़ी। आदिम जनजातियों को ब्राह्मणीय सामंती समाज में खपाने के लिए मातृदेवी को मान्यता दी गई और उसे ब्राह्मणीय ग्रंथों तथा मूर्तिकला में सम्मान का स्थान प्रदान किया गया। यद्यपि मध्यकाल में सामाजिक तथा आर्थिक धरातल पर मातृतंत्र का व्यापक रूप से निग्रह किया गया, तथापि कर्मकांडी और धार्मिक स्तर पर जनजातियों की भरपाई कर दी गई। तंत्र के प्रभाव के कारण मातृदेवियों की पूजा व्यापक रूप से होने लगी, हालाँकि ब्राह्मणीय सामंती समाज के संपर्क में आने से जनजातीय समाज में स्त्रियों का महत्त्व वास्तव में कम हुआ।

भौतिक आकांक्षाओं की पूर्ति तथा सामान्य रोगों के उपचार और मनुष्य, पशु एवं सांसारिक संपदाओं पर आनेवाले संकट के निवारण के लिए जादू-टोने से संबंधित कर्मकांडों का प्रयोग *अथर्ववेद* के काल से ही किया जा रहा था, किंतु अब शिक्षित ब्राह्मण तथा उनके धनीमानी यजमान विधिवत् उनका आयोजन करने लगे। उन्होंने इन कर्मकांडों को बढ़ावा तो खूब दिया, लेकिन साथ ही उनके रूप को विकृत भी कर दिया। मध्यकालीन तांत्रिक एक ही साथ पुरोहित, ज्योतिषी और वैद्य, सबका काम करने लगा। सरदार और श्रीमंत तथा अन्य संपन्न लोग अमृत और उस काल में दुष्प्राप्य धातु सोने की प्राप्ति के लिए नाना प्रकार के गुह्य अनुष्ठान करने लगे।

मध्यकालीन सामाजिक व्यवस्था में नए ढंग के संघर्ष और अंतर्विरोध पैदा हुए। प्राचीनकाल में कृषकों के विरोधों और जनाक्रोश के भाजन राजा और कभी-कभी पुरोहित होते थे, क्योंकि प्रजा के सारे दुःख-दैन्य का कारण इन्हीं लोगों को माना जाता था। प्रजा का शोषण करनेवाले प्रांतीय शासकों और दफ्तरशाहों के खिलाफ भी शिकायतें की जाती थीं। वर्ण-संघर्षों के भी उदाहरण मिलते हैं — जैसे वैश्यों तथा शूद्रों का अपने-अपने कर्तव्यों से विमुख हो जाना। अब समाज तथा भूमि की नई व्यवस्था के अंतर्गत नए प्रकार के संघर्षों का जन्म हुआ। इन संघर्षों के मूल में मुख्यतः भूस्वामित्व का प्रश्न हुआ करता था। लगता है, राजा और दानभोगियों के बीच, दानभोगी-दानभोगी के बीच और सबसे बढ़कर दानभोगियों तथा किसानों के बीच जमीन को लेकर काफी विवाद उठते रहते थे। इस तरह के विवाद धार्मिक भूस्वामियों (मंदिरों और पुरोहितों) तथा धर्मेतर पक्षों के बीच भी उठ खड़े होते थे।[48] स्पष्ट है कि इन विवादों के निबटारे के लिए ही *नारद स्मृति* में राजशासन की सर्वोच्चता का प्रतिपादन किया गया, जिसकी पुनरावृत्ति गुप्त तथा

गुप्तोत्तर काल की कई रचनाओं में हुई। कृषक सहित विभिन्न पक्षों के बीच उठनेवाले भूमि-विषयक विवादों के समाधान के लिए राजशासन निर्णायक प्रमाण बन गया।[49] जो लोग अपने स्वामित्व का आधार धर्म, व्यवहार या आचार को बनाते थे वे नुकसान में रहते थे। पाल राजशासनों से ज्ञात होता है कि दुर्दमनीय तत्त्वों के दमन के लिए *दौस्साधसाधनिक* जैसे अधिकारी रखे जाते थे। यह उल्लेखनीय है कि आधुनिक काल में अंग्रेजों ने दुसाध जाति के लोगों को पेशेवर अपराधी करार दिया था, जो पूर्वी भारत में बड़ी संख्या में बसे हुए हैं। इससे मालूम होता है कि इन किसानों तथा खेतिहर मजदूरों की उन लोगों से खटपट रहती थी, जो इनसे लगान और श्रम-सेवा की माँग करते थे। इस प्रकार नए संघर्षों के समाधान के लिए नई संस्थाएँ विकसित करनी पड़ीं।

इसमें संदेह नहीं कि तुर्क मुसलमानों के शासन की स्थापना के फलस्वरूप देश के सामाजिक, आर्थिक एवं राजनीतिक संगठन में महत्त्वपूर्ण परिवर्तन हुए। किंतु मध्यकाल में उत्पादन पर भूस्वामियों का नियंत्रण; जातियों की संख्या में वृद्धि; कला, लिपि और भाषा में क्षेत्रीय पहचान; पूजा, भक्ति, तीर्थ और तंत्र तथा इसी तरह की जो अन्य प्रवृत्तियाँ उभरीं और आगे कायम रहीं उनमें से अधिकांश के मूल छठी तथा सातवीं सदियों में ढूँढ़े जा सकते हैं। इससे भी अधिक महत्त्व की बात यह है कि देश के बहुत बड़े हिस्से में भूमिदान का चलन चौथी-सातवीं सदियों में ही फैला और तुर्कों तथा मुगलों के शासनकाल में उसका व्यापक प्रसार हुआ। अब भूमिदानों को *इक़्ता, जागीर, मनसब, मदद-ए-माश, मिल्क, इनाम, लखराज, नज़राना* वगैरह कहा जाने लगा।[50] मुसलमान शासकों ने ब्रह्मोत्तर एवं देवोत्तर आदि दान देने का प्राचीन चलन कायम रखा। इसके अतिरिक्त, ज्ञान के मुख्य स्रोत के रूप में पूर्ववर्ती प्रमाण-ग्रंथों पर अवलंबित भाष्य-लेखन की परंपरा का अनुसरण उत्साहपूर्वक किया जाता रहा। देश में मुसलमानों द्वारा आरंभ की गई विधि-प्रणाली तत्त्वतः हिन्दू विधि-व्यवस्था के ही समान थी, क्योंकि यदि हिन्दू विधिशास्त्र धर्मशास्त्रों पर आधारित था तो मुसलमानों की प्रणाली भी *कुरान* पर अवलंबित थी। दोनों में से किसी भी प्रणाली में राज्य द्वारा कानून बनाने की कोई व्यवस्था नहीं थी। केवल प्रमाण-ग्रंथों और भाष्यों को उद्धृत किया जाता था।[51] दोनों विधि-प्रणालियों में सुलतानों तथा मुगल शहंशाहों के अधीन ढेर-सारी सारावलियाँ तैयार की गईं।

इस प्रकार देखा जा सकता है कि चौथी-सातवीं सदियों में प्राचीन भारतीय जीवन उथल-पुथल और रूपांतरण की अवस्था से गुजर रहा था। समाज, अर्थव्यवस्था, राज्य-संरचना, भाषा, लिपि, धर्म तथा बौद्धिक जीवन में महत्त्वपूर्ण परिवर्तन हो रहे थे। उनके संबंध में कोई समग्र दृष्टि अपनाना और उन सबके संगम का निर्देश और व्याख्या करना कठिन कार्य है। किंतु इस दिशा में प्रयास करना आवश्यक है। मध्यकाल की अवधारणा और उसमें समाहित तत्त्वों के विश्लेषण तथा स्पष्टीकरण की आवश्यकता है। मध्यकाल के उद्भव-बिंदुओं का निरूपण राजनीतिक तथा राजवंशीय इतिहास के सर्वेक्षण से नहीं, प्रत्युत भारतीय जीवन के सभी पहलुओं के समग्र अध्ययन द्वारा ही किया जा सकता है।

संदर्भ और टिप्पणियाँ

1. पेरी एंडर्सन, *पैसेज फ्रॉम एंटीक्विटी टु फ्यूडलिज़्म*, लंदन, 1971, पृ. 18.
2. देखिए अगला अध्याय; रामशरण शर्मा, *शूद्राज़ इन एंशंट इंडिया*, दूसरा संस्करण, पृ. 233-39; बी.एन.एस. यादव, 'द एकाउंट्स ऑफ द कलि एज एंड द सोशल ट्रांजिशन फ्रॉम एंटीक्विटी टु द मिड्ल एजेज़', *इंडियन हिस्टॉरिकल रिव्यू*, IV, अंक 1 व 2, 1978.
3. डी.सी. सरकार, *सिलेक्ट इंस्क्रिप्शंस बेयरिंग ऑन इंडियन हिस्टरी एंड सिविलाइजेशन*, जिल्द I, दूसरा संस्करण, कलकत्ता विश्वविद्यालय, पृ. 198-99.
4. वही, पृ. 432-4.
5. रामशरण शर्मा, 'पॉलिटिको-लीगल ऐस्पेक्ट्स ऑफ द कास्ट सिस्टम', *जर्नल ऑफ बिहार रिसर्च सोसाइटी*, XXXIX, भाग 3, 1953, पृ. 325.
6. सैमुअल बील (अनु.), *ट्रेवल्स ऑफ फाहियान ऐंड सुंग युन*, लंदन, 1869, अध्याय XVI, पृ. XXXVII.
7. टी. वाटर्स, *ऑन युआन चुआंग्स ट्रेवल्स इन इंडिया*, प्रथम भारतीय पुनर्मुद्रण, दिल्ली, 1961, पृ. 176.
8. *इंडियन हिस्टॉरिकल क्वार्टरली*, VI, 1930, 55.
9. और भी उदाहरणों के लिए देखिए रामशरण शर्मा, *इंडियन फ्यूडलिज़्म, स. 300-1200*, कलकत्ता विश्वविद्यालय, 1965, पृ. 24-28.
10. देखिए, अध्याय चार।
11. पी.वी. काणे तथा एस.जी. पटवर्धन द्वारा अनूदित *व्यवहारमयूख*, बंबई, 1933, पृ. 35-07 में उद्धृत।
12. वाटर्स, उपर्युक्त, पृ. 176.
13. वही, पृ. 177.
14. रामशरण शर्मा, *इंडियन फ्यूडलिज़्म*, परिशिष्ट II.
15. टी. टाकाकुसु (अनु.), *ए रेकर्ड ऑफ द बुद्धिस्ट रिलीजन एज प्रैक्टिस्ड इन इंडियन एंड द मलय आर्किपेलगो बाई इत्सिंग*, ऑक्सफर्ड, 1896, पृ. 61.
16. वाटर्स, उपर्युक्त, पृ. 168.
17. *अर्थशास्त्र* के अधिकरण II में प्रयुक्त *शूद्र-कर्षक* पद का अर्थ 'शूद्र और किसान' भी हो सकता है।
18. *नारद स्मृति*, I, 181 का भाष्य।
19. रामशरण शर्मा, *इंडियन फ्यूडलिज़्म*, पृ. 54-56.
20. देखिए अध्याय 8.
21. रामशरण शर्मा, *अर्बन डिके इन इंडिया (सर्का 300- सर्का 1000)*, नई दिल्ली, 1987, पृ. 135-38.
22. लतिका वरदराजन, 'इंडियन पार्टिशिपेशन इन ट्रेड ऑफ द सदर्न सीज़, सर्का नाइंथ टु थर्टीन्थ सेंचुरीज़', हिन्द महासागर पर आयोजित अंतर्राष्ट्रीय संगोष्ठी, (नई दिल्ली, 1985) में प्रस्तुत टाइपशुदा शोधपत्र।
23. इस संबंध में देखिए *अर्बन डिके इन इंडिया (स. 300 – स. 1000)*, अध्याय 2, पृ. 51.

23अ. लक्ष्मणशास्त्री जोशी (सं.), *धर्मकोश*, जिल्द 1, भाग 2, पृ. 954 और 961. ऐसा लगता है कि 'स्वामी' 'सामंत' का पर्यायवाची था। रिर्चड डब्लू. लैरीवाइर (सं.), *द नारद स्मृति*, भाग 1, टेक्ट, फिलेडेलफिया, 1989, XI. 17-18, 34.

24. मोहन चन्द, *जैन संस्कृत महाकाव्यों में भारतीय समाज*, दिल्ली, 1989, पृ. 134-42.
25. आर. तिरुमलै, *लैण्ड ग्रांट्स एण्ड अग्रेरियन रिएक्शन्स इन चोल एण्ड पांड्य टाइम्स*, मद्रास विश्वविद्यालय, 1987, पृ. 5-6.
26. पी. षण्मुखम्, *द रेवेन्यू सिस्टम ऑफ चोलाज़, 850-1279*, मद्रास, 1987, पृ. 16.
27. आर. तिरुमलै, उपर्युक्त, पृ. 60
28. डी.एम. बोस आदि द्वारा संपादित, *ए कंसाइज हिस्टरी ऑफ सायंस इन इंडिया*, नई दिल्ली, 1976, पृ. 609-10.
29. वही, पृ. 92-95, 165-66, 609.
30. वही, पृ. 165.
31. इसके लिए मैं गुणाकर मुले का आभारी हूँ।
32. डी.एम. बोस आदि द्वारा संपादित, उपर्युक्त, पृ. 166.
33. वही, पृ. 94-95, 609.
34. देश के कुछ हिस्सों में, खासकर कोंकण में, पंचांग के साथ जुलूस निकाला जाता है और कभी-कभी इस बात पर विवाद भी हो जाता है कि उसे ग्रहण कौन करे।
35. मोहन चन्द, उपर्युक्त, पृ. 504-06.
36. ब्रह्मखण्ड, श्लोक 14-134.
37. II, 81-2.
38. आल्फ्रेड हिलेब्रैंट द्वारा संपादित, भाग 1 (ब्रेलौ, 1912), पृ. 103.
39. यू.वी. गंकोवस्की की कृति *द पीपुल्स ऑफ पाकिस्तान*, मास्को, 1974, पृ. 103 में उद्धृत।
40. वही।
41. शाहिदुल्ला का विचार है कि कुछेक *चर्यापद* बहुत पुराने अर्थात् 700 ई. के हैं (जे. ब्लॉक, *ल इंडो-आर्यन*, पेरिस, 1934, पृ. 15)।
42. यह जानकारी मुझे प्रोफेसर सुरेंद्र गोपाल से मिली है।
43. इसमें लगभग तीसरी या चौथी सदी ई. की अनेक बौद्ध रचनाओं के अंश उद्धृत किए गए हैं। एस.सी. विद्याभूषण, *ए हिस्टरी ऑफ इंडियन लॉजिक*, पुनर्मुद्रण, दिल्ली, 1989, पृ. 46.
44. सुरेंद्रनाथ दासगुप्त, *ए हिस्टरी ऑफ इंडियन फिलॉसफी*, पुनर्मुद्रण, दिल्ली, 1975, पृ. 332-60.
45. वही, पृ. 360-66.
46. भक्ति के उद्भव के संबंध में देखिए सुवीरा जायसवाल, *ऑरिजिन एंड डेवलपमेंट ऑफ वैष्णविज़्म*, दूसरा संस्करण, दिल्ली, 1981.
47. रामशरण शर्मा, 'मॅटिरियल मीलिउ ऑफ तांत्रिसिज़्म', रामशरण शर्मा और विवेकानन्द झा द्वारा संपादित *इंडियन सोसाइटी हिस्टॉरिकल प्रोबिंग्स*, द्वितीय संस्करण, नई दिल्ली, 1977, पृ. 175-89 में प्रकाशित।
48. देखिए अध्याय 6.
49. देखिए अध्याय 5.
50. इनमें से कुछ शब्दों की जानकारी मुझे प्रोफेसर क़यामुद्दीन अहमद से मिली है।
51. रॉबर्ट लिंगट, *द क्लासिकल लॉ ऑफ इंडिया*, कुछ परिवर्द्धन के साथ फ्रांसीसी से अनूदित, जे. डंकन एम. डेरेट, केलीफोर्निया विश्वविद्यालय, 1973, पृ. 259-60.

अध्याय दो

कलियुग : सामाजिक संकट तथा परिवर्तन का काल

भारतीय संस्कृति के कुछ आधुनिक पक्षधरों के विचार में उसके मूल्य और मान अपरिवर्तनशील हैं। औद्योगिक क्रांति के बावजूद जातिप्रथा के कायम रहने का हवाला देते हुए कुछ समाजशास्त्री भी उनका समर्थन करते हैं।[1] किन्तु प्राचीन भारतीय मनीषियों की दृष्टि में उनका समाज तथा उसके मूल्य परिवर्तनधर्मी थे। विश्व की सृष्टि तथा सम्पत्ति एवं परिवार की रक्षा के निमित्त राज्य की स्थापना के संबंध में उनकी कल्पना[2] से हम इसी निष्कर्ष पर पहुँचते हैं। वेदोत्तरकाल में समाज का प्राप्य आदर्श वर्णव्यवस्था पर आश्रित धर्म या कर्तव्य था। लेकिन ब्राह्मणीय चिंतनधारा में धर्म भी परिवर्तनशील था। 'शान्ति पर्व' के एक श्लोक के अनुसार, देश और काल के अनुरूप धर्म अधर्म और अधर्म धर्म बन जाता है।[3] यह अवश्य है कि इस चिंतन में परिवर्तन को विकास की प्रक्रिया के रूप में नहीं, प्रत्युत कालचक्र की गति के रूप में देखा जाता है।

पुराणों तथा स्मृतियों के अनुसार अविकल धर्म के चार पद होते हैं और ऐसा धर्म केवल कृतयुग में ही संभव है।[4] कृतयुग शुद्ध आनंद एवं उल्लास का युग है—बहुत-कुछ रूसो की कल्पना की प्राकृतिक अवस्था के समान। इस युग में किसी वर्ण के मन में अधर्म का विचार नहीं उठा। फिर इसमें कुछ दोष आए और तब त्रेता का प्रादुर्भाव हुआ।[5] त्रेता में धर्म ने अपना एक पद खो दिया। तब भी इस युग की अभिव्यक्ति आदर्श रामराज्य के रूप में ही हुई, जिसका वर्णन प्रथमतः वाल्मीकि ने किया और जिस वर्णन को बाद में तुलसीदास ने आगे बढ़ाया। इस राज्य में चतुर्दिक् सुख-समृद्धि छाई हुई थी और ब्राह्मण व्यवस्था की संस्थाएँ सुचारु रूप से काम करती थीं। त्रेता के उपरांत द्वापर आया।[6] इसी युग में महाभारत का युद्ध हुआ। अब धर्म का एक और पद चला गया, लेकिन तब भी धर्मराज युधिष्ठिर जैसा व्यक्ति इस युग का प्रतिनिधि पुरुष रूप माना जाता था। धर्म के क्रमिक ह्रास के अन्तिम चरण में कलियुग का प्रवेश होता है। अब धर्म का एक ही पद शेष रह जाता है। अंततः कलियुग के अवसान के बाद पुनः कृतयुग अर्थात् विशुद्ध धर्म के काल की प्रतिष्ठा होती है। ज्ञातव्य है कि प्राचीन ग्रन्थों में प्रथम तथा चतुर्थ युगों का वर्णन तो बड़े विस्तार से किया गया है, किन्तु दोनों मध्यवर्ती युगों की चर्चा नाममात्र की ही की गई है। प्रायः सभी आरंभिक पुराणों में कलियुग के विशद वर्णन मिलते हैं।[7] इन

वर्णनों का काल-निर्धारण बहुत कठिन है, किंतु रमेशचन्द्र हाजरा के अनुसार प्रारंभिक वर्णनों का संबंध तीसरी सदी ईस्वी से,[8] दूसरे समूह के वर्णनों का आठवीं सदी से[9] और तीसरे समूह का दसवीं सदी या उसके आसपास के काल से है।[10] स्पष्ट है कि इस काल-निर्धारण का आधार प्रत्येक वर्णन की अंतर्वस्तु है। किंतु इन वर्णनों का उपयोग ऐतिहासिक प्रयोजनों के लिए करने में हाजरा के मन में भी संकोच है। एक स्थल पर वे नन्दों और मौर्यों से लेकर आंध्र शासन की समाप्ति तक के काल को कलियुग बताते[11] हुए उस काल में शूद्र राजाओं के अस्तित्व को रेखांकित करते हैं।[12] यहाँ हाजरा ने कलियुग का जो लम्बा दौर बताया है वह पार्जिटर की कृति *डाइनेस्टीज़ ऑफ द कलि एज*[13] से मेल खाता है। इस पुस्तक में महाभारत (दसवीं सदी ई. पू.) से लेकर गुप्त शासन के प्रारंभ तक का इतिहास दिया गया है।

कलियुग की कल्पना बहुत कुछ स्पष्ट है। स्थापित समाजव्यवस्था के नियमों के उल्लंघन का अर्थ कलि अथवा उसके लक्षणों का प्रकट होना माना गया है। कलि का मतलब है कर्मवाद की उपेक्षा तथा उसकी जगह पर पाषण्डी संप्रदायों एवं गैर-ब्राह्मणीय विदेशी शासकों का बोलबाला। इसका मतलब यह भी है कि विभिन्न वर्ण के लोग धर्मशास्त्र-विहित अपने-अपने कर्मों से विमुख हो रहे हैं। इन कर्मों के संबंध में ब्राह्मणीय दृष्टि रूढ़ और कठोर नहीं है। यह देश और काल के अनुसार बदलती रहती है, जैसा कि शूद्रों के कर्मों के संबंध में हम देखते हैं। अतः मान्य व्यवस्था का अर्थ भी बदलता रहता है। किन्तु हाजरा ने जिन कालों की पहचान कलियुग के रूप में की है उनमें से प्रत्येक में विदेशी हमलों, अस्थिरता, सामाजिक तनावों, संघर्षों तथा पाषण्डी संप्रदायों और शिक्षाओं का बोलबाला है।

हाजरा ने कलि के वर्णनों को चार कालों से जोड़ा है, किंतु हम मुख्यतः उस वर्णन पर विचार करेंगे जिसका काल वे तीसरी और चौथी सदी मानते हैं। यहाँ हम मध्यकाल में विकसित कलिवर्ज्यों[14] पर गौर नहीं करेंगे। किंतु साथ ही अपनी विवेचना के दायरे को हम *वायु*, *ब्रह्माण्ड* तथा *विष्णु* पुराणों में उपलब्ध कलि अथवा युगांत के वर्णनों तक सीमित नहीं रखेंगे, बल्कि *महाभारत* के 'आरण्यक' तथा 'शान्ति' पर्वों के वर्णनों पर भी ध्यान देंगे, क्योंकि ये वर्णन प्रारंभिक, पुराणों के वर्णनों से मेल खाते हैं और ये हैं भी उसी काल के। *महाभारत* में खिल के रूप में प्रक्षिप्त *हरिवंश* पुराण में उपलब्ध वर्णन भी इसी काल के आसपास के हैं। इन वर्णनों की कमी को पूरा करने और इनकी प्रामाणिकता की जाँच करने के लिए *मनुस्मृति* तथा 'शान्ति पर्व' में दण्ड के महत्त्व के विवेचन पर दृष्टिपात करना उपयोगी रहेगा। इस उद्देश्य से *रामायण* के 'अयोध्या काण्ड' तथा 'शान्ति पर्व' में अराजक के वर्णन का भी इस्तेमाल किया जा सकता है।

हाजरा के अनुसार, *वायु* तथा *ब्रह्माण्ड* पुराणों में उपलब्ध वर्णन 200-275 ईस्वी के आसपास के काल तथा *विष्णु पुराण* में मिलनेवाला वर्णन तीसरी सदी के अन्तिम तथा चौथी सदी के प्रथम चरण की स्थिति को प्रतिबिम्बित करते हैं।[15] यह कुषाण तथा सातवाहन राज्यों के क्रमिक पतन और अवसान तथा गुप्त शासन की पूर्ण प्रतिष्ठा के बीच का काल था, जब राजनीतिक स्थिरता का अभाव चल रहा था। 'शान्ति पर्व' में चातुर्युग का वर्णन इसी काल का माना जा

है। यह भी कहा गया है कि ब्राह्मण जप का त्याग कर देंगे और शूद्र जपपरायण हो जाएँगे[35] तथा ब्राह्मणों को धर्म का मर्म समझाएँगे।[36] इसके अतिरिक्त शूद्रों के तप करने की भी चर्चा मिलती है।[37] ऐसे शूद्र भिक्षा पर जिएँगे, जबकि ब्राह्मण परिचर्या पर।[38] 'आरण्यक पर्व' के श्लोकों में ब्राह्मणों पर शूद्रों के अत्याचार का वर्णन करते हुए बताया गया है कि भय से त्रस्त और वृषलों से उत्पीड़ित द्विज जन आर्त्तनाद करेंगे और कहीं कोई रक्षक न पाकर पृथ्वी पर भटकते हुए नदियों, पहाड़ों और जनपदों में शरण लेंगे।[39] आगे के श्लोकों के अनुसार दस्युओं से आतंकित एवं कुराजाओं के करों के भार से पीड़ित श्रेष्ठ ब्राह्मण भी हताश होकर शूद्रों के सेवकों के रूप में अशोभनीय कार्य करेंगे।[40] पूरे अवतरण से यह आभास होता है कि शूद्रों ने राजनीतिक सत्ता प्राप्त कर ब्राह्मणों की स्थिति दयनीय बना दी। इन श्लोकों की चाहे जो व्याख्या की जाए, तीसरी-चौथी सदियों के आसपास कलियुग के वर्णन में ब्राह्मण-शूद्र वैर का सामान्य स्वर स्पष्ट है। इसकी अभिव्यक्ति कभी धार्मिक शब्दावली में हुई है तो कभी सामाजिक तथा राजनीतिक मुहावरों में। ब्राह्मणों के प्रति शूद्रों के रोष के इस उद्दाम विस्फोट को समझना कठिन नहीं है। इन्हें निम्नतम कर्मकाण्डी स्थिति में डालकर दासों, श्रमिकों, घरेलू चाकरों, बटाईदारों आदि के रूप में अन्य वर्णों की आजीवन सेवा में लगाने का दायित्व तो ब्राह्मणों पर ही था। पालि साहित्य में हमें धनी ब्राह्मण भूस्वामियों के भी उल्लेख मिलते हैं। इस प्रकार, कलियुग के संदर्भ में वर्ण-संघर्ष के वर्णन में दो प्रकार के तनाव देखने को मिलते हैं। एक ओर तो ब्राह्मणों तथा क्षत्रियों का वैश्यों एवं अन्य लोगों से तनाव चल रहा था, और दूसरी ओर ब्राह्मण और शूद्र आपस में टकरा रहे थे।

शूद्र-ब्राह्मण संबंधों का उल्लेख करनेवाले कई अवतरणों में कहा गया है कि कलियुग में शूद्र ब्राह्मणों के पेशे अपना लेंगे।[41] शूद्र से बौद्धों तथा जैनों का अभिप्राय हो सकता है।[42] किंतु एक श्लोक से मालूम होता है कि ब्राह्मण अपनी जीविका के लिए शूद्रों पर निर्भर थे।[43] इसका मतलब शूद्रों की स्थिति में भारी परिवर्तन हुआ। शूद्र भी संस्कार कराते थे और उनके दान-दक्षिणा पर ब्राह्मण जीते थे। स्पष्ट है कि ब्राह्मणों के रुख में भारी बदलाव आया, क्योंकि अब तक वे तीन ऊपरी वर्णों के ही संस्कार कराते और उन्हीं से दान-दक्षिणा लेते आए थे। यह बात और है कि शूद्रों के श्रम का लाभ उठाने में उन्होंने कभी कोई परहेज नहीं किया। नई परिस्थिति में जीवन-यापन के लिए ब्राह्मणों के शूद्रों पर निर्भर होने से यह भी भासित होता है कि नए लोगों को, अर्थात् विदेशियों और देश की जनजातियों को ब्राह्मण-व्यवस्था में शामिल किया गया। उनकी स्थिति ऐसी थी कि वे पुरोहितों की सेवा प्राप्त कर सकते थे। ब्राह्मणों ने अपनी समाजव्यवस्था में उन्हें शूद्रों का कर्मकाण्डी दर्जा प्रदान कर दिया, ताकि वे विविध यज्ञ-अनुष्ठानों के जरिए उनसे दान-दक्षिणा प्राप्त कर सकें। शूद्रों के अधिकाधिक संख्या में किसान बनते जाने का यह मुख्य कारण हो सकता है। किसानों की हैसियत पानेवाले शूद्रों में विशेष रूप से जनजातीय क्षेत्रों के लोग शामिल रहे होंगे, जिन्हें खेती-बारी के नए तरीके सिखाए गए थे। दोनों ऊपरी वर्णों के शोषण के विरुद्ध वैश्यों तथा शूद्रों की प्रतिक्रिया का ठीक-ठीक

रूप चाहे जो रहा हो, किंतु इसमें संदेह नहीं कि इस प्रतिक्रिया से व्यापक उथल-पुथल का संकेत मिलता है, जिसका मतलब प्रजा का विद्रोह और विक्षोभ है। इसका संकेत 'समुद्वेग' शब्द के प्रयोग से मिलता है, जो धर्म का अस्त करनेवाले कलियुग के प्रादुर्भाव का लक्षण है।[44] विद्रोह की स्थिति के लिए कौटिलीय *अर्थशास्त्र* में 'कोप' (जैसे 'जनपद-कोप') शब्द का प्रयोग हुआ है। *हरिवंश* में भी उसी परंपरा को कायम रखा गया है, भले ही स्थिति अब कौटिल्य के काल से भिन्न रही हो।

कलियुग में चतुर्दिक असुरक्षा तथा अव्यवस्था का साम्राज्य था। इस अवस्था में 'योगक्षेम' का विनाश हो गया।[45] इस शब्द का अर्थ सामान्यतः जन-कल्याण लगाया जाता है। किन्तु योग का अर्थ प्राप्ति तथा क्षेम का धन या संपत्ति मानना चाहिए। इस प्रकार योगक्षेम का अर्थ सामान्यतः संपत्ति की सुरक्षा लगाना चाहिए।[46] अतः योगक्षेम के विनाश का मतलब यह हुआ कि कलियुग में संपत्ति की सुरक्षा नहीं थी।

सुविधाभोगी वर्गों के लोगों के लिए यह विशेष चिंता का कारण रहा होगा। चोरी-डकैती के बोलबाले के जिक्र से संपत्ति की सुरक्षा के अभाव का पता चलता है। *वायु पुराण* के एक श्लोक के अनुसार चोर-डाकू राजा के समान व्यवहार करेंगे और राजा चोर-डाकुओं के समान।[47] *हरिवंश* के अनुसार बहुत-से लोग भिखारी बनकर एक-दूसरे का नाश करेंगे। राजाओं और चोरों द्वारा सताए गए लोगों का विनाश होगा।[48] संपत्ति की असुरक्षा का कारण 'अराजक' और कलि, दोनों को बताया गया है। उल्लेख है कि अराजक स्थिति में मनुष्य न संपत्ति प्राप्त करने की आशा कर सकता है और न परिवार बसाने की,[49] दो लोग मिलकर एक की सम्पत्ति का हरण कर लेते हैं और अनेक मिलकर दो की संपत्ति का। स्वतंत्र व्यक्ति को बलात् दास बना लिया जाता है और स्त्रियों का अपहरण कर लिया जाता है।[50] कलियुग के वर्णन में कई स्थलों पर गृहस्थों को चोर (परिमोषक)[51] और वस्त्रचोर कहा गया है।[52] उनकी चर्चा फसल के चोरों के रूप में भी हुई है।[53] यह भी कहा गया है कि वे भोज की सामग्री तथा विभिन्न प्रकार की पण्य वस्तुओं का हरण कर लेंगे।[54] स्थिति इतनी विकट हो जाएगी कि चोर ही एक-दूसरे की हत्या करेंगे, और ऐसे पारस्परिक विनाश की प्रक्रिया के बाद पुनः व्यवस्था की स्थापना होगी।[55] हमें यह जानकारी भी मिलती है कि करों के भारी बोझ के कारण गृहस्थ या किसान विपन्न हो जाएँगे और उनके सामने चोरी करने के अलावा और कोई चारा नहीं रह जाएगा, यद्यपि वे स्वयं को मुनि बताएँगे और व्यापार करके जीवन-यापन करेंगे।[56]

कुछ अवतरणों से लगता है कि कलियुग में व्यापार जीविका का महत्त्वपूर्ण साधन था। तीसरी सदी के अन्तिम और चौथी सदी के प्रारंभिक चरणों में कलियुग के वर्णन में व्यापार का उल्लेख बार-बार हुआ है, जो तीसरी सदी में तथा उसके बाद के काल में भी प्रकट होनेवाली नई आर्थिक प्रवृत्तियों से सर्वथा संगत प्रतीत होता है। यूनानी तथा लातीनी ग्रन्थों एवं बौद्ध अवदानों के साथ-साथ पुरातात्त्विक खोजों से भी मालूम होता है कि कुषाण-सातवाहन काल पण्य वस्तुओं के उत्पादन का काल था, और तीसरी सदी के मध्य के उपरांत भी कुछ समय तक

उत्पादन की यही गति कायम रही होगी। इससे आंतरिक व्यापार और विदेश-व्यापार दोनों को प्रोत्साहन मिला। इसलिए व्यापार के उल्लेखों से यह संकेत भी मिलता है कि उच्चतर सामाजिक स्थिति प्राप्त करने को उतावले व्यापारियों ने व्यवस्था के प्रति विराग और विद्रोह को बढ़ावा देने में प्रमुख भूमिका निभाई जिस कारण व्यवस्था के पक्षधरों ने उनके व्यवसाय को तिरस्कार की दृष्टि से देखा। *हरिवंश* में कहा गया है कि जनपद में शूलों की भाँति पण्य-स्थलों (बाजारों) की भरमार होगी।[57] पण्य-स्थल जनपद की कोई आदर्श विशेषता नहीं है। कौटिल्य ने जनपद के जो लक्षण बताए हैं उनमें इनका कोई उल्लेख नहीं मिलता।[58] *हरिवंश* में यह भी कहा गया है कि सड़कों के निकट और शहरों के बीच पड़नेवाली जमीन ऊसर हो जाएगी और कलियुग में सब व्यापारी बन जाएँगे।[59] सबके व्यापारी बन जाने की बात में अतिशयोक्ति भले ही हो, किंतु कलियुग के आरंभिक दौर में व्यापार के महत्त्व से इनकार नहीं किया जा सकता। व्यापार के बढ़ते जोर का आभास देनेवाले उपर्युक्त संदर्भों के अतिरिक्त हमें यह भी मालूम होता है कि लोग विभिन्न प्रकार के शिल्पों को जीविका के साधन के रूप में अपनाएँगे, और असत्य, मद्यपान, सामिषाहार तथा परस्त्रीगमन के प्रेमी बन जाएँगे।[60] जो भी हो, व्यापारियों तथा शिल्पियों की बहुलता का निर्देश करनेवाले हवालों से प्रकट होता है कि कलियुग से संबंधित अव्यवस्था में व्यापारियों और शिल्पियों की कुछ भूमिका अवश्य रही होगी।

सामाजिक अव्यवस्था और वर्ण-संघर्ष की यह स्थिति कैसे उत्पन्न हुई? संदर्भ ग्रंथों से मालूम होता है कि अकाल, सूखा, अनावृष्टि आदि प्राकृतिक विपदाएँ तो इसका कारण थीं ही, किंतु इसमें करों के दुस्सह भार की भूमिका काफी महत्त्वपूर्ण प्रतीत होती है। *विष्णु पुराण* के अनुसार, दुर्भिक्ष एवं करों से पीड़ित लोग गेहूँ तथा जौ से भरपूर अन्य देशों में जा बसेंगे।[61] *हरिवंश* से मालूम होता है कि निस्सार, असहाय तथा क्षुभित संसार में कर-भार से पीड़ित जन वनों में जा बसेंगे।[62] लगभग छठी सदी के एक ग्रंथ में इस संदर्भ में न केवल अनावृष्टि तथा दुस्सह कर-भार का उल्लेख किया गया है, बल्कि शीत, झंझा, आतप तथा अतिवृष्टि की भी चर्चा की गई है।[63] साथ ही उसमें राजा के दस्युवत् व्यवहार का जिक्र करते हुए[64] कहा गया है कि अपनी संपत्ति और स्त्रियों पर ऐसे लोभी और घृणित राजाओं की कुदृष्टि से भयभीत प्रजा पर्वतों में शरण लेगी और साग-भाजी, कंद-मूल, मांस, मधु, फल तथा बीज खाकर गुजारा करेगी।[65] किंतु तीसरी और चौथी सदियों के संदर्भ ग्रंथ भी राजाओं के उत्पीड़क व्यवहार की चर्चा करते हैं। उनसे ज्ञात होता है कि कलिकाल में राजा रक्षक नहीं रह जाएँगे और विभिन्न प्रकार के कर और महसूल, जैसे शुल्क और ब्याज, लगाकर अपनी प्रजा की संपत्ति का हरण करेंगे।[66] जान पड़ता है, इस कथन का संबंध व्यापारियों पर किए जानेवाले अत्याचारों से है। एक दूसरा अवतरण किसानों पर होनेवाले अत्याचारों पर प्रकाश डालता है। *ब्रह्माण्ड पुराण* से मालूम होता है कि युगांत में राजाओं का काम सिर्फ करों (बलि तथा भाग) का उपभोग करना रह जाएगा, वे प्रजा की रक्षा के दायित्व का त्याग करके केवल अपनी रक्षा की चिंता करेंगे।[67] ऐसी ही बातें राजा के कारिन्दों के बारे में भी कही गई हैं। *वायु पुराण* के अनुसार गोप्तृ कहलानेवाले अधिकारी

अत्याचारी बन जाएँगे और अपने प्रशासनिक दायित्वों से विमुख हो जाएँगे।[68]

यहाँ तीसरी तथा चौथी सदियों के राजाओं द्वारा भारी कर लगाने के कारणों पर थोड़ा विचार कर लेना आवश्यक होगा। संभव है, विदेशी वस्तुओं की, विशेषतः भोग-विलास संबंधी वस्तुओं की, लालसा के कारण राजाओं की आवश्यकताएँ बढ़ती गईं। फलते-फूलते विदेश व्यापार के कारण वे ऐसी जीवन-पद्धति के अभ्यस्त हो गए जिसका निर्वाह वे उचित उपायों से नहीं कर सकते थे। राजा को जिस वस्तु की भी आवश्यकता होती थी, वह व्यापारियों को उसे जुटाने का हुक्म दे देता था, भले ही उन्हें इसके लिए कितनी ही भारी कीमत चुकानी पड़े।[69] मालूम होता है, उनकी आवश्यकताएँ पूरी करना अब किसानों, व्यापारियों, शिल्पियों तथा श्रमिकों अर्थात् वैश्य एवं शूद्र वर्णों के लोगों के बस में नहीं रह गया था। देश के कुछ भागों में भूमि की उर्वरता भी शेष हो गई होगी। इस स्थिति में किसानों पर सामान्यतः 'प्रणय' एवं 'विष्टि' लादी गयी होगी, क्योंकि हम देखते हैं कि दूसरी सदी ईस्वी में सौराष्ट्र के शासक रुद्रदामन् ने जब इनका आरोपण नहीं किया तो उसने इस बात का उल्लेख विशेष रूप से किया।

कलियुग में भारी कर लगाने के चाहे जो कारण रहे हों, वह कराधान के धर्मशास्त्रविहित सिद्धांतों के विरुद्ध था। प्रजा को प्रदत्त संरक्षण के बदले में उससे कर लिए जाते हैं, इस मूल सिद्धांत का उस युग में निश्चित रूप से उल्लंघन हुआ। इसी प्रकार इस नियम का भी पालन नहीं किया गया कि कर उतना ही लगाया जाए जितना लोग आसानी से दे सकें। 'आरण्यक पर्व' के एक श्लोक से जान पड़ता है कि म्लेच्छों ने बड़े पैमाने पर शोषण का रास्ता अपनाया। कहा गया है कि धरती दीर्घ काल तक म्लेच्छों से भरी रहेगी और करों के भार से भयभीत ब्राह्मण दसों दिशाओं में भागते फिरेंगे।[70] इसी स्रोत से हमें यह भी मालूम होता है कि धरती पर अनेक म्लेच्छ राजा होंगे, जिनमें से सब-के-सब मिथ्याचार, पाप एवं असत्य में रत होंगे।[71] लेकिन राजवंशों के नामों का उल्लेख करनेवाले अगले अवतरण से यह नहीं लगता कि उनमें से सभी म्लेच्छ वंश के ही थे। उदाहरणार्थ, उन राजवंशों में आन्ध्र, शक, पुलिन्द, यवन, शूद्र तथा आभीर सब शामिल हैं। इनके अतिरिक्त कम्बोजों तथा और्णिकों का भी जिक्र हुआ है,[72] यद्यपि एक पाण्डुलिपि में कम्बोजों के स्थान पर बाह्लिकों[73] का और एक अन्य में और्णिकों के बदले कुणिकों[74] का उल्लेख हुआ है। और्णिकों तथा कुणिकों में से किसी के बारे में हम निश्चयपूर्वक नहीं कह सकते कि वे कौन थे। जान पड़ता है, उपर्युक्त राजवंशों में से कुछ तो विदेशी मूल के थे, लेकिन बाकी देसी जनजातीय शासक परिवार थे, जिन्हें राजवंशों की आप्त स्थिति प्रदान कर दी गई थी। तीसरी सदी के राजवंशों के विवरण देनेवाले पुराणों से स्थानीय राजवंशों द्वारा की गई राजनीतिक उथल-पुथल के पर्याप्त संकेत मिलते हैं। उदाहरणार्थ, विश्वफणि नामक एक मागध (जिसे वर्णसंकर माना गया है) राजा के बारे में बताया गया है कि उसने सभी राजाओं को अपदस्थ करके उनके स्थान पर कैवर्तों, मद्रकों, पुलिन्दों और विभिन्न प्रदेशों के ब्राह्मणीय व्यवस्था के बाहरवाले लोगों को प्रतिष्ठित कर दिया।[75] स्पष्ट शब्दों में कहा गया है कि नपुंसकसमान विश्वफणि स्थापित क्षत्रिय व्यवस्था को उलटकर नई क्षत्रिय व्यवस्था की रचना

करेगा। इससे साफ मालूम होता है कि अब पारम्परिक सरदारों, राजाओं, श्रीमन्तों और योद्धाओं का स्थान अपने पराक्रम से समृद्धि प्राप्त करनेवाले महत्त्वाकांक्षी लोगों ने ले लिया था। यह व्यापक आंतरिक उथल-पुथल का लक्षण है, जिससे म्लेच्छों का कोई संबंध नहीं था। इसलिए केवल विदेशी लोगों को आंतरिक अव्यवस्था का कारण बताना गलत होगा। अंत में देशी-विदेशी दोनों मूलों के लोगों को ब्राह्मणीय व्यवस्था में रख लिया गया। विश्वफणि के संबंध में कहा गया है कि वह देवताओं तथा पूर्वजों की पूजा करेगा, गंगा तट पर यज्ञ सम्पादन करेगा और शक्र के राज्य में स्थान प्राप्त करेगा।[76] विश्वफणि के वंशमूल और पूर्वजीवन का कोई उल्लेख नहीं किया गया है। यद्यपि पुराणों में कई नवोदित राजवंशों तथा जनसमुदायों का उल्लेख हुआ है, किंतु इस प्रसंग में केवल एक मगध का जिक्र हुआ है।

ब्राह्मणों के कोप-भाजन विदेशी और देसी दोनों वर्गों के राजवंश थे, क्योंकि उन्हें वैधता प्राप्त करने तथा ब्राह्मण जीवन-पद्धति अपनाने में कुछ समय लगा। अस्थिरता के दौर में 'जिसकी लाठी उसकी भैंस' की स्थिति उत्पन्न हो गई। जिसके पास भी घोड़े, हाथी, रथ और संपत्ति थी वही राजा बन बैठता था।[77] ऐसे राजा अत्याचारी और शोषक साबित होते थे, जिससे प्रभुत्वशाली उच्च वर्गों के विरुद्ध प्रतिक्रियाओं का सिलसिला कुछ समय तक चलता रहा। फलतः वर्णव्यवस्था में व्याघात पड़ा और विभिन्न वर्गों के बीच तनाव तथा अव्यवस्था फैली।

वर्णव्यवस्था को उलटने की कोशिश केवल वंचित तथा शोषित वर्गों ने की, ऐसा सोचना गलत होगा। पुरातत्त्व, बौद्ध साहित्य, अभिलेखों तथा विदेशी विवरणों, सबसे मालूम होता है कि ईस्वी सन् की प्रारंभिक सदियों के दौरान शिल्प तथा व्यापार देश में पूरे उत्थान पर थे। सिक्कों की, विशेषतया ताँबे के सिक्कों की प्रचुरता, शहरों का अस्तित्व तथा फलता-फूलता विदेश व्यापार, ये सब इस बात के साक्षी हैं। यह उल्लेख भी मिलता है कि पापमय युग, अर्थात् कलियुग में सभी वणिक बन जाएँगे।[78] इन लोगों के प्रति स्पष्ट तिरस्कार का भाव दिखाई देता है, जिसका कारण इनका वर्ण-विरुद्ध आचार-व्यवहार है। व्यापारियों के आचरण का वर्णन करते हुए कहा गया है कि वे तरह-तरह की कूट चालों से काम लेते हैं और गलत माप-तौल से बड़ी मात्रा में अपना माल बेचते हैं।[79] तीसरी सदी की रचना *दिव्यावदान* से ज्ञात होता है कि चुंगी, घाट-शुल्क, भाट-शुल्क आदि से परेशान व्यापारी तरह-तरह के उपायों से इन महसूलों से बचने की कोशिश करते थे।[80] लगभग उसी काल की स्मृतियों में कौटिलीय *अर्थशास्त्र* की अपेक्षा शुल्कादि लगाने की अधिक उन्नत पद्धतियाँ सुझाई गई हैं।[81] चुंगी के अलावा व्यापारियों को एक सामान्य कर भी अदा करना पड़ता था[82] जिसे *अर्थशास्त्र* में परमार्थ के अर्थ में प्रयोग किया गया है।[83] 'शान्ति पर्व' में शिल्पियों पर 'शिल्पप्रतिकर' नामक आम कर लगाने के नियम विहित किए गए हैं।[84] यह नया कर मालूम होता है, क्योंकि इससे पहले के ग्रन्थों में शिल्पियों से महीने में सिर्फ एक दिन राजा के लिए काम करने का प्रावधान है।[85] इन सब कारणों से शिल्पियों तथा व्यापारियों में तत्कालीन राजनीतिक व्यवस्था के विरुद्ध क्षोभ पैदा हुआ होगा। जो समाजव्यवस्था उनकी समृद्धि के बावजूद उन्हें उचित स्थान देने को तैयार नहीं थी उसके खिलाफ

उनका मानस सहज दुर्भाव से भर गया। उनमें से बहुत-से लोगों ने बौद्ध धर्म के हित में दान-दक्षिणा देकर अपनी स्थिति में सुधार करने और सामाजिक प्रतिष्ठा प्राप्त करने का प्रयत्न किया। *विष्णु पुराण* में कलि का वर्णन करते हुए कहा गया है कि दान ही पुण्य अर्जित करने का एकमात्र साधन बन गया।[86] उसी ग्रंथ में यह कथन भी है कि संपत्ति ही उच्च पारिवारिक स्थिति की प्राप्ति का स्रोत बन गई।[87] इस पुराण में यह उक्ति भी है कि द्रव्यों तथा रत्नों का संग्रह प्रशंसा का हेतु बन गया।[88] संभव है कि अपना क्षोभ अभिव्यक्त करने तथा अपनी कर्मकाण्डी स्थिति सुधारने के लिए शिल्पियों तथा व्यापारियों ने किसानों और कृषक मजदूरों से मिलकर उथल-पुथल की हालत पैदा कर दी हो। किसानों तथा व्यापारियों के गठजोड़ का हल्का-सा आभास अवश्य मिलता है। कई स्थलों पर कहा गया है कि करों के बोझ से दबे किसान वणिकों के धंधे अपनाएँगे।[89]

बौद्ध धर्म का पुराना समतावादी तेज अब भी पूरी तरह मंद नहीं पड़ा था। इसके अतिरिक्त वैष्णव संप्रदाय जैसे कुछ असनातनी पंथ भी निम्न वर्गों के पक्षधर थे। वैष्णव संप्रदाय की शिक्षा का उद्देश्य वर्णव्यवस्था को उलटना नहीं था, लेकिन उसकी शिक्षा को ऐसा अर्थ दिया जा सकता था। कृष्ण की शरण में आकर 'पापयोनि' वैश्य, शूद्र एवं स्त्रियाँ भी स्वर्ग को प्राप्त कर सकती हैं, *गीता* के इस वचन[90] से समाज के दलित-शोषित वर्गों के लोग सांत्वना ग्रहण कर सकते थे और तत्कालीन व्यवस्था के विरुद्ध एकजुट होने की प्रेरणा भी प्राप्त कर सकते थे। पाषण्डों या असनातनी संप्रदायों के शिक्षकों तथा अनुयायियों की बहुलता कलियुग की मुख्य विशेषता प्रतीत होती है।[91] कहा गया कि कोई प्रतीक धारण करना ही किसी आश्रम में प्रवेश करने का पर्याप्त आधार माना जाता है। स्पष्ट है कि प्रत्येक असनातनी संप्रदाय की पहचान का अपना चिह्न होता था।[92] हमें शूद्र परिव्राजकों द्वारा भिक्षाटन करने तथा संस्कृत जनों द्वारा भी पाषण्डों की जीवन-पद्धति अपना लिए जाने के उल्लेख मिलते हैं।[93] *वायु पुराण* शूद्र पतियों तथा तपस्वियों[94] की चर्चा करते हुए बताता है कि मुंडित सिर और धवल दंतपंक्ति वाले काषाय वस्त्रधारी शूद्र धर्म का आचरण करते हैं।[95] शूद्र तपस्वी को इतना बड़ा अनर्थ माना गया है कि वाल्मीकि के अनुसार तपस्या करने के कारण राम को शम्बूक नामक शूद्र का वध करना पड़ा। इस प्रकार ऊपर उद्धृत सभी संदर्भों से शूद्रों पर असनातनी विचारधारा के प्रभाव का संकेत मिलता है। उनके मानस को इसने कौन-सा मोड़ दिया यह पता लगाने का कोई साधन हमें सुलभ नहीं है। हो सकता है, इन असनातनी संप्रदायों के प्रभाव में आकर शूद्रों तथा वैश्यों के अपेक्षाकृत उन्नत हिस्सों—जैसे शिल्पियों और व्यापारियों—ने शोषितों को गोलबंद करके ऐसी स्थिति उत्पन्न कर दी हो जिसमें वर्णव्यवस्था द्वारा स्थापित नियम तथा मूल्य कुछ काल के लिए अस्त-व्यस्त हो गए हों। इस वस्तुस्थिति का चित्रण *महाभारत* तथा पुराणों में 'कलियुग' और *रामायण* में 'अराजक' के रूप में किया गया है। स्मृतियों के 'आपद्धर्म' प्रकरण में जीवन-निर्वाह के लिए दिए गए प्रावधानों का संबंध भी इसी से है। इस अवस्था का वर्णन करते हुए बताया गया है कि रोटी-बेटी-व्यवहार संबंधी मर्यादाएँ समाप्त हो गईं। लेकिन इससे भी महत्त्वपूर्ण जानकारी यह

मिलती है कि विभिन्न वर्णों ने अपने-अपने धर्म का त्याग कर दिया। इसका अर्थ यह हो सकता है कि किसानों तथा व्यापारियों अर्थात् वैश्यों ने शासकों यानी क्षत्रियों को कर देना बंद कर दिया। संभव है, शूद्रों ने भी यही रुख अपना लिया हो, और दासों, शिल्पियों, कृषक मजदूरों, बटाईदारों तथा अस्पृश्यों ने अपने वर्णविहित कर्तव्यों का त्याग कर दिया हो, जिसका मतलब यह होगा कि उच्चतर वर्णों को श्रमिकों की आपूर्ति बंद हो गई। कलियुग का वर्णन करनेवाले लेखक जब ब्राह्मणों की दयनीय दशा का चित्रण करते हुए बताते हैं कि करों के भार से त्रस्त होकर वे दसों दिशाओं में भाग रहे हैं तब उनके मन में स्पष्ट ही कुछ ऐसी ही अवस्था का ध्यान है। क्षत्रियों को भी ऐसी ही दुरवस्था में दर्शाया गया है। इस प्रकार यह तीव्र सामाजिक संकट का काल था, जब परिनिष्ठित वर्णव्यवस्था को कठिन परीक्षा से गुजरना पड़ रहा था।

स्पष्ट है कि इस संकट के निवारण के लिए ही *मनुस्मृति* तथा 'शान्ति पर्व' में कठोर दण्डात्मक उपायों की अनुशंसा की गई है। इस युग में दण्ड के प्रयोग को जो महत्त्व प्रदान किया गया है वह उसे न किसी पूर्ववर्ती धर्मशास्त्र में प्राप्त था और न किसी अन्य रचना में। अब राजा के लोकरंजक रूप की बजाय उसके दण्डधर रूप पर जोर दिया जाने लगा। कहा गया है कि दण्ड से धर्म, अर्थ और काम, तीनों की रक्षा होती है।[96] दण्ड से धन-धान्य की रक्षा होती है।[97] राजदण्ड के भय से लोग इस लोक में पाप से विमुख रहते हैं, इसी प्रकार यमदण्ड के आतंक से मनुष्य परलोक में पाप नहीं करता।[98] सभी वर्णों को अपने-अपने धर्म पर आरूढ़ रखने के लिए दण्ड के प्रयोग का सुझाव दिया गया है। विधान किया गया है कि दण्ड के रूप में ब्राह्मण को प्रताड़ित करना चाहिए, क्षत्रियों से समर्पण करवाना चाहिए तथा वैश्यों को दान देने पर विवश करना चाहिए। इस संदर्भ में शूद्र को 'निर्दण्ड' कहा गया है।[99] इसका कारण शायद वैश्य की तुलना में विपन्न होने के कारण उसकी दान देने की अक्षमता है। चण्डालों तथा म्लेच्छों का, जिन पर सबसे कम ब्राह्मणीय प्रभाव था, दमन करने के लिए शारीरिक दण्ड की व्यवस्था की गई है।[100] पूरी संभावना है कि शारीरिक दण्ड शूद्र मात्र के लिए निर्धारित था। वर्ण की तरह आश्रम की रक्षा के लिए भी दण्ड के प्रयोग को आवश्यक माना गया है। कहा गया है कि दण्ड के भय से ही चारों आश्रमों के लोग अपने-अपने आश्रम में टिके रहते हैं।[101] राजा को दण्ड, नेता और शास्ता कहा गया है। इससे भी बड़ी बात यह है कि उसे अविनश्वर धर्म तथा वर्णों एवं आश्रमों का प्रभु बताया गया है।[102] यह भी बतलाया गया है कि दण्ड से प्रजा को अनुशासन में रखा जाता है और काहिल को जाग्रत किया जाता है, तथा बुद्धिमान लोग धर्म को दंड का पर्याय मानते हैं।[103] स्पष्ट है कि दंड को सामाजिक सौहार्द की पुनर्प्रतिष्ठा तथा विभिन्न वर्णों के लोगों को अपने-अपने वर्णगत कर्तव्यों पर आरूढ़ रखने का अत्यंत प्रभावकारी उपाय माना गया है। किंतु उत्पादन में लगे आम लोग वर्णविहित कर्तव्यों का पालन करते रहें, यह सबसे अधिक महत्त्वपूर्ण था। यहाँ हम 'शान्ति पर्व' की एक उपमा का उल्लेख कर सकते हैं। उसमें कहा गया है कि दंड का प्रयोग नहीं करने पर गाड़ी में जुते ऊँट, बैल, गधे और खच्चर भी नहीं चलते हैं।[104] स्पष्ट है कि यह परामर्श उन लोगों को दिया गया है जो दूसरों से काम लेते हैं। मनु का

विधान है कि वैश्यों तथा शूद्रों को अपने-अपने विहित धर्म से च्युत नहीं होने देना चाहिए, अन्यथा जगत में अव्यवस्था फैल जाएगी।[105] इसी संदर्भ में मनु शूद्रों के लिए दासता का विधान करता है। चाहे उसे खरीदकर दास बनाया जाए या अन्य प्रकार से। मनु की दृष्टि में स्रष्टा ने शूद्र का सृजन ही इसी प्रयोजन से किया।[106] *विष्णु पुराण* के अनुसार, कलि के अंत में अव्यवस्था ('विप्लव') को समाप्त करने के लिए विष्णु किसी ब्राह्मण परिवार में कलि का अवतार लेंगे, और वे सभी म्लेच्छों, दस्युओं तथा दुराचारियों का नाश करके सबों को पुनः अपने-अपने धर्म पर प्रतिष्ठित कर देंगे।[107] पुराणों में ऐसी ही भूमिका प्रमति नामक राजा की भी बताई गई है। कुछ विद्वान प्रमति की पहचान द्वितीय चंद्रगुप्त के रूप में करते हैं[108] और उसका काल चौथी सदी के आरंभ का बताते हैं। इस काल के वर्णन में बतलाया गया है कि सभी वर्ण अपने-अपने विहित कर्तव्यों का पालन नहीं कर रहे थे, जिससे अव्यवस्था फैल गई थी। इसका मतलब यह हुआ कि वैश्य कर नहीं देते थे और शूद्र श्रम की आपूर्ति नहीं करते थे।

पुराणों के विशेषज्ञों ने कलियुग का काल तो निर्धारित किया है, किन्तु जिन क्षेत्रों में वह प्रकट हुआ उनको सुनिश्चित करना अभी शेष है। भूमिदान के व्यापक चलन तथा कलियुग के संकट की समकालीनता से एक सूत्र हमारे हाथ लगता है। तीसरी सदी के आसपास और चौथी के आरंभ में गंगा के मैदानी क्षेत्रों में, जो ऐतिहासिक काल के सबसे पुराने बसे हुए प्रदेश थे, भूमिदान संबंधी अभिलेख नगण्य संख्या में ही मिलते हैं। लेकिन मध्यप्रदेश के पूर्वी हिस्से, महाराष्ट्र के विदर्भ क्षेत्र, आंध्रप्रदेश तथा उत्तरी तमिलनाडु में ऐसे अभिलेख बड़े पैमाने पर मिलते हैं। इस आधार पर कहा जा सकता है कि एक ओर पुरोहितों तथा योद्धाओं और दूसरी ओर निम्न वर्णों के लोगों के बीच के संघर्ष से उत्पन्न सामाजिक संकट गंगा के मैदान से बाहर उन क्षेत्रों में आरंभ हुआ जहाँ वर्णव्यवस्था के पैर अभी ठीक से जम नहीं पाए थे। इस संघर्ष के कारण राज्य के अमलों के लिए किसानों से कर वसूल कर पाना कठिन हो गया। फलतः राज्य के लिए अपने कर्मचारियों को वेतन देना और जनसाधारण को राजसत्ता तथा समाजव्यवस्था के प्रति निष्ठावान रहने की शिक्षा देनेवाले मठाधीशों तथा पुरोहितों को नकद दान-दक्षिणा देना भी अशक्य हो गया। इस परिस्थिति में धार्मिक सेवाओं के प्रतिदानस्वरूप भूमिदान का चलन, जिसका आरंभ सातवाहनों ने किया था, व्यापक रूप से अपनाया जा सकता था और इसी युक्ति से अन्य सेवाओं का भी प्रतिदान किया जा सकता था।

पुराणों में उपलब्ध कलियुग के वर्णन को सीमांत क्षेत्रों पर लागू किया जा सकता है, क्योंकि पुराणों के ऐसे लेखक, जिनके द्वारा प्रस्तुत राजवंशों के वंशवृक्ष तीसरी सदी के पूर्वार्ध में समाप्त हो जाते हैं, इन प्रदेशों से सुपरिचित थे। उदाहरण के लिए पुराणों में दक्षिण कोसल का जिक्र हुआ है, जहाँ आरंभिक भूमिदानों के प्रमाण मिलते हैं। इनमें मघों का भी उल्लेख हुआ है, जो अपने सत्ता-केन्द्र कौशाम्बी से दूसरी और तीसरी सदियों में मध्यप्रदेश में बंधोगढ़ से लेकर उत्तरप्रदेश में फतेहपुर तक के प्रदेश पर शासन करते थे। मघों का संबंध दक्षिण कोसल से भी दर्शाया गया है[109] जहाँ चौथी-पाँचवीं सदियों से भूमिदानों का चलन देखने को मिलता है।

इसी प्रकार विदर्भ क्षेत्र, जहाँ चौथी-पाँचवीं सदियों के वाकाटक शासकों के भूमिदान संबंधी अभिलेख काफी संख्या में मिलते हैं, कालिदास-कृत *मालविकाग्निमित्र* का सुपरिचित प्रदेश है। माना जाता है कि यहाँ सातवाहन शासन 285 ई. तक कायम रहा।[110] यही वह काल है जिसका वर्णन कलियुग के रूप में किया गया है। पुरातात्त्विक दृष्टि से देखें तो विदर्भ में तथा अन्यत्र जितनी भी सातवाहन बस्तियों का उत्खनन हुआ है उनमें से सब-की-सब तीसरी सदी के मध्य तक या उसके कुछ बाद मिट गईं। ऐसे ह्रास के कुछ बाहरी कारण भी रहे होंगे, खासकर दूर देशों के साथ चलनेवाले व्यापार में कमी आई, किन्तु सामाजिक संघर्षों की संभावना से भी इनकार नहीं किया जा सकता। इसमें संदेह नहीं कि पुराणों के रचनाकार आंध्रभृत्य अथवा आंध्रजातीय/सातवाहन शासकों से सुपरिचित थे, जिनकी संख्या सामान्यतः 30 बताई गई है। गौतमीपुत्र शातकर्णि को वर्णसंकर को मिटाने का श्रेय दिया गया है,[111] जिससे प्रकट होता है कि महाराष्ट्र में वर्णव्यवस्था में कभी-कभी व्याघात उपस्थित हो जाता था। ध्यान देने की बात है कि सातवाहन राज्य के ध्वंसावशेष पर उदित होनेवाले ईक्ष्वाकुओं, पल्लवों, विष्णुकुंडियों, वाकाटकों तथा अन्य राजवंशों ने न केवल बड़े पैमाने पर भूमिदान देने की रीति अपनाई बल्कि धर्म की स्थापना का भी दावा किया। तत्कालीन संदर्भ में धर्म का मतलब था परम्परागत वर्णव्यवस्था को बरकरार रखना।

चौथी तथा पाँचवीं सदियों के अभिलेखों में प्रवरसेन प्रथम के पिता विंध्यशक्ति प्रथम को 'आदिधर्ममहाराज' कहा गया है और स्वयं प्रवरसेन को 'धर्ममहाराज'। इन दोनों राजाओं का शासनकाल तीसरी सदी का उत्तरार्द्ध है। सामाजिक उथल-पुथल के संदर्भ में देखें तो मालूम पड़ेगा कि 'धर्ममहाराज' विरुद का प्रयोग इसलिए हुआ क्योंकि कलियुग के संघर्षों से अस्त-व्यस्त वर्णव्यवस्था को फिर से प्रतिष्ठित करना और उसकी रक्षा करना राजा का दायित्व था। इससे भी महत्त्व की बात यह है कि कलियुग के आगमन के कारण समाजव्यवस्था जिन दोषों से ग्रस्त हो गई थी उनसे उसे मुक्त करने के लिए मध्य तथा दक्षिण भारत के वाकाटक और अन्य शासक प्रतिबद्ध दिखलाई पड़ते हैं। इस संदर्भ में 'कलियुग-दोषावसन्न-धर्मोधरण-नित्य सन्नद्ध' पद बहुत अर्थगर्भित है।[112] इस विरुद का प्रयोग छठी सदी के पल्लव शासक सिंहवर्मन् के लिए किया गया है।

सिंहवर्मन् के शासन के बारहवें वर्ष में विष्णुगोप द्वारा जारी किए ताम्रदानपत्र से ज्ञात होता है कि मण्डराष्ट्र में नेडुङ्गराज नामक गाँव शारणिकग्राम के रूप में कई ब्राह्मणों को दान में दिया गया। शारणिकग्राम का अर्थ है शरणार्थीग्राम।[113] मालूम होता है नल्लूर जिले में, जहाँ यह दान दिया गया, इस शरणार्थीग्राम की सृष्टि स्पष्ट ही किसी निकटवर्ती स्थान के परेशान ब्राह्मणों को शरण देने के लिए की गई थी। इस प्रसंग में गाँव का ब्राह्मणीकरण सामाजिक अव्यवस्था का स्पष्ट परिणाम था। इसी प्रकार कदम्ब-राज शान्तिवर्मन् (लगभग 455-70 ई.) को कलियुग में ब्राह्मणत्व की रक्षा करने का श्रेय दिया गया है।[114] इस प्रकार यह तो देखा जा सकता है कि समाजव्यवस्था की पुनर्प्रतिष्ठा के लिए तीसरी और चौथी सदियों में दण्ड का प्रयोग किया गया होगा। यद्यपि इसका सही निर्देश कर पाना कठिन है कि अव्यवस्था किन क्षेत्रों और किस काल

में फैली किन्तु कलियुग के सामान्य वर्णनों से गंभीर सामाजिक संकट होने का आभास अवश्य मिलता है, और यह संभवतः उन क्षेत्रों में उत्पन्न हुआ जहाँ ब्राह्मण-व्यवस्था की रीति-नीति और शिक्षा का प्रभाव कम पड़ा था।

अतः ऐसा प्रतीत होता है कि पुराणों में कलियुग के वर्णन से जिन आंतरिक सामाजिक संघर्षों का आभास मिलता है वे इन सीमावर्ती क्षेत्रों में उठ खड़े हुए जहाँ वर्णव्यवस्था सुप्रतिष्ठित नहीं हो पाई थी और जनजातीय समता की भावना अब भी प्रबल थी। बहुत संभव है कि गंगा के मैदान के पुराने आबाद इलाकों में वर्ण के आधार पर संगठित किसान तथा अन्य लोग राज्य और समाजव्यवस्था के विरुद्ध इसलिए विद्रोह नहीं कर पाए कि उन्हें ब्राह्मण संस्कृति की शिक्षा अधिक लंबे समय से दी जा रही थी। पर कहीं-कहीं धान उपजानेवाले अंचल में विद्रोह अवश्य हुआ। इसकी पुष्टि इस कथन से होती है कि दुर्भिक्ष एवं करों से पीड़ित लोग गेहूँ तथा जौ उपजानेवाले क्षेत्रों में जा बसेंगे।

गंगा की घाटी में भूमिदान की प्रथा आरंभ होने के कारण सीमांत क्षेत्रों से भिन्न प्रतीत होते हैं। भूमिदान का अभिलेखगत साक्ष्य सर्वप्रथम महाराष्ट्र में मिलता है। यहाँ मुख्य लक्ष्य परती जमीन में खेती करवाना मालूम होता है। इसमें इस प्रकार से कौटिल्य की 'जनपद-निवेश' की नीति को ही जारी रखा गया है। अंतर केवल यह है कि जहाँ कौटिल्य का सुझाव था कि ऐसे क्षेत्रों में अत्यधिक आबादीवाले इलाकों से निम्नवर्गीय लोगों को लाकर बसाया जाए, वहाँ प्रस्तुत प्रसंग में ब्राह्मणों को बाहर से लाकर गाँव की आबादी पर भूस्वामियों के रूप में थोप दिया गया था। कहने की जरूरत नहीं कि यहाँ दान का प्रकट उद्देश्य पुण्य अर्जित करना था।

लेकिन जिन कारणों से पिछड़े इलाकों में भूमिदान दिए गए उनमें से सिवाय पुण्य-अर्जन के और कोई कारण गंगा की घाटी में दिए जानेवाले भूमिदानों पर लागू नहीं होता। लगता है यहाँ मुख्य कारण तीसरी और चौथी सदियों में इस क्षेत्र में उत्पन्न होनेवाला सामाजिक संकट था। उत्तर भारत में यह सामाजिक संकट शायद कुषाण सत्ता के अवसान से लेकर गुप्त साम्राज्य के उदय तक उपस्थित रहा। संभव है, तीसरी सदी में वैश्य वर्ण के गुप्त राजवंश के उदय के पीछे अत्याचारी राजाओं के विरुद्ध प्रजा की प्रतिक्रिया का हाथ रहा हो। हो सकता है किसी प्रमुख वैश्य परिवार ने अपने वर्ण के लोगों को संगठित करके अपना स्वतंत्र शासन स्थापित कर लिया हो और उस काल के राजा को नाममात्र को कुछ कर देता रहा हो। स्पष्ट है कि कालांतर में ब्राह्मणों ने इस शासक परिवार को धर्मशास्त्रविहित वर्णव्यवस्था तथा अन्य नियमों का पालन करनेवाले राजवंश के रूप में वैधता और प्रामाणिकता प्रदान कर दी। याद रहे कि चौथी-पाँचवीं सदी में राज करनेवाले नाग, वाकाटक, पल्लव, गंग तथा कदम्ब सभी ब्राह्मण थे। इससे शूद्रसत्ता-विरोधी प्रतिक्रिया का आभास मिलता है।

चौथी सदी के आरंभ से समुद्रगुप्त के अधीन 'शासन-याचना' का सिलसिला शुरू हुआ। जैसा कि हम आगे के अध्याय में देखेंगे, 'शासन' का अर्थ सामान्यतः भूमिदान संबंधी राजादेश लगाया जाने लगा। धर्मेतर दानपत्रों का नवीकरण किया जा सकता था और ऐसे दान धार्मिक

दानों की तरह सदा के लिए नहीं दिए जाते थे, इसलिए उनके प्रलेख भोजपत्र, कपड़े के टुकड़े, लकड़ी की पटिया, तालपत्र आदि विनाशशील पदार्थों पर तैयार किए जाते थे, जिससे वे इस देश की नम जलवायु में सुरक्षित नहीं रह पाए। पूरी संभावना है कि सामंत राजाओं को भी अपने गुप्त प्रभु से शासन प्राप्त हुए हों और इन सामंतों ने अपने अधीनस्थ सामंतों को भूमिदान दिया हो, लेकिन लगता है, उनका भी हश्र वही हुआ जो प्रयाग प्रशस्ति में उल्लिखित करद राजाओं को जारी किए गए दानपत्रों का हुआ। अपनी भुक्ति या 'विषय' में शासन करने के अधिकार में स्वभावतः कर उगाहने, सेना रखने आदि के अधिकार का भी समावेश हुआ होगा। इसकी तुलना करों की उगाही तथा अनुदत्त गाँवों में शान्ति-सुव्यवस्था कायम रखने के लिए ब्राह्मणों को दिए गए भूमिदानों से की जा सकती है।

इस प्रकार प्रभु तथा सामंत के पारस्परिक संबंधों का नियमन करनेवाले अनुबंधात्मक दायित्वों के अभिलेखगत प्रमाण चौथी सदी के पूर्वार्ध से तो मिलने ही लगते हैं, लेकिन हो सकता है, यह प्रथा इससे भी पहले आरंभ हो गई हो। मगर ध्यान देने की बात है कि गुप्त साम्राज्य के केंद्रीय हिस्से में अब तक चौथी सदी ईस्वी का कोई धार्मिक अथवा धर्मेतर अनुदान प्राप्त नहीं हुआ है, यद्यपि अभिलेखों में शासन याचनाओं के जो उल्लेख मिलते हैं उनको देखते हुए केंद्रीय प्रदेशों में भी ऐसे दानपत्र जारी किए जाने की संभावना से इनकार नहीं किया जा सकता।

लगता है कलियुगीन उथल-पुथल की अनुगूँज गंगा के मैदान के केंद्रीय भाग में पाँचवीं सदी के पूर्व तक सुनाई देती रही। ब्राह्मणों तथा कृषकों को यह क्षेत्र छोड़ना पड़ा। करों के भार से त्रस्त लोगों के वनों या गैर-आबाद इलाकों में शरण लेने का उल्लेख हम ऊपर कर चुके हैं।[115] एक स्रोत से यह भी ज्ञात होता है कि अपने देश में निस्सार होकर लोग बंधु-बांधवों के साथ उसका त्याग करने की प्रतीक्षा में रहेंगे।[116] तत्पश्चात् भय तथा क्षुधा से पीड़ित मनुष्य अपने-अपने बच्चों को कंधे पर बैठाकर कौशिकी नदी के किनारे शरण लेंगे।[117] स्पष्ट है कि उनकी यह शरणस्थली उत्तर बिहार में या उत्तर बंगाल की सीमा पर स्थित है, जहाँ के कुछ इलाकों में गुप्तकाल में आबादी होने के साक्ष्य मिलते हैं। लेकिन इतने से ही उनके दुःखों का अंत नहीं होगा। वे लोग अंग (महानदी और इरावती या गोदावरी के बीच के तटवर्ती प्रदेश), मेकल (नर्मदा की चढ़ाई वाली अमरकटंक पहाड़ी) और कश्मीर को गमन करेंगे।[118] गोदावरी तथा कृष्णा के बीच के ऋषिक नामक क्षेत्र की ओर भी वे पलायन करेंगे।[119] गौरतलब है कि आंध्रप्रदेश में पड़नेवाले इस क्षेत्र को दूसरी-चौथी सदियों में, बौद्धों तथा ब्राह्मणों को दिए गए भूमिदानों के कारण प्रसिद्धि मिली। इस संदर्भ में जिस अन्य स्थान का उल्लेख हुआ है वह है अन्तगिरिद्रोणी[120] जिसका मतलब यह होगा कि लोग देश की सीमाओं पर स्थित पहाड़ों की घाटियों की ओर पलायन करेंगे। यहाँ तात्पर्य पूर्वी और पश्चिमी घाटों से हो सकता है। साथ ही यह भी कहा गया है कि लोग वनांचलों, राजस्थान की लूनी नदी के तटवर्ती क्षेत्र (या समुद्रतट के क्षेत्र—'कूलं च लवणाम्भसः') और हिमालय की तराई में जाकर म्लेच्छों के साथ बस

जाएँगे।[121] इन कथनों से साफ मालूम होता है कि लोगों ने केंद्रीय प्रदेश से सभी दिशाओं में विंध्य तथा हिमालय की ओर, और साथ ही पूर्व तथा शायद तटवर्ती प्रदेशों की ओर भी देशांतरण किया। यह स्पष्ट नहीं है कि ऐसा देशांतर ब्राह्मणों के नेतृत्व में हुआ अथवा किसी अन्य वर्ण या परिवार की अगुआई में। किन्तु गुप्तकाल में तथा इसके पश्चात् सीमावर्ती क्षेत्रों में ब्राह्मणों को दिए गए भूमिदानों से इस बात का संकेत मिल सकता है कि केवल ब्राह्मणों ने ही नहीं, बल्कि उनके साथ शिल्पियों एवं कृषकों ने भी देशांतरण किया।

देशांतरण के फलस्वरूप कम आबाद या लगभग गैर-आबाद इलाकों में गाँव बसाने तथा राज्य स्थापित करने का नया दौर आरंभ हुआ। लगता है, इन इलाकों में ब्राह्मणीय सामाजिक वर्गों की पद्धति पर आप्त सरदारों तथा राजाओं का भी उदय हुआ, जिसका आभास *हरिवंश* के इस कथन से मिलता है कि विप्ररूपी राक्षस राजा बनकर प्रकट होंगे और पृथ्वी का उपभोग करेंगे।[122] स्पष्ट ही यह निन्दोक्ति उन कबायली सरदारों के लिए है जिन्हें ब्रह्मणीय समाज में शामिल करके राजाओं के रूप में वैधता प्रदान कर दी गई थी। आगे कहा गया है कि वसुंधरा न उजाड़ होगी, न निर्जन, क्योंकि 'गोप्तारः' अर्थात् रक्षक तथा 'अगोप्तारः' यानी अरक्षक, दोनों तरह के लोग शासक बन जाएँगे।[123] यहाँ अरक्षक का अर्थ कबायली सरदार या कम आबादीवाले इलाकों में राज्य स्थापित करनेवाले ऐसे ही अन्य लोग हो सकता है। *हरिवंश* यह भी कहता है कि जो 'स्वयंपाल' अर्थात् मात्र अपने हितों की चिंता करनेवाले हैं तथा 'स्वयंचोर' यानी अपनी खातिर चोरी करनेवाले हैं, और जो अपने युग की गति के कारण (न कि किसी योग्यता की वजह से) अपने सिर डाल दिए गए दायित्वों का वहन करते हैं, वे पृथक्-पृथक् स्थानों में मंडल नामक राजस्विक तथा प्रशासनिक इकाइयाँ स्थापित करके शासक बन जाएँगे।[124] इन दो संदर्भों से ऐसे क्षेत्रों में अनुवर्ती, अनुकरणिक राज्यों के गठन का संकेत मिलता है जहाँ भरसक राज्यसंगठन के कुछ आद्यावशेष उपस्थित रहे हों या न भी रहे हों। स्पष्ट है कि खेती-बारी के आधार के बिना राजाओं ('राजानः') या मंडलों का उदय असंभव था। मंडल शब्द वैसे तो कौटिलीय *अर्थशास्त्र* में भी मिलता है, किन्तु अभिलेखों में यह बहुत आगे चलकर गुप्तकाल तथा गुप्तोत्तरकाल में ही मिलता है।

यहाँ कलियुग में देशांतरणों के फलस्वरूप हुए ग्राम्य विस्तार के प्रश्न पर जीविका के उन साधनों को ध्यान में रखते हुए थोड़ा विचार कर लेना आवश्यक है जिनका उल्लेख *हरिवंश* में हुआ है। इस रचना में जहाँ लोगों के अंग, वंग, कलिंग, ऋषिक, मेकल, पर्वतद्रोणियों तथा कश्मीर जाकर शरण लेने तथा इन शरणार्थियों के वनांचलों में म्लेच्छों के साथ निवास करने[125] का वर्णन किया गया है वहीं इनके जीवन-यापन के स्रोतों की भी चर्चा की गई है।

यह भी कहा गया है कि लोग हिरनों, पक्षियों, कुत्तों, चिड़ियों, मछलियों तथा तरह-तरह के कीटों पर गुजारा करेंगे।[126] वे शहद, साग-भाजियों, फलों और कंद-मूलों से अपना पेट भरेंगे।[127] मुनि लोग चीड़ के पत्तों, अन्य पेड़ों की छालों और बकरियों की खालों से अपना

परिधान आप बनाएँगे।[128] यद्यपि इस तरह का वर्णन आदिकालीन खाद्य संग्राहक लोगों पर लागू होता है, किन्तु इस प्रसंग में जिन लोगों को खाद्य संग्रह के लिए विवश होना पड़ा वे विभिन्न प्रकार के शिल्पों तथा लोहे के फालवाले हलों से चलनेवाली खेती से परिचित थे। वे दीर्घकाल से पशुपालन करते आए थे और गोधन के संवर्धन में प्रवीण थे। किन्तु नई परिस्थिति में वे बड़े जतन से भेड़-बकरियाँ, गधे और ऊँट पालते थे। इससे भी अधिक महत्त्व की बात यह है कि इन्हें निम्नस्थ भूमि में काष्ठशंकुओं यानी लकड़ी की खंतियों से बीज-जैसी वस्तुओं की तलाश करते देखते हैं।[129] संभव है, जब वे फिर से खेती करने लगे तो उन्होंने इसकी शुरुआत काष्ठशंकुओं से की, जिसका उपयोग आदिवासी लोग अभी हाल तक करते रहे हैं। लेकिन कालांतर से वे अनाज पैदा करने लगे, क्योंकि उन्हें आपस में 'पक्वान्न' अर्थात् पके अनाजों का विनिमय करते बताया गया है।[130] लगता है, इन बस्तियों में उन्हें पानी मिलने में कठिनाई होती थी। इसलिए वे 'कूलाश्रित' यानी नदियों और जलाशयों के किनारे रहते थे और जल प्राप्त करने के लिए नदी की धारा को रोकते थे।[131] देशांतरण के स्थानों तथा जीविका के स्रोतों के संबंध में जो कुछ कहा गया है उससे दो बातों का आभास होता है। एक तो यह कि दीर्घकाल से आबाद गंगा के मैदान के केंद्रीय प्रदेश में असुरक्षा तथा दुस्सह कर-भार से परेशान लोगों ने उसकी सीमाओं पर नए इलाकों में बस्तियाँ बसाईं। व्याप्त असुरक्षा तथा दुर्वह कर-भार के कारण गांगेय क्षेत्रों के केंद्रीय प्रदेशों की सीमाओं पर नए इलाके बसाए गए। दूसरे, यद्यपि आरंभिक अवस्था में शरणार्थियों या उपनिवेशियों को खाद्य पदार्थों का संग्रह करना पड़ा, तथापि धीरे-धीरे उन्होंने प्रारंभिक ढंग की खेती-बारी शुरू कर दी। कृषि का उन्हें जो कुछ भी ज्ञान था उसके बल पर उन्हें इस कार्य में सुधार लाते देर नहीं लगी होगी। कलियुग के वर्णनों से यह स्पष्ट नहीं होता कि यह सुधार ब्राह्मणों को भूमिदान दिए जाने की प्रथा से संबंधित क्रियाविधि का परिणाम था या इसमें उपनिवेशियों के अपने पुरुषार्थ का हाथ था। लेकिन इसमें संदेह नहीं कि भूमिदान स्थानीय राजाओं द्वारा ब्राह्मणों को इन क्षेत्रों की ओर आकृष्ट करने का कारगर उपाय था।

व्यापक देशांतरण कलियुग की महत्त्वपूर्ण विशेषता थी। देशांतरण करनेवालों में सामान्य रूप से सभी लोगों को लेकिन विशेष रूप से ब्राह्मणों को शामिल बताया गया है। लेकिन जातकों में राजा के अत्याचार से पीड़ित लोगों के भागने का वर्णन भी है। शायद तीसरी सदी और आरंभिक चौथी सदी में, जिससे कलियुग के वर्णन का संबंध है, यह सिलसिला आम हो गया।[132]

कलियुग के संकट के निवारण के लिए दंड के साथ शाम (रियायत) का भी सहारा लिया गया। मालूम होता है, किसानों, व्यापारियों, शिल्पियों तथा श्रमिकों के विरोध के कारण करों की उगाही कठिन हो गई। किसानों तथा अन्य लोगों से कर वसूल करके केंद्रीय खाते में लाने और फिर अधिकारियों के बीच वेतन तथा पुरोहितों के बीच दान-दक्षिणा के रूप में उसे वितरित करने की पद्धति अब काम नहीं कर पा रही थी। इसलिए कोई वैकल्पिक पद्धति ढूँढ़ना आवश्यक हो गया। अतएव मनु ने सुझाव दिया कि राजस्विक तथा प्रशासनिक अधिकारियों को

भूमिदान के जरिए वेतन देना चाहिए।[133] गुप्तकालीन स्मृतियों में वीरता के पुरस्कारस्वरूप भूमिअनुदान देने का विधान किया गया है।[134] ऐसे दान विनाशवान पदार्थों पर लिपिबद्ध किए जाते थे, जिससे वे हमारे हाथ नहीं लग पाए हैं। किन्तु दूसरी और विशेषकर तीसरी तथा चौथी सदियों से धार्मिक सेवाओं के प्रतिदानस्वरूप अथवा पुण्य अर्जित करने के लिए दिए जानेवाले बहुत-से भूमिदान अभिलेखबद्ध किए जाने लगे। चूँकि ये दान अनंत काल के लिए दिए जाते थे, इसलिए इन्हें पत्थर या ताँबे पर उत्कीर्ण किया गया। जिस काल में ब्राह्मण सुरक्षा तथा जीविका के लिए सभी दिशाओं में भागते बताए गए हैं उस काल में ऐसे दानों की संख्या खूब बढ़ जाती है। संभव है कि ब्राह्मण आबाद इलाकों को छोड़कर सीमांत क्षेत्रों में चले गए हों, जहाँ नए राजाओं ने बाँहें फैलाकर उनका स्वागत किया।

सामाजिक उथल-पुथल के कारण जब करों की उगाही कठिन हो गई, तब भूमिदानों की उपयोगिता बहुत बढ़ गई। ब्राह्मणों तथा पुरोहित-पुजारियों को बड़े पैमाने पर दिए गए भूमिदानों के फलस्वरूप राजा राजस्व की वसूली और शान्ति-सुव्यवस्था के दायित्व से मुक्त हो गया। यही प्रयोजन धर्मेतर भोक्ताओं को दिए गए दानों से भी सिद्ध हुआ। अब मौर्य शासकों की तरह मुख्यतः धातु के सिक्कों में वेतन पानेवाले नौकरशाहों को रखने की जरूरत नहीं रह गई। विकेंद्रीकरण युगधर्म बन गया। राज्य के विभिन्न हिस्सों में पदस्थापित राजस्विक तथा प्रशासनिक अधिकारियों को अपनी जीविका का जुगाड़ खुद करना पड़ा और इस प्रक्रिया के फलस्वरूप वे निहित हितवाले शक्तिशाली भूस्वामी राजा और प्रजा के बीच मध्यवर्ती लोगों के रूप में उभरे।

तीसरी तथा चौथी सदियों की रचनाओं में वर्णित कलियुग की विशेषताओं को उस काल की पृष्ठभूमि को ध्यान में रखने पर ही समझा जा सकता है। कुषाण और सातवाहन काल के पश्चात् तथा गुप्तकाल के पूर्व के दौर में न केवल राजनीतिक अस्थिरता व्याप्त रही, वरन् व्यापार तथा शहरों का भी ह्रास हुआ। अभिलेखों से भी अधिक कर लगाने की प्रवृत्ति का पता चलता है। इन सबसे पुरानी वर्णव्यवस्था गंभीर रूप से प्रभावित हुई। नई परिस्थिति में वह पूर्णतः उपयुक्त नहीं रह गई थी। स्पष्ट है कि कलियुग ने शास्त्रसम्मत वर्णव्यवस्था से सामंती ढंग की संशोधित वर्णव्यवस्था की ओर संक्रमण की गति को तेज किया। वर्णसंस्कार का आचरण करनेवाले लोग तत्कालीन सामाजिक व्यवस्था में अपने स्थान में परिवर्तन चाहते थे, उन्होंने कभी भी किसी ऐसी व्यवस्था की कल्पना नहीं की जिसमें सामाजिक वर्ग न हों। उन्होंने सम्पत्ति और विशेषाधिकारों पर प्रहार किए किन्तु इनसे विहीन समाज के विषय में नहीं सोचा। इसी प्रकार जिन लोगों ने जन्म तथा कर्मकाण्ड की युक्तियों से सुस्थापित पुरानी वर्णव्यवस्था को पुनः प्रतिष्ठित करने का प्रयास किया वे भी उसे अपने पुरातन रूप में पुनरुज्जीवित नहीं कर पाए। उन्हें सम्पत्ति तथा विशेषाधिकारों का पुनर्विन्यास तथा पुनर्वितरण करना आवश्यक प्रतीत हुआ। उन्हें उन अनेक नए देसी-विदेशी नृपतियों को अपनी व्यवस्था में स्थान देना पड़ा जिनकी शक्ति का स्रोत किसी प्रकार की वैधता और क्षत्रिय मूल से नहीं निकला था, प्रत्युत उनके पराक्रम और

साहस पर आश्रित था। अब उन्हें इन देसी-विदेशी नृपतियों को बेमन से ही सही लेकिन उपयुक्त कर्मकांडी स्थान देना पड़ा और क्षत्रिय संज्ञा से अभिहित करना पड़ा। मालूम होता है, अधिक बुनियादी परिवर्तन कृषि-कार्य करनेवाले दासों एवं श्रमिकों की स्थिति में आया, जिनमें से अधिकतर लोग शूद्र वर्ण के प्रतीत होते हैं।

कृषि उत्पादन में दासों से काम लेने का चलन गुप्तकाल में लगभग समाप्त हो गया।[135] एक तो इस कारण से तथा दूसरे भूमिदानों के माध्यम से आदिवासी किसानों के ब्राह्मणीय व्यवस्था में खपाए जाने के फलस्वरूप गुप्तोत्तरकाल की रचनाओं में शूद्रों का चित्रण कृषकों के रूप में किया जाने लगा। लेकिन यदि शूद्रों की स्थिति में सुधार हुआ तो भूस्वामी मध्यवर्ती लोगों के उदय के कारण वैश्यों की अवस्था में गिरावट आई। कई क्षेत्रों में इन भूस्वामियों ने करों की वसूली तथा शान्ति-सुव्यवस्था कायम रखने के लिए राजकीय अधिकारियों के दायित्व अपने हाथों में ले लिए। कुल मिलाकर देखें तो तीसरी सदी के उत्तरार्ध में तथा संपूर्ण चौथी सदी में हुए कलियुग के संकट ने भारतीय समाज को सामंतीकरण के मार्ग पर चलने को बाध्य किया।

संदर्भ और टिप्पणियाँ

1. ऐसे विचार *होमॉ हाइरारकस* (दिल्ली, 1970, पृ. 218, 228 आदि) में लुई द्यूमों ने व्यक्त किए हैं, जिनकी आलोचना 'कास्ट इन द सोसियो-इकॉनमिक फ्रेमवर्क ऑफ अर्ली इंडिया' (दिसंबर 1977 में भुवनेश्वर में आयोजित भारतीय इतिहास कांग्रेस के तीसवें अधिवेशन के प्राचीन भारतीय अनुभाग में अध्यक्षीय भाषण) में सुवीरा जायसवाल ने की है।
2. रामशरण शर्मा, *ऐस्पेक्ट्स ऑफ पॉलिटिकल आइडियाज़ एण्ड इंस्टीट्यूशंस इन एंशंट इंडिया*, दिल्ली, 1996, अध्याय IV.
3. 79. 31.
4. 'शान्ति पर्व,' आलोचनात्मक संस्करण, 70, 7-13.
5. वही, 14-15.
6. वही, 16-17.
7. पुराणों में कलियुग के जिन वर्णनों का काल पूर्व-मध्यकाल बताया गया है उन पर यहाँ विचार नहीं किया गया है। रमेंद्रनाथ नंदी ने मुझे बताया है कि ये वर्णन पारंपरिक ढंग के हैं और उनमें समकालीन वास्तविकताएँ प्रतिबिंबित नहीं होती हैं। किंतु स्पष्ट ही हाजरा ने उनका काल-निर्धारण प्राचीन भारत के अंतिम दौर की वस्तुस्थिति के प्रतिबिंबन के आधार पर किया है।
8. आर.सी. हाजरा, *स्टडीज़ इन द पुराणिक रेकर्ड्स ऑन हिन्दू राइट्स एण्ड कस्टम्स*, दूसरा संस्करण, 1975, पृ. 210-7. *वायु पुराण* तथा *ब्रह्माण्ड पुराण* में युगधर्म के जो वर्णन मिलते हैं उनका काल लगभग 200-275 ई. माना गया है (पृ. 174-5) और *विष्णु पुराण* वाले वर्णनों का काल तीसरी सदी का अंतिम या चौथी सदी का प्रथम चरण बताया गया है (पृ. 175)।
9. कलि के जिस रूप का वर्णन *कूर्म पुराण* (1.29) में हुआ है उसे 'शायद 700-800 ई.' का बताया गया है (वही, पृ. 178)। इसी प्रकार *पद्म पुराण* के युगधर्म संबंधी 36वें अध्याय

(28-51) को 'शायद आठवीं सदी के पूर्वार्ध' का माना गया है (वही, पृ. 183)।

10. *मत्स्य पुराण*, युगधर्म संबंधी 165वें अध्याय के बारे में विचार है कि वह 950 ई. के बाद का नहीं है (वही, पृ. 177); इसी प्रकार *पद्म पुराण* के अध्याय 101, 105 और 110 को शायद 950 ई. के बाद लेकिन 1400 ई. के पूर्व का बताया गया है (वही, पृ. 132); विवाह, तीर्थ, पूजा, युगधर्म तथा कर्मफल से संबंधित *ब्रह्माण्ड पुराण* के अध्याय 223-31 को लगभग 900-1200 ई. का माना गया है, जो इस पुराण के संकलन का काल है (वही, पृ. 187)।
11. वही, पृ. 206.
12. वही।
13. एफ.ई. पार्जिटर, *द पुराण टेक्स्ट्स ऑफ द डाइनेस्टीज़ ऑफ द कलि एज*, ऑक्सफर्ड, 1913, पुनर्मुद्रण, चौखम्बा संस्कृत सीरीज़, 1962.
14. बटुकनाथ भट्टाचार्य, *द कलिवर्ज्याज़*, कलकत्ता, 1943.
15. *स्टडीज़ इन द पुराणिक रेकर्ड्स ऑन हिन्दू राइट्स एण्ड कस्टम्स*, पृ. 174-75.
16. 'राजा कृतयुगस्रष्टा त्रेताया द्वापरस्य च, युगस्य च चतुर्थस्य राजाभवति कारणम्'—'शान्ति पर्व', 70.25; तुलनीय 'उद्योग पर्व,' 130.16.
17. 'राजा कालस्य कारणम्'—'शान्ति पर्व', 70.6; तुलनीय 'उद्योग पर्व', 130.14.
18. रामशरण शर्मा, *अर्बन डिके इन इंडिया (सर्का 300-सर्का 1000)*, दिल्ली, 1987.
19. 'आरण्यक पर्व', आलोचनात्मक संस्करण, 188.14.
20. वही, 18; तुलनीय 186.31.
21. वही, 188.19; तुलनीय, अन्त्या मध्या निवस्यन्ति मध्याश्चान्तवसायिनः ...—*हरिवंश पुराण*, 116-17.
22. 11. 67. 32.
23. 'वैश्य कृषिवाणिज्यादि संतज्य निज कर्मवत्,
शूद्रवृत्या प्रवत्स्यन्ति कारुकर्मोपजीविनः।'— *विष्णु पुराण*, गीता प्रेस, वि.सं. 2009.
24. 'वैश्याचाराश्च राजन्य धनधान्योपजीविनः,
युगापक्रमणे पूर्व भविष्यन्ति द्विजातयः।'—*हरिवंश पुराण*, 116.27.
25. 'अकृताग्नि भोक्ष्यन्ति नराश्चैवाग्निहोत्रिनः, भिक्षां बलिं अदत्वा च भोक्ष्यन्ति पुरुषाः स्वयं।' —वही, 38. इस श्लोक की क्रमसंख्या 39 दी गई है, लेकिन होना चाहिए 38.
26. 'शान्ति पर्व', 15.9.
27. वही, 131.
28. विवेकानन्द झा, 'वर्णसंकर इन द धर्मसूत्राज़ : थिएरी एण्ड प्रैक्टिस', *जर्नल ऑफ द इकॉनमिक एण्ड सोशल हिस्टरी ऑफ द ऑरिएन्ट*, XIII, 287-88.
29. भारती दीक्षित, *प्राचीन भारत में गतिशीलता*, डी. फिल. शोध-प्रबंध, इलाहाबाद विश्वविद्यालय, 1978.
30. 'अक्रमेण मनुष्युनाम् भविष्यन्ति तदा क्रियाः, विरोधम् अथयाष्यन्ति वृषलः ब्राह्मणैः सन्।'—'आरण्यक पर्व', 188.69.
31. *वायु पराण*, मनसुखराम मोर (सं.), कलकत्ता, 1959, II. 57.46.
32. वही, 39.
33. 'आरण्यक पर्व', 186.33.
34. 'ब्राह्मणः शूद्रकर्मस्तथा शूद्रा धनार्जिताः, क्षात्रधर्मेण वाप्यत्र वर्तयन्ति गते युगे।'— वही, 261.

35. वही, 28.
36. वही, 188.63.
37. *वायु पराण*, II, 57.46.
38. 'शूद्र भैक्षेण जीवन्ति ब्राह्मणः परिचर्यया:'—'शान्ति पर्व', 70. 20.
39. 'आरण्यक पर्व', 188.58.60.
40. वही, 61.62.
41. 'शूद्राश्च ब्राह्मणाचारा भविष्यन्ति युगक्षये'—*हरिवंश पुराण*, 116.6.
42. 'शूद्रधर्म चरिष्यन्ति शाक्यबुद्धोपजीविनः'—वही, 15.
43. 'क्षत्रियाश्च राजानो विप्रा शूद्रोपजीविनः'—वही, 6.1.
44. 'प्रजासमुद्वेगकरं युगान्तं समुपस्थितम्, प्रनष्टधर्मम् धर्मज्ञ निमित्तैर्वक्तुमर्हसि।' यह जनमेजय का कथन है। *हरिवंश*, 116.3.
45. 'शान्ति पर्व', 70. 20.; 'नाराजके जनपदे योगक्षेमः प्रवर्तते'—*रामायण*, गीता प्रेस, वि. सं. 2023, 11.67.24.
46. 'शान्ति पर्व', 38. 11 और *मनुस्मृति*, VII.127 में इस शब्द का प्रयोग उक्त अर्थ में हुआ है।
47. 'राजवृत्तौ स्थिताश्चौराश्चौरवृत्ताश्च पार्थिवाः'—*वायु पुराण*, II.57.42.
48. 'राजानश्चोरशीलिनः'—*हरिवंश पुराण*, 116.9. 'चोरप्रायाश्च राजानी युगान्ते प्रत्युपस्थिते'—वही, 32.
49. 'आरण्यक पर्व', 186.40.
50. 'शान्ति पर्व', 67.12.
51. वही, 14.15.
52. *ब्रह्माण्ड पुराण*, श्रीराम शर्मा आचार्य (सं.), बरेली, 1967, I.2.31.60. 'शस्यचोरा भविष्यन्ति तथा चैलापहारिणः।'
53. वही; तुलनीय *वायु पुराण*, II.67.61.
54. 'भक्ष्यभोज्यहराश्चैव भाण्डानाम् चैव हारिणः'—*हरिवंश पुराण*, 117-21.
55. 'चोराश्चोरस्य हर्त्तारःहन्ता हन्तुर भविष्यति,
चोराश्चोरक्षये चापि वृते क्षेमं भविष्यति।'—वही, 22.
56. 'करभारभयात्पुंसो गृहस्थाः परिमोषकाः,
मुनिच्छद्माकृतिच्छन्न वाणिज्यम् उपजीवते।'—'आरण्यक पर्व', 186.401.
57. 'अट्टशूला जनपदाः शिवशूला चतुष्पथाः'—116.12.
58. *अर्थशास्त्र*, VI. 1.
59. 'ऊसरबहुला भूमिः पंथानो नगरान्तरा, सर्वे वाणिजकाश्चैव भविष्यन्ति कलौ युगे।' 116.191.
60. 'शिल्पवन्तोऽनृतपरा नरा मद्यामिषप्रियाः, भार्यामित्रा भविष्यन्ति युगान्ते जनमेजय।'
61. 'दुर्भिक्षकरपीडाभिरतीवोपद्रुता जनाः,
गोधुमान्न यवान्नधान्यान्न देशान् वास्यन्ति दुःखिताः।'—*विष्णु पुराण*, VI.1.33.
62. 'निःसारे क्षुभिते लोके निष्क्रिये व्यन्तरे स्थिते नराः स्त्रयिष्यन्ति वनं करभारप्रपीडिताः।'—*हरिवंश पुराण*, 117.23.
63. 'अनावृष्ट्या विनक्षयन्ति दुर्भिक्षकरपीडिताः, शीतवातातपप्रावृधिमन्योन्यतः प्रजाः।'—गोविन्ददास की टीका-सहित *श्रीमद्भागवत महापुराण*, मथुरा, 1939, XII.2.10.
64. वही, XII.2.13.

65. वही, XII.2.8-9.

66. 'अरक्षितारो हर्त्तारो शुल्कव्याजेन पार्थिवाः, हारिणो जनवित्तानाम् सम्प्राप्ते तु कलौ युगे।'—*विष्णु पुराण*, XI.1.34; तुलनीय *हरिवंश पुराण*, 116.5.

'अरक्षितारो हर्त्तारो बलिभागस्य पार्थिवाः, युगान्ते प्रभविष्यन्ति स्वरक्षाणपरायणाः।'

67. 'न रक्षितारो भोक्तारो बलिभागस्य पार्थिवाः, युगान्ते च भविष्यन्तिं स्वरक्षणपरायणाः।'—*ब्रह्माण्ड पुराण*, I.2.34.48; *वायु पुराण*, III.57.48.

68. 'गोप्तारश्चयप्यगोप्तारः प्रभविष्यन्त्यशासनाः'—*वायु पुराण*, II.57.57.

69. जी.बी. उप्रेती, 'अवदानाज़ ऑन द पॉलिटिकल रोल ऑफ द ट्रेडर्स,' *बुद्धिस्ट स्टडीज़*, दिल्ली विश्वविद्यालय, मार्च 1974, पृ. 91.

70. 'महीम्लेच्छजनाकीर्णा भविष्यति ततोऽचिरात्, करभारभयाद् विप्रा भविष्यन्ति दिशोदश।'--188.70.

71. 'आरण्यक पर्व', 186.291.

72. वही, 301.

73. पांडुलिपि *जी*, 31.

74. पाण्डुलिपि *टी आई जी आई*.

75. पार्जिटर, उपर्युक्त, पृ. 521. *ब्रह्माण्ड पुराण* में आए 'मद्रकांस' शब्द को पार्जिटर 'पञ्चकांस' पढ़ने के पक्ष में हैं (वही, पा.टि. 34)। जो भी हो, दोनों से स्थानीय जातियों का ही बोध होता प्रतीत होता है। इसी प्रकार पाण्डुलिपि *बी* में आए 'पुलिन्दब्राह्मणान्' को वे 'पुलिन्दान् ब्राह्मणांस तथा' पढ़ते हैं (वही, 361)। लेकिन पार्थिवों तथा अन्य वर्णों के मूलोच्छेद हो जाने की चर्चा करनेवाले इन श्लोकों के सामान्य स्वर को देखते हुए 'पुलिन्दब्राह्मणान्' अधिक उपयुक्त लगता है। संयोगवश पाण्डुलिपि *बी* का श्लोक *विष्णु पुराण* के सबसे प्रारंभिक श्लोकों में से है, जो काफी अच्छी तरह लिखा गया है और बहुत हद तक सही भी है (वही, XXXIII)।

76. पार्जिटर, उपर्युक्त, पृ. 53.

77. 'योऽश्वरथनागाढ्य स राजा भविष्यति'—*विष्णु पुराण*, VI.1.34; 'इत्येवम् अनेकदोषोत्तरे तु भूमण्डले सर्ववर्णेष्वेव यो यो बलवान् स भूपति भविष्यति।'—*विष्णु पुराण*, IV.24.93.

78. 'सर्वेवाणिजकाश्चापि भविष्यन्ति अधमे युगे'—*ब्रह्माण्ड पुराण*, I.2.31.52; *वायु पुराण*, II.57.51.

79. 'आरण्यक पर्व', 186.46.

80. *द दिव्यावदान*, ई.बी. कॉवेल व आर.ए. नेल, (सं.) कैम्ब्रिज, 1886, 4, 92-93, 501; तुलनीय जी.वी. उप्रेती, उपर्युक्त, पृ. 91.

81. यू.एन. घोषाल, *कंट्रीब्यूशंस टु द हिस्टरी ऑफ द हिन्दू रेवन्यू सिस्टम*, दूसरा संस्करण, कलकत्ता, 1972, पृ. 107-8.

82. 'शान्ति पर्व', 12.88.11; *मनुस्मृति*, VIII.127.

83. घोषाल, उपर्युक्त, पृ. iii.

84. 88.12.

85. घोषाल, उपर्युक्त, पृ. 13-14.

86. 'दानमेव धर्महेतुः', IV.24.89.

87. 'ततश्चार्थेवाभिजनहेतुः'—*विष्णु पुराण*, IV.24.70.

88. वही, IV.24.81.

89. 'आरण्यक पर्व', 186.401.

90. IX.32.

91. के.एच. ध्रुव, 'हिस्टॉरिकल कंटेंट्स ऑफ *युग पुराण*', *जर्नल ऑफ बिहार एण्ड ओडिसा रिसर्च सोसाइटी*, XVI, 23, श्लोक 100. कहा गया है कि *युग पुराण* में उपलब्ध कलियुग के वर्णन का संबंध लगभग 50 ई.पू. से है, लेकिन यह पुराण तीसरी सदी ई. की रचना प्रतीत होता है।

92. 'लिंगधारणमेवाश्रमहेतुः'—*विष्णु पुराण*, IV.24.821.

93. 'भैक्षव्रतपराः शूद्राः प्रव्रज्यालिंगिनोऽधर्माः, पाषण्ड संश्रयम् वृत्तिमाश्रयिष्यन्ति सत्कृताः।'—*विष्णु पुराण*, IV.1.371.

94. II.57.51.

95. 'शुक्लदन्ता जिताक्षाश्चमुण्डाः काषायवाससः शूद्रा धर्मं चरिष्यन्ति युगान्ते पर्योपस्थिते।'—II.57.60; तुलनीय, *जर्नल ऑफ बिहार एण्ड ओडिसा रिसर्च सोसाइटी*, XVI. 23, श्लोक 104-5.

96. 'शान्ति पर्व', 15.3.

97. 'दण्डेन रक्ष्यते धान्यम् धनम् दण्डेन रक्ष्यते।'—वही, 4.

98. वही, 5. यमदण्ड को राजदण्ड का प्रतिरूप माना गया है।

99. 'वाचि दण्डो ब्राह्मणानाम् क्षत्रियानाम् भुजार्पणम्, दानदण्ड स्मृतो वैश्यो निर्दण्डः शूद्र उच्यते।' —'शान्ति पर्व', 15.9.

100. 'चण्डालम्लेच्छजातीनाम् दण्डेन च निवारणम्।' पाण्डुलिपि *डी एस* में यह पंक्ति 'शान्ति पर्व', 12.95.5 के बाद डाल दी गई है। आलोचनात्मक संस्करण परिशिष्ट I, न. 10, पंक्ति 21.

101. 'ब्रह्मचारी गृहस्थश्च वानप्रस्थोऽथ भिक्षुकाः, दण्डस्यैव भयाद् एते मनुष्य वर्तमनि स्थिताः।' —'शान्ति पर्व', 15.12.

102. 'स राजा पुरुषो दण्डः स नेता शासिता च सः, वर्णानाम् आश्रमानाम् च धर्मप्रभुरथाव्ययः।'—*डी. 7 एस.* में यह श्लोक 'शान्ति पर्व', 14.14 के बाद जोड़ा गया है, आलोचनात्मक संस्करण, परिशिष्ट, पंक्तियाँ 1-2 (पृ. 620)।

103. 'दण्डः शास्ति प्रजाः सर्वा दण्ड एवाभिरक्षति,
दण्डः सुप्तेषु जागर्ति दण्डम् धर्मम् विदुर्बुधाः।'—'शान्ति पर्व', 19.2.

104. 15.41.

105. 'वैश्यशूद्रो प्रयत्नेन स्वानि कर्माणि कारयेत्, तौ हि च्युतौ स्वकर्मभ्यः क्षोभयेतामिदं जगत्।' —VIII.418.

106. शूद्रं तु कारयेद्दास्यं क्रीतमक्रीतमेव वा,
दास्यायैव हि सृष्टोऽसौ स्वयमेव स्वयंभुवा।'—VIII.413.

107. *विष्णु पुराण*, IV.24.98.

108. एस.एन. राय, *हिस्टॉरिकल एण्ड कल्चरल स्टडीज़ इन पुराणाज़*, इलालाबाद, 1978, पृ. 632-45. लेकिन ए.बी. अवस्थी प्रमति को चंदेल राजा धंग मानते हैं, *हिस्टरी फ्रॉम पुराणाज़*, लखनऊ, 1975, पृ. 118-33.

109. दकन तथा उसके आसपास के क्षेत्रों में तीसरी-चौथी सदियों में शासन करनेवाले राजवंशों के लिए देखिए ए.एस. शास्त्री, *अर्ली हिस्टरी ऑफ द डेकन प्रोब्लेम्स एण्ड पर्सपेक्टिव्स*, दिल्ली, 1989, अध्याय I और III-IV.

110. वही।

111. डी.सी. सरकार द्वारा संपादित *सिलेक्ट इंस्क्रिप्शंस*, भाग II, क्रम सं. 85, पंक्ति 6.
112. वही, भाग III, क्रम सं. 67, पंक्ति 13 और पृ. 470 की पा.टि. 9 और 10.
113. बी.सी. छाबड़ा तथा अन्य, 'टेन इयर्स ऑफ इंडियन एपिग्राफी (1937-46)', *एंशंट इंडिया*, क्रम सं. 5, 48.
114. *सिलेक्ट इंस्क्रिप्शंस*, 1, भाग III, क्रम सं. 69, श्लोक 11.
115. *हरिवंश पुराण*, 117.23.
116. 'स्वदेशभ्यः परिभ्रष्टा निःसारा सह बंधुभिः,
नरास्तदा भविष्यन्ति सर्वे कालप्रतीक्षिणः।'—वही, 27.
117. 'तदा स्कंधे समादाय कुमारान् प्रद्रुता भयात्,
कौशिकिं संश्रयिष्यन्ति नराः क्षुद्रभयपीडिताः।'—वही, 28.
118. 'अंगवंगकलिंगांश्च काश्मीरान् अथ मेकलान् ऋषिकान्तगिरिद्रोणिः संश्रयिष्यन्ति मानवाः।'—*हरिवंश पुराण*, 117.29.
119. कुछ और भी क्षेत्रों के साथ ऋषिक का उल्लेख 149 ई. के एक सातवाहन अभिलेख में हुआ है—डी.सी. सरकार, *सिलेक्ट इंस्क्रिप्शंस*, 1, भाग II, क्रम सं. 86, पंक्ति 2.
120. *हरिवंश पुराण*, 117.29. 'ऋषिकान्तगिरिद्रोणिः' का अर्थ 'ऋषिक की सीमाओं पर स्थित पहाड़ों की घाटियाँ' भी हो सकता है।
121. 'कृत्स्नंच हिमवत्पार्श्वं कूलं च लवणाम्भसः,
अरण्यानि च वत्स्यन्ति नराः म्लेच्छगणैः सह।'—वही, 30.
122. 'विप्ररूपाणि रक्षांसि राजानः कर्णवेदिनः,
पृथ्वीं उपभोक्ष्यन्ति युगान्ते प्रत्युपस्थिते।'—वही, 15.
123. 'नैव शून्यचाशून्या भविष्यति वसुंधरा,
गोप्तारश्चाप्यगोप्तारः प्रभविष्यन्ति शासिनः।'—वही, 31.
124. 'स्वयंपालाः स्वयंचोरा युगसंभारसंभृताः,
मण्डलैः प्रभविष्यन्ति देशे देशे पृथक् पृथक्।'—वही, 26.
125. 117.28-30.
126. 117.32.
127. वही।
128. *हरिवंश पुराण*, 117.37.
129. 'बीजानामाकृतिं निम्नेषवीहन्ते काष्ठशंकुभिः,
अजैडकं खरोष्ट्रं च पालयिष्यन्ति यत्नतः।'—*हरिवंश पुराण*, 117.34.
130. वही, 117.35.
131. 'नदीस्रोतांसि रोत्स्यन्ति तोयार्थं कूलमाश्रिताः,
पक्वात्र व्यवहारेण विपणन्तः परस्परम्।'
132. उत्तर भारत में सत्रहवीं सदी में किसानों के व्यापक देशान्तरण का उल्लेख मिलता है। ऐसे देशान्तरणों के फलस्वरूप अनेक गाँव उजाड़ हो गए।
133. VII.118-19.
134. *व्यवहारमयूख* में उद्धृत *बृहस्पति स्मृति*, पी.वी. काणे तथा एस.जी. पटवर्धन (अनु.), पृ. 25-7.
135. रामशरण शर्मा, *शूद्राज़ इन एंशंट इंडिया*, दिल्ली, 1990, पृ. 252-56.

अध्याय तीन

भारतीय सामंतवाद कितना सामंती?

पूर्व-मध्यकालीन भारत के आर्थिक और सामाजिक संघटन को सामंती बताने पर कई विद्वानों ने आपत्ति की है।[1] इनमें से प्रोफेसर हरवंश मुखिया[2] द्वारा उठाई गई शंकाएँ विशेष रूप से विचारणीय हैं। उनका यह कहना ठीक ही है कि पूँजीवाद की तरह सामंतवाद कोई सार्वभौम सामाजिक चरण नहीं है। पर मानव समाज के विकास में बहुत-सी अवस्थाएँ सार्वभौम हैं। हमारे विचार से, जनजातीय अवस्था, प्रस्तरयुगीन अवस्था, धातुयुगीन अवस्था और इसी तरह खाद्य उत्पादक अर्थव्यवस्था, ये सारे विश्वव्यापी ऐतिहासिक प्रक्रम हैं। उनसे प्रकट होता है कि परिवर्तन की प्रक्रिया और उसके ढब-ढाँचे को प्रभावित करनेवाले कुछ-न-कुछ नियम अवश्य होते हैं।

जनजातीय व्यवस्था बराबर कायम भी रह सकती है और उसके अवशेष पर राज्यबद्ध तथा वर्गविभाजित समाजों का उदय भी हो सकता है, किन्तु इसमें संदेह नहीं कि यह ट्राइबल व्यवस्था सर्वत्र प्रकट होती है। जनजातीय समाज के अनेक रूप होते हैं, और वे जीवन-निर्वाह की विभिन्न पद्धतियों के साथ पाए जाते हैं। पशुचारण, खंतीवाली खेती, हलवाली खेती आदि में से किसी भी पद्धति से जनजातीय व्यवस्था जुड़ी हो सकती है। खेती-बारी की शुरुआत के लिए सहयोग और स्थिर आवास आवश्यक है। इससे जनजातीय व्यवस्था के लिए स्थायी आधार तैयार होता है। बहुत-से जनजातीय समाजों में भारत की झूम कृषि की तरह स्थान बदल-बदलकर खेती करने का चलन होता है। किन्तु जब उन्नत किस्म की खेती से काफी अधिशेष का उत्पादन होता है, तो जनजातीय समता पर आँच आती है। इससे प्रतिष्ठा और वैभव पर आधारित सामाजिक वर्गों का उदय होता है, और शीर्षस्थ लोग अपने ही अधिसंख्य बंधु-बांधवों का व्यापक शोषण आरंभ कर देते हैं। ये बातें जनजातीय व्यवस्था की जड़ों को कमजोर करती हैं।

इसी प्रकार, यद्यपि जनजातीय समाज कौटुंबिक संबंध के सिद्धांत पर संगठित होता है, तथापि इस संगठन के रूप अलग-अलग हो सकते हैं। शिकार करने, मछली मारने आदि के लिए लोग टोली (बैंड सोसाइटी) का गठन करते हैं। फिर वह क्रमशः जनजातीय (ट्राइबल) अवस्था का रूप धारण करता है। उत्पादन के प्रयासों में सहयोग की आवश्यकता का उत्पन्न होना स्वाभाविक है, और फिर इसके लिए इसी प्रकार श्रम-विभाजन की भी जरूरत पड़ती है। बागबानी वाली

अवस्था में ऐसे सहयोग और श्रम-विभाजन का आधार मातृतांत्रिक होता है, लेकिन हल से की जानेवाली खेती की अवस्था में पितृतांत्रिक। सहकारी उत्पादन दोनों तंत्रों के संयोग पर भी आश्रित हो सकता है, बल्कि वस्तुतः तमाम किस्मों की कौटुम्बिक व्यवस्थाओं के संयोग पर खड़ा कोई भी संगठन सहकारी उत्पादन के आधार का काम कर सकता है। एक जनजातीय समाज के रीति-रिवाज और संपत्ति के उत्तराधिकार के नियम दूसरे से भिन्न हो सकते हैं, यहाँ तक कि एक ही जनजाति के अंदर ये रीति-रिवाज और उत्तराधिकार के नियम अलग-अलग हो सकते हैं। कतिपय कुटुम्ब-आधारित समाजों में अपने कुटुम्बियों के विवाह का फैसला बुजुर्ग लोग करते हैं, ताकि वे उन लोगों पर अपना नियंत्रण रख सकें। किंतु अन्य समाजों में ये लोग केवल अपने निकट-संबंधियों के विवाहों के ही नियमन से मतलब रखते हैं जिससे उनकी सामाजिक अस्मिता कायम रहे। अपने अधिकांश गोत्र-बंधुओं को वे इच्छानुसार विवाह करके प्रजोत्पत्ति के लिए स्वतंत्र छोड़ देते हैं। किंतु इन विविधताओं के बावजूद जनजातीय समाज सर्वत्र पाया जाता है। इसलिए जनजाति की संकल्पना लिखित पाठों के आधार पर ज्ञात सामाजिक संघटनों को समझने के लिए उपयोगी है।

यह मानकर चलना जरूरी नहीं कि जनजातीय समाज का प्रसार होता ही है, किंतु संभव है, कहीं-कहीं ऐसा हुआ हो। सामंती व्यवस्था उतनी सार्वभौम नहीं प्रतीत होती जितनी जनजातीय व्यवस्था, परंतु पुरातन विश्व में वह दासप्रथा की तुलना में तो बेशक अधिक व्यापक थी। 'कृषक समाज' की संकल्पना अब तक कोई स्पष्ट रूप ग्रहण नहीं कर पाई है। लेकिन अगर कृषक समाज का मतलब ऐसी व्यवस्था है जिसमें पुरोहित और योद्धा वर्ग किसानों द्वारा उत्पादित तथा शिल्पियों द्वारा संवर्धित अधिशेष पर जीवन-यापन करते हैं तो ऐसा समाज पुरातन विश्व के बहुत बड़े भाग में कायम था। 'कृषक समाज' या दासप्रथा का जन्म आंतरिक या बाह्य कारणों से अथवा एक ही साथ दोनों प्रकार के कारणों से हो सकता था। इसी प्रकार सामंती व्यवस्था के प्रसार की बात मानकर चलना आवश्यक नहीं है, यद्यपि कहीं-कहीं ऐसा हुआ अवश्य। उदाहरण के लिए इंग्लैण्ड में नॉर्माई सामंतवाद नॉर्माइयों की इंग्लैण्ड-विजय का परिणाम था।

लेकिन जिस प्रकार जनजातीय समाज में बहुत अधिक विविधताएँ हो सकती हैं उसी प्रकार सामंती समाजों के रूप भी अलग-अलग हो सकते हैं। मार्क्स ने ठीक ही कहा है कि 'अलग-अलग देश-कालों में सामंतवाद की अलग-अलग विशेषताएँ होती हैं और वह अपने विभिन्न चरणों से अलग-अलग अनुक्रम में गुजरता है।'[3] किंतु उसकी कतिपय सार्वभौम विशेषताएँ सदा कायम रहती हैं। इस बात को तो भारतीय सामंतवाद के वे आलोचक भी स्वीकार करते हैं जो सामंतवाद के रूपांतरों की बात करते हैं।[4] सामंतवाद को उत्पादन के साधनों के वितरण तथा अधिशेष के अधिग्रहण की व्यवस्था के रूप में देखना चाहिए। इसकी कुछ मोटी-मोटी सार्वभौम विशेषताएँ भी हो सकती हैं और कुछ ऐसे अभिलक्षण भी हो सकते हैं जो किसी क्षेत्र-विशेष में ही देखने को मिलें। स्पष्ट ही वर्ग-विभाजित प्राक्-पूँजीवादी समाजों में भूमि तथा कृषि-उत्पादन का महत्त्व सबसे अधिक होता है किन्तु भूमि के वितरण तथा कृषि-उत्पादों के अधिग्रहण की विशिष्ट परिस्थितियाँ अलग-अलग क्षेत्रों में अलग-अलग प्रकार की होती हैं। यह

तो कोई नहीं कहेगा कि जो परिस्थिति प्राक्-पूँजीवादी पश्चिमी यूरोप में प्रकट हुई वह भारत में तथा अन्यत्र भी देखने को मिलती है। ऐतिहासिक नियमों की जहाँ तक हमें जानकारी है, वे इस तरह काम नहीं करते, मगर साथ ही यह भी नहीं कहा जा सकता कि सामंतवाद पर पश्चिमी यूरोप की ही जोरदारी थी।

सामंतवाद के संबंध में कोई स्पष्ट और नपा-तुला सूत्र नहीं हो सकता। उसकी सार्वत्रिक विशेषताओं के बारे में हम जो कुछ कह सकते हैं वह बहुत हद तक मार्क ब्लॉक और ई.एन. कोस्मिंस्की के ढर्रे पर ही होगा।[5] सामंतवाद मुख्य रूप से कृषि पर आधारित अर्थव्यवस्था में प्रकट होता है जिसमें एक वर्ग भूमिपतियों का होता है और दूसरा पराधीन किसानों का। इस व्यवस्था के अधीन भूमिपति सामाजिक, धार्मिक या राजनीतिक उपायों से, जिन्हें गैर-आर्थिक उपाय कहा जाता है, अतिरिक्त उत्पादन को हड़प लेते हैं। यही सामंतवाद के संबंध में न्यूनाधिक प्रचलित मार्क्सवादी दृष्टि प्रतीत होती है। इसके अनुसार कृषिदास या कम्मी प्रथा, 'सोपानबद्ध संपत्ति' और 'विभाजित प्रभुसत्ता' सामंती व्यवस्था के पश्चिम यूरोपीय रूप की विशेषताएँ हैं। प्रभु-कृषक संबंध इस व्यवस्था का मर्म है और भूसंपदा (एस्टेट) के स्वामी, नियंत्रक या भोक्ता द्वारा अपने लाभ के लिए उस संपदा का उपयोग इस प्रणाली का तत्त्व है।

इन न्यूनतम सार्वभौम विशेषताओं के साथ सामंतवाद के अनेक रूप हो सकते हैं। जो सामंतवाद पश्चिमी यूरोप के देशों में प्रकट हुआ उसकी विशिष्टताएँ दुनिया के अन्य हिस्सों में उदित होनेवाले सामंतवाद के अन्य रूपों पर लागू नहीं होतीं। उदाहरण के लिए, अन्य देशों में भूस्वामियों के विरुद्ध कृषकों के संघर्ष के साक्ष्य पर्याप्त परिमाण में नहीं जुटाए जा सके हैं। इसी प्रकार सामंती व्यवस्था के उदर में शिल्पों और पूँजी की अभिवृद्धि पश्चिमी यूरोपीय परिस्थिति की विशिष्टता प्रतीत होती है। वहाँ कृषि के विकास तथा प्रचुर मात्रा में जिंसों के उत्पादन से समाज में प्रबल संरचनात्मक अंतर्विरोधों का जन्म हुआ। भूमि के बहुत बड़े भाग पर काबिज हो जानेवाले धार्मिक अनुदानभोगियों के भी अलग-अलग क्षेत्रों में अलग-अलग रूप थे। पुर्तगाल में ईसाई गिरजा संगठन बहुत बड़ा भूस्वामी था। कोरिया में काफी जमीन पर बौद्धों और कनफ्यूसियस के अनुयायियों का अधिकार था। पूर्वी भारत में भी बौद्ध विहारों का बहुत अधिक वर्चस्व था। दक्षिण भारत में मंदिर जागीरों के रूप में सामने आए, और उपरी तथा मध्य गंगा घाटी, मध्य भारत, दकन एवं असम में ऐसी ही स्थिति बहुत-से ब्राह्मणों की थी। उत्तर भारत के धार्मिक दानभोगियों को राज्य को कोई कर नहीं देना पड़ता था, यद्यपि वे अन्य प्रकार के दायित्वों का निर्वाह करते थे। लेकिन दक्षिण भारत में बहुत-से स्थानों में उन्हें कर देने पड़ते थे। धर्मेतर मध्यवर्ती भूस्वामी भी भारत के विभिन्न अंचलों में और भारत के बाहर भी अलग-अलग रूपों में देखने को मिलते हैं। उड़ीसा सहित कुछ क्षेत्रों में जनजातीय सरदारों को भूस्वामी बनाये जाने के उदाहरण मिलते हैं। अन्य क्षेत्रों में अनेक प्रशासनिक प्राधिकारी किसानों से वसूल किए गए करों का उपभोग स्वयं करते थे। किंतु इन समस्त विविधताओं के बावजूद बुनियादी तत्त्व, अर्थात् भूस्वामियों के नियंत्रक वर्ग तथा किसानों के परवश वर्ग का अस्तित्व, पूरे पूर्व-मध्यकाल के दौर

में ज्यों-का-त्यों कायम रहता है और सोलहवीं सदी में केंद्रीय सत्ता के शक्तिशाली हो जाने पर भी इस स्थिति में बड़ा बदलाव नहीं आता है।

इसी प्रकार अलग-अलग क्षेत्रों के किसान अलग-अलग सीमा तक भूस्वामियों के अधीन हो सकते हैं और विभिन्न क्षेत्रों के कृषक वर्ग के सदस्यों में भी अंतर हो सकता है। कृषि, शिल्पों और जिन्सों के उत्पादन तथा वाणिज्य-व्यापार में प्रगति और शहरीकरण के बढ़ने से कृषक वर्ग के अंदर फर्क पैदा हो सकते थे। जो किसान अपने गुजारे से कुछ अधिक पैदा कर सकते थे वे भूस्वामियों को श्रम के रूप में दी जानेवाली सेवाओं के एवज में नकद अदा करके अपनी आजादी खरीद सकते थे, बशर्ते कि इस बात को राज्य का अनुमोदन प्राप्त हो और एक खास हद तक बाजार अर्थव्यवस्था सुलभ हो। बहुत-से किसान और भी विपन्न हो जा सकते थे और उनकी विपन्नता से लाभ उठाकर धनी किसान अपनी और भी श्रीवृद्धि कर सकते थे। लेकिन जहाँ ऐसी परिस्थितियाँ उत्पन्न नहीं हुईं वहाँ कमोबेश समरूप कृषक वर्ग कायम रह सकता था। फिर भी खेती-बारी की विधियों और मिट्टी की किस्मों के अंतर का प्रभाव खेती की पैदावार पर पड़ सकता था और उसके फलस्वरूप किसानों की स्थिति में भी भिन्नता आ सकती थी।

इसी तरह किसानों को अपने खेतों के अलावा भूस्वामियों के खेतों में भी कृषिदासों के रूप में काम करने को विवश किया जा सकता था। पश्चिमी यूरोप में इसका आम चलन था। लेकिन कृषिदासता को सामंतवाद का पर्याय नहीं मान लेना चाहिए।[6] यह तो पराधीनता का एक रूप था, किसान जमीन से बँधा रहता था और उसे अपने प्रभु के खेत में काम करना पड़ता था। जिन किसानों को भूस्वामियों को नकद और जिन्स दोनों रूपों में भारी लगान देने को मजबूर किया जाता था या जिन्हें लगान के साथ-साथ अपना श्रम देने को भी विवश किया जाता था वे भी उतने ही परवश थे जितने कि सिर्फ श्रम देनेवाले किसान थे। अगर किसी किसान को केवल भूस्वामी के प्रति ही वफादार रहना है तो इससे उसकी पराधीनता में कुछ फर्क पड़ता है। यदि उसे राज्य तथा भूस्वामी दोनों के प्रति निष्ठा रखनी है, तो यह या तो दोहरी पराधीनता का मामला बन जाता है या विभाजित निष्ठा का। लेकिन यहाँ बुनियादी बात कृषक वर्ग की परवशता की है, जो उपर्युक्त सभी परिस्थितियों में कायम रहती है। इसमें कोई संदेह नहीं कि किसानों की परवशता पूर्व-मध्यकालीन भारतीय सामाजिक संरचना का अभिलक्षण है।

कहा गया है कि मध्यकालीन भारत में किसान को उत्पादन की स्वतंत्रता थी, क्योंकि उत्पादन के साधनों पर उसका 'पूर्ण' नियंत्रण था।[7] उत्पादन के साधनों के स्वामित्व का क्या मतलब है? क्या उसमें उत्पादन से होनेवाले लाभ के उपभोग का समावेश नहीं है? क्या उत्पादन से होनेवाली आमदनी किसान के ही हाथों में रह जाती है या कि उसके खासे बड़े भाग को भूस्वामी ले लेता है? यह अधिग्रहण किस प्रकार संभव होता है? वह कौन-सा तंत्र है जिसके जरिए भूस्वामी अधिशेष को अर्थात् उत्पादन के अच्छे-खासे भाग को हथिया लेता है? क्या वह केवल उत्पादन के साधनों पर अपने नियंत्रण के बल पर ऐसा कर पाता है अथवा अपनी दण्ड शक्ति के जोर पर? या कि वह किसी वैचारिक हथियार के सहारे — जैसे कि किसान का यह

विश्वास कि उससे जितना लिया जाता है उतना देना उसका धर्म है — अधिशेष को हड़प लेता है? भूस्वामी किसानों के माई-बाप हैं, यह मान्यता[8] हमें जनजातीय दृष्टि की याद दिलाती है, लेकिन संभव है कि इस मान्यता को मध्यकाल में पुरोहित वर्ग के भूस्वामियों ने और भी सुदृढ़ किया हो। इन तमाम प्रश्नों के उत्तर देने का प्रयत्न करने से पहले पूर्व-मध्यकाल में उत्पादन के संसाधनों के वितरण की समस्या पर विचार कर लेना बेहतर होगा।

स्पष्ट है कि उत्पादन का प्रमुख साधन भूमि थी। लेकिन अगर हम यह सोचकर चलेंगे कि भूमि इस या उस पक्ष के एकछत्र नियंत्रण में थी तो उसके वितरण के स्वरूप को समझ पाना बहुत कठिन हो जाएगा। यह बात साफ समझ लेनी चाहिए कि पूर्व-मध्यकाल में जमीन के एक ही टुकड़े पर किसान के अधिकार निम्न श्रेणी के होते थे और भूस्वामी के अधिकार उच्च श्रेणी के हो सकते थे। किसान के पास जमीन, श्रम, गाय-बैल आदि जानवर तथा खेती के औजार भी हों, लेकिन हमें देखना यह है कि उत्पादन के साधनों पर उसका 'नियंत्रण' कितना कारगर है। कर-लगान, बेठ-बेगार, बराबर मौके पर मौजूद अनुदानभोगियों का सतत हस्तक्षेप — ये सब बातें क्या किसान के नियंत्रण को सचमुच कारगर होने देंगी? अण्डे देनेवाली मुर्गी को जिबह तो कोई नहीं करेगा। इसलिए किसानों को जिन्दा तो रहने ही दिया जाएगा और जिन्दा रखकर कमानेवालों को पैदा करने भी दिया जाएगा। लेकिन इसी से उत्पादन के साधनों पर उनका वास्तविक नियंत्रण नहीं स्थापित हो जाता।

सच तो यह है कि भूमिदानपत्रों से इस बात में संदेह की कोई गुंजाइश नहीं रह जाती कि सामान्यतः उत्पादन के साधनों पर भूस्वामी का अच्छा-खासा नियंत्रण था। भूस्वामी किसानों से विभिन्न प्रकार के लगानों की माँग करते थे, और वे उनसे तरह-तरह के देयों की वसूली करते थे। स्पष्ट है कि वे उन राजकीय सनदों के बल पर ऐसा करते थे जिनमें उन्हें गाँव अथवा भूमिखण्ड या तरह-तरह के करों की वसूली के अधिकार अनुदानस्वरूप दिए जाते थे। राजा करों का दावा किस आधार पर करता था? पहले उसके दावे का आधार यह था कि वह प्रजा को सुरक्षा प्रदान करता है। लेकिन पूर्व-मध्यकालीन धर्मशास्त्रों के अनुसार करों के उसके दावे का आधार यह हो जाता है कि वह भूमि का स्वामी है।[9] राजा की बहुत-सी उपाधियों से मालूम होता है कि पूर्व-मध्यकाल में वह जमीन का मालिक था। अब सनद के जरिए वह यह राजाधिकार अनुदानभोगी को सौंप देता था, और इसके आधार पर अनुदानभोक्ता करों की माँग करता था। राजा को 'भूमिदः' अर्थात् भूमि देनेवाला कहा जाता था।[10] हम बार-बार ऐसा उल्लेख देखते हैं कि भूमिदान के पुण्य का भागी वह है जो भूमिस्वामी है।[11]

प्रारंभिक दानपत्रों में ग्रहीताओं को सामान्यतः भोगाधिकार ही दिए गए हैं, किंतु बाद के दानपत्रों में ऐसी रियायतें दी गई हैं जो उसे गाँव का वास्तविक स्वामी बना देती हैं। दान में दिए गाँव उसकी निजी जागीर बन जाते हैं। उदाहरणार्थ, दानभोगी सभी करों, हर प्रकार की आय, समस्त आपात करों और इन सबके अतिरिक्त अपरिभाषित 'सर्व'[12] के उपभोग का अधिकारी बन जाता है, जिसमें वह आय के प्रत्येक स्रोत का समावेश कर सकता है। इसी प्रकार वह *उचित*

और *अनुचित* कर,[13] *नियत* और *अनियत* कर[14] वसूल करने का हकदार है, और करों की सूची के अंत में हम 'आदि' तथा 'आदिकम्'[15] शब्दों का प्रयोग देखते हैं सो अलग। इस सबसे दानभोगी की सत्ता बहुत अधिक बढ़ जाती है। उत्पादन में वृद्धि होते ही ये असाधारण धाराएँ स्वतः क्रियाशील हो जा सकती थीं,[16] किंतु साथ ही वे उत्पादन के विस्तार में बाधा भी डाल सकती थीं। कुछ व्यवस्थाओं के कारण किसानों की जमीन में भोगियों के श्रेष्ठतर अधिकारों का जन्म हुआ। मिसाल के तौर पर मध्यप्रदेश, उत्तरी महाराष्ट्र, कोंकण और गुजरात के गुप्त तथा गुप्तोत्तर कालों के भूमिदानपत्रों में भोगी को दान में प्राप्त भूमि से पुराने किसानों को हटाकर वहाँ नए काश्तकारों को बसाने का अधिकार दिया गया है, वह दान में मिली जमीन दूसरों को भी दे सकता था। चोल दानपत्रों में भी इसी तरह की व्यवस्था देखने को मिलती है।[17] लेकिन इसका अर्थ यह लगाया गया है कि उत्तर चोलकाल में दानभोगी को करों की दरों में परिवर्तन करने और नए कर लगाने तथा नए प्रकार की सेवाएँ लेने का अधिकार प्राप्त था। जो भी हो, दानभोगियों को दिए गए इन तमाम अधिकारों को देखते हुए इसमें कोई संदेह नहीं रह जाता कि जमीन का वास्तविक कब्जादार किसान था जिस पर दानभोगी को श्रेष्ठतर अधिकार प्राप्त होते थे।

सातवीं सदी के बाद के अधिकतर अनुदानों के अनुसार गाँव के दान में उसकी निम्नस्थ भूमि, ऊर्वर भूमि, जलाशय, सभी प्रकार के वृक्ष और झाड़ियाँ, पगडंडियाँ तथा चरागाह स्पष्ट रूप से शामिल किए जाते हैं। पूर्वी भारत के दानपत्रों में आम, महुए और कटहल के पेड़ों के अतिरिक्त विभिन्न प्रकार के कृषि-संसाधनों के साथ ग्रामदान के उदाहरण देखने को मिलते हैं। दान में कपास, पटसन, नारियल और सुपारी के पेड़-पौधे भी दिए जाते हैं, लेकिन ऐसा दसवीं सदी के बाद देखने को मिलता है जब नकदी फसलों का महत्त्व बढ़ गया। दानपत्रों में वर्णित इस तरह की धाराएँ कृषि उत्पादन को दानभोगी से सीधे जोड़ देती हैं, और इससे भी बड़ी बात यह है कि इन धाराओं के कारण कृषि-संबंधी सामुदायिक संसाधन भी उसके हाथों में चले जाते हैं। यदि किसान को कृषि के संसाधनों के निर्बाध उपयोग की सुविधा नहीं है तो उसकी उत्पादन की स्वायत्तता बहुत अधिक सीमित हो जाती है। हल से की जानेवाली खेती पूरी तरह से गोधन के उपयोग पर निर्भर थी। किसान के पास जितने संसाधन थे उनसे वह अपने पशुओं को ठीक से खिला-पिला नहीं सकता था। उन्हें खिलाने-पिलाने के लिए सामूहिक चरागाहों के निर्बाध और सतत उपयोग की सुविधा आवश्यक थी। किंतु इन संसाधनों के दानभोगी के अधिकार में चले जाने से कठिन स्थिति उत्पन्न हो जाती थी। सामूहिक चरागाहों पर प्रतिबंध लगाए जा सकते थे। भोक्ता सबसे अच्छा चरागाह अपने पशुओं के लिए सुरक्षित रख सकता था, वह कृषक परिवारों को ऐसे संसाधन कुछ शर्तों पर आवंटित कर सकता था, या उन पर किसी कारणवश दबाव डालने के लिए उनमें उनके पशुओं का प्रवेश वर्जित कर दे सकता था। अतः दानभोगियों को चरागाहों पर अधिकार दे देने से किसानों की कृषि-उत्पादन की स्वतंत्रता में भारी कमी आ जाती थी। मानना पड़ेगा कि कृषि-विषयक अधिकारों के निर्बाध उपयोग से ही कोई कृषक परिवार उत्पादन का काम कारगर ढंग से कर सकता है। अभी हाल तक शक्तिशाली जमींदार कमजोर

और असहाय किसानों को ऐसे अधिकारों से वंचित रखते थे, और उनके जीवन को दूभर बना दे सकते थे। निस्संदेह जातिप्रथा से इसमें मदद मिलती थी। सार्वजनिक तालाब, कुएँ आदि अस्पृश्यों के लिए वर्जित थे। सो, अगर उनके पास थोड़ी-बहुत जमीन रही भी हो तो वे उत्पादन का काम स्वतंत्र रूप से कैसे कर सकते थे ?

अधिकतर दानपत्रों में किसानों से भोक्ताओं के आदेशों का पालन करने को कहा गया है।[18] ये आदेश केवल फसलों अथवा करों आदि की अदायगी से ही नहीं, बल्कि उत्पादन के साधनों तथा प्रक्रियाओं से भी संबंधित हो सकते थे। दानभोगी को दिया गया ऐसा निरंकुश अधिकार किसान को एक तरह से उसके हुक्म का गुलाम बना देता है। इसका मतलब किसान की श्रम-शक्ति पर, जो निस्संदेह उत्पादन का बड़ा साधन है, दानभोगी का सामान्य नियंत्रण स्थापित हो जाना है। इस श्रम का उपयोग या तो उन खेतों में किया जा सकता है जिन्हें किसान खुद जोतता-बोता है या उनमें जिनका प्रबंध परोक्ष रूप से दानभोगी करता है। दानभोगी अपने आडंबरपूर्ण जीवन तथा अनुत्पादक उपभोग के लिए कुछ खास किस्म की चीजों के उत्पादन का आग्रह कर सकते हैं, और जागीरदारों के रूप में प्राप्त अपने तरह-तरह के अधिकारों के बल पर वे किसानों को अपनी जरूरत के अनाज और नकदी फसलें पैदा करने के लिए विवश भी कर सकते हैं।

यहाँ इस बात का उल्लेख भी किया जा सकता है कि याज्ञवल्क्य, बृहस्पति तथा व्यास की स्मृतियों में एक ही भूमिखण्ड में भू-अधिकारों के चार-चार सोपानबद्ध स्तरों का उल्लेख किया गया है। उदाहरण के लिए, एक स्थल पर हमें 'महीपति', 'क्षेत्रस्वामिन्', 'कर्षक' तथा 'उपकर्षक' या पट्टेदार का जिक्र मिलता है।[19] ध्यान देने की बात है कि मध्यकालीन विधिवेत्ता 'स्वामित्व' तथा 'स्वत्व' (संपत्ति) का अंतर समझते थे, और इसे हिन्दू विधिशास्त्र में एक महत्त्वपूर्ण भेद माना जाता था।[20] इसलिए 'स्वामिन्' को हम भूमिदानभोगी मान सकते हैं और 'कर्षक' या 'क्षेत्रक' को लगान देनेवाला किसान। गुप्तकाल में जमीन की खरीद-बिक्री से भी यह निष्कर्ष निकाला जा सकता है कि भूमि में, जो उत्पादन का मुख्य साधन थी, सोपानबद्ध अधिकारों और हितों का समावेश होता था। खरीद-बिक्री के सौदों मे केवल राजा के ही नहीं वरन् उन स्थानीय अधिकरणों के हितों का भी उल्लेख हुआ है जिनमें गाँव के बड़े लोगों का बोलबाला होता था। इसी प्रकार इनमें दानभोगियों तथा जमीन के कब्जेदारों के अधिकारों का जिक्र भी मिलता है।[21] यह सच है कि कई गुप्तकालीन सौदों में कब्जेदार का उल्लेख नहीं हुआ है, किंतु मालूम होता है कि जमीन खरीदने के लिए पैसा केवल अधिकरण को ही नहीं, बल्कि शायद कब्जेदार को भी दिया जाता था। जमीन के इस तरह के सौदे बांग्लादेश में देखने को मिलते हैं। किंतु भूमिदान प्रणाली में, जो गुप्तोत्तरकाल में व्यापक रूप से प्रचलित हुई, स्थानीय अधिकरण का कोई उल्लेख नहीं मिलता और सामान्यतः भूमिदान देने के संबंध में उससे कोई परामर्श नहीं किया जाता था।

जमीन पर सोपानबद्ध नियंत्रण का उदय उपसामंतीकरण की व्यापक प्रवृत्ति के कारण विशेष

रूप से आठवीं सदी से हुआ।[22] यह बात उत्तर भारत और दक्षिण भारत, दोनों क्षेत्रों में देखने को मिलती है। चोलों के अधीन एक दौर में तो भूस्वामियों के पाँच-पाँच स्तर होते थे। उनमें शीर्ष पर राजा होता था। उसके बाद दानभोगी का स्थान था, जिसके नीचे दखलदार आता था। दखलदार जमीन पट्टे पर उप-दखलदार को सौंप देता था, जो उसमें काश्तकार रैयत से खेती करवाता था।[23] उपसामंतीकरण के कारण उपर से नीचे तक श्रेणीबद्ध भूस्वामियों के वर्ग का जन्म हुआ, जो जमीन को जोतने-बोनेवाले असली किसान नहीं थे। यह प्रक्रिया मार्क्स के इस महत्त्वपूर्ण कथन से मेल खाती है कि 'सामंती उत्पादन पद्धति की विशेषता अधिक-से-अधिक उपसामंतों के बीच भूस्वामित्व का विभाजन है।'[24]

कृषक वर्ग अपने समरस और समतावादी रूप से अधिकाधिक वंचित होता गया। गाँव में जमीन के असमान वितरण के अनेक संकेत मिलते हैं। हमारे स्रोतों में न केवल ब्राह्मण का बल्कि प्रमुख ब्राह्मण, 'महत्तम', 'उत्तम', 'कर्षक', 'क्षेत्रकर', 'कुटुम्बिन्' और 'कारूक' का भी उल्लेख हुआ है। इसके अलावा अनुदानभोगी ब्राह्मण तथा अग्रहार का भी जिक्र हुआ है, फिर 'क्षुद्र प्रकृति' या छोटे काश्तकार भी हैं, और मेद, अन्ध्र तथा चण्डाल तो हैं ही। स्पष्ट है कि उत्पादन के स्रोतों में कुछ ग्रामवासियों की बड़ी हिस्सेदारी होती थी और जितनी जमीन-जायदाद की व्यवस्था वे व्यक्तिगत रूप से कर सकते थे उससे कहीं अधिक उनके पास होती थी। ऐसे लोग अपनी जमीन में या तो छोटे पट्टेदार या बटाईदार किसानों से अथवा कृषिदासों से खेती करवाते होंगे। इसलिए यह मानने का कोई आधार दिखाई नहीं देता कि गाँवों में रहनेवाले अधिकांश किसानों का उत्पादन के साधनों पर 'पूर्ण' नियंत्रण था।

पारिभाषिक शब्दों के अध्ययन से प्राचीन भारत में भूमि से किसान के संबंध के विषय में कई दिलचस्प और महत्त्वपूर्ण सूत्र हमारे हाथ लगते हैं। हमारे स्रोतों में किसान के अर्थ में संस्कृत शब्द 'जानपद' का प्रयोग हुआ है। जानपद का मतलब है जनपद, अर्थात् ग्रामीण क्षेत्र का निवासी। और 'जनपद' ऐसी क्षेत्रीय इकाई था जिसे राजस्व का स्रोत माना जाता था। 'जनपद' की एक और विशेषता थी कि इसे करों तथा दण्ड का भार वहन करने में समर्थ क्रियाशील कृषकों का वासस्थान माना जाता था।[25] स्वाभाविक है कि जब किसानों पर अत्याचार होता था तब वे विद्रोह करते थे, जिसे *कौटिलीय अर्थशास्त्र* में 'जनपद-कोप' कहा गया है।[26] यह बात कुछ अजीब लगती है कि यद्यपि जनपद शब्द पूर्व-मध्यकालीन अभिलेखों में देखने को मिलता है, तथापि मध्यकालीन संस्कृत साहित्य में उसका विशेष उपयोग नहीं हुआ है। मध्यकाल में 'जन' का अर्थ आश्रित व्यक्ति हो गया, जिसका महत्त्व उसकी श्रमशक्ति में निहित था और जिसे लोग रखते भी इसी कारण से थे। इस प्रकार यह माना जा सकता है कि उसकी स्थिति ताबेदार किसान की होती थी। इससे भी महत्त्व की बात यह है कि बिहार की कई भारतीय आर्यसमूह की बोलियों में 'जन' अर्थ खेतिहर मजदूर होता है। रिवाज यह है कि इनमें से कुछ को गुजारे के लिए छोटे-मोटे खेत दे दिए जाते हैं, जिनके रकबे का अन्दाजा इसी बात से लगाया जा सकता है कि कहीं-कहीं इन खेतों को 'खेतरी' कहा जाता है। स्पष्ट ही यह रिवाज उस मध्यकालीन प्रणाली

का अवशेष है जिसके अनुसार धनी-मानी भूस्वामी अपने पास जन अथवा खेतों में काम करनेवाले मजदूर रखते थे और जरूरत पड़ने पर उन्हें दूसरों के हाथों सौंप भी देते थे। ऐसा निष्कर्ष अभिलेखों से ही नहीं बल्कि जन्मकुण्डलीशास्त्र की कृतियों से भी निकाला जा सकता है।[27] इससे यही मालूम होता है कि समतावादी प्रकृतिवाला कबायली 'जन' लगभग कृषिदास की स्थिति में पहुँच गया था।

मध्यकालीन ग्रंथों और विशेषकर अभिलेखों में किसान के लिए प्रयुक्त शब्दों से प्रकट होता है कि जिस जमीन को वह जोतता-बोता था उससे उसके संबंध में बदलाव आ गया था। बुद्ध के काल से लेकर गुप्तकाल तक करदाता वैश्यों का अस्तित्व सर्वग्राही वर्ग के रूप में कायम रहा, जिसके अधिकांश सदस्य किसान थे। किंतु पूर्व-मध्यकाल तक वे शूद्रों की स्थिति को प्राप्त हो गए, और यद्यपि शूद्रों को किसान का दर्जा हासिल हो गया, फिर भी वे परवशता की छाप से छुटकारा नहीं पा सके।[28]

प्रारंभिक पालि ग्रंथों में भूस्वामी कृषक के लिए 'गहपति' शब्द का प्रयोग हुआ है[29] जिसका शब्दार्थ है गृहस्वामी। यह बात खास तौर से मध्य गंगा के मैदानों पर लागू होती है जहाँ सबसे पहले बड़े राज्यों का उदय हुआ। ऐसा प्रतीत होता है कि अपनी उत्पादन इकाई के अंदर गहपति को काफी स्वायत्तता प्राप्त थी। किंतु भूमिदानपत्रों में यह शब्द लगभग लुप्त हो जाता है। परवर्ती रचनाओं में 'गहपति' या 'गृहपति' गाँव का प्रधान बन जाता है।[30] किसान का स्पष्ट पर्याय है 'क्षेत्रिक' या 'क्षेत्रिन्'[31] जिसका मतलब है भूमि पर नियंत्रण रखनेवाला, लेकिन परवर्ती पाठों और कोषों में इसका प्रयोग भी कभी-कभी कृषक के अर्थ में किया गया है। 'क्षेत्रिक' से ही असमिया शब्द 'खेतियक' व्युत्पत्र हुआ है,[32] जिसका अर्थ है काश्तकार या किसान, और जरूरी नहीं कि वह सदा भूमि का स्वामी ही हो। बहुत-से दानपत्रों में, खासकर पूर्वी भारत के दानपत्रों में, किसान के लिए बहुधा 'क्षेत्रकर' शब्द का प्रयोग हुआ है[33] जिसका शब्दार्थ है काश्तकार। मराठी का 'सटकरी' शब्द शायद इसी से व्युत्पन्न हुआ है[34] और उसका अर्थ हमेशा भूस्वामी ही नहीं होता। अभिलेखों में कुछ अन्य शब्दों का भी प्रयोग हुआ है — जैसे 'कर्षक'[35] और 'कुटुम्बिन्'।[36] 'कुटुम्बिन्' से स्वतंत्र कृषक परिवार का कुछ आभास आता है किंतु यह शब्द मुख्यतः पूर्वी भारत और मध्यप्रदेश के प्रारंभिक भूमिदानपत्रों में ही देखने को मिलता है। पूर्वी भारत के परवर्ती दानपत्रों में इसके स्थान पर 'क्षेत्रकर' या 'कर्षक' शब्द का प्रयोग हुआ है। गुजरात और राजस्थान में 'कुटुम्बिन्' की स्थिति में गिरावट आ जाती है, क्योंकि कुछ प्रसंगों में हम देखते हैं कि भूमि के साथ-साथ वह भी दानभोगी को सौंप दिया जाता है।[37] याज्ञवल्क्य (लगभग 300 ई.) के अनुसार कर्षक 'क्षेत्रस्वामी' अथवा भूस्वामी की सेवा में नियत मात्र एक काश्तकार था[38] और भूस्वामी के क्षेत्र या खेत पर 'महीपति' या राजा का सामान्य नियंत्रण था। पूर्वी मध्यप्रदेश के चंदेल दानपत्रों में गाँव के साथ 'कर्षक' भी दानभोगियों को दे दिया जाता था।[39] भूमिदानपत्रों में 'हालिक' या हलवाहा शब्द का भी उल्लेख मिलता है।[40] बटाईदारों को 'आर्धिक', 'अर्धसीरिक' या 'अर्धसीरिन' कहा गया है। साहित्यिक स्रोतों में 'कीनाश' शब्द का

भी प्रयोग हुआ है।[41] स्पष्ट है कि इन शब्दों से भूमि पर नियंत्रण का कोई बोध नहीं होता। स्वयं किसान शब्द 'कृशान' से व्युत्पन्न है, जिसका अर्थ है हल चलानेवाला। मध्यकालीन ग्रंथों में 'कृषीवल'[42] या काश्तकार शब्द का भी प्रयोग बहुधा हुआ है। *बृहत्संहिता* में 'लांगलोपजीविन्' शब्द का उल्लेख है[43] जिसका अर्थ होता है हल चलाकर जीविका कमानेवाला।

मध्यकालीन साहित्य तथा अभिलेखों में किसान के लिए प्रयुक्त शब्दों की इस समीक्षा से भूमि के नियंत्रक के रूप में उसकी कोई छवि नहीं उभर पाती। दूसरी ओर भूसम्पत्ति का उपयोग करने वालों के लिए सामान्यतः 'भोक्ता', 'भोगिक', 'भोगी', 'भोक्तिक', 'भोगिजन', 'भोगपति', 'भोगपतिक', 'भोगिकपालक', 'भोगिरूप', 'महाभोगी', 'बृहद्भोगी', 'बृहद्भोगिक' आदि शब्दों का प्रयोग हुआ है।[44] यहाँ हमने 'राजा', 'राणक', 'सामंत', 'मंडलेश्वर' आदि से संबंधित शब्दों पर विचार नहीं किया है, यद्यपि ये लोग भी मध्यवर्ती वर्ग में शामिल बड़े-बड़े भूस्वामी ही थे। दोनों प्रकार के शब्दों के बीच की विषमता साफ देखी जा सकती है। कुछ लोग जमीन को कोड़ने-कमाने के लिए हैं, लेकिन कुछ दूसरे लोग कृषि उत्पाद का उपभोग करने के लिए हैं, यद्यपि उपभोगी भी अधिशेष के समान भागीदार नहीं थे। ऐसा मानने का कहीं कोई आधार दिखाई नहीं देता कि उत्पादन का काम करनेवाले किसानों का अपनी जोतों पर सुदृढ़ और स्वतंत्र नियंत्रण था। सबके उपर राज्य का स्थान था जिसका प्रतीक राजा था, और पूर्व-मध्यकालीन अभिलेखों तथा साहित्य में उसके लिए प्रयुक्त अनेक विरुदों[45] से प्रकट होता है कि भूमि पर उसका सामान्य अधिकार स्थापित सत्य था।

भूमि के एक ही खण्ड में कई पक्षों के लोगों के बड़े और छोटे अधिकार होते थे, यह स्थापना बहुत पहले प्रस्तुत की जा चुकी है,[46] किंतु उस संदर्भ में सामान्यार्थक पद 'उत्पादन के साधन' का प्रयोग नहीं किया गया था। यहाँ इतना और कहा जा सकता है कि सभी संभावित करों तथा बेठ-बेगार के हकों और समस्त संसाधनों के साथ ग्रामदान देने के चलन के फलस्वरूप कृषक-संपत्ति एवं सामुदायिक अधिकारों के स्थान पर सामंती संपत्ति की सृष्टि हुई। यह नई स्थिति मध्यकालीन विधिवेत्ताओं के लिए सिरदर्द बन गई, क्योंकि पूर्ववर्ती धर्मशास्त्रों में उन्हें इस स्थिति के लिए न कोई वैधानिक समर्थन मिल रहा था और न नजीर। निदान विज्ञानेश्वर ने, जिसकी प्रसिद्ध कृति *मिताक्षरा* देश के बहुत बड़े भाग में प्रमाण ग्रंथ के रूप में मान्य हुई, संपत्ति की लोकाभिस्वीकृति के सिद्धांत का प्रतिपादन किया। उसकी तथा मित्र मिश्र जैसे उसके अनुयायियों की मान्यता थी कि संपत्ति का आधार लोकाभिस्वीकृति में निहित है और वह शास्त्रों के विधान से स्वतंत्र है।[47] गौतम के एक अवतरण पर टीका करते हुए[48] लगभग बारहवीं सदी के भाष्यकार हरदत्त ने भी ऐसी राय जाहिर की। उसके अनुसार 'भूमि' के अल्पकालिक उपभोग से भी भोक्ता को स्वत्वाधिकार प्राप्त हो जाता है। 'भूमि' का अर्थ उसने खेती की जमीन 'क्षेत्र' तथा बाग-बगीचे आदि *(आरामदिका)* बताया है।[49] अल्पकालिक उपभोग का तात्पर्य कदाचित् दस वर्षों से कम समय का उपभोग है।[50]

उत्पादन के जो साधन अब तक किसानों के कारगर नियंत्रण में थे उन पर बिचौलियों के

अधिकार थोप दिए जाने से जटिलता पैदा हो गई। साथ ही किसानों द्वारा चरागाह, जलाशय आदि के निर्बाध उपयोग को संकुचित करने से उनके परम्परागत अधिकारों को धक्का लगा। इन कारणों से मध्यकालीन विधिवेत्ताओं के समक्ष विषम स्थिति उपस्थित हो गई। इसके निराकरण के लिए उन्हें एक ही भूमिखण्ड में अनेक पक्षों के अधिकारों को मान्यता देनी पड़ी। यहाँ ब्रिटिश विद्वान डेरेट की मार्मिक उक्ति को, जिसकी चर्चा मैं पहले भी कर चुका हूँ, उद्धृत करना उपयुक्त होगा : 'भारतीय विधिवेत्ताओं ने यह मान लिया कि स्वामित्व की खास-खास अभिव्यक्तियों के प्रसंग अलग-अलग हो सकते हैं, और राजा का स्वत्व (अधिकार),[51] भूस्वामी का स्वत्व, रैयत-काश्तकार का स्वत्व, बल्कि यहाँ तक कि कभी-कभी (अतिक्रमणकारी के विपरीत) रेहनदार का भी स्वत्व—सबके स्वत्व का बोध एक ही शब्द से होता है।'[52] यह दिखाया गया है कि कानून तथा व्यवहार दोनों में ये अधिकार वर्गीकृत होते थे। इसलिए भारत के संदर्भ में हम यह तो कह सकते हैं कि उत्पादन के मुख्य साधन भूमि पर किस पक्ष का नियंत्रण किस सीमा तक था, लेकिन यह नहीं कह सकते कि उस पर भूस्वामी अथवा किसान का एकछत्र अधिकार था। किंतु भूमिदानपत्रों से भूस्वामी के अपर-अधिकारों की स्थापना की उत्तरोत्तर बढ़ती प्रवृत्ति का आभास होता है और जिस अनुपात में उसके अधिकार बढ़ रहे थे उसी अनुपात में राजा तथा किसान के अधिकार छीजते जा रहे थे। अंत में स्थिति यहाँ तक जा पहुँची कि अनुदत्त क्षेत्र दानभोगियों की निजी जागीरें बनकर रह गए।

जब भूमिदान धार्मिक पक्षों को दिए जाते थे तब दान-क्षेत्रों के उत्पादन के साधनों पर भूस्वामियों का नियंत्रण अधिक कारगर होता था। वाकाटक तथा राष्ट्रकूट शासकों के अधीन भी विदर्भ और महाराष्ट्र में देवी-देवताओं एवं ब्राह्मणों को बहुत-से भूमिखण्ड दान दिए गए। उदाहरण के लिए, प्रवरसेन ने एक हजार ब्राह्मणों को आठ हजार निवर्तन भूमि दान में दी।[53] इसी तरह चार सौ निवर्तन जमीन एक ही ब्राह्मण को दान की गई।[54] फिर, एक देवता को भी इतनी ही जमीन दी गई।[55] इसके अतिरिक्त कुछ ब्राह्मणों को दान में 2052 निवर्तन भूमि मिली।[56] पूर्ववर्ती स्रोतों से मालूम होता है कि दकन में एक निवर्तन जमीन एक ब्राह्मण परिवार के भरण-पोषण के लिए पर्याप्त मानी जाती थी। इस परिवार में 5 से 8 सदस्य हो सकते थे। किंतु इतने बड़े-बड़े भूमिखण्डों में ब्राह्मण भोक्ता स्वयं खेती नहीं कर सकते थे। किसी ब्राह्मण परिवार में छोटे भूमिखण्ड में खेती करने लायक श्रम-बल उपलब्ध होता तो भी सामाजिक निषेधों के कारण वे यह काम नहीं करते। इससे भी अधिक महत्त्व की बात यह है कि बड़े-बड़े भूमिखण्डों के दान से उत्पादन के साधनों पर भोक्ता का प्रत्यक्ष नियंत्रण आरंभ हुआ।

उत्पादन के साधनों पर भोक्ता का सामान्य नियंत्रण स्थापित होने का बड़ा कारण यह था कि उसे भूमि या गाँव के साथ अनुदत्त क्षेत्र में सामंती अधिकार भी दे दिए जाते थे। दानपत्र में भोक्ता को परिवार, संपत्ति, व्यक्ति आदि के विरुद्ध किए गए दसों अपराधों के लिए दण्ड देने[57] और साथ ही दीवानी मुकदमों की सुनवाई करने[58] के अधिकार भी प्रदान कर दिए जाते थे। इसके अतिरिक्त राज्याधिकारियों के लिए उनके क्षेत्र में प्रवेश करना[59] और उनके कार्य-प्रकार्य में किसी

प्रकार का विघ्न डालना[60] वर्जित था। ये तमाम बातें पश्चिमी यूरोप के सामंतों को अपने-अपने 'मेनरों' या श्रीमंत क्षेत्रों में प्राप्त अधिकारों से किसी भी तरह कम नहीं हैं, और उनके जोर पर वे अपने क्षेत्र के किसानों को अपने खेतों में कृषिदासों की तरह काम करने के लिए बखूबी मजबूर कर सकते थे। हमेशा मौके पर मौजूद दानभोगी फौजदारी और दीवानी, दोनों तरह के मुकदमों की सुनवाई करने और सद्यः दण्ड देने के अधिकार के बल पर उत्पादन की प्रक्रिया में गंभीर व्यवधान उपस्थित कर सकते थे। इस प्रकार स्पष्ट है कि गैर-आर्थिक किस्म के इन राजनीतिक तथा न्यायिक अधिकारों से भी भोक्ता को किसानों का आर्थिक शोषण करने में मदद मिलती थी। संभव है विशाल आबादी पर शासन करने का यह सफल तरीका रहा हो, क्योंकि इस तरह अपराधों को अंकुरण की अवस्था में ही दबा दिया जा सकता था। किंतु साथ ही ये गैर-आर्थिक अधिकार उत्पादन के साधनों तथा प्रक्रियाओं, दोनों पर भोक्ता की सामान्य आर्थिक सत्ता प्रतिष्ठित करने में सहायक हुए। हम यह भी देखते हैं कि बहुधा भोक्ता को अपने अनुदत्त गाँव का उपभोग करने के लिए सभी उपायों का प्रयोग करने का अधिकार दिया जाता था, जैसा कि 'सर्वोपायसंयुक्तम्'[61] पद से ध्वनित होता है। उसे इच्छानुसार क्रियाफलों के उपभोग का भी अधिकार था। इस संदर्भ में प्रयुक्त पद 'संभोग्या यावदिच्छा क्रियाफलम्'[62] पद पर ध्यानपूर्वक विचार करने पर मालूम होगा कि भोक्ता उत्पादन की प्रक्रिया में भी हस्तक्षेप कर सकता था। यदि किसी व्यक्ति को अपनी इच्छानुसार उत्पादन की प्रक्रिया के फलों के उपभोग का अधिकार प्राप्त है तो उसमें स्वयं उस प्रक्रिया (क्रिया) को नियंत्रित करने की स्वाभाविक प्रवृत्ति जन्म लेगी जिस पर पैदावार की किस्म और परिमाण निर्भर है। कुछ प्रसंगों में भोक्ता को गाँव के समस्त संसाधनों के उपभोग का अधिकार ('स्वयंभोगसमेत') दे दिया जाता था।[63] गाँव सभी उत्पादों के साथ ('सर्वोत्पत्ति सहितः')[64] भी दान किया जाता था। मध्यप्रदेश में प्राप्त चन्देल दानपत्रों में अनुदत्त गाँवों में पैदा की जानेवाली फसलों के नाम भी बताए गए हैं। इससे मन में स्वभावतः यह प्रश्न उठता है कि कहीं ऐसा तो नहीं था कि किसान को फसलों की किस्मों में परिवर्तन करने की भी आजादी नहीं थी? जो भी हो, इसमें संदेह नहीं कि दानपत्रों की व्यवस्थाएँ उत्पादन के साधनों एवं प्रक्रियाओं में भोक्ता के निहित स्वार्थ की सिद्धि में सहायक हुई होंगी। ऐसी परिस्थिति में यदि भोक्ता उत्पादन के संसाधनों, प्रक्रियाओं तथा फलों का नियंत्रण न करे तो यह आश्चर्य की ही बात होगी।

किसानों को खेती के औजार कैसे प्राप्त होते थे, यह स्पष्ट नहीं है। दानपत्रों में भोक्ताओं को समस्त निखात-निधि का उपभोग करने का अधिकार दिया गया है। इसका मतलब उन्हें खानों के उपभोग का भी अधिकार था। सुविदित है कि खनिज संपदाओं पर राजा का एकछत्र अधिकार होता था। राजा ने यह शायद जनजाति या समुदाय के मुखिया के रूप में आरंभिक अवस्था में ही प्राप्त किया हो। लोहे तथा अन्य प्रकार की धातुओं का एकछत्र नियंत्रण भोक्ताओं के हाथों में चले जाने के बाद वे किसानों को खेती के औजारों की आपूर्ति पर भी अपना नियंत्रण स्थापित कर सकते थे। किंतु प्राक्-सामंती युग में बड़े-बड़े भूस्वामियों को भी भूमि पर ऐसे अधिकार प्राप्त

नहीं थे। खनन के अधिकार राजा के हाथों में थे, जो समाज का प्रतीक था और इसलिए किसानों को खेती के औजार हासिल करने में तब शायद कोई कठिनाई नहीं होगी।

राजा के उत्तराधिकारियों तथा शक्तिसंपन्न तत्त्वों को दान की व्यवस्थाओं का पालन करने का निर्देश देने[65] के साथ ही दान में गड़बड़ी पैदा करने का प्रयत्न करनेवालों को दण्ड का भी भय दिखाया गया है।[66] इस संदर्भ में कहीं-कहीं तो शारीरिक दण्ड का स्पष्ट उल्लेख किया गया है।[67] दण्ड-भय का प्रयोग मुख्यतः मध्यप्रदेश, महाराष्ट्र, आंध्रप्रदेश तथा कर्नाटक के दानपत्रों में किया गया है और यह सिलसिला गुंटुर जिले में प्राप्त चौथी सदी के एक पल्लव दानपत्र से ही शुरू हो जाता है। इसके अतिरिक्त, भूमिदान के शत्रुओं को तरह-तरह के अभिशापों और घोर पाप का भागी बताया गया है। अधिकतर दानपत्रों के अंत में दी गई दार्शनिक शिक्षा से भी पता चलता है कि किसान उत्पादन के साधनों का संपूर्ण स्वामी नहीं था। दानपत्रों में जीवन की अस्थिरता पर जोर दिया गया है। स्पष्ट है कि अस्थिरता का कारण एक दिन सबको अपना ग्रास बना लेनेवाली मृत्यु ही नहीं बल्कि संपत्ति अथवा लक्ष्मी की चंचलता भी है। लक्ष्मी की चंचलता की कल्पना मुख्यतः इस बात से उद्भूत हुई कि उत्पादन के साधनों का नियंत्रण बार-बार हस्तांतरित होता रहता था। इस तरह देखा जा सकता है कि उत्पादन-संबंधों से जन्म लेनेवाली विचारधारा ने उत्पादन के साधनों पर भोक्ताओं के सामान्य नियंत्रण को सुदृढ़ किया। उत्पादकों के मानस को इच्छित दिशा देने के लिए विचारधारा तथा कर्मकाण्ड का उपयोग प्राचीनकाल में भी किया जाता था। प्राक्-सामंती युग के पुरोहित तथा योद्धा वैचारिक, कर्मकाण्डी एवं प्रशासनिक माध्यम से उत्पादन तथा वितरण का नियमन करते थे। किंतु अब उत्पादन के मुख्य साधन भूमि पर अपने श्रेष्ठतर सामान्य नियंत्रण के बल पर उन्होंने उत्पादन पद्धति पर ही वर्चस्व स्थापित कर लिया। आरंभ में भोक्ता ने केवल उन्हीं देयों की माँग की जो अब तक किसान राज्य को देते आए थे और जिन पर राज्य ने उसे स्वत्वाधिकार प्रदान किया था, किंतु कालांतर में उसके दावे इतने व्यापक हो गए कि अनुदत्त क्षेत्र में अपनी सतत उपस्थिति तथा राज्य-प्रदत्त प्रशासनिक अधिकारों के बल पर वह अपने स्वत्वाधिकार को अपने स्वत्व (संपत्ति) में परिवर्तित कर सकता था और अनुदत्त गाँव को अपनी जायदाद मानकर चल सकता था। किसानों को ग्रामीण संसाधनों पर भोक्ता के नियंत्रण की वास्तविकता को स्वीकार करके चलना पड़ता था।

इसलिए असली समस्या यह साबित करने की नहीं है कि किसानों को उत्पादन की स्वतंत्रता प्राप्त थी, कम-से-कम अनुदत्त क्षेत्रों में उसकी स्वतंत्रता पर अनेक प्रतिबंध और अंकुश लगे हुए थे। अधिक सार्थक यह होगा कि हम दानक्षेत्रों में कार्यरत कृषकों की स्थिति तथा गैर-दानक्षेत्रों में क्रियाशील काश्तकार समुदाय की हालत पर विचार करने का प्रयत्न करें।[68] असम तथा मध्यप्रदेश में धार्मिक प्रयोजनों से भी जारी किए गए तालपत्र और भूर्जपत्र शासनों के उल्लेख मिलते हैं। इसलिए पूरी संभावना है कि इस तरह के बहुत-से शासन धार्मिक तथा धर्मेतर, दोनों तरह के लोगों और संस्थाओं के लिए जारी किए गए। हमें मालूम है कि असम[69] तथा मध्यप्रदेश[70] में किस प्रकार तालपत्रों और भोजपत्रों पर जारी किए गए शासनों को जलाकर उनके

स्थान पर ताम्रपत्रों पर शासन जारी किए गए। दूसरी महत्त्वपूर्ण समस्या छोटे-छोटे कालखण्ड के अंदर अलग-अलग क्षेत्रों में दान किए गए गाँवों और भूमिखण्डों तथा अन्य गाँवों की पहचान करके उन्हें नक्शों में दर्शाने की है। हम देख चुके हैं कि अनुदत्त गाँवों में दानभोगियों को उत्पादन के साधनों पर अपर-अधिकार प्राप्त थे। दान में दिए गए भूमिखण्ड या खेत, जिनमें से बहुतों के रकबे काफी बड़े थे, निस्संदेह भोक्ताओं के प्रत्यक्ष और पूर्ण नियंत्रण में थे, और उनके उत्पादन के संसाधनों का वे इच्छित उपयोग कर सकते थे तथा उत्पादन प्रक्रिया को मनचाही दिशा दे सकते थे। आवश्यकता इस बात की छानबीन करने की है कि इस कारण अन्य गाँवों की उत्पादन की प्रक्रिया किस प्रकार प्रभावित हुई।

दलील दी जाती है कि दानभोगियों को तो सिर्फ अधिशेष की उगाही से मतलब था, उत्पादन से नहीं। लेकिन अधिशेष की उगाही और उसके वितरण के प्रश्न को उत्पादन पद्धति से अलग करके नहीं देखा जा सकता। स्वाभाविक है कि सामंती उत्पादन पद्धति में श्रम और नकद अथवा जिंसों में चुकाए जानेवाले लगान के रूप में प्रभु का भाग होगा, और साथ ही मुख्यतः किसान और प्रभु के बीच वितरण की ऐसी प्रणाली होगी जिसमें किसान आश्रित होगा और प्रभु उसका संरक्षक। किसान की जमीन में अनुदानभोगी का अपर-अधिकार अधिशेष की उगाही का आधार बन जाता है। लगता है अधिक उत्पादन होने पर अधिशेष भी अधिक उगाहा जाता था। गुप्तकाल से पूर्व अधिशेष की उगाही मुख्यतः राज्य के अमलों द्वारा करों के रूप में और पुरोहित-पुजारियों द्वारा दान-दक्षिणा के तौर पर की जाती थी। बुद्ध के काल में कुछ भूस्वामी थे, जो दासों या भाड़े के मजदूरों की सहायता से अपनी खेती-बारी सँभालते थे। *कौटिलीय अर्थशास्त्र* से राजकीय फ़ार्मों की भी जानकारी मिलती है। लेकिन राज्य का नियंत्रण छोटे इलाकों में ही कारगर हो सकता था। देश के बसे हुए इलाकों में मोटे तौर पर उत्पादन की स्वतंत्र कृषक इकाइयों की ही प्रधानता थी, जिन्हें बाजार अर्थव्यवस्था की भी सुविधा किसी हद तक सुलभ थी। किंतु बाजार अर्थव्यवस्था इतनी सुदृढ़ नहीं थी कि संपन्न भूस्वामी अपनी पूँजी का निवेश नए उद्यमों में करके लाभ कमा सकता, जिससे अंततः उसके कदम पूँजीवादी पथ पर आगे बढ़ते। अनाथपिण्डिक जैसा करोड़पति हुआ तो अधिक-से-अधिक यही कर सकता था कि कुछ जमीन खरीदकर बुद्ध को दान कर दे। उसके जैसे और भी धनी-मानी भूस्वामी रहे होंगे। किसान अनाजों की बिक्री नकद कर सकता था और जरूरत की छोटी-मोटी चीजें नकद खरीद सकता था। प्राक्-सामंती युग में पुरोहित, योद्धा और प्रशासक अपनी सेवाओं के बदले में सामान्यतः करों और दान-दक्षिणा के रूप में अधिशेष प्राप्त करने के हकदार थे, लेकिन इनमें से काफी कुछ अदायगियाँ राज्य द्वारा नकद की जाती थीं। उत्पादन की कृषक इकाइयों का उदय सर्वप्रथम मौर्योत्तरकाल में नहीं, बल्कि बुद्ध के काल में हुआ। दासप्रथा न तो बहुत व्यापक थी और न नगण्य। मध्य गंगा के मैदानों में राज्य की कृषि-भूमि सहित बड़ी-बड़ी जोतों को कमाने-कोड़ने का काम दास और भाड़े के मजदूर करते थे, किंतु किसानों के मुकाबले बड़े भूस्वामियों की संख्या बहुत कम थी। मुख्य करदाता वैश्य था, जो किसानों से भिन्न नहीं था। बौद्ध मुहावरे में उसका

प्रतिरूप गहपति (गृहपति) था, जो अनाजों की पैदावार की वृद्धि करता था और राज्य को कर देता था (गहपतिको कारकारिको रासिवड्ढको)। इस प्रकार प्राक्-गुप्तकाल में उत्पादन की कृषक इकाइयाँ कमोबेश कारगर ढंग से काम कर रही थीं। किंतु बाद में इन इकाइयों पर किसानों की पकड़ ढीली पड़ने लगी जिसका कारण लाभभोगी भूस्वामियों के वर्ग का उदय और उसके साथ ही बड़े पैमाने पर व्यापार तथा शहरों का ह्रास था। भारत में धनी-मानी भूस्वामी वर्ग का उदय क्यों हुआ इसका कारण 'दास उत्पादन-पद्धति का बिखराव' नहीं था। यह उदय इसलिए हुआ क्योंकि भूमिदानपत्र के कारण सामुदायिक कृषि संसाधनों का उपयोग किसान के हाथ से जाता रहा तथा अन्य पाबंदियों और दबावों के कारण उसकी अपनी उत्पादन इकाई पर उसका नियंत्रण शिथिल होता गया।

किसी वस्तु में हिस्सेदारी के झगड़े का असर उसके उत्पादन पर पड़ना जरूरी नहीं है, ऐसा सोचना ऐतिहासिक दृष्टांतों की उपेक्षा करना है। यह बात तो पूँजीवादी समाजों पर भी लागू नहीं होती, क्योंकि ऐसे झगड़ों से समाज में अंततः संरचनात्मक परिवर्तन होते हैं। पूर्व-मध्यकालीन भारत में भोक्ता अपने हिस्से की माँग इसलिए करता था कि वह भूमि पर अपर-अधिकारों का दावा करता था। यदि दान का उद्देश्य भोक्ता का भरण-पोषण करना और पूजा-पाठ अथवा घर की जरूरतें पूरी करने के लिए आवश्यक सुविधाएँ सुलभ कराना था तो किसान को कुछ ऐसे अनाज पैदा करने के लिए बखूबी विवश किया जा सकता था जिनकी भोक्ता को सख्त जरूरत थी।

यदि पैदावार का खासा हिस्सा ग्रहीता के हाथों में चला ही जाता है तो फिर किसान के उत्पादन के साधन अर्थात् भूमि के उपभोग पर अधिकार रहने का क्या लाभ होता है? पैदावार के बिना जमीन का कोई मतलब नहीं है। मध्यकाल की एक उक्ति है कि फसलों से भरे खेत (शस्यसमृद्धाम् वसुन्धराम्) पर जबरदस्ती दखल जमानेवाला घोर पाप का भागी होता है। इसलिए भूमि की सार्थकता उसके उत्पादों के कारण ही थी। अधिशेष की उगाही उत्पादन के बाद ही नहीं, बल्कि उत्पादन के दौरान भी की जाती थी। खेत पर की गई उगाही और तत्पर प्रशासन बड़ी आबादी को सँभालने का सबसे कारगर तरीका हो सकता था।

दानपत्रों के आधार पर हम कह सकते हैं कि अनुदत्त क्षेत्रों में दानभोगियों को उत्पादन के संसाधनों पर सामान्य नियंत्रण प्राप्त था। यह सच है कि किसानों द्वारा जोते-बोए जानेवाले हर खेत पर उनका विशिष्ट नियंत्रण नहीं था। लेकिन जो भूमिखण्ड उन्हें राजा ने सीधे दान में दिए और कभी-कभी तो बटाईदारों तथा बुनकरों के साथ,[71] तथा कुछ प्रसंगों में काश्तकारों[72] के साथ, दिए उन पर दानभोगियों के नियंत्रण के संबंध में शंका करने का कोई आधार नहीं है।

इस प्रसंग में कृषिदासप्रथा का प्रश्न उठता है। कुछ लोगों के विचार में सामंतवाद और कृषिदासता एक ही चीज है।[73] यह सोच भी प्रचलित है कि किसानों के शोषण का एकमात्र कारगर रास्ता कृषिदासता के द्वारा ही हो सकता था। किन्तु किसानों पर थोपी गई ताबेदारी के अन्य रूप भी व्यर्थ और निष्फल नहीं साबित हुए। कृषिदासता का सारतत्व क्या है? इस प्रथा

में खेती की छोटी इकाइयाँ बड़ी इकाइयों से बाँध दी जाती हैं, और उत्पादन के प्रयोजनों के लिए दोनों एक-दूसरे पर निर्भर करती हैं। बड़ी कृषि-इकाइयों का प्रबंध सामंती क्षेत्रों के स्वामी स्वयं करते हैं लेकिन उनमें खेती-बारी कृषिदास करते हैं जिनके पास खेत होते हैं। इसलिए कृषिदास अधिशेष के रूप में उत्पादन कम देता है और श्रम के रूप में अधिक। लेकिन भारत में स्थिति भिन्न थी। पश्चिम यूरोप में अधिशेष उत्पादन की जितनी वसूली कृषिदासों के श्रम का प्रत्यक्ष उपयोग करके की जाती थी, भारत में उससे कहीं अधिक वसूली मध्यवर्ती भूस्वामियों को प्राप्त सामान्य नियंत्रण के बल पर की जाती थी। कृषिदास के पास भी कुछ जमीन होती है जिसे कोड़-कमाकर वह अपने परिवार का गुजारा चलाता है। लेकिन वह अपनी उत्पादन इकाई के उपयोग के लिए न केवल नकद या जिंसों में लगान अदा करता है बल्कि वक्त बचाकर अपने प्रभु के खेत में काम भी करता है। परन्तु अगर इस बचाए गए वक्त का इस्तेमाल वह अपनी उत्पादन इकाई में करे तो भी जरूरी नहीं कि इससे हासिल होनेवाली अतिरिक्त पैदावार उसी के हाथों में रह जाए। इसके विपरीत वह इस अतिरिक्त पैदावार के कारण अपने प्रभु को नकद या जिंसों में और भी अदायगी करने को मजबूर हो सकता है।

कहा जाता है कि भारत में कृषिदासप्रथा यदा-कदा देखने को मिलती है। लेकिन अब तक जो साक्ष्य प्रस्तुत किए गए हैं उनसे मालूम होता है कि बात ऐसी नहीं है।[74] जो भी हो, यदि बहुत ज्यादा लोगों को कृषिदास बनाए बिना ही प्रभु को अपना हिस्सा मिल जाता है तो इससे स्वयं उसके लिए या सामाजिक व्यवस्था में क्या खास फ़र्क पड़ता है? दोनों प्रणालियों का प्रयोजन प्रभु के हिस्से की वसूली है, दोनों में खेतिहर लोग प्रभु द्वारा शोषित एवं पराश्रित होते हैं, और दोनों में सामाजिक संरचना भूस्वामियों तथा वास्तविक खेतिहर लोगों के पारस्परिक विरोध से ग्रस्त है। हो सकता है, किसी दानभोगी के पास बहुत बड़े-बड़े भूमिखंड न हों, लेकिन अगर उसके पास बहुत-सारे भूमिखंड हैं, तो उसके लिए उनकी व्यवस्था स्वयं करना कठिन होगा। दरअसल गुप्त और गुप्तोत्तर कालों में ही भूमि के विभाजन के कानून प्रभावी हो गए थे[75] और संभव है, उनसे भूमि के विखंडन को बढ़ावा मिला हो। बांग्लादेश में प्राप्त जमीन की बिक्री से संबंधित सौदों के अभिलेखगत प्रमाणों से भी ऐसे विखंडन का पता चलता है।[76] गरज यह कि अगर किसी भूस्वामी के पास बहुत-से भूमिखंड हैं तो उनमें कृषिदासों से खेती करवाने की अपेक्षा पट्टे पर या बटाई पर खेती करवाना अधिक सुविधाजनक होगा।

यह राय भी जाहिर की गई है कि भारत की जमीन बहुत उपजाऊ थी, इसलिए यहाँ कृषिदासता या बेगार की प्रथा के उदय की गुंजाइश नहीं थी।[77] लेकिन बेगार के प्रमाण तो हमें गंगा के मध्यवर्ती इलाकों में भी मिलते हैं, जहाँ की जमीन सबसे अधिक उपजाऊ थी। अभी हाल तक ऊँची जातियों के भूस्वामी निम्न जातियों के काश्तकारों को नाममात्र की मजदूरी पर अपने खेतों में काम करने को मजबूर करते रहे हैं।[78] अन्य उपजाऊ क्षेत्रों में भी काश्तकारों को भूस्वामियों की जमीन में हल चलाने और उनके लिए तरह-तरह के दूसरे काम करने को विवश किया जाता था। पूरे गांगेय क्षेत्र में यह प्रथा 'हरी' और 'बेगारी' के नाम से जानी जाती है। 'हरी'

के लिए मध्यकालीन शब्द 'हलिकाकर'[79] है और 'बेगारी' के लिए 'विष्टि', जिससे 'बेठ-बेगारी' शब्द व्युत्पन्न हुआ है। मध्य गंगा के मैदानी क्षेत्र में पड़नेवाले मुंगेर, भागलपुर, सहरसा और नालंदा जिलों में प्राप्त पाल दानपत्रों में 'सर्वपीडापरिहृत' शब्द का उल्लेख हुआ है। इसका मतलब यह हुआ कि किसानों को सभी प्रकार के बेगार करने पड़ते थे, लेकिन जब कोई गाँव किसी को दान में दिया जाता था तब दानभोगी राज्य के हस्तक्षेप से सर्वथा मुक्त रहकर इन तमाम सुविधाओं का उपभोग करने का अधिकारी बन जाता था। हो सकता है कि बेगार के चलन का आरंभ कम आबादीवाले इलाकों में हुआ हो, लेकिन जरूरी नहीं कि उसकी शुरुआत कम उपजाऊ क्षेत्रों से हुई हो। बहरहाल इस प्रथा की उपयोगिता सिद्ध हो जाने के बाद यह अधिक आबादीवाले हिस्सों में भी फैल गई होगी।

भारत में सामंतवाद धान पैदा करनेवाले प्रदेशों में फला-फूला। धान की खेती के लिए गेहूँ की अपेक्षा 50 प्रतिशत अधिक श्रम की आवश्यकता होती है। बिहार के पटना और गया जिलों में कहावत है कि गेहूँ की खेती बेबा (विधवा) की खेती है। मतलब यह कि गेहूँ की खेती तो वह भी कर सकता है जिसे ग्रामीण इलाके में बिलकुल बेचारा समझा जाता है। गेहूँ की खेती के लिए कम और जौ की खेती के लिए सबसे कम मेहनत की जरूरत होती है। लेकिन इसके विपरीत, धान की खेतीवाले इलाकों में रोपाई आदि के समय में मजदूरों की खास कमी हो जाती है। ऐसी अवस्था में बेगार का सहारा लेना जरूरी हो जाता होगा। दानपत्रों में 'सोत्पद्यमानविष्टि' शब्द का प्रयोग बार-बार हुआ है।[80] कुछ विद्वानों ने इसका अर्थ 'अवसर आने पर बेगार का उपयोग' लगाया है। लेकिन इस शब्द का प्रयोग अनुदत्त गाँव के विशेषण के रूप में हुआ है, इसलिए इसका अर्थ भविष्य में गाँव में तैयार होनेवाला श्रम-बल हो सकता है।[81] दानभोगी को भावी श्रम-बल तक का मनमाना उपयोग करने का अधिकार देना बिलकुल नई प्रवृत्ति थी जो देश के खासे बड़े भाग में प्रकट हुई। इसका अर्थ यह है कि दानभोगी अपनी आवश्यकता के अनुसार बेगार के प्रचलित स्रोतों के अलावा नए स्रोतों का भी लाभ उठा सकता था। दुर्भाग्य से मध्यकालीन अभिलेखों या साहित्य में इन स्रोतों का स्पष्ट निर्देश नहीं किया गया है। बहुत-से दानपत्रों में और खासकर वाकाटक दानपत्रों में, 'सर्वविष्टि'[82] शब्द के प्रयोग से इस बात में कोई संदेह नहीं रह जाता कि बेगार के विविध रूप होते थे। मध्य तथा पश्चिमी भारत में इनमें से एक रूप खेती-बारी के लिए बेगार लेना भी रहा होगा। लेकिन उत्तर भारत में बेगार का उपयोग किले, सड़कें आदि बनाने तथा राज्याधिकारियों के परिवहन में किया जाता था। दक्षिण भारतीय दानपत्रों में बहुधा 'बेट्टि' शब्द का प्रयोग हुआ है। इन दिनों उत्तर आंध्रप्रदेश में श्रीकाकुलम् के आसपास के इलाके में 'बेट्टि' शब्द बँधुआ मजदूर का पर्याय है। इन मजदूरों से खेती-बारी के सभी तरह के काम तथा उससे जुड़े विभिन्न प्रकार के छोटे-मोटे काम लिए जाते हैं। संभव है, मध्यकाल में भी दक्षिण भारत के कुछ भागों में बेट्टि का मतलब मजदूरों से इसी प्रकार के काम लेना रहा हो। प्रोफेसर ब्रजनारायण सिंह यादव ने *स्कंद पुराण* से जो साक्ष्य प्रस्तुत किया है उससे इस बात में कोई संदेह नहीं रह जाता कि मध्यकाल में सैकड़ों लोगों से बेगार लिया जाता था और उसका

प्रयोजन स्पष्ट ही उत्पादन होता था।[83] इसलिए कृषिदासता को केवल प्रासंगिक कहकर खारिज नहीं किया जा सकता।

यदि कृषिदासता का तात्पर्य किसानों को जमीन से बाँध देना था तो मानना पड़ेगा कि मध्यप्रदेश, पूर्वी भारत, चम्बा और राजस्थान के अनेक भागों में यह प्रथा प्रचलित थी। कई दानपत्रों में भोगियों को भूमि के साथ वहाँ के कृषक, शिल्पी बल्कि यहाँ तक कि वणिक भी हस्तांतरित कर दिए गए।[84] अधिकांश दानपत्रों में ग्रामीणों, किसानों तथा गाँव में रहनेवाले दूसरे लोगों से भी गाँव में ही बने रहने और भोक्ता के आदेशों का पालन करने को कहा गया है। किसानों तथा शिल्पियों की गतिहीनता की बात का अब तक किसी ने प्रतिवाद नहीं किया है। लेकिन यह दलील जरूर दी गई है कि अगर इन लोगों को गाँव से बाहर जाने दिया जाता तो उससे भी क्या फर्क पड़ता। अगर वस्तुस्थिति को इस दृष्टि से देखा जाता है तो फिर भारत के संदर्भ में कृषिदासता की अनुपस्थिति पर भी इतना जोर देने की क्या जरूरत है? कृषिदासता की स्थिति में किसान को अपने जमीन के टुकड़े से बँधकर तो रहना ही है और जब जमीन के उस टुकड़े को हस्तांतरित किया जाता है तो उसके साथ स्वतः ही किसान का भी हस्तांतरण हो जाता है। पूर्व-मध्यकाल में इस प्रथा का व्यापक चलन था। लेकिन इस तरह जमीन से बँधे किसानों का अपने भूस्वामियों के खेतों में काम करने के लिए ज्यादा उपयोग नहीं किया जाता था। एक दलील यह दी गई है कि किसानों से उत्पादन का नहीं बल्कि किले, सड़कें, मंदिर तथा बड़ी-बड़ी प्रभावोत्पादक इमारतें बनवाने का काम लिया जाता था। हमारा कहना यह होगा कि भूस्वामी, अभिजात वर्ग के लोग, सामंत और सरदार तथा राजा और नरेश, अपने राजसी ठाट-बाट से लोगों को प्रभावित करने के लिए ये भव्य निर्माण-कार्य करवाते थे। उनके लिए छवि-निर्माण महत्त्वपूर्ण कार्य था, क्योंकि वैभवशाली छवि किसानों से कर-नजरानों की उगाही में बहुत सहायक हो सकती थी। सड़कों आदि का निर्माण उत्पादन की दृष्टि से भी लाभदायक सिद्ध हो सकता था। इसलिए बेगार का इस्तेमाल जमीन के उपजाऊपन की स्थिति पर नहीं, बल्कि उसकी उपयोगिता के संबंध में भूस्वामियों के अपने एहसास पर निर्भर था। इसमें कोई संदेह नहीं कि ग्रामीण अभिजात वर्ग विलास और आडंबर का जीवन व्यतीत करता था, जिसके लिए तरह-तरह की वस्तुओं की आवश्यकता पड़ती थी। भूस्वामियों की बढ़ती अपेक्षाओं का अनुमान लगाने का स्रोत हमें उपलब्ध नहीं है, लेकिन बढ़ती विलासिता के जीवन के प्रमाण हमें अवश्य मिलते हैं।

सामाजिक रीति-रिवाजों तथा निषेधों ने भी बेगार, बटाईदारी तथा पट्टेदारी को बढ़ावा दिया। धर्मशास्त्रों में ब्राह्मणों के लिए हल चलाना निषिद्ध है। जान पड़ता है, सवर्ण लोग धान की रोपाई भी नहीं कर सकते थे।[85] स्वभावतः अपने परिवार के श्रम से सँभाली जानेवाली छोटी जोतों के भी सवर्ण मालिकों को श्रमिकों की जरूरत पड़ेगी, जो या तो बेगार के मजदूर होंगे या बटाईदार। इस स्थिति में जमीन कम उपजाऊ हो या ज्यादा, इससे कोई फर्क नहीं पड़ेगा, क्योंकि हर हालत में परिवार से बाहर के श्रमिक तो रखने ही पड़ेंगे। श्रम-बल के अभाव और भूमि के आधिक्य से ऐसी परिस्थितियाँ उत्पन्न होती हैं जिनमें बाध्यता का प्रयोग किया जा

सकता है। किंतु ऐसा कुछ विशिष्ट सामाजिक-आर्थिक संगठनों में ही किया जा सकता है। श्रम का अभाव समाजवादी देशों में, बल्कि पूँजीवादी देशों में भी है, लेकिन उससे जरूरी तौर पर बेगार का सहारा नहीं लिया जाता।

यह विचार सही नहीं लगता कि अगर किसी परिवार के पास श्रम-शक्ति अधिक हो और जमीन कम तो इससे सामंती परिस्थितियाँ जन्म लेती हैं। यदि श्रम-क्षमता का पूरा उपयोग नहीं हो पा रहा है तो जरूरी नहीं कि उस अतिरिक्त श्रम की माँग बेगार के तौर पर ही की जाए। उस श्रम का निवेश खेती-बारी तथा घरेलू माँगों की पूर्ति के लिए विभिन्न प्रकार के शिल्पों में भी किया जा सकता है लेकिन अधिक महत्त्व की बात यह है कि अगर भूस्वामी की जरूरतें लगान और नजरानों से ही पूरी हो जाती हैं तो वह खेती-बारी करने और उसके लिए मजदूर जुटाने की जहमत क्यों उठाए? फिलहाल हमारे पास भूस्वामी की जरूरतों, माँगों और अपेक्षाओं का अंदाजा लगाने का कोई जरिया नहीं है; वैसे अलग-अलग क्षेत्रों तथा कालों में इनके रूप तथा परिमाण शायद अलग-अलग रहे हों। लेकिन भूस्वामी अपनी ये जरूरतें आसानी से पूरी कर सकता था, क्योंकि दानपत्रों की व्यवस्थाओं में उसे पारंपरिक और *नियत* कर तथा बेगार के साथ ही नए और *अनियत* कर एवं विष्टि आरोपित करने का भी अधिकार दिया गया था।

बार-बार कहा गया है कि राजनीतिक, प्रशासनिक तथा कानूनी कार्रवाइयों के फलस्वरूप किसी नई सामाजिक-आर्थिक व्यवस्था का जन्म नहीं हो सकता।[86] यह दलील देते समय शायद इस बात को भुला दिया गया कि भारत में औपनिवेशिक व्यवस्था का उदय बहुत हद तक ऐसी ही कार्रवाइयों का परिणाम था। प्राचीन भारत में राजा राज्य की सत्ता का प्रतीक होता था, और राज्य को समर्थन मिलता था पुरोहितों तथा योद्धाओं से, जो किसानों द्वारा उत्पादित तथा शिल्पियों द्वारा संवर्धित अधिशेष पर सुख-सुविधा का जीवन व्यतीत करते थे।

राज्य के अत्याचारों तथा प्रकृति के प्रकोपों के कारण चारों ओर अव्यवस्था फैल गई। निम्न वर्णों, विशेषकर वैश्यों तथा शूद्रों ने अपने-अपने धर्मों, अर्थात् शास्त्रविहित कर्मों का पालन करने से इनकार कर दिया। इस संकट के निवारण के लिए समकालीन धर्मशास्त्रों में दो उपाय सुझाए गए। एक था दंड का प्रयोग और दूसरा था वर्णाश्रम धर्म की पुनर्प्रतिष्ठा। समकालीन स्रोतों में दंड का भरपूर गुणगान किया गया है। उधर वर्णाश्रम धर्म की पुनर्प्रतिष्ठा को राजाओं ने अपना मुख्य कर्तव्य बना लिया। राजाओं द्वारा 'धर्ममहाराज' तथा 'आदि धर्ममहाराज' जैसे विरुद धारण करना इसी बात का सूचक है।

महाकाव्यों, पुराणों आदि में वर्णित यह अव्यवस्था मध्यदेश के बाहर सीमांत क्षेत्रों में फैली, जिसका कारण यह था कि इन क्षेत्रों में ब्राह्मणीय व्यवस्था अपनी जड़ें अभी तक ठीक से जमा नहीं पाई थी, जबकि मध्यदेश में वह भली-भाँति प्रतिष्ठित थी और सदियों के सैद्धांतिक अथवा वैचारिक शिक्षण के कारण वहाँ के लोगों के मानस में वर्णाश्रम धर्म पूरी तरह समा चुका था।

व्यवस्था कायम करने के लिए दंड के प्रयोग तथा वर्णाश्रम की प्रतिष्ठा का प्रयत्न तो किया गया, किंतु वह सफल सिद्ध नहीं हुआ। करों की उगाही कठिन हो गई। इसलिए राज्य का

चलाना और पुरोहितों, प्रशासकों, अधिकारियों एवं सैनिकों को वेतन देना असंभव हो गया। स्पष्ट ही विकल्प के रूप में देश के बहुत बड़े हिस्से में चौथी-पाँचवीं सदी से भूमिदान की प्रथा का व्यापक चलन आरंभ हुआ। ध्यान देने की बात है कि इस प्रथा की शुरुआत उन्हीं क्षेत्रों में हुई जो कलियुगीन अव्यवस्था की चपेट में आए थे। यहाँ उत्पादन संबंधों में संकट का संकेत दिखाई देता है, जो उत्पादन पद्धति में आ रहे परिवर्तनों से भी शायद असंबद्ध नहीं था। इस बात को भी नजरअंदाज नहीं किया जा सकता कि व्यापार[87] तथा शहरी जीवन[88] का स्पष्ट ह्रास हुआ, और देश के अधिकांश भाग में सातवीं से दसवीं सदियों के दौरान सोने के सिक्कों के लोप तथा अन्य प्रकार के सिक्कों का अभाव[89] तो सुविदित ही है। उत्पादन में दासों के उपयोग का प्रायः कोई संकेत नहीं मिलता। ये सब बातें उत्पादन के तरीकों और संबंधों में परिवर्तन का पूर्वाभास देती हैं। गरज यह है कि संपूर्ण उत्पादन पद्धति कतिपय दोषों से ग्रस्त हो गई, जिससे राज्य भूमि तथा भूराजस्व को धार्मिक एवं प्रशासनिक सेवाओं के प्रतिपादन का सामान्य जरिया बना देने को विवश हो गया। भूमिदान-प्रणाली के कारण राज्य अपने अभिकर्ताओं के माध्यम से पूरे ग्रामीण क्षेत्रों से करों की उगाही कराने और फिर उन्हें नकद या जिंसों में वितरित करने के गुरु-गंभीर दायित्व से मुक्त हो गया। दूसरी ओर पुरोहितों, योद्धाओं तथा प्रशासकों से कहा गया कि जो गाँव उन्हें भोग के लिए दिए गए हैं उनमें से अपने गुजर-बसर की व्यवस्था वे आप करें। इस प्रणाली से राज्य को दान किए गाँवों में शांति-सुव्यवस्था कायम रखने की जिम्मेदारी से भी छुटकारा मिल गया, क्योंकि अब यह जिम्मेदारी भी लगभग पूरी तरह से दानभोगियों के ही सिर आ गई थी।

इसलिए यह कहना सही नहीं मालूम होता कि राजनीतिक, प्रशासनिक तथा वैधिक कार्रवाइयों के फलस्वरूप किसी नई आर्थिक और सामाजिक व्यवस्था का जन्म नहीं हो सकता। अलबत्ता प्रस्तुत प्रसंग में इस तरह की जो कार्रवाइयाँ की गईं वे किसी की स्वेच्छा से प्रेरित नहीं, बल्कि परिस्थितिजन्य थीं।

जाहिर है कि सामाजिक संकट के फलस्वरूप उत्पादन में दासश्रम-बल का उपयोग समाप्त हो गया और जो पहले दास थे वे अब पट्टेदार और बटाईदार बन गए। यही कारण है कि बहुत-से शूद्रों को अब कृषक-स्थिति प्राप्त हो गई और वे विभिन्न संस्कारों तथा धार्मिक कृत्यों के संपादन के अधिकारी बन गए। जान पड़ता है जमीन के मालिकों ने शूद्र श्रमिकों को किसान बना दिया और खुद लगानों पर जीनेवाले भूस्वामी बन गए। बुद्ध के काल के बड़े-बड़े गहपति शायद भूस्वामी बन गए। गाँव का मुखिया भूस्वामी बनता जा रहा था, यह हम अन्यत्र दिखा चुके हैं,[90] यद्यपि उसके इस रूपांतरण के कारणों की छानबीन करना अभी शेष है।

भूस्वामियों तथा आश्रित किसानों के नए वर्गों के उदय के फलस्वरूप जिस नए सामाजिक-आर्थिक संघटन का जन्म हुआ उसकी अपनी कुछ कमजोरियाँ थीं। किसान राज्य को कुछ कर और सेवाएँ देने के अभ्यस्त थे, और यदि दानभोगी के दावे इन्हीं देयों तक सीमित रहते तो किसान सामान्यतः ऐसे कर और सेवाएँ देते रहते, लेकिन दानभोगी को *उचित* और *अनुचित*,

नियत तथा *अनियत* कर लगाने तथा सभी प्रकार के कर वसूल करने का अधिकार प्राप्त हो गया, और इससे भी बुरी बात यह हुई कि वह अतिरिक्त वसूलियाँ भी कर सकता था, जिनका समावेश दानपत्रों के 'आदि' शब्द में था। इसके अतिरिक्त जिन सामुदायिक तथा कृषि-संबंधी संसाधनों का उपयोग अब तक किसान करते आ रहे थे वे भी दानभोगियों को हस्तांतरित कर दिए गए, जो दुर्भाग्यवश उनका पूरा-पूरा लाभ उठाने के लिए हमेशा मौके पर ही मौजूद रहते थे। इस स्थिति में राजकीय सनदों के आधार पर तरह-तरह के लगानों और सेवाओं की माँग करनेवालों और युगों से चले आ रहे कृषक समाज के पारंपरिक अधिकारों के बल पर ऐसी माँगों को नकारनेवालों के बीच बराबर खटपट होती रहती थी। इस बात में संदेह की गुंजाइश नहीं है कि स्थानीय लोगों को ऐसे अधिकारों की जानकारी थी, किन्तु अपनी अशिक्षा के कारण वे उन्हें स्पष्ट रूप से साबित नहीं कर सकते थे। गरज यह कि भूस्वामी दानभोगियों तथा पराधीन किसानों के बीच बराबर अनबन, तनाव और संघर्ष होते रहना अनिवार्य था। इससे दानभोगियों के बीच आपस में और दानभोगियों तथा किसानों के बीच भी मुकदमेबाजी हो सकती थी।[91] भूमिदान के आम चलन तथा ऐसे दानों से होनेवाले भारी लाभों के कारण ब्राह्मणों ने बहुत-से जाली दानपत्र (कूटशासन) गढ़ लिए और उनके आधार पर गाँवों के उपभोग के अधिकार का दावा करने लगे। किन्तु वैध दानपत्रों की संख्या ही इतनी बड़ी थी कि भूस्वामी तथा किसान के बीच विवाद की संभावना बराबर बनी रहती थी। इस तरह के विवादों के निबटारे के लिए नारद तथा बृहस्पति की स्मृतियाँ, *अग्नि पुराण* एवं अन्य प्रतिष्ठित विधिग्रंथ अंतिम प्रमाण का स्थान 'राजशासन' को देते हैं। उनका विधान है कि यदि धर्मजनित अधिकार ('धर्म'), अनुबंधात्मक अधिकार ('व्यवहार'), पारंपरिक अधिकार ('चरित') तथा 'राजशासन' से उद्भूत अधिकार परस्पर असंगत हों तो 'राजशासन' से प्राप्त अधिकार शेष सभी अधिकारों को निरस्त कर देगा।[92]

किंतु जान पड़ता है, 'राजशासन' की सर्वोच्चता सभी मामलों में मान्य नहीं होती थी। उदाहरण के लिए, ग्यारहवीं सदी ईस्वी में मछली पकड़ने और खेती-बारी करनेवाली बांग्लादेश की कैवर्त जाति को राजशासन मान्य नहीं हुआ और उसने रामपाल के खिलाफ विद्रोह कर दिया। उन्होंने भैंसों पर सवार होकर लाठियों से जमकर लड़ाई की। उनका विद्रोह इतना प्रबल था कि उन्हें दबाने के लिए रामपाल को अपने दो दर्जन सामंतों को सन्नद्ध करना पड़ा। कृषक विद्रोह का यह महत्त्वपूर्ण उदाहरण है।[93] बंगाल के कुछ दानपत्रों में 'कर्षण-विरोधी स्थान'[94] के उल्लेख से भी टकराव की संभावना का संकेत मिलता है। कम-से-कम दो दानपत्रों में यह दर्शाने की खास कोशिश की गई मालूम होती है कि किसानों के प्रचलित काश्तकारी अधिकारों से उनका टकराव नहीं है। इसलिए किसानों तथा नए दानभोगियों के बीच संघर्ष की संभावना साफ तौर पर उभरती है। इसी प्रकार मध्यप्रदेश तथा महाराष्ट्र के कई दानपत्रों में लोगों को चेतावनी दी गई है कि यदि वे दान में किसी तरह का व्याघात डालने की कोशिश करेंगे तो दंड के भागी बनेंगे।[95] कई अभिलेखों में यह बात बार-बार कही गई है।[96] कुछ मामलों में यह चेतावनी राज्याधिकारियों को भी दी गई है, लेकिन मुख्य रूप से यह सब पर लागू होनेवाली सामान्य

चेतावनी है। इसके अतिरिक्त, इस काल के ग्रंथों में ब्रह्महत्या को घोर पाप माना गया है और कई पुराणों में इस आशय का उल्लेख हुआ है। पूर्व-मध्यकाल में ब्रह्महत्या का इतना अधिक उल्लेख क्यों मिलता है? स्पष्ट ही इसका कारण यह है कि ब्राह्मण अब भूस्वामी और इसलिए दमनकारी बन गया था। यदि हम कर्नाटक तथा दक्षिण भारत के अन्य भागों में 'वीर पाषाणों' (वीरगल) के ठिकानों पर नजर डालें तो पाएँगे कि ऐसे बहुत-सारे पाषाण अग्रहार क्षेत्रों में मिलते हैं।[97] इससे भी यही निष्कर्ष निकलता है कि अग्रहार के भोक्ता तथा अग्रहार में रहनेवाले किसानों के बीच खुले टकराव की स्थिति थी। कर्नाटक के संबंध में रमेंद्रनाथ नंदी ने कुछ ऐसे साक्ष्य जुटाए हैं जिनसे प्रकट होता है कि आरंभ में तो ब्राह्मणों तथा किसानों के बीच थोड़ा-बहुत सहयोग चला, किंतु बाद में खुले टकराव की स्थिति उत्पन्न हो गई।[98] द्विजेन्द्रनारायण झा ने खास तौर से 1000 ई. के बाद के चोल अभिलेखों के आधार पर किसानों तथा दानभोगियों के बीच के संघर्ष को रेखांकित किया है।[99] कृषक विरोध के संबंध में हम आगे विस्तार से विचार करेंगे।

वस्तुतः पूर्व-मध्यकालीन समाज में विरोध के अनेक क्षेत्र देखे जा सकते हैं। हमें केंद्रीय राज्य तथा छोटे राज्यों के बीच विरोध दिखाई देता है, विभिन्न प्रकार के लाभभोगियों के बीच आपसी विरोध दिखाई देता है, और भूस्वामी श्रीमंतों तथा किसानों के बीच विरोध दिखाई देता है। किंतु हमारे स्रोतों से जो बात साफ होकर नहीं उभरती वह है इन विरोधों के बीच क्रियाशील मानवीय तत्त्व। कहा गया है कि अपनी उत्पादन प्रक्रिया पर किसान के स्वतंत्र नियंत्रण के कारण गंभीर सामाजिक तनाव पैदा नहीं हुए।[100] लेकिन हम देख चुके है कि यह नियंत्रण स्वतंत्र नहीं, बल्कि तरह-तरह के प्रतिबंधों और मर्यादाओं से आकीर्ण था।

यह हो सकता था कि नए क्षेत्रों में उत्पादन इकाइयों की संख्या में वृद्धि होने से परिवर्तन को जन्म देनेवाले खुले टकरावों के प्रसंग पैदा न हों। लेकिन जिस स्थिरता का आभास होता है वह बहुत हद तक उन तत्त्वों का परिणाम था जो उत्पादन पद्धति से और विशेष रूप से उत्पादन संबंधों से जुड़े हुए थे। पहली बात तो यह है कि सोपानबद्धता, ऊँच-नीच की मान्यता और सबसे बढ़कर तो अस्पृश्यता की भावना से युक्त जातिप्रथा से उत्पादन एवं वितरण प्रणाली को कर्मकांडी तथा वैचारिक समर्थन मिला। शूद्र कृषक जातियों की संख्या मध्यकाल में तेजी से बढ़ी। यद्यपि सभी किसानों का थोड़ा-बहुत समान रूप से शोषण होता था, किंतु असंख्य जातियों में विभाजित होने के कारण वे एकजुट नहीं हो पाए। कर्मकांडी भेदभाव ने शोषण की वास्तविकता को सही रूप से सामने नहीं आने दिया।

मालूम होता है मध्यकाल में विकसित जजमानी प्रथा न्यूनाधिक आत्मनिर्भर अर्थव्यवस्था का अंग थी। फसल की कटनी के बाद खलिहान में भी देवताओं, ब्राह्मणों, शासकों तथा, जैसा कि *भृत्यवर्गपोषणम्* शब्द से ध्वनित होता है, श्रमिकों के अंश उन्हें दे दिए जाते थे। ब्राह्मणों ने, जो स्वयं ही बहुत सारे श्रीमंत क्षेत्रों के स्वामी थे, किसानों के मानस को प्रभावित करने और उन्हें अपने इच्छित मार्ग पर चलाने में महत्त्वपूर्ण वैचारिक भूमिका निभाई।[101] कतिपय मध्यकालीन धर्मसुधार आंदोलनों ने प्रकटतः उन लोगों की अवस्था सुधारने का प्रयत्न किया जिनकी नियति

सबकुछ पैदा करके भी सारा दुःख-दर्द झेलना थी। किंतु हुआ यह कि इन आंदोलनों का उपयोग संघर्षों को ठंडा करने और तनावों को मिटाने के लिए किया गया। उनसे किसानों में यथार्थ के प्रति जागरूकता नहीं आ पाई। देश के कुछ भागों में कौटुम्बिक संबंध भी लोगों को जोड़कर रखने में सहायक हुए। खास तौर से राजस्थान और हिमालयी प्रदेशों में ऐसा हुआ होगा। जाति के नाम पर भूस्वामी किसानों को साथ रख सकते थे। पूजा, जप, तीर्थ, व्रत, संस्कार और प्रायश्चित के संपादन के सहारे तथा स्वर्ग का लोभ और नरक का भय दिखाकर परस्पर-विरोधी हितोंवाले वर्गों को एक सूत्र में बाँधकर रखा गया। ज्योतिष के सर्वव्यापी प्रभाव तथा वेदांत दर्शन के प्रचार के कारण लोग भाग्य पर भरोसा करने लगे। इन तमाम बातों ने परस्पर-विरोधी हितोंवाले लोगों को एकसाथ रखा।

एक मान्यता यह भी है कि 'संगठित सामाजिक प्रयत्न' के अभाव में उत्पादन के साधनों, पद्धतियों तथा संबंधों में परिवर्तन का मार्ग अवरुद्ध रहा।[102] पूर्व-मध्यकाल के सामाजिक प्रयत्नों की अधिक जानकारी हमें भले ही न हो किंतु उस काल में उत्पादन पद्धति में कतिपय महत्त्वपूर्ण परिवर्तनों का निर्देश हम अवश्य कर सकते हैं। निस्संदेह, यह अधिक पैदावार और कृषि के व्यापक विस्तार का काल था।[103] इस काल में सैकड़ों राज्यों के नाम गिनाए जा सकते हैं — खासकर उन अंचलों में जहाँ तब तक सर्वांगपूर्ण राज्यों का उदय नहीं हुआ था। राज्य बड़ी संख्या में अपने प्रबंधकीय कार्मिक दल का भरण-भोषण कर सके, इसके लिए यह जरूरी है कि उसके पास आय का स्थायी और पर्याप्त स्रोत हो। यह तब तक संभव नहीं था जब तक कृषि-आधार इतना सुदृढ़ न हो कि उससे होनेवाली आय से पुरोहितों, अधिकारियों, सैनिकों आदि पर होनेवाले व्यय का भार वहन किया जा सके।

नगरों के क्षय से ग्रामीण क्षेत्रों में प्रौद्योगिकी का प्रसार हुआ। पश्चिमी भारत में इस बात के अनेक उदाहरण मिलते हैं कि ब्राह्मण नगरों का त्याग करके गाँवों में जा बसे, जहाँ उन्हें शासक वर्ग से भूमिदान प्राप्त हुए।[104] स्वाभाविक था कि दानभोगियों द्वारा कृषि के बेहतर ज्ञान के प्रचार से पिछड़े इलाके लाभान्वित हों। उजड़ते नगरों से गाँवों को देशांतरण करनेवाले शिल्पियों से कृषि को भी लाभ पहुँचेगा।

पूर्व-मध्यकाल में कृषि पर अनेक ग्रंथों की रचना हुई जैसे उत्तर भारत में *कृषिपराशर* और दक्षिण में कम्बन की कृति। काश्यप-कृत *कृषिसूक्ति* यद्यपि दक्षिण भारत में प्राप्त हुई है,[105] तथापि वह उत्तर या दक्षिण में से किसी भी क्षेत्र के धान-उत्पादक अंचल की रचना हो सकती है। लगभग दसवीं सदी की रचना *वृक्ष आयुर्वेद* में पौधों को लगनेवाले रोगों के उपचार की विधियाँ बताई गई हैं।[106] घोड़ों पर तो विशेष ध्यान दिया ही जाता था[107] क्योंकि सरदारों और राजाओं को अपनी अश्वारोही सेना के लिए और खुद अपने व्यक्तिगत उपयोग के वास्ते भी उनकी बहुत जरूरत रहती थी। इसके साथ ही पशु-चिकित्सा के क्षेत्र में हुई प्रगति के फलस्वरूप सामान्यतः पशुपालन-मात्र की स्थिति में सुधार हुआ।[108] फिर, वराहमिहिर-कृत *बृहत्संहिता*, *अग्नि पुराण* तथा *विष्णुधर्मोत्तर पुराण* में भी कृषि के विषय में विस्तृत सुझाव दिए गए हैं।[109]

पूर्व-मध्यकाल आते-आते पाणिनि द्वारा उल्लिखित तीन फसलों की जानकारी काफी व्यापक हो चली थी।[110] लोग उन्नत किस्म के बीज भी पैदा करते थे।[111] *कृषिपराशर* में पर्यवेक्षण पर आधारित मौसमविज्ञान काफी विकसित अवस्था में दिखाई देता है। उर्वरकों के ज्ञान में वृद्धि हुई। लोगों को वानस्पतिक खाद की जानकारी थी।[112] कृषि की विधियों में कुछ और भी खोजों का जिक्र किया जा सकता है। अजमेर क्षेत्र में प्राप्त दसवीं सदी के एक अभिलेख[113] में उल्लिखित 'बृहद्हल' देश के कुछ भागों में कड़ी मिट्टी को तोड़ने का महत्त्वपूर्ण उपकरण रहा होगा। धान कूटने की ढेंकी भी कृषि-संबंधी कार्यों के लिए उतनी ही लाभदायक रही होगी। उसका उपयोग पालों के शासनकाल में किया जाता था।[114]

लेकिन इस सबसे कहीं अधिक महत्त्व की बात यह है कि इस काल में सिंचाई की सुविधाओं का खूब विस्तार हुआ। तालों, पोखरों, कुओं, बाँधों आदि को क्षति पहुँचानेवालों के लिए धर्मशास्त्रों में कड़े दंड का विधान किया गया है।[115] राजस्थान तथा गुजरात में वापी का निर्माण बहुत लोकप्रिय हो गया। इसके महत्त्व पर काश्यप की कृति में भी जोर दिया गया है।[116] वर्द्धमानकुमार जैन ने नक्शा तैयार करके दिखाया है कि ग्यारहवीं-बारहवीं सदियों में पश्चिमी भारत में कहाँ कितनी वापियाँ थीं।[117] दिल्ली के मेहरौली क्षेत्र में भी दसवीं सदी की बहुत-सी वापियाँ मिली हैं।

ज्ञातव्य है कि *वापी* शब्द संस्कृत की 'वप्' धातु से बना है, जिसका मतलब 'बोना' होता है। स्पष्ट है कि ये सीढ़ीदार कुएँ खेतों की सिंचाई के लिए खोदे जाते थे, लेकिन पेय जल की आपूर्ति तथा बगीचों की सिंचाई के लिए भी वे उतने ही उपयोगी रहे होंगे। इसके अतिरिक्त, नवीं-दसवीं सदियों में अरघट्ट का उपयोग भी राजस्थान में काफी व्यापक हो चला था। काश्यप-कृत *कृषिसूक्ति* में घटीयंत्र को मनुष्यों, बैलों या हाथियों द्वारा चलाने का सुझाव दिया गया है।[118] बारहवीं सदी के एक कोश में 'रहट्टियनर' शब्द के प्रयोग से प्रकट होता है कि कुछ लोगों से विशेष रूप से रहट चलाने का काम लिया जाता था।[119]

इस काल में लोहे के औजारों का उपयोग नई ऊँचाई पर पहुँच गया। *पर्यायमुक्तावली* नामक एक मध्यकालीन कोश में, जिसकी पांडुलिपियाँ पश्चिमी बंगाल तथा उड़ीसा में मिली हैं, लोहे की लगभग आधा दर्जन किस्मों का उल्लेख हुआ है।[120] सबसे बड़ी बात यह है कि लोहे के औजार और उपकरण बड़ी संख्या में गढ़े जाते थे। उनका उपयोग भरन तथा स्मारक स्तंभों के लिए भी किया जाता था। हालाँकि स्तंभों के रूप में उनके इस्तेमाल को अलाभकर ही माना जाएगा, मेहरौली स्तंभ की तरह बहुत-से स्तंभ राजाओं की देश-विजय के स्मारक के रूप में खड़े किए गए।

चावल, गेहूँ और अलसी जैसे अनाजों और साथ ही फलों, फलियों, भाजियों आदि की बहुत-सारी नई-नई किस्में पैदा की जाने लगीं। इनका पता *अमरकोश* से, लेकिन उससे भी अधिक *पर्यायमुक्तावली*[121] से चलता है। *शून्य पुराण* के अनुसार, बंगाल में पचास से ज्यादा किस्मों के धान की खेती होती थी।[122] इस प्रकार स्पष्ट है कि नई फसलों की पैदावार की

शुरुआत, सिंचाई-सुविधाओं के विस्तार तथा खेती-बारी की नई विधियों के प्रयोग से कृषि का प्रचुर विकास हुआ।

मालूम होता है, इस काल में शासकों, दानभोगियों तथा शहरों का त्याग करके ग्रामीण क्षेत्रों में बसनेवाले शिल्पियों ने कृषि तथा नई कृषि-बस्तियों की ओर विशेष ध्यान दिया। सिंचाई की विधियों, धान की रोपाई, उर्वरक तैयार करने, पर्यवेक्षण पर आधारित मौसम की स्थितियों, तरह-तरह के अनाजों तथा खेती-बारी के अन्य अनेक पहलुओं से संबंधित ज्ञान को व्यवस्थित रूप देकर देश के विभिन्न भागों में उसका प्रचार-प्रसार किया गया।

विभिन्न मध्यकालीन रचनाओं से अनेक राज्यों की स्थापना के अतिरिक्त कृषि-उत्पादन में पुष्कल वृद्धि की जानकारी मिलती है। इसलिए किसी बड़े आविष्कार की दृष्टि से कृषि प्रौद्योगिकी के क्षेत्र में इस काल में कोई युगांतरकारी घटना भले ही नहीं हुई हो[123] किंतु कृषि के क्षेत्र में जो विभिन्न उपाय और सुधार किए गए उनका कुल परिणाम काफी ठोस प्रतीत होता है। लेकिन उत्पादन में वृद्धि-मात्र से स्थायित्व आए या संरचनात्मक परिवर्तन हो, यह कोई जरूरी नहीं है। इसके लिए कुछ और शर्तें पूरी होना जरूरी हैं, जिनमें से एक है आवश्यक जागरूकता पैदा होना।

सामंती राज्य बनाम खंडीय राज्य

अमरीकी इतिहासकार बर्टन स्टाइन के अद्यतन विचारों का भी इस बहस से थोड़ा-बहुत संबंध है : वे कहते हैं : 'पचास वाले दशक के मध्य धर्मानंद दामोदर कोसम्बी और उसके दशाब्दी-भर बाद रामशरण शर्मा ने (भारतीय) सामंतवाद की संकल्पना का प्रखर प्रतिपादन किया, किंतु इन तमाम वर्षों के दौरान न तो इस संकल्पना पर, इसमें सहज समाहित दावों को ध्यान में रखकर, विचार किया गया है और न इसका कोई सार्थक पल्लवन किया गया है।'[124] यहाँ तिथि संबंधी कुछ त्रुटि दिखाई देती है। मेरा निबंध 'ऑरिजिंस ऑफ फ्यूडलिज़्म इन इंडिया (सर्का ए.डी. 400-650)' कोसंबी की 'पचासवाले दशक के मध्य' की कृति के 'दशाब्दी-भर बाद' नहीं, प्रत्युत 1958 में प्रकाशित हुआ था।[125] प्रसंगवश यह भी बता दूँ कि 1956 में कोसंबी की रचना *एन इंट्रोडक्शन टु द स्टडी ऑफ इंडियन हिस्टरी* के प्रकाशन के बाद 1959 में उन्होंने सामंतवाद पर दो महत्त्वपूर्ण शोधनिबंध लिखे।[126] रही बात सामंतवाद की अवधारणा में समाहित दावों की जाँच-परख करने और उस अवधारणा को विस्तार देने की, तो उन दावों को कसौटी पर परखा भी गया है और उस अवधारणा को विस्तृत एवं परिष्कृत भी किया गया है। इसका यथेष्ट प्रमाण द्विजेन्द्रनारायण झा द्वारा संपादित *फ्यूडल सोशल फार्मेशन इन अर्ली इंडिया* (दिल्ली, 1987) में संकलित शोधपत्रों में मिल जाएगा। इसके बाद से कई अन्य कृतियों में इस विषय के नए आयामों का विवेचन किया गया है। सामंती नमूने का उपयोग मध्यकालीन कला, धर्म, जातिप्रथा, मानसिकता, भाषा तथा साहित्य के अध्ययन के लिए लाभप्रद सिद्ध हो रहा है। सामंती नमूने का प्रभाव शोधकर्ताओं पर पड़ा, इसे सामंतवाद के आलोचक प्रो. मुखिया स्वीकार करते हैं। उनके

अनुसार, 'प्रो. आर.एस. शर्मा की विश्वासोत्पादक विद्वत्ता ने भारतीय 'सामंतवाद' पर समृद्ध साहित्य (के सृजन) को अनुप्राणित किया है जो उनकी दिखलाई गई दिशाओं पर हुआ है।'[126अ] फिर भी स्टाइन ने भारतीय सामंतवाद को कम महत्त्व का बतलाया है। ऐसे इतिहासकारों के लिए यह कम महत्त्व का बना रहेगा जब तक वे इस विषय पर प्रणीत कृतियों पर दृष्टि डालने की कृपा नहीं करेंगे। यह कितने दुःख की बात है कि स्टाइन जैसे गंभीर विद्वान ने गत तीन दशकों की ही नहीं, बल्कि उससे भी पूर्व की इस विषय से संबंधित रचनाओं को नहीं पढ़ा

सामंतवाद को 'वामपंथी इतिहास-लेखन का धर्म' बताकर उसकी भर्त्सना की जाती है। लेकिन यह निबंध हरवंश मुखिया की आलोचनाओं का उत्तर है, और मुखिया स्वयं वामपंथी माने जाते हैं। मुझे कुछ अन्य वामपंथी आलोचकों की भी जानकारी है। भारतीय सामंतवाद की संकल्पना को वामपंथ की उपज कहने का मतलब देवांगना देसाई, लल्लनजी गोपाल, एन. काराशिमा, टी.वी. महालिंगम्, दशरथ शर्मा, बी.एन.एस. यादव[127] आदि जैसे विख्यात शोधकर्ताओं के साथ अन्याय होगा। आश्चर्य है कि इन विद्वानों की रचनाओं से, जिन पर किसी तरह वामपंथ की छाप नहीं लगाई जा सकती, बर्टन स्टाइन का परिचय नहीं है। विभिन्न क्षेत्रों तथा कालों के भारतीय समाज की व्याख्या करने के लिए इन विद्वानों ने सामंती सादृश्य का पूर्ण या आंशिक प्रयोग किया है। कुछ पाश्चात्य विद्वानों को तो भारत के संबंध में सामंतवाद की संकल्पना को नकारने का रोग-सा लग गया है। वास्तविकता यह है कि वे भारतीय इतिहास की एक नए कलेवर में प्रस्तुत उपनिवेशवादी व्याख्याओं के शिकार हैं, और स्वयं को वे उस पाश से मुक्त ही नहीं कर सकते। अपने शोध में वे कुटुंब, जाति, धर्म, प्रतीकवाद, खंडीकरण आदि के महत्त्व को वैकल्पिक रूप में पेश करते हैं, और यदि कोई भारतीय समाज के विशिष्ट तथा सार्वभौम अभिलक्षणों को उजागर करने के लिए पश्चिमी यूरोपीय अनुभवों के साथ किसी प्रकार की तुलना का सहारा लेता है तो उनकी भृकुटी तन जाती है। कुछ पाश्चात्य इतिहासकार और भारतविद् प्राचीन भारतीय इतिहास में विकेंद्रीकरण को अनावश्यक तूल देते हुए फतवा देते हैं कि भारतीय राजा तो बस सड़कों, शहरों और राजधानियों के राजा थे, उनसे बाहर के विशाल क्षेत्रों पर उनका कोई स्वामित्व नहीं था। विश्लेषण के लिए सामंतवादी ढाँचे का सहारा लेने की बात तो वे सोचने को ही तैयार नहीं हैं, यद्यपि उसके सहारे उन तंत्रों की समीचीन व्याख्या संभव है जिनके द्वारा मध्यकाल में सामंत स्वामी ग्रामीण आबादी से लगान उगाहकर उसे केंद्रीय कोष में जमा करते थे।

स्टाइन साहब को भ्रम है कि भारतीय सामंतवाद के प्रतिपादकों ने प्रागाधुनिक भारत में सर्वत्र पाए जानेवाले सरदारों (फ्यूडेटरीज़) को देखकर ही सामंतवाद की कल्पना की।[128] यदि वे प्रासंगिक लेखन पर नजर डालने की जहमत उठाएँ तो उन्हें पता चल जाएगा कि जो लोग अपने पुरुषार्थ से या केंद्रीय सत्ता द्वारा दिए गए भूमिदानों की बदौलत भूस्वामियों के रूप में सामने आते हैं वे सामंती संरचना के सबसे महत्त्वपूर्ण घटक हैं। केंद्रीय सत्ता को सरदारों द्वारा कर की अदायगी इस सत्ता की शक्ति पर निर्भर होती है, और फलतः किसानों के स्थानीय शोषण का परिमाण भी उसी शक्ति से निर्धारित होता है। यदि कर नियमित रूप से अदा किया जाता है तो

किसान पर ज्यादा बोझ पड़ेगा, यदि कर यदा-कदा दिया जाता है तो उस पर कम बोझ आएगा। किंतु किसानों पर ऊपर से थोपे गए भूस्वामी उनके नियमित शोषक बन जाते हैं, क्योंकि अपनी भूमि तथा उसे जोतने-बोनेवाले किसानों पर नियंत्रण रखने के लिए मौके पर उनकी उपस्थिति अनिवार्य होती है। राज्य के रूप और कला, धर्म, संस्कृति आदि सभी आनुषंगिक तत्त्वों का हेतु आधारभूत सामंती ढाँचा है। इस पूरी व्यवस्था में शासक सरदारों की भूमिका मात्र अनुपूरक है।

अमरीकी नृतत्त्वशास्त्री साउथॉल का अनुसरण करते हुए स्टाइन कहते हैं कि यूरोप से तुलना, बल्कि उससे उधार लेना भी स्वीकार्य था, लेकिन भारतीय तथा अफ्रीकी पुरुषों की तुलना से कई भारतीयों के मन को ठेस पहुँचती है।[129] यहाँ वे न केवल ऐतिहासिक अध्ययन में तुलनात्मक पद्धति के महत्त्व की उपेक्षा कर देते हैं, बल्कि इस बात को भी भुला देते हैं कि भारत में यूरोपीय इतिहास लगभग दो सौ वर्षों से पढ़ाया जाता रहा है, जबकि हमारे उपनिवेशी आकाओं ने सिवाय प्राचीन मिस्र या 1880 वाले दशक में हुए अफ्रीका के साम्राज्यवादी विभाजन के अलावा उस महादेश के किसी अन्य इतिहास को यहाँ कभी शामिल ही नहीं किया। यूरोप के इतिहास पर पाश्चात्य लेखन से भारतीय इतिहासकार प्रभावित हुए हैं, किंतु उनके खंडीय राज्य (सेगमेंटरी स्टेट) विषयक दृष्टि जैसी चीजों ने उन्हें आकृष्ट नहीं किया है। ऐतिहासिक प्रक्रियाओं की व्याख्या के लिए मानवविज्ञान — और इसमें अफ्रीकी मानवविज्ञान भी शामिल है — का उपयोग अभी हाल की चीज है, तो भी भारतीय इतिहासकार प्राचीन भारत के अध्ययन के लिए इसका इस्तेमाल करते हैं।[130] इसलिए यह कहना कि इस तरह के प्रयत्न से बहुत-से भारतीयों के मन को ठेस पहुँचती है, बात को इरादतन गलत ढंग से पेश करना है। मुझे पूरी उम्मीद है कि ऐसे आरोपों के पीछे अफ्रीकाविदों और शिक्षित अफ्रीकियों के मन में भारत के खिलाफ दुर्भावना पैदा करने की मंशा नहीं है, हालाँकि इसके ऐसे नतीजे से बचा नहीं जा सकता है।

अपनी बात के समर्थन में नमूना गढ़ने के उत्साह में स्टाइन साहब ने चोल 'खंडीय' राज्य का संदर्भ लेकर औपचारिक संप्रभुता और वास्तविक राजनीतिक नियंत्रण के बीच भेद का प्रतिपादन किया है। लेकिन कई विद्वानों ने इस मिथक को तार-तार करके रख दिया कि चोलों की औपचारिक संप्रभुता चोल राज्य के विभिन्न स्थानीय (खंडीय) शक्ति-केंद्रों द्वारा प्रयुक्त वास्तविक राजनीतिक सत्ता से भिन्न थी। निदान बर्टन स्टाइन ने समझदारी के साथ अपने रचे हुए मिथक का त्याग कर दिया है। 'अब (1989 में)' उन्हें 'यकीन हो गया' है कि 'यह भेद गलत है' और वे मानने लगे हैं कि राजनीतिक सत्ता ही प्रभु (राजा) को 'धार्मिक अनुष्ठानों और सेवाओं को प्रोत्साहन देने के लिए'[131] विवश करती है। मैं स्टाइन साहब से उम्र में जरा बड़ा हूँ, सो इस निष्कर्ष पर मैं उनसे कुछ पहले पहुँच गया।[132]

'खण्डीय राज्य' के सिद्धांत के समर्थक अपनी कल्पना की दुनिया में खुश रह सकते हों तो रहें। किसी सिद्धांत के सही या गलत होने की कसौटी उससे संबंधित साक्ष्य से होती है। प्रारंभिक भारतीय इतिहास तथा समाज की व्याख्या के लिए नमूने के तौर पर 'खण्डीय राज्य' को उछालने का प्रयत्न निष्फल हो गया है। 'खण्डीय राज्य' के प्रायः एक-एक खण्ड को

खण्ड-खण्ड करके खारिज कर दिया गया है।[133] इस प्रक्रिया में भारतीय सामंतवाद का अध्ययन आनुभविक तथा अवधारणात्मक दोनों धरातलों पर समृद्ध हुआ है। भारतीय इतिहास के संबंध में प्रस्तुत किए गए 'खण्डीय राज्य' का तथा ऐसे ही अन्य निराधार सूत्रों का खोखलापन साबित करके भारतीय तथा अन्य इतिहासकार वैसा ही महत्त्वपूर्ण कार्य कर रहे हैं जैसा उन्होंने उपनिवेशवादी इतिहासलेखन की इन दुराग्रहपूर्ण मान्यताओं का प्रत्याख्यान करके किया था कि भारतीय सदा निरंकुश राजाओं के शासन के अधीन रहे हैं, वे हमेशा आध्यात्मिक जीवन के चिंतन में ही मग्न रहते थे, उन्हें भौतिक जीवन की कोई परवाह ही नहीं थी, आदि-आदि।

सिंहावलोकन

उपर्युक्त विवेचन से स्पष्ट है कि भूस्वामियों तथा परवश किसानों के दो अलग-अलग वर्ग भारत में सामंतवाद की विशेषता थे। ये दोनों जिस अर्थव्यवस्था में रहते थे वह मुख्यतः कृषि पर आधारित थी और उसमें वाणिज्य-व्यापार ह्रासोन्मुख थे, शहर उजड़ रहे थे तथा धातु के सिक्कों का अभाव था। प्रवर राज्य राजस्व की उगाही और अपनी सत्ता की स्वीकृति के लिए अवर शक्ति-केंद्रों या अधीनस्थ राज्यों की भी सृष्टि करता था, जो राज्य के उक्त प्रयोजन साधने के लिए आवश्यक सामाजिक एवं वैचारिक वातावरण तैयार करते थे। भूसंपत्तिसंपन्न पुरोहित, मठ, विहार, वसदी, मंदिर, अग्रहार, ब्रह्मदेय आदि ऐसे ही अवर शक्ति-केंद्र थे। यूरोप के विपरीत इस राज्य के अंदर की अधिकतर शक्ति-संरचनाओं को राजस्व नहीं देना पड़ता था। उत्तर भारत के दानभोगी तो राजस्व नहीं देते थे, पर दक्षिण भारत में वे जहाँ-तहाँ देते थे। पश्चिमी यूरोप के सामंती प्रभु अपनी जमीन में खेती करवाने के लिए कृषिदासों को गुजारे लायक जमीन देते थे। पर भारतीय दानभोगी अपने रैयत किसानों से लगान वसूल करते थे और बेगार भी लेते थे। वे उन्हें अपने अनुदत्त क्षेत्र से निकाल भी सकते थे।

भारतीय सामंतवाद के आलोचक यह मानकर चलते हैं कि मध्यकाल का भारतीय समाज कृषक समाज था या फिर यह कि उत्पादन के संसाधनों पर किसानों का नियंत्रण था। दोनों स्थितियाँ एक प्रकार के समतावादी, वर्गहीन समाज की द्योतक हैं — ऐसे समाज की जिसमें कबायली लक्षण बहुत प्रबल हों। यहाँ एशियाई उत्पादन पद्धति को, बल्कि यहाँ तक कि नए कलेवर में पौर्वात्य निरंकुशता को भी पुनरुज्जीवित करने की प्रत्यक्ष अथवा प्रच्छन्न प्रवृत्ति दिखाई देती है। हर्ष की बात है कि आयरिश विद्वान इन ब्रैंडन ओ'लियरी ने इस विषय के अपने अद्यतन तथा सविस्तार अध्ययन में ठोस एवं अकाट्य अनुभवगत साक्ष्य के आधार पर असंदिग्ध रूप से सिद्ध कर दिया है कि भारतीय समाज के इतिहास पर एशियाई उत्पादन पद्धति को लागू नहीं किया जा सकता।[134]

हमारी राय में, मध्यकाल में भारतीय उपमहाद्वीप के अधिकतर भाग में अधिशेषभोगी वर्ग बहुत भास्वर रूप में विद्यमान था, और वह कर्मकाण्डी एवं वैचारिक तंत्रों द्वारा संपोषित भूमि-विषयक अपर-अधिकारों के जोर पर परतंत्र किसानों के श्रम का शोषण करके सुख-सुविधा

का जीवन व्यतीत करता था। इस संदर्भ में वर्ग की संकल्पना पर पुनर्विचार किया जा सकता है। उत्पादन की संपूर्ण प्रणाली में ही वर्ग की स्थिति का निर्देश किया जा सकता है। यदि वर्ग का मतलब ऐसे लोगों की श्रेणी है जिनका उत्पादन के साधनों पर एकछत्र नियंत्रण है या जो ऐसे नियंत्रण से सर्वथा वंचित हैं तो ऐसा वर्ग केवल पूर्ण रूप से विकसित पूँजीवादी प्रणाली में ही संभव है। प्राक्-पूँजीवादी समाजों पर ऐसी संकल्पना को लागू करने में अनेक कठिनाइयाँ हैं। पश्चिमी यूरोप के सामंती समाज में भी रोजमर्रा के इंतजाम के मामले में उत्पादन की अपनी छोटी-सी इकाई पर कृषिदास (सर्फ) का नियंत्रण रहता था।[135] ऐसे समाज में वर्ग के अस्तित्व को सबसे अच्छी तरह अधिशेष के असमान वितरण के ही संदर्भ में देखा जा सकता है। उत्पादन के साधनों के असमान वितरण से पहले अधिशेष-वितरण की असमानता आरंभ हुई। अंततः असमान अधिशेष-वितरण को उत्पादन-संसाधन के असमान वितरण से स्थायी आधार प्राप्त हुआ, तथा वैचारिक, कर्मकाण्डी एवं वैधिक तत्त्वों से यह वितरण प्रणाली सुदृढ़ हुई। सामाजिक संरचना की पहचान उस वर्ग से की जाती है जिसकी उस संरचना में प्रधानता होती है। पर्यावरणीय तत्त्व भौतिक संस्कृति के विकास को प्रभावित करते हैं, किंतु सामाजिक संरचना का रूप और चरित्र उनसे निर्धारित नहीं होता। कई देशों की जलवायुगत परिस्थितियाँ समान हैं, किंतु उनकी सामाजिक संरचनाएँ एक-दूसरे से भिन्न हैं। इसलिए कृषिदासत्व की अनुपस्थिति अथवा किसानों की दीर्घजीवी स्वायत्तता धरती की उर्वरा-शक्ति के कारण नहीं होती है। इसको मानने का मतलब सामाजिक गति की शक्तियों की उपेक्षा करना है।

संदर्भ और टिप्पणियाँ

1. डी.सी. सरकार, *लैंडलॉर्डिज़्म एण्ड टेनेंसी इन एंशंट एण्ड मेडिईवल इंडिया ऐज़ रिवील्ड बाई एपिग्राफिकल रेकर्ड्स*, लखनऊ, 1969; साथ ही देखिए *जर्नल ऑफ इंडियन हिस्टरी*, XLIV, 351-57; LI, 1973, 56-59; *जर्नल ऑफ एंशंट इंडियन हिस्टरी*, VI, 1972-73, 337-39; डी.सी. सरकार (सं.), *लैंड सिस्टम एण्ड फ्यूडलिज़्म इन एंशंट इंडिया*, कलकत्ता, 1966, 11-23. इरफान हबीब ने *द पेजेंट इन इंडियन हिस्टरी*, अध्यक्षीय भाषण, भारतीय इतिहास कांग्रेस, 43वाँ अधिवेशन, कुरुक्षेत्र (1982) में 'भारतीय सामंतवाद' पर विचार किया है।
2. 'वाज देयर फ्यूडलिज्म इन इंडियन हिस्टरी ?', *द जर्नल ऑफ पेजेंट स्टडीज़*, जिल्द 8, अंक 3, अप्रैल 1981, 273-310. इस शोधपत्र में पूरे मध्यकाल पर विचार किया गया है, किंतु मैं मुख्य रूप से पूर्व-मध्यकाल (पाँचवीं से बारहवीं सदी) की ही विवेचना करूँगा, जिसकी मुझे कुछ जानकारी है। यह काम इसलिए थोड़ा आसान हो गया है कि बी.एन.एस. यादव ने *द प्रॉब्लम्स ऑफ द इमर्जेंस ऑफ फ्यूडल रिलेशंस इन अर्ली इंडिया*, अध्यक्षीय भाषण, प्राचीन भारत

अनुभाग, भारतीय इतिहास कांग्रेस, 41वाँ अधिवेशन, बंबई (1980), में मुखिया की आलोचनाओं का ठीक उत्तर दिया है। भारतीय इतिहास कांग्रेस के 1979 के वालटेयर अधिवेशन में द्विजेन्द्रनारायण झा द्वारा दिए गए व्याख्यान में भी अनेक आलोचनाओं का — वस्तुतः बाद की भी कुछ आलोचनाओं का — उत्तर मिल जाता है (देखिए *अर्ली इंडियन फ्यूडलिज़्म : ए हिस्टीरियोग्राफिक क्रिटिक*)। साथ ही देखिए सुवीरा जायसवाल, 'स्टडीज़ इन अर्ली इंडियन सोशल हिस्टरी', *इंडियन हिस्टॉरिकल रिव्यू*, VII, 1979-80, 18-21.

3. मार्क्स-एंगेल्स, *प्री-कैपिटलिस्ट सोसियो-इकॉनमिक फॉर्मेशंस*, 1979, पृ. 23.
4. मुखिया, उपर्युक्त, पृ. 310, पा.टि. 225. सामंतवाद के अलग-अलग प्रतिरूपों पर विचार करते हुए भारतीय सामंतवाद को एक स्पष्ट संभावना माना गया है।
5. मार्क्स पर आधारित और *स्टडीज़ इन द अग्रेरियन हिस्टरी ऑफ इंग्लैंड इन द एटींथ सेंचुरी*, ऑक्सफर्ड, 1956 में प्रतिपादित कोस्मिंस्की के विचारों को बैरी हिंडेस तथा पाल क्यू. हर्स्ट-कृत *प्री-कैपिटलिस्ट मोड्स ऑफ प्रोडक्शन*, लंदन, 1975, पृ. 223-33 तथा 234-35 में सार-रूप में प्रस्तुत करके उनकी विवेचना की गई है।
6. मार्क्स रैयत को सामंती शोषण का भाजन मानते हैं। उनके अनुसार सामंती प्रभु बुर्जुआ शोषक से इस अर्थ में भिन्न है कि 'वह अपनी जमीन से अधिक-से-अधिक लाभ उठाने का प्रयत्न नहीं करता। इसकी बजाय वह जो कुछ वहाँ सहज सुलभ है उसका उपभोग करके उत्पादन की फिक्र करने का काम चुपचाप कृषिदासों और रैयतों पर छोड़ देता है।'—मार्क्स-एंगेल्स, उपर्युक्त। 1880 के दशक में एंगेल्स भी इस निष्कर्ष पर पहुँचे कि कृषिदासता मात्र 'मध्यकालीन सामंतवाद की ही विशेषता नहीं है।'—वही, पृ. 23. इसका मतलब यह हुआ कि सामंती संघटन की अन्य विशेषताएँ भी हो सकती हैं।
7. मुखिया, उपर्युक्त, पृ. 275, 290, 291, 293.
8. यह जानकारी मुझे रणजित गुह से मिली है।
9. लगभग छठी सदी ईस्वी का स्मृतिकार कात्यायन राजा को 'भूस्वामिन्' कहता है (पी.वी. काणे (सं.), श्लोक 16)।
10. रामशरण शर्मा, 'फ्रॉम गोपति टु भूपति' (राजा की बदलती स्थिति की समीक्षा), *स्टडीज़ इन हिस्टरी*, II (2), 1980, 6-8.
11. 'यस्य यस्य यदा भूमिः तस्य तस्य तदा फलम्',—डी.सी. सरकार (सं.), *सिलेक्ट इंस्क्रिप्शंस बियरिंग ऑन इंडियन हिस्टरी एण्ड सिविलाइजेशन*, जिल्द 1, कलकत्ता विश्वविद्यालय, 1965, भाग III, नं. 49, पंक्ति 26.
12. इस संदर्भ में प्रयुक्त शब्द हैं— 'सर्वोपरि-करादानसमेतः', 'सर्वकरसमेतः' और 'सर्वकरविसर्जितः'। देखिए बालचन्द्र जैन, *उत्कीर्ण लेख*, रायपुर, 1961, पृ. 56-57. इनके अलावा 'समस्तप्रत्याय' तथा 'सर्वायसमेत' शब्दों का भी प्रयोग हुआ है (शर्मा, *इंडियन फ्यूडलिज़्म*, दूसरा संस्करण, पृ. 100)। साथ ही देखिए 'सर्वादानसंग्राह्य'—*एपिग्राफिया इंडिका*, V, नं. 5, पंक्ति 14.

13. रामशरण शर्मा, *इंडियन फ्यूडलिज़्म*, दूसरा संस्करण, पृ. 98-100.
14. प्रयुक्त शब्द-पद है 'नियतानियतसमस्तादाय', अर्थात् *नियत* और *अनियत* सभी प्रकार के देय। —*एपिग्राफिया इंडिका*, XII, नं. 36, पंक्ति 12.
15. *एपिग्राफिया इंडिका*, XXIX, नं. 7, पंक्ति 4; जैन, उपरिवत्, पृ. 52.
16. मुखिया का यह मानना उचित ही है कि उत्पादकता की वृद्धि को सबसे पहले गाँव का मालिक ही चाहेगा और किसान की पैदावार में अधिक अंश की माँग भी सबसे पहले वही करेगा—उपरिवत्, पृ. 309, पा.टि. 214.
17. आर. तिरुमलै, *लैंड ग्रांट्स एण्ड अग्रेरियन रिएक्शंस इन चोल एण्ड पांड्य टाइम्स*, मद्रास विश्वविद्यालय, 1987, पृ. 31.
18. उत्तर भारतीय दानपत्रों में 'आज्ञाश्रवणाविधेयीभूय' पद का आम उपयोग हुआ है।
19. इस मुद्दे पर रामशरण शर्मा, *इंडियन फ्यूडलिज़्म*, दूसरा संस्करण, दिल्ली, 1980, पृ. 38-39 में विचार किया गया है। बृहस्पति के वचन के लिए देखिए लक्ष्मणशास्त्री जोशी (सं.), *धर्मकोश*, जिल्द 1, भाग 2, पृ. 954, और व्यास के वचन के लिए वही, पृ. 961.
20. पी.एन. सेन, *द जेनरल प्रिंसिपुल्स ऑफ हिन्दू जुरिसप्रूडेंस*, टैगोर लॉ लेक्चर्स, *1909*, कलकत्ता विश्वविद्यालय, 1918, पृ. 42 में इस भेद को स्पष्ट रूप से निर्दिष्ट किया गया है।
21. *सिलेक्ट इंस्क्रिप्शंस*, जिल्द 1, भाग III, नं. 16, 18, 19, 42, 43, आदि।
22. शर्मा, *इंडियन फ्यूडलिज़्म*, दूसरा संस्करण, पृ. 73-75, 185-87.
23. आर. तिरुमलै, उपर्युक्त, पृ. 50.
24. मार्क्स-एंगेल्स, उपर्युक्त, पृ. 22.
25 '...सदण्डकरसहः कर्मशीलकर्षकोऽबालिशस्वाम्यवरवर्णप्रायो भक्तशुचिमनुष्य इति जनपदसंपत्' —कौटिलीय *अर्थशास्त्र*, आर.पी. कांगले संस्करण, VI. 1. 8.
26. *अर्थशास्त्र*, I, 13. 'प्रकृतिकोप' या जन-विद्रोह शब्द का प्रयोग V. 6 और VII. 6 में भी हुआ है। इसी संदर्भ में इस ग्रंथ में 'कुपित बन्धु राष्ट्र', 'जनपद विद्वेष' जैसे शब्दों का भी उल्लेख हुआ है, 1. 13.
27. बी.एन.एस. यादव, *द प्रॉब्लम्स ऑफ द इमर्जेंस ऑफ फ्यूडल रिलेशंस इन अर्ली इंडिया*, पृ. 7 पर 'जन' प्राप्त करने के अनेक प्रसंगों का उल्लेख किया गया है।
28. रामशरण शर्मा, *शूद्राज़ इन एंशंट इंडिया*, तीसरा संस्करण, दिल्ली, 1990, अध्याय VII.
29. यहाँ 'कस्सक गहपति' या 'खेती करनेवाले परिवार का मुखिया' शब्दों का प्रयोग हुआ है — *अंगुत्तर-निकाय* (पालि टेक्स्ट सोसाइटी, लंदन), i, 39-40. लेकिन समृद्ध किसानों के अर्थ में 'गहपति' शब्द का प्रयोग पालि ग्रंथों में अनेक स्थलों पर हुआ है।
30. प्रविष्टि 'गृह'—मॉनियर-विलियम्स, *ए संस्कृत-इंग्लिश डिक्शनरी*, ऑक्सफर्ड, 1951.
31. आर.एल. टर्नर, *ए कम्पैरेटिव डिक्शनरी ऑफ द इंडो-आर्यन लैंग्वेजेज़*, ऑक्सफर्ड, 1973, नं. 3736.
32. वही।
33. आर. मुखर्जी और एस.के. मैती, *कॉरपस ऑफ बंगाल इंस्क्रिप्शंस बियरिंग ऑन हिस्टरी एण्ड*

सिविलाइजेशन ऑफ बंगाल, कलकत्ता, 1967, नं. 18,पंक्ति 45; नं. 22, पंक्ति 46; नं. 28, पंक्ति 52; नं. 30, पंक्ति 48; नं. 36, पंक्ति 36; नं. 37, पंक्ति 32.

34. टर्नर, उपर्युक्त, नं. 3736.
35. मुखर्जी और मैती, उपर्युक्त, नं. 47, पंक्ति 50.
36. वही, नं. 7, पंक्ति 3; नं. 9, पंक्ति 3 (पृ. 59)।
37. शर्मा, उपर्युक्त, पृ. 188-89.
38. वही, पृ. 38.
39. वही, पृ. 188.
40. वही, पृ. 98, पा.टि. 3, पृ.99.
41. इसका अर्थ हलवाहा लगाया जाता है। देखिए बी.एन.एस. यादव, उपर्युक्त, पृ. 5.
42. प्रविष्टि 'कृषीवल'—मॉनियर-विलियम्स, उपर्युक्त।
43. बी.एन.एस. यादव, उपर्युक्त, पृ. 32.
44. शर्मा, उपर्युक्त, पृ. 12-13, पृ. 216.
45. ये शब्द हैं— 'अवनीश', 'अवनीन्द्र', 'क्षितिपति', 'क्षितेन्द्र', 'क्षितीश', 'क्षितिपाल', 'क्षितिनाथ', 'क्षितिराज', 'क्षितिभुज', 'पार्थिव', 'पृथिवीपति', 'पार्थिवेन्द्र', 'पृथिवीनाथ', 'भूप', 'भूपति', 'भूभुज्', 'भूमिप', 'भूमीश्वर', 'महीप', 'महीपति', 'महीपाल', 'महीन्द्र', 'महामहेन्द्र', 'उर्वीपति', 'वसुधाधिप', 'वसुधेश्वर', 'सामंत-भूमीश्वर' आदि—आर.एस. शर्मा, 'फ्रॉम गोपति टु भूपति', *स्टडीज़ इन हिस्टरी*, II (2), 1980, पा.टि. 81-82 सहित पृ. 8.
46. रामशरण शर्मा, इंडियन *फ्युडलिज़्म*, कलकत्ता, 1965, अध्याय IV.
47. पी.एन. सेन, उपर्युक्त, पृ. 4-43, 46. अलिखित कानून को वरीयता देनेवाला लोक-स्वीकृति का सिद्धांत 'लौकिक स्वत्ववाद' के रूप में जाना जाता है (वही, पृ. 4)। गुरु, कुमारिल स्वामी और पार्थसारथि मिश्र जैसे अनेक तर्कशास्त्रियों ने, जिन्होंने धर्मशास्त्रों की व्याख्या मीमांसा सिद्धांतों के अनुसार की, लोक-स्वीकृति के सिद्धांत का समर्थन किया। जीमूतवाहन, धारेश्वर आदि ने शास्त्रीय दृष्टि का समर्थन किया (वही, पृ. 4)। यह अंतर निस्संदेह मध्यकालीन भारत में भूमि पर परस्पर-विरोधी दावों को प्रतिबिंबित करता है।
48. *गौतम धर्मसूत्र* (वाराणसी, 1966), II.3.36. संबंधित अवतरण इस प्रकार है— 'पशु भूमिस्त्रीणामनतिभोगः'।
49. 'अल्पेनापि भोगेन भोक्तुः स्वं भवति'—गौतम, II.3.36 का भाष्य। इस व्याख्या में मवेशी और दासियों का भी समावेश हो जाता है। ध्यातव्य है कि इस भाष्यकार ने कई मामलों में दूसरों की संपत्ति का स्वामित्व प्राप्त करने के लिए दस वर्षों की भोगावधि निर्धारित की है। —गौतम, II.3.34-36 का भाष्य।
50. गौतम, II.3.34-35 का भाष्य।
51. 'स्वत्व' का मतलब संपत्ति के अधिकार से लगाना चाहिए, जैसा कि पी.एन. सेन ने अपनी उपर्युक्त कृति के पृ. 42 में किया है।

52. जे.डी.एम. डेरेट, *बुलेटिन ऑफ द स्कूल ऑफ ऑरिएन्टल एण्ड अफ्रीकन स्टडीज़*, XVIII, 489.

53. वी.वी. मिराशी, *इंस्क्रिप्शंस ऑफ द वाकाटकाज़, कॉरपस इंस्क्रिप्शनम इंडिकैरम*, जिल्द 5, उटकमंड, 1955, नं. 6, पंक्तियाँ 19-20.

54. वही, नं. 12, पंक्तियाँ 20-21.

55. वही, नं. 13, पंक्तियाँ 22-23.

56. वही, नं. 14, पंक्तियाँ 22-32.

57. शर्मा, *इंडियन फ्यूडलिज़्म*, पृ. 3. सामान्यतः प्रयुक्त शब्द है 'सदण्डदशापराधः'।

58. वही, 'अभ्यन्तरसिद्धि' शब्द का प्रयोग हुआ है।

59. वही, पृ. 2.

60. *सिलेक्ट इंस्क्रिप्शंस*, जिल्द 1, भाग III, नं. 62, पंक्तियाँ 21-22.

61. मुखर्जी और मैती, *कॉरपस ऑफ बंगाल इंस्क्रिप्शंस*, नं. 47, पंक्ति 62.

62. वही, पंक्ति 63.

63. वही, नं. 46, पंक्ति 22.

64. *एपिग्राफिया इंडिका*, V, नं. 20, पंक्ति 54. नागपुर के निकट स्थित यह गाँव राष्ट्रकूट राजा कृष्ण तृतीय ने दान किया था।

65. डी.सी. सरकार (सं.), *सिलेक्ट इंस्क्रिप्शंस*, जिल्द 1, भाग III, नं. 48, पंक्तियाँ 18-28; नं. 50, पंक्तियाँ 15-23.

66. 'सदण्डनिग्रहं करिष्यामः'। यह पद किंचित् अंतर के साथ कई दानपत्रों में मिलता है।—वही, नं. 61, पंक्तियाँ 22-24; नं. 62, पंक्तियाँ 32-34; नं. 64, पंक्तियाँ 21-24; नं. 65, पंक्तियाँ 39-41; नं. 67, पंक्तियाँ 24-25.

67. वही, नं. 67, पंक्तियाँ 24-25.

68. दास समाज के संबंध में दृष्टिकोण यह है कि यदि किसी समाज के 20 प्रतिशत लोग दासों के रूप में उत्पादन-कार्य में लगे हुए हैं तो उसे दास समाज मानना चाहिए। ऐसे पाँच समाजों का निर्देश किया गया है।—कीथ हॉपकिंस, *कंकरर्स एण्ड स्लेव्ज़*, कैम्ब्रिज, 1978, पृ. 99-100. किंतु उत्पादन पद्धति में महत्त्व की दृष्टि से दासों या पराधीन लोगों के अन्य वर्गों की स्थिति भी उतनी ही विचारणीय है।

69. डी.सी. सरकार, *इंडियन एपिग्राफी*, दिल्ली, 1965, पृ. 97, पा.टि. 2.

70. बालचन्द्र जैन, *उत्कीर्ण लेख*, रायपुर, 1961, नं. 3, पंक्तियाँ 6-11 (पृ. 8)।

71. *सिलेक्ट इंस्क्रिप्शंस*, भाग III, नं. 65, पंक्तियाँ 38-39.

72. वही, नं. 61, पंक्ति 15.

73. मुखिया, उपर्युक्त, पृ. 286.

74. रामशरण शर्मा, *इंडियन फ्यूडलिज़्म*, दूसरा संस्करण, दिल्ली, 1980, पृ. 19, 31, 40-43, 56, 60, 67-68, 99-101, 109, 195-98; बी.एन.एस. यादव, *सोसाइटी एण्ड कल्चर इन*

नॉर्दर्न इंडिया इन ट्वेल्व्थ सेंचुरी (आगे से *सोसाइटी एण्ड कल्चर* के रूप में उल्लिखित), पृ. 164-69; 'इमोविलिटी एण्ड सबजेक्शन ऑफ इंडियन पेजेण्ट्री इन अर्ली मेडीईवल कॉम्पमेक्स', *इंडियन हिस्टॉरिकल रिव्यू*, I, 1974, पृ. 18-27; जी.के. राय, *इनवॉलंटरी लेबर इन एंशंट इंडिया*, इलाहाबाद, 1981, से काफी साक्ष्य प्राप्त हो सकते हैं, किंतु इसमें वात्स्यायन के *कामसूत्र* अवतरण की गलत व्याख्या और अनुवाद है।

75. शर्मा, *इंडियन फ्यूडलिज़्म*, दूसरा संस्करण, पृ. 118-19.
76. वही, पृ. 49.
77. मुखिया, उपर्युक्त, पृ. 286, 289, 303, पा.टि. 124.
78. स्थायी बंदोबस्त की समाप्ति के पूर्व तक उत्तर बिहार में यही स्थिति थी।
79. वाई.बी. सिंह, 'हलिकाकर : क्रिस्टलाइजेशन ऑफ ए प्रैक्टिस इनटु ए टैक्स', भारतीय इतिहास कांग्रेस के 1982 में कुरुक्षेत्र में आयोजित तैंतालीसवें अधिवेशन में प्रस्तुत शोधपत्र।
80. शर्मा, *इंडियन फ्यूडलिज़्म*, दूसरा संस्करण, पृ. 99-100.
81. इस व्याख्या में 'उत्पत्स्यमान' शब्द ज्यादा मौजूँ होगा, यद्यपि 'उत्पाद्यमान' का अर्थ भी वही है। यह सुझाव आर.सी. पांडेय से मिला है। पुरालिपिशास्त्र की दृष्टि से दोनों शब्दों में बहुत कम अंतर है।
82. *सिलेक्ट इंस्क्रिप्शंस*, जिल्द 1, भाग III, नं. 61, पंक्ति 19; नं. 62, पंक्ति 28.
83. *सोसाइटी एण्ड कल्चर*, पृ. 164-66.
84. शर्मा, उपर्युक्त, पा.टि. 6 सहित, पृ. 188.
85. *काश्यपीय कृषिसूक्ति* (सं. वोत्तिला, *ऐक्टा ऑरिएंटैलिया हंग*, XXXIII(2), 1979, 209-52) में धान की रोपाई के संदर्भ में यह उक्ति मिलती है : 'पंक्तिशः पंक्तिशो भृत्यैः विन्यसेत् समभूमिके' (श्लोक सं. 431)। किसान के लिए बार-बार 'कृषीवल' शब्द के प्रयोग से लगता है कि यह रचना या तो दक्षिण भारत के या देश के किसी अन्य हिस्से के धान-उत्पादक क्षेत्र की है। इसमें मध्यकाल से संबंधित काफी सामग्री उपलब्ध है। श्लोक सं. 450 में खेतिहर मजदूरों के वर्गों को निरौनी के काम में लगाने का जिक्र हुआ है : 'तृणकोष्ठान् निरस्यथ पंक्तिशः पंक्तिशः क्रमात्, भृत्यवर्गैः प्रत्यहं व वैरिच्छेदः प्रसस्यते।' धान की रोपाई के रिवाज का जो अवशेष अभी कायम है उसे देखने से लगता है कि मध्यकाल में भी ऊँची जातियों के लोग इस काम में मजदूरों का उपयोग करते होंगे।
86. मुखिया, उपर्युक्त, पृ. 274, 286.
87. *इंडियन फ्यूडलिज़्म*, दूसरा संस्करण, अध्याय I और III में मैंने व्यापार के ह्रास के संबंध में जो सामग्री प्रस्तुत की है उसके अतिरिक्त इसके और भी साक्ष्य बी.एन.एस. यादव-कृत *सोसाइटी एण्ड कल्चर*, पृ. 270-75 में देखे जा सकते हैं। पूर्व-मध्यकालीन बंगाल के संबंध में एम.आर. तरफदार कहते हैं : 'ग्यारहवीं तथा तेरहवीं सदी के बीच के काल में व्यापार तथा शहरी केंद्रों के ह्रास के स्पष्ट लक्षण दिखाई देते हैं। यह प्रक्रिया अवश्य ही इसके पूर्व आरंभ हो चुकी होगी।' —'ट्रेड एण्ड सोसाइटी इन अर्ली मेडीईवल इंडिया', *इंडियन हिस्टॉरिकल रिव्यू*, VI, जनवरी

1979, 282। किंतु पश्चिमी भारत में इस काल में व्यापार का पुनरुत्थान दिखाई देता है — वी. के. जैन, 'ट्रेड एण्ड ट्रेडर्स इन वेस्टर्न इंडिया', पीएच.डी. शोधप्रबंध, दिल्ली विश्वविद्यालय, 1983। दक्षिण भारत में भी स्थिति ऐसी ही जान पड़ती है—कनेथ आर. हॉल, *ट्रेड एण्ड स्टेटक्राफ्ट इन द एज ऑफ द चोलाज़*। हम व्यापार के ह्रास की परिकल्पना मुख्यतः सातवीं से दसवीं सदियों में करते हैं।

88. बी.डी. चट्टोपाध्याय ने अपने निबंध 'ट्रेड एण्ड अर्बन सेन्टर्स इन अर्ली मेडीईवल नार्थ इंडिया' —*इंडियन हिस्टॉरिकल रिव्यू*, I, 1974, 203-19—में शहरों के ह्रास के बारे में शंका व्यक्त की। किंतु अपने एक परवर्ती निबंध 'अर्बन सेन्टर्स इन अर्ली मेडीईवल इंडिया'—*सिचुएटिंग इंडियन हिस्टरी : फॉर सर्वपल्लि गोपाल*, सव्यासाची भट्टाचार्य और रोमिला थापर, (सं.), दिल्ली, 1986, पृ. 8-33—में वे एक 'तीसरे शहरीकरण' की संभावना स्वीकार करते हैं, जिसका मतलब यह हुआ कि गुप्तकाल तथा गुप्तोत्तरकाल में शहरों का ह्रास हुआ। तीसरी सदी ईस्वी के बाद लगभग सभी सातवाहन शहर छीजते-छीजते मिट गए। ए.एच. दानी ने मुझे बताया है कि पाकिस्तान-स्थित कुषाण शहरों का भी यही हश्र हुआ। रूसी पुरातत्त्ववेत्ता वी.एम. मैसन से मुझे मालूम हुआ है कि पहली से चौथी सदी तक के मध्य एशिया के पाँच शहरी केंद्र बाद में या तो गाँवों या किलों में बदल गए। हाल की कुछ कृतियों में — जैसे ओ.पी. प्रसाद, *डिके एण्ड रिवाइवल ऑफ अर्बन सेन्टर्स इन मेडीईवल साउथ इंडिया* (नई दिल्ली, 1986) और बी.पी.एन. पाठक, *सोसाइटी एण्ड कल्चर इन अर्ली बिहार* (नई दिल्ली, 1988) में देश के विभिन्न भागों में विशहरीकरण पर विचार किया गया है। आर.एन. नन्दी ने काफी स्पष्ट रूप से दिखाया है कि बहुत-से ह्रासोन्मुख शहर पूर्व-मध्यकाल में तीर्थस्थान बन गए— 'क्लाइंट, रिच्युअल एण्ड कनफ्लिक्ट इन अर्ली ब्राह्मणिकल ऑर्डर', *इंडियन हिस्टॉरिकल रिव्यू*, 1979-80, पृ. 100, 103-9. पुरातात्त्विक तथा अन्य प्रकार के साक्ष्यों के विस्तृत विवेचन के लिए देखिए रामशरण शर्मा, *अर्बन डिके इन इंडिया (सर्का 300-सर्का 1000)*, नई दिल्ली, 1987.

89. रामशरण शर्मा, 'इंडियन फ्यूडलिज़्म रिटच्ड', *इंडियन हिस्टॉरिकल रिव्यू*, I, 1974, पृ. 320-30. सिक्कों के अभाव के संबंध में अतिरिक्त साक्ष्यों के लिए देखिए एम.आर. तरफदार, उपर्युक्त। इस विषय का और भी पल्लवन मैंने 1989 में कलकत्ता के भारतीय संग्रहालय में 'लगभग 500 से लगभग 1000 ई. तक भारत में धातु के सिक्कों की कमी' पर दिए अपने दो व्याख्यानों में किया है। यह इस पुस्तक का चौथा अध्याय है।

90. शर्मा, *इंडियन फ्यूडलिज़्म*, दूसरा संस्करण, पृ. 41-42.

91. देखिए दसवाँ अध्याय।

92. अगला अध्याय देखिए।

93. शर्मा, *इंडियन फ्यूडलिज़्म*, दूसरा संस्करण, दिल्ली, 1980, पृ. 220.

94. मुखर्जी एवं मैती, *कॉर्पस ऑफ बंगाल इंस्क्रिप्शंस*, नं. 6, पंक्ति 18; नं. 7, पंक्ति 19.

95. *सिलेक्ट इंस्क्रिप्शंस*, जिल्द 1, भाग III, नं. 61, पंक्तियाँ 22-24.

96. वही, नं. 62, पंक्तियाँ 32-41; नं. 63ए, पंक्तियाँ 21-22, नं. 67, पंक्तियाँ 24-25.

97. एस. सेट्टर एवं डी. सोंथाइमर (सं.), उपर्युक्त, पृ. 223.

98. *ग्रोथ ऑफ रूरल इकॉनमी इन अर्ली फ्यूडल इंडिया*, अधक्षीय भाषण, प्राचीन भारत विभाग, भारतीय इतिहास कांग्रेस, पैंतालीसवाँ अधिवेशन, अन्नमलाई विश्वविद्यालय, 1984.

99. द्विजेन्द्रनारायण झा, *अर्ली इंडियन फ्यूडलिज़्म : ए हिस्टरियोग्राफिकल क्रिटिक*, अध्यक्षीय भाषण, प्राचीन भारत विभाग, भारतीय इतिहास कांग्रेस, चालीसवाँ अधिवेशन, 1984, आंध्र विश्वविद्यालय।

100. मुख्यिा, उपर्युक्त, पृ. 293.

101. जी. वोत्तिला (सं.), *काश्यपीय कृषिसूक्त*, श्लोक 291-92.

102. मुखिया, उपर्युक्त, पृ. 292. किंतु उन्होंने अपने कथन को मर्यादित करते हुए 'पूर्ण परिवर्तन' शब्दों का प्रयोग किया है।

103. रामशरण शर्मा, *अर्बन डिके इन इंडिया (सर्का 300- सर्का 1000)*, अध्याय X.

104. वही, परिशिष्ट।

105. वोत्तिला (सं.), *काश्यपीय कृषिसूक्त, ऐक्टा ऑरिएंटैलिया एकैडेमीय सेन्टियारम हंग*, XXXIII (2), 1979, पृ. 209-52. इस ग्रंथ में काश्तकार के लिए सामान्यतः 'कृषीवल' शब्द का प्रयोग हुआ है, जो पूर्व-मध्यकालीन पाठों तथा अभिलेखों में देखने को मिलता है। इस कृति की अधिकांश सामग्री का संबंध मध्यकाल से है, और इसके सार भाग को आठवीं-नवीं सदियों का माना जाता है।—वोत्तिला (अनु.), उपर्युक्त, XXXIX (1), 1985, पृ. 85, पा.टि. 1.

106. डी.एम. बोस आदि (सं.), *ए कनसाइज़ हिस्टरी ऑफ सायंस इन इंडिया*, पृ. 362.

107. वही, पृ. 255.

108. वही, पृ. 363-64.

109. वही, पृ. 358, 361, 363. *अग्नि पुराण* नौवीं-दसवीं सदियों की रचना है। *विष्णुधर्मोत्तर पुराण* को आठवीं सदी का माना जाता है।

110. डी.एम. बोस आदि (सं.), उपर्युक्त, पृ. 356-61.

111. वही, पृ. 358-59.

112. वही, पृ. 358-60.

113. बी.पी. मजुमदार, 'इंडस्ट्रीज़ एण्ड इंटरनल ट्रेड इन अर्ली मेडीईवल नॉर्थ इंडिया', *ज.ब.रि.सो.*, XLV-XLVI, 1979-80, पृ. 231.

114. ताराडीह के पाल स्तर में प्राप्त इस उपकरण के बारे में मुझे अजितकुमार प्रसाद ने बताया।

115. ये ग्रंथ ईस्वी सन् की आरंभिक सदियों के हैं। देखिए रामशरण शर्मा, *पर्सपेक्टिव्ज़ इन सोशल एण्ड इकॉनमिक हिस्टरी ऑफ अर्ली इंडिया*, नई दिल्ली, 1983, पृ. 188-89.

116. वोत्तिला (सं.), उपर्युक्त, पृ. 219-20.

117. 'ट्रेड एण्ड ट्रेडर्स इन वेस्टर्न इंडिया', पीएच.डी. शोधप्रबंध, दिल्ली विश्वविद्यालय, 1983.

118. वोत्तिला (सं.), उपर्युक्त, श्लोक 187-88. बैलों द्वारा चलाए जानेवाले घटी-यंत्र को सर्वोत्तम, मनुष्यों

द्वारा चालित यंत्र को निकृष्ट तथा हाथियों द्वारा खींचे जानेवाले को मध्यम कोटि का माना गया है।

119. बी.एन.एस. यादव, *सोसाइटी एण्ड कल्चर*, पृ. 259.

120. इस पाठ का संपादन *जर्नल ऑफ बंगाल रिसर्च सोसाइटी (ज.बि.रि.सो.)*, XXXI, 1945 तथा XXXII, 1946 में तारापद चौधरी ने किया। उनके द्वारा प्रयुक्त सबसे पुरानी पांडुलिपि 1851-62 की है। हरिचरण सेन द्वारा रचित यह पाठ माधवकर-कृत *पर्यायरत्नमाला* पर आधारित है *(ज.बि.रि.सो.*, XXXI, 1945, भूमिका, पृ. i)। चूँकि इस कृति के 22वें तथा 23वें अध्यायों में बहुत-सी सामग्री अमर की रचना से ली गई है (वही) और इसमें आलू तथा तंबाकू का उल्लेख नहीं है, इसलिए लगता है यह प्राक्-मुगल रचना है। लोहे तथा अन्य धातुओं के पर्याय छठे अध्याय (वर्ग) में दिए गए हैं *(ज.बि.रि.सो.*, 1945)।

121. तारापद चौधरी, उपर्युक्त, अध्याय 18 (*ज.बि.रि.सो.*, XXXI, 1945, पृ. 31-33), चौबीस प्रकार के अनाजों (पृ. 33) की बात करते है, लेकिन गिनती करने पर गेहूँ, जौ, अलसी आदि सहित 110 प्रकार के अनाजों की जानकारी मिलती है। अध्याय 19 (वही, पृ. 33-34) मे 10 प्रकार के 'शालिधान्य' (रोपे गए धानों) और 19 प्रकार के तृणशालि धान्य (बोए गए धानों) की बात कही गई है, लेकिन गिनने पर धान तथा अन्य संबंधित अनाजों की किस्में लगभग साठ-चौसठ आती हैं।

122. टी.सी. दासगुप्ता, *ऐस्पेक्ट्स ऑफ बंगाल सोसाइटी*, पृ. 249-50, जिसे बी.एन.एस. यादव ने अपनी उपर्युक्त कृति में उद्धृत किया है। उन्होंने कई और साक्ष्य भी प्रस्तुत किए हैं (पृ. 258-59)।

123. मुखिया, उपर्युक्त, पृ. 292.

124. 'द सेगमेंटरी स्टेट : इंटरिम रिफ्लेक्शंस', प्रागौपनिवेशिक दक्षिण भारत में राज्य संघटन पर 1989 में जवाहरलाल नेहरू विश्वविद्यालय, नई दिल्ली, में आयोजित संगोष्ठी (अप्रकाशित)।

125. *ज.इ.सो.हि.ऑ.*, I, 1958, पृ. 297-328.

126. 'इंडियन फ्यूडल चार्टर्स', *ज.इ.सो.हि.ऑ.*, II, पृ. 281-93; 'ऑरिजिन्स ऑफ फ्यूडलिज़्म इन कश्मीर', *द सार्द्धशताब्दी कमिमोरेशन वोल्यूम*, एशियाटिक सोसाइटी ऑफ बंबई, *जे.एस.बी.*, न्यू सीरीज़, XXXI-XXXII, 1959, पृ. 108-120.

126अ. हरमन कुल्के (सं.), *दि स्टेट इन इंडिया 1000-1700*, ऑक्सफर्ड यूनिवर्सिटी प्रेस, नई दिल्ली, 1995, पृ. 89.

127. देवांगना देसाई, *सोशल डायमेन्शन्स ऑफ आर्ट इन अर्ली इंडिया*, अध्यक्षीय भाषण, अनुभाग I, भारतीय इतिहास कांग्रेस, 40वाँ अधिवेशन, गोरखपुर वि.वि; लल्लनजी गोपाल, *इकॉनमिक लाइफ ऑफ नॉर्दर्न इंडिया (सी.ए.डी. 700-1200)*, बनारस, 1965; काराशिमा, 'नायकाज़ ऐज़ लीज़होल्डर्स ऑफ टेंपुल लैंड्स', *ज.इ.सो.हि.ऑ.*, जिल्द XI, पृ. 227-32; *साउथ इंडियन हिस्टरी एण्ड सोसाइटी*, दिल्ली, 1984, भूमिका; 'नायक रूल इन द तमिल कन्ट्री ड्यूरिंग द विजयनगर पीरिएड', प्राक्-मुगल दक्षिण भारत में राज्य संघटन पर जवाहरलाल नेहरू विश्वविद्यालय में 1989 में आयोजित संगोष्ठी (अप्रकाशित); टी.वी. महालिंगम्, *साउथ इंडियन पॉलिटी*, संशोधित

संस्करण, मद्रास; दशरथ शर्मा, *अर्ली चौहान डाइनेस्टीज़*, दूसरा संस्करण, दिल्ली, 1975; बी.एन.एस. यादव, *सोसाइटी एण्ड कल्चर*, इलाहाबाद, 1973; भारतीय सामंतवाद पर हाल में किए गए शोध की समीक्षा विजयकुमार ठाकुर की *हिस्टरियोग्राफी ऑफ इंडियन फ्यूडलिज़्म टुवार्ड्स ए मॉडेल ऑफ अर्ली मेडीईवल इंडियन इकॉनमी*, नई दिल्ली, 1989, में मिलती है।

128. स्टाइन, उपर्युक्त।

129. उपर्युक्त।

130. रोमिला थापर, *फ्रॉम लीनिएज टु स्टेट*, दिल्ली, 1984; रामशरण शर्मा द्वारा संपादित *ए सर्वे ऑफ रिसर्च इन सोशल एण्ड इकॉनमिक हिस्टरी ऑफ इंडिया*, (दिल्ली, 1986) में संकलित सुवीरा जायसवाल का निबंध 'ए सर्वे आफ रिसर्च इन सोशल हिस्टरी ऑफ एंशंट इंडिया'; के.एम. श्रीमाली, *रिलीजन, आइडियोलोजी एण्ड सोसाइटी*, अध्यक्षीय भाषण, प्राचीन भारत विभाग, भारतीय इतिहास कांग्रेस, 49वाँ अधिवेशन, कर्नाटक विश्वविद्यालय, धारवाड़, 1988; रामशरण शर्मा, *ऑरिजिन आफ द स्टेट इन इंडिया*, इतिहास विभाग, बंबई विश्वविद्यालय, 1989.

131. उपर्युक्त।

132. 'सुपरस्टीशन एण्ड पॉलिटिक्स इन द *अर्थशास्त्र* आफ कौटिल्य', *जर्नल ऑफ बिहार रिसर्च सोसाइटी*, 1954, पृ. 223-31. मध्यकालीन उड़ीसा पर अपनी रचना में हरमन कुल्के ने धर्म को राजनीतिक सत्ता का स्थानापन्न मानने से साफ इनकार कर दिया है, इसकी बजाय वे धर्म को राजनीतिक सत्ता का पुरस्कर्ता मानते हैं—'फ्रैगमेंटेशन एण्ड सेगमेंटेशन वर्सस इंटेग्रेशन : रिफ्लेक्शंस ऑन द कंसेप्ट्स ऑफ इंडियन फ्यूडलिज़्म एण्ड द सेगमेंटरी स्टेट इन इंडियन हिस्टरी', *स्टडीज़ इन हिस्टरी*, जिल्द IV, अंक 2, 1982, पृ. 254.

133. आर. चम्पकलक्ष्मी, *इंडियन इकॉनमिक एंड सोशल हिस्ट्री रिव्यू*, जिल्द XVII, अंक 3 और 4, 1983, पृ. 411-26; द्विजेन्द्रनारायण झा, 'वैलिडिटी ऑफ ब्राह्मण-पेजेंट एलायंस एण्ड द सेगमेंटरी स्टेट इन अर्ली मेडीईवल साउथ इंडिया', *सोशल सायंस प्रोबिंग्स*, जिल्द IV, अंक 2, जून 1984, पृ. 270-95; आर.एन. नन्दी, उपर्युक्त; एम.जी.एस. नारायण, 'रिव्यू आर्टिकल: साउथ इंडियन हिस्टरी एण्ड सोसाइटी', *तमिल सिविलाइजेशन*, जिल्द III, अंक 1, 1985, पृ. 57-91; विजय रमास्वामी, *स्टडीज़ इन हिस्टरी*, जिल्द IV, अंक 2, 1982, पृ. 307-19; केशवन बेलुथट, 'पावर स्ट्रक्चर ऑफ मॉनार्की इन साउथ इंडिया' (*सर्का* ए.डी. 600-1300), कालीकट विश्वविद्यालय का पीएच.डी. शोधप्रबंध, 1989.

134. ब्रैंडन ओ'लियरी, *द एशियाटिक मोड ऑफ प्रोडक्शन*, बैसिल ब्लैकवेल, ऑक्सफर्ड, 1989, अध्याय VII और VIII विशेष ध्यातव्य।

135. यादव (*द प्रॉब्लम ऑफ द इमर्जेंस ऑफ फ्यूडल रिलेशंस इन अर्ली इंडिया*, पृ. 46, पा.टि. 1) ने कार्ल मार्क्स के विचारों के आधार पर ई.जे. हाब्सबॉम के इस कथन की ओर ध्यान आकृष्ट किया है : 'यद्यपि कृषिदास सामंती प्रभु के अधीन है, तथापि वह आर्थिक दृष्टि से स्वतंत्र उत्पादक है।'—कार्ल मार्क्स, *प्री-कैपिटलिस्ट इकॉनमिक फार्मेशिन्स*, लंदन, 1964, पृ. 42.

अध्याय चार

धातु के सिक्कों की कमी (लगभग 500-1000 ई.)

परिमाण-निर्धारण की समस्या

भूमिदान-संबंधी अभिलेखों की तरह सिक्कों का उपयोग भी मुख्यतः राजनीतिक इतिहास और यदा-कदा कला तथा धर्म के अध्ययन के लिए किया गया है। राजनीतिक इतिहास का भूत हम पर इस कदर सवार रहा है कि आर्थिक प्रवृत्तियों के संबंध में सिक्कों की प्रकट प्रासंगिकता की ओर हमने ध्यान ही नहीं दिया। वास्तविकता यह है कि सिक्कों के कारण विनिमय तथा आर्थिक सौदों के स्वरूप में नाटकीय परिवर्तन हुए। सिक्कों का चलन आरंभ हो जाने पर उससे व्यापार में अत्यधिक योगदान मिला, कराधान-पद्धति में भारी परिवर्तन आया, और उपभोक्ताओं एवं विक्रेताओं तथा राज्य और उसके अमलों के बीच निर्वैयक्तिक संबंध कायम हुए। आर्थिक विकास के विभिन्न स्तरों से गुजरते दूर-दूर के क्षेत्र विनिमय-संबंधों के व्यापक तंत्र के सूत्र में बँधकर एक-दूसरे से जुड़ गए, जिससे सामाजिक एवं सांस्कृतिक आदान-प्रदान का मार्ग प्रशस्त हुआ। इस सबके फलस्वरूप राजनीतिक प्रभुत्व में व्यापकता आई, और उससे ये संबंध और भी पुख्ता हुए।

कांस्ययुगीन संस्कृतियों में सिक्कों के चलन के बिना भी वाणिज्य-व्यापार चलता था। कुछ कांस्ययुगीन संस्कृतियों में चाँदी के ठीकरे चलते थे, जिनका मूल्य उनके वजन से तय होता था। किंतु पूर्व-लौहयुग में मानकीकृत तथा राज्य-प्रमाणित धातु के सिक्कों के आविष्कार से एक प्रकार की क्रांति आ गई। इसके साथ ही विनिमय के ऐसे माध्यम का प्रयोग आरंभ हो गया जिसके पैमाने से पण्य तथा अन्य सभी प्रकार की वस्तुओं का मूल्य निर्धारित किया जा सकता था। गोधन तथा विनिमय के अन्य ऐसे ही साधन विनाशशील थे, लेकिन धातु के सिक्के नहीं। धातु के सिक्कों का जोड़-घटाव आसानी से किया जा सकता था। उन्हें एक स्थान से दूसरे स्थान को ले जाना, जमा करना, विभिन्न प्रकार की वस्तुओं और सेवाओं की अदायगी के लिए उनका उपयोग करना, यह सब बहुत आसान हो गया। उनके कारण बहीखाते रखना बहुत सरल हो गया और साहूकारी का धंधा चल निकला, जिससे सूदखोरी निकली और ऋण-दासता का जन्म हुआ।

भारत में सिक्कों का चलन पाँचवीं सदी ई.पू. में प्रारंभ हुआ, हालाँकि कुछ विद्वान इसकी

शुरुआत चौथी सदी ई.पू. से मानने के पक्ष में हैं।[1] यह बात असंदिग्ध है कि आहत सिक्के, जो चौथी तथा तीसरी सदी ई.पू. के माने जाते हैं, मौर्यकाल में चलन में थे। भारतव्यापी या साम्राज्यीय शृंखला के आहत सिक्कों की संख्या स्थानीय शृंखला के आहत सिक्कों की अपेक्षा बहुत बड़ी थी। अंजनेरी (नासिक) स्थित भारतीय मुद्राशास्त्र अध्ययन संस्थान (इंडियन इंस्टीट्यूट ऑफ़ न्यूमेस्मेटिक स्टडीज़) ने देश-भर के अनेक संग्रहालयों में उपलब्ध सिक्कों के फोटो एकत्र किए हैं। आज उसके पास साम्राज्यीय शृंखला के 14,000 से अधिक सिक्कों के फोटो हैं, जबकि जिन स्थानीय सिक्कों के फोटो वहाँ देखे जा सकते हैं उनकी संख्या सिर्फ 700 के आसपास है।[2] इसे पूरे देश की वास्तविक स्थिति का सही संकेतक माना जा सकता है। परमेश्वरीलाल गुप्त ने पाँचवीं से लेकर दूसरी सदी ई.पू. तक के लगभग 30,000 आहत सिक्कों को अपने हाथों से परखकर देखा है। वे इन सिक्कों की 550 से अधिक किस्मों की बात करते हैं।[3] यदि एक किस्म के सिक्कों की संख्या 5,000 मानी जाए तो सभी किस्मों के सिक्कों की संख्या 27,50,000 आती है। छह लाख योद्धाओंवाली मौर्य सेना को ध्यान में रखकर देखें तो यह संख्या कुछ खास नहीं है। इसके अलावा वेतनभोगी अमले और शेष आबादी भी तो थी। हम यह भी नहीं कह सकते कि आहत सिक्कों के ये सभी प्रकार मौर्यकाल में प्रचलित थे।

200 ई.पू. और 300 ई. के बीच स्थानीय तथा मध्य एशियाई मूल के राजवंशों ने काफी सिक्के जारी किए। यदि इन्हें 'कबायली' गणतंत्रों, श्रेणियों, शहरों आदि द्वारा जारी किए गए तथा रोम साम्राज्य से आनेवाले सिक्कों के साथ मिलाकर देखें तो यह सिक्कों की प्रचुरता का काल मालूम होता है। ब्रिटिश संग्रहालय में उपलब्ध सिक्कों[4] और इसी तरह अंजनेरी स्थित मुद्राशास्त्र अध्ययन संस्थान द्वारा संगृहीत सिक्कों के फोटोग्राफों[5] के कालानुक्रमिक वर्गीकरण से भी ऐसा निष्कर्ष निकाला जा सकता है। हैदाराबाद स्थित आंध्रप्रदेश राज्य संग्रहालय में संगृहीत सिक्कों के कालानुक्रमिक वर्गीकरण[6] से भी यही नतीजा निकलता है। वाराणसी स्थित[6अ] भारत कला संग्रहालय तथा पटना संग्रहालय[6ब] में उपलब्ध आहत सिक्कों की संख्या प्रायः 200 ई.पू. से लगभग 300 ई. तक के सिक्कों की अपेक्षा अधिक है। लेकिन प्राक्-गुप्तकाल के सिक्कों की तादाद प्रायः 300 से लगभग 500 ई. तक के सिक्कों के मुकाबले ज्यादा है। पश्चिमी भारत के प्रिंस ऑफ़ वेल्स संग्रहालय में संगृहीत सिक्कों से भी प्रकट होता है कि प्राक्-गुप्तकाल के सिक्कों की संख्या प्राचीन भारत के किसी भी काल के सिक्कों की अपेक्षा अधिक है।[7] बॉम्बे एशियाटिक सोसाइटी संग्रहालय और महाराष्ट्र के पुरातात्त्विक संग्रहालय निदेशालय[8] के पास भी प्राक्-गुप्तकाल के सिक्कों का संग्रह छोटा नहीं है। इनमें पहली से चौथी सदी तक राज करनेवाले पश्चिमी क्षत्रपों के काफी सिक्के मिलते हैं।

उत्खननों, अभिलेखों तथा बौद्ध एवं यूनानी स्रोतों से मालूम होता है कि धातु के सिक्कों की प्रचुरता के काल (प्रायः 200 ई.पू.-लगभग 300 ई.) में दस्तकारियाँ, दूर-देशीय व्यापार तथा शहरीकरण भी अपने उत्कर्ष पर थे। संभव है, कीमती धातुओं के रोमन सिक्कों का उपयोग अंतर्राष्ट्रीय व्यापार में सोने-चाँदी के रूप में किया जाता रहा हो, लेकिन इसमें संदेह नहीं कि

भारत को ये सिक्के रोम द्वारा आयात किए गए भारतीय माल की कीमतों के तौर पर प्राप्त होते थे। पश्चिमी दुनिया के कुछ उत्साही प्रशंसक रोम से सोने के बहिर्गमन का प्रतिवाद करते हैं[9] लेकिन इसमें कोई शक नहीं है कि रोम के अधिकारियों ने अपने यहाँ भारतीय माल के आयात पर रोक लगा दी थी। संभव है, प्राचीन काल के लोग व्यापार संतुलन की अवधारणा से अनभिज्ञ रहे हों,[10] लेकिन यह बात निर्विवाद है कि तीसरी सदी के उत्तरार्ध और चौथी सदी के दौरान रोम की मुद्रा-प्रणाली अवमूल्यित होकर बिखर गई।[11] काफी बड़ी संख्या में जारी की गई कुषाण स्वर्ण-मुद्राएँ, निस्संदेह, आर्थिक सौदों में इस्तेमाल की जाती थीं, हालाँकि सिंधु नदी से पूरब की ओर मिलनेवाले सोने के कुषाण सिक्कों की संख्या अधिक नहीं है। मगर ताँबे के कुषाण सिक्कों की तादाद बहुत बड़ी है। उनमें से कुछ का वजन तो 7 से 17 ग्राम के बीच है।[12] इससे लगता है कि ताँबे के सिक्कों की क्रय-क्षमता भी काफी अच्छी रही होगी। यदि इन सिक्कों को सातवाहनों तथा क्षत्रपों द्वारा जारी किए गए ताँबे के अन्य सिक्कों और राँगे और पोटिन के सिक्कों के साथ मिलाकर देखें तो मानना पड़ेगा कि आबादी के बहुत बड़े हिस्सों के बीच मुद्रा पर आधारित अर्थव्यवस्था का बोलबाला था। ज्ञातव्य है कि अकेले हैदराबाद स्थित आंध्रप्रदेश राज्य संग्रहालय में लगभग 50,000 सातवाहन सिक्के सुरक्षित हैं।[13] हाल ही में गुन्टुर जिले में ईक्ष्वाकुओं (तीसरी सदी ईस्वी) के 9000 से अधिक सीसे के सिक्के एक जख़ीरे में पाए गए हैं।[13अ] विभिन्न संग्रहालयों में उपलब्ध कुषाण सिक्कों की कुल संख्या हमें मालूम नहीं है, लेकिन भारतीय मुद्राशास्त्र अनुसंधान संस्थान (अंजनेरी) में 14,000 कुषाण सिक्कों के फोटोग्राफ मौजूद हैं,[14] और लखनऊ संग्रहालय की फाइलों से इस वर्ग के 6,000 से अधिक सिक्कों की जानकारी मिलती है,[15] साथ ही इन फाइलों से 7,000 नाग सिक्कों के बारे में भी जानकारी मिलती है।[16] नेशनल म्यूजियम में पाए गए 200 ई.पू.-300 ई. के सिक्कों की संख्या 6,000 से कुछ अधिक है, जो वहाँ आहत सिक्कों की संख्या से करीब 100 कम है और गुप्तकाल के सिक्कों से करीब 700 कम।[16अ]

इस विवरण में हमने पाकिस्तान के संग्रहालयों में उपलब्ध सिक्कों को शामिल नहीं किया है। लेकिन इन स्रोतों से प्राप्त हो सकनेवाली जानकारी के बिना भी 200 ई.पू.-300 ई. में सिक्कों के इस्तेमाल की बढ़ती हुई प्रवृत्ति साफ देखी जा सकती है। इस काल के सिक्कों को सातवाहन तथा अन्य सिक्कों के साथ मिलाकर देखें तो कुल संख्या लगभग 90,000 आती है (बशर्ते कि अधिकांश नाग सिक्कों को प्राक्-गुप्तकालीन माना जाए)। ज्ञातव्य है कि यौधेय सिक्कों के पक्की मिट्टी के 30,000 साँचे प्राप्त हुए हैं। 1978 में चीन के फजियांग प्रांत में शाओक्सिंग इलाके में चाँदी के 3,30,000 सिक्कों का जखीरा मिला है। यद्यपि यह जखीरा लगभग 300 ई. में जमा किया गया है, लेकिन ये सिक्के लगभग 180 ई.पू. से प्रायः 250 ई. के काल के हैं। इससे मालूम होता है कि लगभग 200 ई.पू. और 300 ई. के बीच चीन में सिक्कों का चलन काफी जोर पर था। भारत में अब तक इस काल के इतने सिक्के प्राप्त नहीं हुए हैं। लेकिन यदि सातवाहनों और कुषाणों के सिक्कों को अलग रखें तो भी प्राक्-गुप्तकालीन

'कबायली' और राजवंशीय सिक्कों के प्रभेदों की गिनती लगभग 600 तक पहुँचती है। यद्यपि यह सूची अपूर्ण ही है, फिर भी इससे 600 प्रकार के साँचों का प्रमाण तो मिलता ही है। यदि एक प्रकार के साँचे से 5000 सिक्के ढाले गए हों तो सिक्कों की कुल संख्या 30,00,000 आएगी। इसके अलावा 200 किस्मों के जो नगरीय सिक्के मिले हैं उनकी संख्या 1,00,000 आएगी। भारत में प्राप्त रोमन सिक्कों की संख्या केवल 6,000 है, हालाँकि बताया गया है कि कीमती धातुओं के 129 जखीरे मिले हैं। इस सबसे मौर्योत्तरकाल में मौद्रिक स्थिति का ठीक आभास मिल सकता है। जो भी हो, चाँदी के चीनी सिक्कों का बहुत बड़ा जखीरा प्राप्त होना महत्त्वपूर्ण पहलू है। संभव है इसका संबंध मध्य एशिया और भारत के बीच चलनेवाले बाजार स्तर पर व्यापार से रहा हो, लेकिन इस विषय की पूरी छानबीन करने की जरूरत है।

यद्यपि गुप्त शासकों ने सोने के सबसे अधिक सिक्के जारी किए, लेकिन उनमें कुषाण सिक्कों की तुलना में सोने की मात्रा कम थी — खास तौर से स्कंदगुप्त के बादवाले गुप्त सिक्कों में। गुजरात के क्षत्रप शासकों ने तीसरी और चौथी सदियों में काफी सिक्के जारी किए।[17] पश्चिमी क्षत्रपों द्वारा जारी किए गए सिक्कों में राँगे, ताँबे और चाँदी तीनों धातुओं के सिक्के शामिल थे। चाँदी को मजबूती देने के लिए केवल आठ प्रतिशत ताँबे की मिलावट जरूरी होती है, लेकिन क्षत्रपों के चाँदी के सिक्कों में 14 से 18 प्रतिशत ताँबे का उपयोग किया गया है।[18] इससे लगता है कि चाँदी सीमित मात्रा में ही उपलब्ध थी। गुप्त शासकों ने गुजरात-विजय के कुछ समय बाद तक चाँदी के सिक्के जारी रखे।

तालिकाओं पर नजर डालने पर गुप्तकाल के लगभग 300 से 500 ई. तक के 200 साल के कालखंड में स्वभावतः सिक्कों की संख्या में अधिकता दिखाई देती है। गुप्तकाल को हमने एक अलग कालखंड के रूप में इसलिए रखा है कि इसे विशेष महत्त्व दिया जाता है। 500 ई. को इसका समाप्ति वर्ष जानबूझकर चुना गया है, क्योंकि इसके बाद से सोने के सिक्कों की संख्या और शुद्धता में कमी आने लगती है। लेकिन यदि हम सदियों को ध्यान में रखकर विचार करते हैं तो पाते हैं कि इन 200 वर्षों के काल के जितने सिक्के अब तक मिले हैं उनकी संख्या लगभग 200 ई.पू. से लेकर 300 ई. तक के सिक्कों की अपेक्षा बहुत कम पड़ती है। यह सच है कि गुप्त राजाओं द्वारा जारी किए गए सोने के सिक्कों की तादाद कुषाण स्वर्ण-मुद्राओं से ज्यादा है, लेकिन अगर हम भारत में मिले सोने के रोमन सिक्कों को भी शामिल करके देखें तो दोनों कालों की स्वर्ण-मुद्राओं की संख्या लगभग बराबर ही आएगी। दूसरी ओर गुप्त शासकों तथा उनके समकालीनों द्वारा जारी किए गए सिक्कों को भारत में प्राप्त पछेती रोमन और बैजंतियाई सिक्कों के साथ मिलाकर देखने पर मालूम होता है कि इनकी संख्या लगभग 500 से 1000 ई. तक के सिक्कों की अपेक्षा बहुत अधिक है। यह सोचना गलत होगा कि दूसरी सदी के बाद रोमन सिक्कों का आना बंद हो गया। लगभग 250 ई. से ताँबे के रोमन सिक्के गुजरात में मिलते हैं। बाद में अधिकांश सिक्के दक्षिण भारत और श्रीलंका में मिलते हैं। 350 ई. से पछेती रोमन कांस्य सिक्कों की बाढ़ शुरू होती है, और ये मुख्यतः

दक्षिण तमिलनाडु में पाए जाते हैं। श्रीलंका में चौथी-पाँचवीं सदियों में ताँबे के छोटे-छोटे रोमन सिक्के हजारों की संख्या में मिलते है।[18अ] तीसरी सदी के पश्चात् शहरों का काफी ह्रास हो जाने के बाद भी अगली दो सदियों तक सोने के सिक्कों का भरपूर चलन रहा। स्पष्ट ही इनका उपयोग बड़े-बड़े प्रशासनिक तथा सैनिक ओहदेदारों के वेतन के नकद भुगतान के लिए किया जाता था। किसी भी प्राचीन राज्य में राजस्व का बहुत बड़ा भाग सेना और नौकरशाही के वेतन-भत्ते आदि पर ही खर्च होता था, और यही बात गुप्त राज्य में भी हुई होगी।

लगभग 500 से 1000 ई. के दौरान भारत के प्रायः सभी हिस्सों में अनेक शक्तिशाली राजवंश शासन करते रहे। जितने राज्य इस काल में थे उतने इससे पहले के किसी भी काल में नहीं थे। सिक्कों की गुप्तकालीन परंपरा 650 ई. तक उत्तरी, मध्य और पूर्वी भारत तथा आंध्रप्रदेश के तटवर्ती क्षेत्रों में जैसे-तैसे कायम रही। इसके बाद के राजवंशों द्वारा जारी किए जानेवाले सिक्कों में भारी कमी आ गई। इस काल में भारतीय राजवंशों ने सोने के सिक्के प्रायः जारी ही नहीं किए। यह बात लगभग चार सदियों तक राज करनेवाले पालों के अलावा राष्ट्रकूटों और गुर्जर-प्रतीहारों पर भी लागू होती है। सातवीं सदी के पूर्वार्ध में शासन करनेवाले हर्ष, शशांक, जयनाग और समाचारदेव द्वारा जारी किए गए सोने के थोड़े-बहुत सिक्कों की हमें जानकारी है। इसके अलावा सोने के और सिक्कों की जो जानकारी हमें है वह गुप्तों की स्वर्ण-मुद्राओं के बारे में है, जिनका केंद्र दक्षिण-पूर्वी बंगाल (बांग्लादेश) था।[19] खोटी धातु के बने ये सिक्के शुद्धता और कलात्मकता की दृष्टियों से घटिया किस्म के हैं। लेकिन लगता है, आठवीं सदी के मध्य से इन सिक्कों का जारी किया जाना भी बंद हो गया।[20] जे.एस. डायेल नामक मुद्राशास्त्री ने आदिवराह और विग्रहपाल के चाँदी के तवग चढ़े खोटी धातु के सिक्कों के 46 जखीरों का पता लगाया है, जिन्हें जारी करने का श्रेय प्रतीहारों को दिया गया है। इसके आधार पर उन्होंने पूर्व-मध्यकालीन मुद्रा-प्रणाली से संबंधित अपने प्रबंध का शीर्षक रखा है *लिविंग विदाउट सिलवर*।[21] अर्थात् चाँदी के बिना काम चलाना।

जहाँ तक दकन का संबंध है, तीसरी सदी में सातवाहन शासन की समाप्ति के बाद सिक्के जारी करने के सिलसिले में गिरावट आ गई। यद्यपि यह बात ईक्ष्वाकुओं पर लागू नहीं होती है। 450 से 475 ई. तक विष्णुकुंडियों ने बहुत-से सिक्के जारी किए।[22] इस परम्परा को वेंगी के पूर्वी चालुक्यों ने पुनर्जीवित किया। सातवीं सदी के अंतिम चरण और आठवीं सदी में भी उनके जारी किए हुए सिक्के मिले हैं।[23] पूर्वी चालुक्यों ने सातवीं सदी के आरंभ से लेकर ग्यारहवीं सदी के तीसरे चरण के प्रायः अंत तक शासन किया। उनके जारी किए सिक्कों की संख्या लगभग 15,000 है। ये सिक्के शायद तटवर्ती व्यापार की जरूरतें पूरी करने के लिए जारी किए गए। लेकिन मोटे तौर पर देखें तो छठी सदी के लगभग 400 साल बाद तक दक्षिण भारतीय राजवंशों ने सिक्के जारी करने का सिलसिला प्रायः बंद ही रखा। दकन तथा दक्षिण भारत के जो सिक्के मिले हैं उन पर बारीकी से गौर करने पर छठी सदी के बाद के धातु के सिक्के अत्यल्प परिमाण में ही दिखाई देते हैं।[24] 600 से लेकर 1000 ई. तक पल्लवों,

पांड्यों, बदामी के चालुक्यों तथा चोलों, इन चार प्रमुख राजवंशों ने देश के इस भाग पर शासन किया, किंतु उन्हें बहुत थोड़े सिक्के जारी करने का श्रेय दिया जा सकता है।

प्राचीन काल में बसे हुए जिन ठिकानों की खुदाई की गई है उनमें से अधिकांश में 300 या 600 ई. के बाद आबादी उजड़ गई लेकिन जहाँ कहीं आबादी (हालाँकि बहुत क्षीण किस्म की निरंतरता) कायम मिलती है उसके वासस्थानों पर मुश्किल से ही कुछ सिक्के मिले हैं जो गुप्तोत्तरकाल के माने जाते हैं। इस संदर्भ में हम अहिच्छत्र के मामले पर विचार कर सकते हैं, जहाँ क्षैतिज खुदाई की गई है। गौर करने की बात है कि पूर्व-गुप्तकाल से लेकर नवीं सदी के मध्य तक यहाँ कोई सिक्का नहीं मिला है। 350 और 750 ई. के बीच के काल के अच्यु के सिक्के बिलकुल प्रारंभिक किस्म के मालूम होते हैं।[25] 750-850 के काल के किसी सिक्के का कोई उल्लेख नहीं मिलता। इससे आगे 850-1100 के काल का निर्धारण गधैया सिक्कों के आधार पर किया गया है, जो प्रतीहार शासकों के माने जाते हैं।[26] लेकिन सिक्कों का काल-निर्धारण समस्याग्रस्त मालूम होता है। छत्तीसगढ़ में मल्हार का मामला भी ऐसा ही है। मल्हार की खुदाई से प्रकट होता है कि छठी सदी के अंत में या उसके आसपास शरभपुरियों के शासन की समाप्ति तक सिक्के जारी करने का क्रम लगातार चलता रहा। उसके बाद लगभग चार सदियों का अंतराल आ जाता है, और सिक्कों की ढलाई फिर कलचुरियों के शासनकाल में ही आरंभ होती है। जहाँ तक मुझे मालूम है, जिन ठिकानों की खुदाई की गई है उनके पूर्व-मध्यकालीन स्तरों पर सामान्यतः सिक्के नहीं मिले हैं।

500 से लेकर 1000 ई. तक के काल में सिक्के ढालने के उपकरणों का भी अभाव दिखाई देता है। वास्तविक टकसालों, साँचों और ठप्पों का अभाव ध्यान देने योग्य है।[27] इससे पहले के काल में दकन में पक्की मिट्टी, राँगे आदि के सिक्कों के साँचे देखने को मिलते हैं, लेकिन धातु के सिक्कों के जारी किए जाने और चलन में भारी कमी आ जाने के कारण पूर्व-मध्यकाल में इन साँचों के बनाने का सिलसिला भी समाप्त हो गया। प्राचीनकाल में बहुत-सी मुहरों पर सिक्कों की नकलें बनी रहती थीं लेकिन पूर्व-मध्यकाल की मुहरों में ये देखने को नहीं मिलतीं।

यह सच है कि नवीं औद दसवीं सदियों में दक्षिण भारत के अभिलेखों में ब्याज की दरों के उल्लेख मिलते है, और उनमें सिक्कों के लिए 'कसु' और 'कलंजु' इन दो शब्दों का प्रयोग हुआ है। आज भी ताँबे के छोटे-छोटे टुकड़ों को वहाँ कसु कहा जाता है, और इस धातु के पवित्र माने जाने के कारण कसु के टुकड़े देवी-देवताओं पर चढ़ाए जाते हैं। आज भी एक रुपये में 25-30 कसु खरीदे जा सकते हैं।[28] दक्षिण भारत में कसु शब्द का प्रयोग इतना आम था कि इसी से अंग्रेजी का 'कैश' शब्द व्युत्पन्न हुआ। लेकिन ऐसे असली सिक्के नहीं मिले हैं जिन्हें नवीं-दसवीं सदियों का माना जा सके। शायद ब्याज की दरों का हिसाब सिक्कों के वास्तविक नहीं, बल्कि कल्पित पैमानों से लगाया जाता था। जब अंग्रेजों ने असम को अपने साम्राज्य में शामिल किया तो उन्होंने पाया कि करों का निर्धारण तो रुपयों में किया जाता था, लेकिन उनकी वसूली कौड़ियों में की जाती थी। वास्तविक स्थिति चाहे जो रही हो, पूर्ववर्ती धर्मशास्त्रों में

उल्लिखित ब्याज की दरों की तुलना में इस काल की ऊँची दरों से प्रकट होता है कि धातु के सिक्के सहज सुलभ नहीं थे।

भारत के आसपास के क्षेत्रों में भी सिक्कों के अभाव को दिखलाया गया है। उदाहरण के लिए, नेपाल में जिसकी सीमा भारत की पूर्वोत्तर सीमा से दूर तक मिलती है, स्पष्टतया यह अभाव देखने को मिलता है। आठवीं और सोलहवीं सदियों के मध्य नेपाल में सिक्कों की कमी की ओर मुद्राशास्त्रियों का ध्यान विशेष रूप से गया है।[29]

जब हम सातवीं से दसवीं सदी तक के कालखण्ड पर दृष्टिपात करते हैं तो गंगा के मैदान के अधिकतर भाग और भारत के दक्षिणी हिस्से में शासक राजवंशों द्वारा जारी किए गए धातु के सिक्कों का पूर्ववर्ती काल की तुलना में स्पष्ट अभाव दिखाई देता है। लेकिन सीमावर्ती क्षेत्रों में राजवंशों के जारी किए सिक्के अवश्य मिलते हैं। ऐसे सिक्के दक्षिणी-पूर्वी बंगाल में मिले हैं, जो अब बांग्लादेश का हिस्सा है और इसी प्रकार पाकिस्तान में शामिल पंजाब में भी मिले हैं। यदि हम पूर्वी चालुक्यों, प्रतीहारों और कश्मीर के राजवंशों को अलग रखें तो सातवीं-दसवीं सदियों के दौरान भारत की वर्तमान सीमाओं के अंदर राजवंशीय धातु-मुद्राएँ लगभग बिलकुल नहीं मिलतीं।

ख्याल है कि बांग्लादेश में सिलहट और चटगाँव के इलाकों में जो सिक्के मिले हैं वे अंशतः दक्षिण-पूर्व एशियाई परंपरा की देन हैं। बर्मा में अराकान के चन्द्रों ने वृषभ-त्रिशूल के सिक्के जारी किए। 'अकर' राजवंश ने मैनामती में इस सिलसिले को जारी रखा।[30] हरिकेल सिक्कों के बारे में भी स्थिति यही जान पड़ती है।[31] अकर सिक्कों का काल नौवीं सदी का मध्य माना जाता है।[32] मैनामती की खुदाई में कुल 297 सिक्के प्राप्त हुए। इनमें से काफी सिक्कों पर पट्टिकेर नाम अंकित है और लगता है, ये स्थानीय तौर पर किए गए।[33] रॉबर्ट विक्स के अनुसार, आज हरिकेल सिक्कों की संख्या लगभग 600 है, जिनका विस्तार प्रारंभिक दक्षिण-पूर्व एशियाई सिक्कों में सबसे अधिक है,[34] और जिनमें से बहुत बड़ी संख्या उन सिक्कों की है जो दक्षिण-पूर्व बंगाल में मिले हैं।[35] लेकिन ब्रतीन्द्रनाथ मुखर्जी ने मुझे बताया है कि कलकत्ता के किसी व्यक्ति के संग्रह में 2,500 हरिकेल सिक्के हैं।[36] उनकी राय है कि जिन सिक्कों पर आद्य बंगला लिपि में लेख अंकित हैं वे ग्यारहवीं-बारहवीं सदियों के हैं और उनकी संख्या काफी बड़ी लगती है। उनका संबंध देवों (675-750) और चन्द्रों से बताया गया है और उनके चलन की समाप्ति का काल बारहवीं-तेरहवीं सदियाँ मानी गई हैं।[37] इसमें संदेह नहीं कि स्थानीय राजवंशों ने खास तौर से बांग्लादेश के तटवर्ती इलाकों में, विचाराधीन काल में अर्थात् दसवीं सदी के अंत तक धातु के सिक्के जारी किए। लेकिन इन सिक्कों के परिमाण और इनके चलन के काल की छानबीन करने की जरूरत है। दसवीं सदी के बाद हरिकेल सिक्कों की संख्या खूब बढ़ जाती है। विभिन्न इलाकों की परिस्थितियों के अनुसार सिक्कों के चलन के पैमाने में अंतर दिखाई पड़ता है। बड़े नगरों और तटवर्ती इलाकों में स्वभावतः उनका अधिक व्यवहार होता होगा। यही कारण है कि हरिकेल सिक्के दक्षिण-पूर्व बंगाल के चटगाँव और सिलहट जिलों में मिले हैं और चालुक्य सिक्के आंध्र

के तटवर्ती इलाकों में। जो भी हो, ऐसा नहीं लगता कि बांग्लादेश के दक्षिण-पूर्वी जिलों से प्राप्त सिक्कों ने दसवीं सदी तक या उसके कुछ काल बाद तक भी पूर्वी भारत के आर्थिक जीवन पर कोई विशेष प्रभाव डाला हो। सेन अभिलेखों से लगता है कि विनिमय-माध्यम के तौर पर कौड़ियों का इस्तेमाल आम था। इसके अलावा मालूम होता है, दसवीं सदी के पूर्व और पश्चात् भी इस क्षेत्र में सेवाओं का प्रतिदान भूमिदानों के रूप में किया जाता था।

भारतीय उपमहाद्वीप के पश्चिमोत्तर हिस्सों में स्थिति कुछ भिन्न मालूम होती है। यद्यपि ब्रिटिश म्यूजियम में शाही और कश्मीर के सिक्कों के लगभग पाँच-पाँच सौ के संग्रह सुरक्षित हैं,[38] लेकिन अगर दूसरे संग्रहों को मिलाकर देखा जाए तो यह संख्या काफी बढ़ जाएगी। हिंदू या ब्राह्मण शाही शासकों ने आठवीं और दसवीं सदी के बीच और उसके उपरांत भी सिक्के जारी किए। कश्मीर के राजाओं पर भी यही बात लागू होगी, हालाँकि उन्होंने आठवीं सदी के बहुत पहले से ही सिक्के जारी करना शुरू कर दिया था। यदि हम शाही और कश्मीरी सिक्कों को उन भारत-ससानी सिक्कों के साथ मिलाकर देखें जो देश के पश्चिमोत्तर हिस्सों में चलन में थे, तो मानना पड़ेगा कि इधर की अर्थव्यवस्था में मुद्रा का खासा बड़ा चलन था और शायद इसी कारण से इस इलाके में ज्यादा भूमिदान नहीं दिए गए। मालूम होता है, यहाँ माल और सेवाओं की कीमतें नकद कूती और चुकाई जाती थीं।

लखनऊ संग्रहालय में सिक्कों के जखीरों के बारे में 1886 से ही जो फाइलें रखी जा रही हैं उनके आधार पर छठी से लेकर बारहवीं सदी तक के विभिन्न किस्मों के सिक्कों की संख्या बताई जा सकती है। इनमें से ज्यादातर सिक्के वहाँ उपलब्ध नहीं हैं, इसलिए उनकी जाँच-परख नहीं की जा सकती। अधिकांश सिक्के जिनके पास से मिले थे उन्हीं को लौटा दिए गए; उन्हें खास महत्त्व का नहीं समझा गया। केवल थोड़े-से सिक्के लखनऊ संग्रहालय में रखे गए और कुछ दूसरे संग्रहालयों को दे दिए गए। इन सिक्कों की फाइलों की विवेचना ए.के. श्रीवास्तव ने अपनी कृति *क्वायन होर्ड्स ऑफ उत्तर प्रदेश* (लखनऊ, 1981) में की है। इन फाइलों में सिक्कों का जो वर्गीकरण किया गया है उसके अनुसार समानता और निरंतरता के आधार पर इन सिक्कों को कालानुक्रम दिया जा सकता है। हालाँकि कई मामलों में एक अनुक्रम के सिक्के दूसरे में भी पहुँच जाते हैं। बहरहाल, इन सिक्कों के ऐसे चार अनुक्रम हैं : (1) भारत-ससानी, (2) आदिवराह, (3) भोज/भोजदेव और (4) विग्रहपाल। जिन सिक्कों पर कोई लेख अंकित है, उनके संबंध में हमें उन विशेषज्ञों की राय को आधार बनाकर चलना होगा जिन्होंने जब ये सिक्के उनके पास बिक्री के लिए लाए गए उस समय इन पर अंकित लेखों को पढ़ा था। उनके द्वारा किए गए वर्गीकरण के आधार पर हमें 2,770 सिक्के भारत-ससानी किस्म के मिलते हैं। इनमें से ज्यादातर सिक्के चाँदी के हैं। ये सिक्के मुख्यतः पश्चिमी उत्तरप्रदेश के इलाकों से मिले बताए गए हैं। आदिवराह सिक्कों की संख्या 1,669 है। इन सिक्कों में से भी अधिकतर पश्चिमी उत्तरप्रदेश से ही मिले हैं और इन्हें चाँदी या मिलावटी चाँदी का बना बताया गया है। भोज या भोजदेव द्वारा जारी बताए गए सिक्कों की संख्या 4,880 है, यद्यपि खीरी जिले से प्राप्त

चाँदी के 2,170 सिक्कों के एक जखीरे (सं. 917) में विग्रहपाल और भोजदेव दोनों के सिक्के शामिल हैं। संबंधित फाइल के अनुसार, इन सिक्कों में विग्रहपाल के सिक्कों की तादाद ज्यादा है। ये 4,880 सिक्के चाँदी या मिलावटी चाँदी के बने बताए गए हैं और मुख्यतः पश्चिमी और मध्य उत्तरप्रदेश के इलाकों से मिले हैं। सबसे अधिक सिक्कों का श्रेय विग्रहपाल को दिया जाता है। ऐसे सिक्कों की कुल संख्या 7,460 है। उन्हें मुख्य रूप से चाँदी का बना बताया गया है और कुछ थोड़े-से सिक्कों के सोने के बने होने की भी सूचना दी गई है। यदि हम इनमें उस जखीरे (सं. 917) को भी मिला दें जिनमें विग्रहपाल और भोजदेव दोनों के सिक्के शामिल हैं तो विग्रहपाल के सिक्कों की संख्या लगभग 9,000 तक पहुँच जाएगी, जबकि भोजदेव के सिक्कों की संख्या प्रायः 2,000 कम हो जाएगी।

इस राय से सहमत होना मुश्किल है कि ये सभी सिक्के चाँदी के थे। वस्तुतः इन पर चाँदी की कलई चढ़ी हुई थी और यही कारण है कि एक विद्वान ने पूर्व-मध्यकाल को चाँदी से रहित काल कहा है लेकिन इन विभिन्न वर्गों के सिक्कों का काल-निर्धारण अधिक कठिन कार्य है। जाहिर है कि भारत-ससानी सिक्के छठी और सातवीं सदियों में जारी किए गए और यदि हम इनमें पश्चिमी भारत के संग्रहालयों में उपलब्ध सिक्कों को शामिल कर लें तो भी इनकी संख्या खास बड़ी नहीं होगी।

लखनऊ संग्रहालय की फाइलों में जिन सिक्कों को आदिवराह सिक्के कहा गया है उनकी संख्या 2,000 से कम ही है। यदि हम इनमें से सबका श्रेय मिहिरभोज को दें तो इनके जारी किए जाने का काल 836 और 885 के बीच पड़ेगा। लेकिन जिन लोगों ने अन्य स्थानों से प्राप्त आदिवराह सिक्कों की जाँच-पड़ताल की है वे उनकी लिपि के रूप के आधार पर उन्हें दसवीं सदी के अंत का मानते हैं। ये सिक्के विनायकपाल देव नामक गुर्जर-प्रतीहार शासक द्वारा जारी किए गए मालूम होते हैं। उन पर अंकित लेख दसवीं सदी की नागरी लिपि में है।[39]

भोज या भोजदेव सिक्कों का काल-निर्धारण और भी कठिन है। भोज नामधारी राजा न केवल नवीं और दसवीं सदियों के प्रतीहार वंश में, बल्कि ग्यारहवीं सदी के परमार वंश में भी हुए हैं। भोज संज्ञा विक्रमादित्य जैसी ही लोकप्रिय थी। केवल व्यक्तियों का ही नहीं बल्कि बहुत-से स्थानों के नाम भी या तो भोज हैं या उनके नामों के साथ भोज शब्द जुड़ा हुआ है। बहुत संभव है कि ये सिक्के दसवीं सदी के अंत और उसके बाद के हों। भोज के चाँदी के सिक्के परमार राजा सिद्धराज के दो सिक्कों के साथ मिले हैं।[40]

लखनऊ संग्रहालय की फाइलों में दर्ज सिक्कों में सबसे अधिक विग्रहपाल के सिक्के हैं। विग्रहपाल को इतने सारे सिक्कों का श्रेय किस आधार पर दिया गया है, यह हमें मालूम नहीं है। कई जखीरों के बहुत थोड़े-से सिक्कों की ही जाँच-पड़ताल की गई और ऐसी जाँच के आधार पर ही पूरा-का-पूरा जखीरा विग्रहपाल का मान लिया गया।[41] दूसरे, इन सिक्कों का काल-निर्धारण इसलिए भी आसान नहीं है कि इनमें से बहुत-से सिक्के दसवीं सदी के बाद के शासकों के सिक्कों के साथ मिले हैं। उनमें से कुछ तो सल्तनतकाल तक, बल्कि वस्तुतः

मुगलकाल तक भी, चलन में रहे। यदि हम इन सिक्कों पर गुदे कुछ अक्षरों के रूप के आधार पर देखें तो ये सिक्के उतरती दसवीं सदी से पहले के नहीं हो सकते।

प्रतिपाल भाटिया ने पूर्व-मध्यकाल की तीन शृंखलाओं के सिक्कों की गिनती करने की बहुत ही चौकस कोशिश की है। इसमें वे ए.के. श्रीवास्तव की कृति को आधार बनाकर चली हैं, लेकिन साथ ही दूसरे जखीरों पर भी विचार किया है। इस गणना के अनुसार (1) भारत-ससानी, (2) श्री वि और श्री विग्र तथा (3) श्री आदिवराह और श्री विनायकपाल सिक्कों की संख्या 27,202 आती है।[42] हमारे विश्लेषण में, जिसमें भोज के सिक्के भी शामिल हैं लेकिन जो श्रीवास्तव की कृति में उपलब्ध तथ्यों तक ही सीमित हैं, यह गिनती 14,009 आती है। ये सभी सिक्के सातवीं से दसवीं सदी तक के काल के माने गए हैं लेकिन इन सिक्कों की दूसरी और तीसरी शृंखलाओं के काल-निर्धारण और श्रेय-निर्धारण के सिलसिले में वही कठिनाइयाँ उपस्थित होती हैं जिनका जिक्र हमने ऊपर किया है। ध्यान देने की बात है कि इन तीनों-की-तीनों शृंखलाओं के लगभग 27,000 सिक्कों में से लगभग आधे और ठीक-ठीक कहें तो 16,740 श्री वि और श्री विग्र (ह) के हैं।[43] हमारा विचार है कि श्री वि में विनायक पाल, विजयपाल, विक्रमादित्य, विग्रहराज और विग्रहपाल तथा श्री विग्र (ह) में विभिन्न राजवंशों के विग्रहराजों और विग्रहपालों का समावेश हो सकता है। कभी-कभी श्री विग्रह सिक्कों का श्रेय चाहमान राजा विग्रहराज द्वितीय (973 ई.) को भी दिया जाता है।[44] बहुत-कुछ तो इन सिक्कों पर अंकित चंद अक्षरों का काल-निर्धारण खुदाई में जिस स्तर पर सिक्के पाए गए हैं उस पर निर्भर करता है। इसके अलावा इस बात का भी ध्यान रखना होगा कि दसवीं सदी के अंत के आसपास देश-भर में शिल्प और व्यापार का जोर बढ़ने लगा तथा अपेक्षाकृत बड़े राज्य बनने लगे। इन बातों के आधार पर इन सिक्कों में से अधिकतर को या तो उतरती दसवीं सदी या दसवीं सदी के बाद का मानना चाहिए। यह कहना ठीक ही है कि सदी-दर-सदी सिक्कों की संख्या बढ़ती गई।[45] लेकिन ये सदियाँ मुख्य रूप से दसवीं सदी के बाद ही पड़ती हैं।

स्पष्ट है कि भोज, श्री वि, या श्री विग्र (ह) से संबंधित सभी सिक्कों का श्रेय प्रतीहारों को नहीं दिया जा सकता। इस समस्या के पर्याप्त अध्ययन के अभाव में हम अनुमान के आधार पर ही कुछ निष्कर्ष निकाल सकते हैं। मध्य बिहार में इस प्रकार के सिक्के कहीं-कहीं गया, पटना और नालंदा जिलों में मिलते हैं।[45अ] पर उनके काल-निर्धारण पर कुछ प्रकाश उत्तर बिहार के उदाहरणों से मिल सकता है। देखना है कि गुप्तोत्तरकाल में सिक्कों के अभाव के दौर के बाद यहाँ सिक्के बड़ी संख्या में दुबारा कब से मिलने लगते हैं। बेगूसराय जिले में स्थित नौलागढ़ में 1984 और 1986 में प्राप्त सिक्कों से इसका कुछ अंदाजा मिलता है। यद्यपि खुदाई में पाँच घड़ों में कई हजार सिक्के मिले, लेकिन बिहार राज्य पुरातत्त्व विभाग के रामशेखर सिंह को इनमें से केवल 289 ही प्राप्त हुए। सभी सिक्कों पर लेख अंकित हैं। ज्यादातर सिक्कों पर 'श्री' और 'वि' ये दो अक्षर अंकित है। कुछ पर 'श्री विग' भी अंकित है, जिसे कुछ विद्वान 'श्री विपा' पढ़ते है।[46] सिक्कों पर अंकित अक्षर अलग-अलग कालों के मालूम होते हैं। पहली कोटि के

सिक्कों पर सर्वथा अपरिष्कृत नागरी लिपि में 'श्री'/'वी' और 'श्री विग' अंकित हैं। ऐसे सिक्कों का काल दसवीं सदी के उत्तरार्ध में पाल शासक विग्रहपाल द्वितीय का शासनकाल (954-971) मानना चाहिए। इन सिक्कों की संख्या बहुत कम है। दूसरी कोटि के 'श्री'/'वी' सिक्कों पर अंकित अक्षर अधिक विकसित किस्म के हैं और उन्हें ग्यारहवीं सदी के उत्तरार्ध का मानना चाहिए। इनमें से कुछ तो अवश्य ही विग्रहपाल तृतीय के शासनकाल (1054-1071) के हैं। तीसरे वर्ग के सिक्कों पर 'श्री' और 'वी' ये दो अक्षर अंकित हैं और इनकी संख्या सबसे अधिक है। ये सिक्के बारहवीं सदी के हैं।[47] भागलपुर जिला स्थित अंतीचक की खुदाई में प्राप्त 'श्री वि' सिक्के ग्यारहवीं से लेकर तेरहवीं सदी के सबसे उपरवाले स्तर पर मिले हैं,[48] और वे सामान्यतः हमारे द्वारा किये गये कालानुसार वर्गीकरण की पुष्टि करते हैं।

इन दो-ढाई सौ सिक्कों के इस विश्लेषण से प्रकट होता है कि ये मुख्य रूप से दसवीं सदी के उत्तरार्ध से लेकर बारहवीं सदी तक के हैं। यह बात उन अन्य हजारों सिक्कों पर भी लागू हो सकती है जो छानबीन के लिए आज हमें उपलब्ध नहीं हैं। सिक्के जारी करने से संबंधित यह प्रवृत्ति देश के अन्य भागों की तद्‌विषयक प्रवृत्तियों से मेल खाती है।

ऊपर हमने जिन तथाकथित प्रतीहार और अन्य सिक्कों पर विचार किया है वे सस्ती धातुओं के बने हुए थे, जिनमें या तो चाँदी की मिलावट थी या चाँदी का मुलम्मा चढ़ाया हुआ था, लेकिन ज्यादा हिस्सा ताँबे का था। उनका वजन आम तौर पर 4 ग्राम से कम होता था, जबकि कुषाण सिक्कों का वजन 7 से लेकर 17 ग्राम तक होता था। नौलागढ़ से प्राप्त श्री विग्र (ह) के सिक्कों का भार 3.500 ग्राम से लेकर 3.970 ग्राम तक था।[48अ] स्पष्ट है कि ऐसे सिक्के बड़े सौदों या दूर-देशीय व्यापार के लिए उपयोगी नहीं हो सकते थे। लगता है, उनसे स्थानीय व्यापार की जरूरतें ही पूरी होती होंगी।

इससे भी बहुत कठिन समस्या गधैया पैसों की है, जो काफी बड़ी तादाद में गुजरात, मालवा और राजस्थान में मिले हैं। महाराष्ट्र और दिल्ली क्षेत्र में भी ये खासी बड़ी संख्या में प्राप्त हुए हैं। इसके अलावा, ये उत्तरप्रदेश तथा बिहार में भी मिले हैं। गधैया सिक्के काँसे के बने हैं, जिन पर चाँदी का मुलम्मा चढ़ाया गया है। इनका वजन मोटे तौर पर 5.4 ग्राम है। विद्वानों का ख्याल है कि ये सातवीं से बारहवीं सदी तक चलन में थे।[49] लेकिन चूँकि वे ऐसे जखीरों के साथ मिले हैं जिनमें गुजरात के सुलतानों के सिक्के भी शामिल हैं, इसलिए निश्चित है कि पंद्रहवीं सदी तक वे इस्तेमाल में थे। इन सिक्कों को गधैया नाम मुद्राशास्त्रियों ने नहीं बल्कि ग्रामीण लोगों ने दिया। इसका कारण यह था कि इस पर बनी घिसी हुई मानवाकृति को उन्होंने गधा समझा।

इन सिक्कों का वास्तविक मूल्य सोने और चाँदी के सिक्कों से बहुत कम है, लेकिन इनकी भारी संख्या से मालूम होता है कि आंतरिक आर्थिक कारोबार में इनका खास उपयोग होता था। तथापि इन सिक्कों के चलन के क्षेत्र, इनके परिमाण तथा चलन के काल का पता लगाए बिना इनके संपूर्ण महत्त्व का अंदाजा नहीं पाया जा सकता। इनके चलन का प्रमुख क्षेत्र तो गुजरात,

मालवा और राजस्थान प्रतीत होता है। राजस्थान और गुजरात के काफी बड़े हिस्से ऊसर हैं, इसलिए उनकी मूलभूत जरूरत स्थानीय तौर पर पूरी नहीं हो सकती। गुजरात के तटवर्ती क्षेत्रों में व्यापार के कारण सिक्कों का कमोबेश चलन हमेशा रहेगा ही। लेकिन गधैया सिक्कों के चलन के काल के संबंध में कई कठिन समस्याएँ उपस्थित होती हैं। बड़ौदा की खुदाइयों में प्राप्त गधैया सिक्के मध्यकालीन चित्रित भांडों के साथ मिले हैं। इन भांडों को सातवीं-दसवीं सदियों का माना गया है। पर वे इस्लामी चिकने बरतनों के साथ भी मिले हैं जो तेरहवीं-चौदहवीं सदियों के माने गए हैं।[50] पुरातत्त्व के स्तरीकरण सिद्धांत और पुरालिपिशास्त्र की दृष्टि से गधैया सिक्कों को दसवीं सदी से पूर्व का नहीं माना जा सकता।

अलग-अलग किस्मों के गधैया सिक्के अलग-अलग कालों और स्थानों से संबंधित हो सकते हैं। इसलिए इन दो आधारों पर वर्गीकरण करना जरूरी है। पुरातात्त्विक एवं पुरालिपिशास्त्रीय दृष्टियों के अलावा अन्य विधियों की सहायता लेना भी जरूरी है। इनके आकार-प्रकार, वजन और धातु-तत्त्वों की परख तथा इनमें क्रमिक सुधार या बिगाड़, ये सब इनके देश-काल के निर्धारण में सहायक हो सकते हैं। तिथियुक्त सिक्कों की तिथियों के बीच कुछ अंतर है। यद्यपि मुद्रालेखयुक्त सिक्के ग्यारहवीं और बारहवीं सदियों के हैं।[51] लेकिन ग्वालियर जिले से प्राप्त कुछ मुद्रालेखयुक्त गधैया सिक्कों के संदर्भ में एच.वी. त्रिवेदी का विचार है कि दसवीं सदी ई. से पहले उनका अस्तित्व नहीं रहा होगा।[52] इससे लगता है कि ये सिक्के इसी सदी के किसी दौर के हैं। विभिन्न संग्रहों में भारत-ससानी सिक्कों को गधैयों से साफ-साफ अलग नहीं किया गया है, लेकिन उनकी संख्या गधैयों से बहुत कम मालूम होती है। गधैयों की बड़ी संख्या का कारण शायद ग्यारहवीं सदी से मुद्रा पर आधारित अर्थव्यवस्था का पुनरोदय था।

स्पष्ट है कि गधैया सिक्कों की ढलाई सराफ और व्यापारी करवाते थे। गधैया पैसे की तुलना में क्षत्रप सिक्कों का बाजार-भाव ज्यादा है। एक क्षत्रप सिक्के की कीमत 40-50 रुपए है, लेकिन एक रुपए में कई गधैया सिक्के खरीदे जा सकते हैं।[53] संभव है, वास्तविक मूल्य का यह अंतर पहले के काल में भी रहा हो। गधैया और आहत, ये दोनों प्रकार के सिक्के राज्येतर प्राधिकरणों द्वारा जारी किए गए, लेकिन आहत सिक्कों में चाँदी का अनुपात अधिक मालूम होता है। गधैयों में बहुत ताँबा भी नहीं होता था। ताँबे के अधिकांश कुषाण सिक्कों का वजन 7.5 ग्राम से 17 ग्राम तक होता था।[54] हालाँकि कुछ का भार 4-5 ग्राम तक भी गिर गया था। दक्षिणी मध्य एशिया में प्राप्त कुषाण पैसों के वजन भी काफी हैं। उनके औसत भारी वजन से मालूम होता है कि चार ग्राम वजनवाले गधैया पैसों की तुलना में उनमें अधिक क्रय-शक्ति थी। हुविष्क द्वारा जारी किए गए ज्यादातर सिक्के 14 से 17 ग्राम तक के हैं।[55] गुप्तों द्वारा जारी किए गए ताँबे के पैसे बहुत कम संख्या में ही मिले हैं, लेकिन उनके वजन भी 2, 3, 4, 5, और 5.5 ग्राम हैं, जिनका औसत 4 ग्राम आता है।[56] वास्तविक मूल्य कम होने के कारण गधैया सिक्के छोटे-छोटे सौदों और साप्ताहिक हाटों में ही इस्तेमाल किए जाते होंगे।

दक्षिणी महाराष्ट्र में अमरावती क्षेत्र में कृष्णा नदी के किनारे तीसरी और चौथी सदियों के

रोमन सिक्कों के जखीरे मिले हैं।[57] चौथी से छठी सदी तक के बैजंतियाई सिक्के भी मिले हैं जो अधिकांशतः ताँबे के हैं। इसका कारण बैजंतियाई साम्राज्य की स्थिति में ढूँढ़ा जा सकता है। छठी सदी में शासन करनेवाले जस्टिनियन प्रथम के राजत्वकाल में वहाँ ग्यारह-बारह टकसाल कार्यरत थे।[58] अधिक टकसालों का मतलब था अधिक सिक्कों की ढलाई। पुराने व्यापारिक संबंधों के कारण इन्हीं सिक्कों में से कुछ भारत पहुँच गए होंगे। सातवीं सदी में बैजंतियाई साम्राज्य वित्तीय संकट से ग्रस्त हो गया।[59] आठवीं सदी में वहाँ पाँच टकसाल थे, नवीं में तीन और दसवीं में सिर्फ दो।[60] स्वभावतः इस काल में व्यापार के ह्रास के कारण बैजंतियाई मुद्रा का प्रसार बहुत कम हुआ होगा। शायद इस्लामी सत्ता के प्रसार के कारण बैजंतियाई सत्ता और व्यापार पर अंकुश लग गया।

उम्मैयों के कुछ सिक्के मिले हैं[61] और अब्बासियों की भी 52 स्वर्ण-मुद्राएँ प्राप्त हुई हैं।[62] इस सबसे लगता है कि पूर्व-मध्यकाल में भारत और खिलाफत के बीच कुछ व्यापार चलता था। जैसा कि हमें मालूम है, अब्बासियों की मुद्रा-प्रणाली में कभी कोई व्यतिक्रम नहीं आया। उन्होंने बड़ी संख्या में सिक्के जारी किए, जिनके परिमाण का अंदाजा विद्वानों ने लगाया है।[63] इसी प्रकार पूर्व-मध्यकाल के कुछ चीनी सिक्के भी यहाँ मिले हैं, लेकिन उनमें सोने के सिक्के नहीं हैं।[64] अन्य सिक्कों में से अधिकांश दसवीं सदी के बाद के मालूम होते हैं।

सिक्कों की स्थिति के इस सिंहावलोकन के आधार पर हम कह सकते हैं कि भारत-ससानी और दक्षिण के पूर्वी तट पर पाए गए चालुक्य सिक्कों को छोड़ दें तो भारत की वर्तमान सीमाओं के अंदर सातवीं से लेकर दसवीं सदी तक और किसी भी प्रकार के सिक्के बड़ी मात्रा में जारी नहीं किए गए, इसके अलावा राजवंशीय श्रृंखला के सिक्कों की संख्या भी बहुत कम है। गधैया सिक्कों की संख्या बेशक बहुत बड़ी है, लेकिन इस वर्ग के लेखयुक्त सिक्के ग्यारहवीं और बारहवीं सदियों के हैं, जो पंद्रहवीं शताब्दी तक चलन में रहे। हमारी राय में, हमने 500 से 1000 ई. तक के काल के विभिन्न स्रोतों और संग्रहों से ज्ञात जिन सिक्कों पर विचार किया है उन सिक्कों की संख्या 25,000 से अधिक नहीं होगी। इन्हीं स्रोतों और संग्रहों से मालूम होता है कि 200 ई.पू. से 300 ई. तक के काल के सिक्कों की संख्या लगभग 90,000 होगी, जिनमें सोने और चाँदी के सिक्के भी शामिल हैं। इस काल में ताँबे और दूसरी सस्ती धातुओं के सिक्कों का वजन भी काफी होता था। 500 और 700 ई. के बीच भी ज्यादा सिक्के जारी नहीं किए गए। 500 और 1000 ई. के बीच के जो सिक्के मिलते हैं उनका वास्तविक मूल्य पहले के सिक्कों से सामान्यतः बहुत कम है।

ग्यारहवीं सदी में हम सोने के सिक्के जारी करने का सिलसिला थोड़ा-बहुत फिर से आरंभ होते देखते हैं। ये सिक्के निश्चित रूप से कुषाण और गुप्त सिक्कों से घटिया दर्जे के हैं, और उनकी क्रय-शक्ति में काफी कमी आ जाती है। 1000-1300 ई. के काल की उल्लेखनीय बात यह है कि हमें उत्तर[65] और दक्षिण दोनों क्षेत्रों में अच्छी-खासी संख्या में राजवंशीय सिक्के मिलते हैं। इससे पहले का काल इस प्रकार के सिक्कों के मामले में काफी विपन्न था। इन सिक्कों के जारी

किए जाने का सिलसिला फिर से आरंभ किए जाने के कारणों की छानबीन करना आवश्यक है।

भूतपूर्व सोवियत मध्य एशिया की परिस्थिति कुछ भिन्न जान पड़ती है। 200 ई.पू. से 300 ई. तक के काल के आसपास के सिक्कों की संख्या वहाँ उतनी बड़ी नहीं है जितनी कि भारतीय उपमहाद्वीप में है।[66] मध्य एशिया में सोने और ताँबे के जो कुषाण सिक्के मिले हैं उनकी तादाद उतनी ज्यादा नहीं है जितनी भारतीय उपमहाद्वीप में दिखाई देती है, फिर भी उनकी संख्या काफी है। कुल मिलाकर साम्राज्यीय वर्ग के कोई 5,000 ताँबे के और लगभग 70 सोने के कुषाण सिक्के वहाँ मिले हैं। लेकिन साम्राज्यीय वर्ग के ताँबे के अधिकांश कुषाण सिक्के बड़े आकार और वजन के हैं। साम्राज्यीय वर्ग के सिक्कों के अलावा लगभग 1000 ताँबे के ऐसे सिक्के मिले हैं जो उनकी नकल पर बने हुए हैं और जिनके जारी करने का काल चौथी सदी तक पहुँचता है। फिर, कोई 2,400 बैक्ट्रियाई, पार्थियाई, सोगदियाई, आहत और रोमन सिक्के भी मिले हैं। इस प्रकार मध्य एशिया में प्रायः 200 ई.पू. और लगभग 300 ई. के बीच के तकरीबन 8,500 सिक्के प्राप्त हुए हैं।

कुषाण साम्राज्य के पतन से लेकर छठी सदी तक मध्य एशिया में प्राप्त सिक्कों की जानकारी हमें नहीं है। ध्यान देने की बात है कि 600 से लेकर 800 ई. तक के आसपास के काल का सोने का कोई भी सिक्का मध्य एशिया में नहीं मिला है। हेपथलाई हूणों के सोने के जो 5-6 सिक्के मिले हैं वे भी कुषाणों की नकल पर उनके द्वारा पाँचवीं सदी तक जारी किए गए सिक्कों में से ही हैं। लेकिन सोगदियाई सिक्के ताजिकिस्तान और उजबेकिस्तान के बीच के सीमित क्षेत्र में चलते थे। लगभग 500 ई. के बाद के जो 5,000 सिक्के चलन में थे उनमें से ज्यादातर सोगदियाई ही हैं जिनका जारी किया जाना सातवीं सदी के आरंभ से हुआ। ये सिक्के लगभग दो सौ साल तक चलन में रहे। अरबों की मध्य एशिया विजय के बाद अरबी (अब्बासी) सिक्के सामने आने लगते हैं, और समनी वंश के सिक्कों का काल मुख्यतः नवीं से ग्यारहवीं सदी तक है।

मालूम होता है, कुषाणों के पतन के बाद कोई डेढ़ सौ साल तक व्यापार ह्रासोन्मुख रहा, लेकिन नए मार्ग की खोज के कारण छठी सदी से उसका पुनरुत्थान आरंभ हुआ। इस्लामी शासकों द्वारा मध्य एशिया में जारी किए गए सिक्कों की संख्या का कोई अंदाजा लगाने में मैं असमर्थ हूँ। लेकिन जहाँ तक सातवीं-नवीं सदियों के आसपास के सोगदियाई सिक्कों का संबंध है, लगता है कि व्यापार के लिए उनका उपयोग बहुत कम किया जाता था। ये एक ग्राम वजन के छोटे-छोटे चाँदी या ताँबे के सिक्के थे, जो न तो चीनियों के व्यापार के काम के थे और न पश्चिमी एशियावालों के काम के । मध्य एशिया की हमें जो थोड़ी-बहुत जानकारी है उससे मालूम होता है कि इस भूभाग में सिक्कों का अभाव नहीं था, यद्यपि 500 ई. के पूर्व और खासकर लगभग 200 ई.पू. और प्रायः 300 ई. के बीच उनकी संख्या ज्यादा बड़ी मालूम होती है।

पूर्व-मध्यकाल में सिक्कों की संख्या में तो कमी आती दिखाई देती है, लेकिन आबादी और आबाद क्षेत्र बढ़ते चले गए। सातवीं सदी में उत्तरी भारत की आबादी का अनुमान हर्ष द्वारा

लामबंद किए गए लोगों की संख्या के आधार पर लगाया जा सकता है। यदि आबादी के 10 प्रतिशत लोग सेना में भरती किए गए हों तो कुल आबादी 2 करोड़ के आसपास आएगी।[67] इसी मापदंड से देखें तो मौर्यकाल में मध्य गंगा के मैदानों की आबादी 60 लाख आएगी। जबकि सभी संग्रहों से ज्ञात आहत सिक्कों की संख्या 50,000 से कम नहीं होगी। दूसरी ओर उत्तरी भारत की 2 करोड़ की आबादी की तुलना में इस क्षेत्र के सातवीं सदी के राजवंशों द्वारा जारी किए गए सिक्कों की संख्या बहुत मामूली जान पड़ती है। हमें संग्रहालयों में रखे गए लगभग 6,000 भारत-ससानी सिक्कों की जानकारी है,[68] लेकिन सातवीं सदी के सिक्कों की संख्या कुछेक हजार ही होगी। ये संकेत बहुत मोटे किस्म के और अनुमानों पर आधारित हैं, लेकिन फिलहाल जनसंख्या और प्रचलित सिक्कों की तादाद के पारस्परिक संबंध का निर्देश करनेवाला कोई बेहतर तरीका हमें दिखाई नहीं देता। आगे की तीन सदियों के दौरान स्थिति में कोई खास सुधार नहीं हुआ। 500 से 1000 ई. के दौरान मुद्रा की सघनता निश्चय ही पहले से बहुत कम दिखाई देती है।

2

संख्या के आर्थिक पक्ष

600 से लेकर 1000 ई. तक सोने के सिक्कों के अभाव, बल्कि वस्तुतः देश के खासे बड़े हिस्से में उनकी प्रायः पूर्ण अनुपलब्धता के कारणों का विश्लेषण कर पाना आसान नहीं है। फिर भी दो कारणों की ओर संकेत किया जा सकता है। ईसा की पहली दो सदियों या उससे अधिक काल तक उत्तरी भारत विस्तृत विनिमय-क्षेत्र का अंग बना रहा, जिसमें मध्य एशिया का खासा बड़ा हिस्सा शामिल था। कुषाण शासक मध्य एशिया के अलताई पर्वत से सोना प्राप्त करते थे। मध्य एशियाई सोना तीसरी सदी के कुछ बाद तक उपयोग में लाया जाता रहा होगा। कुषाण शासन की समाप्ति के बाद भी तीसरी सदी के दौरान उत्तरी भारत के काफी बड़े हिस्से में भारतीय व्यापारी बैजंतियाई साम्राज्य के साथ रेशम के व्यापार में या तो बिचौलियों के रूप में या व्यापारियों की हैसियत से कारोबार करते रहे। लेकिन छठी सदी के मध्य तक बैजंतियाई लोगों ने शहतूत के पत्ते पर कीड़े पालकर रेशम पैदा करना सीख लिया,[69] जिससे भारतीय व्यापारियों के रेशम के व्यापार में लगे रहने की गुंजाइश खत्म हो गई। व्यापार के कारण भारत पहुँचनेवाले सोने की मात्रा की जानकारी हमें नहीं हो, लेकिन मध्य एशिया का सोना यहाँ छठी सदी के पूर्व तक शायद सुलभ रहा होगा।

दूसरा बाहरी कारण यह जान पड़ता है कि तीसरी सदी या उसके आसपास के काल के बाद रोम से बड़ी मात्रा में सोने-चाँदी का प्रवाह बंद हो गया। कहा गया है कि रोम से सोने-चाँदी के सिक्के बाहर जा रहे थे इसका एहसास रोमवालों को नहीं था,[70] परन्तु भारत और श्रीलंका में प्राप्त

रोम के बहुमूल्य धातुओं के सिक्कों के अनेक जखीरों को देखते हुए इस बात में संदेह की कोई गुंजाइश नहीं रह जाती कि रोम से बहुत सारा सोना बाहर चला जाता था। लेकिन तीसरी सदी में रोम से सोने-चाँदी के सिक्कों का बाहर जाना बहुत कम हो गया। रोम के इन सिक्कों पर पड़े निशानों से स्पष्ट है कि भारत के जौहरी उनकी कसौटी किया करते थे। संभव है, इन सिक्कों का उपयोग बुलियन (सोना-चाँदी) के रूप में किया जाता रहा हो,[71] लेकिन चूँकि इस काल में मुद्रा पर आधारित अर्थव्यवस्था देश में बहुत-कुछ प्रतिष्ठित हो चुकी थी, इसलिए यह भी मुमकिन है कि इनमें से काफी सिक्कों को गलाकर उनका उपयोग पश्चिमी क्षत्रप वाले तथा गुप्त शासक वाले सिक्कों को ढालने के लिए किया जाता रहा हो।

यद्यपि चौथी से सातवीं सदी तक के दौर में भी भारत और बैजंतियाइयों के बीच अच्छा-खासा व्यापार चलता मालूम होता है,[72] तथापि ईस्वी सन् की पहली तीन सदियों के मुकाबले उसमें बहुत कमी आ गई। पूर्व-मध्यकाल में पूर्वी रोम साम्राज्य में पुरातन नगरों का ह्रास होता दिखाई देता है।[73] कम-से-कम इतना तो स्पष्ट है कि बैजंतियाई साम्राज्य में नगरीय जीवन की तेजस्विता पहले से बहुत कम हो गई थी।[74] भारत में भी स्थिति ऐसी ही थी। इसलिए भारतीय उपमहाद्वीप और बैजंतिया के बीच अब व्यापार की संभावना नहीं रह गई।

भारत का दूर-देशीय व्यापार, चाहे वह आंतरिक हो या विदेशी, बिलकुल समाप्त नहीं हो गया। खास तौर से पश्चिमी भारत में उम्मैयों, पूर्व-अब्बासियों और अब्बासियों के कुछ सिक्के पाए गए हैं।[75] कुछ अब्बासी सिक्के बांग्लादेश में भी मिले हैं,[76] और कुछेक इण्डियन म्यूजियम, कलकत्ता, में सुरक्षित हैं। लेकिन उनकी संख्या रोमन सिक्कों से बहुत कम है। कुछ विद्वानों का विचार है कि दूसरी श्रृंखला के हरिकेल सिक्के उनसे प्रभावित हुए, लेकिन इस बात का कोई प्रमाण नहीं मिलता कि उनसे भारत में कीमती धातुओं के सिक्के जारी करने के सिलसिले को कोई खास बढ़ावा मिला।

ग्यारहवीं सदी से चीन और मिस्र के साथ व्यापार का कुछ साक्ष्य मिलता है।[77] इन देशों के ज्यादा सिक्के तो यहाँ नहीं मिलते, लेकिन संभव है, वहाँ से कुछ सोना भारत आया हो। हो सकता है, इसी कारण ग्यारहवीं सदी में मध्य तथा उत्तरी भारत के कई राजवंशों द्वारा स्वर्ण-मुद्राएँ जारी करने का सिलसिला फिर से प्रारंभ किया गया हो, हालाँकि ये मुद्राएँ कम वजन की होती थीं।

भारतीय उपमहाद्वीप में सोने के स्रोतों के बारे में हमें स्पष्ट जानकारी नहीं है। कोलार की सोने की खानों में लगभग 200 से लेकर 600 ई. के आसपास तक खनन चलता रहा, लेकिन यदि उसके बाद भी कुछ सदियों तक उनमें खनन चलता रहा हो तो उसका साक्ष्य उपलब्ध नहीं है। संभव है, गुप्त राजा तथा कुछ अन्य शासक कोलार की खानों से सोना और चाँदी प्राप्त करते रहे हों। लेकिन लगता है, छठी सदी के बाद सोना-चाँदी निकालने की प्रौद्योगिकी नाकाम हो गई। यदि स्वर्ण-कण मुलायम चट्टानों में हों तो उन्हें निकालना आसान होता है। लेकिन अगर वे ग्रैनाइट और क्वार्जाइट जैसी कठोर चट्टानों में हों तो उन्हें आधुनिक प्रौद्योगिकी से ही निकाला

जा सकता है। हो सकता है, कोमल चट्टानों या पिंडों से सोना निकालने की गुंजाइश खत्म हो गई हो, जबकि सोना निकालने की प्रौद्योगिकी में इससे आगे कोई प्रगति नहीं हुई।[78]

दूसरा तरीका नदी के तल से स्वर्णयुक्त मिट्टी उठाकर उसमें से सोना निकालना था। स्वर्ण-कणों से युक्त ऐसी मिट्टी नदियों की धार में बहकर हिमालय से मैदानी इलाकों में पहुँचती थी। कभी-कभी हिमाचलप्रदेश की नदियों से इस तरह सोना निकाला जाता है। हेगडे का विचार है कि प्राचीनकाल में नदी-तल की स्वर्ण-कणयुक्त मिट्टी सोने का मुख्य स्रोत थी। संभव है, यह स्थिति ईरानी राजा दारायवुस से लेकर गुप्तों के शासनकाल तक कायम रही हो।[79] लेकिन मालूम होता है, ऐसी मिट्टी का भंडार भी शायद चुक गया या अगर वह मिलती भी रही हो तो यदा-कदा ही। बहरहाल, यह प्रश्न भूगर्भशास्त्रियों पर ही छोड़ देना बेहतर होगा। साहित्यिक उल्लेखों के आधार पर यह राय जाहिर की गई है कि स्वर्ण तथा रजत कणों से युक्त चट्टानों के छोटे-छोटे टुकड़ों का उपयोग शायद विनिमय के माध्यम के रूप में किया जाता रहा हो।[80] लेकिन जहाँ तक मुझे मालूम है, ऐसे टुकड़े अब तक सचमुच प्राप्त नहीं हुए हैं। अधिकाधिक तौर पर जारी किए जानेवाले मानकीकृत सिक्कों की दीर्घ परम्परा को देखते हुए आर्थिक सौदों और कारोबार में इस तरह के टुकड़ों को सिक्कों की तरह उपयोगी और कारगर नहीं माना जा सकता। इसके अलावा यह बात तो है ही कि इस तरह का कोई टुकड़ा अब तक हमारे हाथ नहीं लगा है।

मुद्रा का अभाव ऐसी अर्थव्यवस्था का संकेत देता है जिसमें करों या, दूसरे शब्दों में, किसानों पर लगाई देनदारियों की नकद वसूली लगभग बंद हो गई। स्पष्ट है कि पूर्व-मध्यकाल में राज्य की ओर से पर्याप्त परिमाण में सिक्के नहीं जारी किए जा रहे थे। एक मध्यकालीन कहावत बतलाती है कि सिक्के की गिनती धन के रूप में बहुत कम होती थी। धरती को असल धन समझा जाता था।[80अ] किसानों से अधिशेष की नकद उगाही की गुंजाइश नहीं थी। नकदी के इस अभाव के कारण सैनिक, प्रशासनिक तथा धार्मिक, तीनों प्रकार की सेवाओं का प्रतिदान भूमिदान के रूप में दिया जाता था। ध्यान देने की बात है कि काबुल, पंजाब और कश्मीर में किसी भूमिदानपत्र की जानकारी नहीं मिली है। यही वे प्रदेश थे जहाँ पूर्व-मध्यकाल में सिक्कों के जारी करने का क्रम अटूट चलता रहा। वैसे *राजतरंगिणी* में हमें भूमिदानों के उल्लेख अवश्य मिलते हैं।

मंदिर और किले कैसे बनवाए जाते थे तथा विशालकाय मूर्तियों का निर्माण किस प्रकार कराया जाता था, इसका अनुमान हम लगा सकते हैं। किले, मंदिर और प्रासाद बनवाने के लिए अकुशल मजदूरों से बड़े पैमाने पर बेगार लिया जाता होगा। मिट्टी-पत्थर खोदने, निर्माण-सामग्री को एक से दूसरे स्थान को ले जाने और इसी तरह के दूसरे काम शायद ग्रामीण लोग धार्मिक भावना से प्रेरित या बेगार के लिए मजबूर होकर करते होंगे। उन लोगों पर 'विष्टि', 'सर्वपीडा' आदि थोपे जाने के उल्लेखों से उनकी बेगार करने की मजबूरी साफ है। इन कार्यों के लिए कुशल श्रमिकों या कारीगरों की सेवा प्राप्त करने का माध्यम भी शायद भूमिदान ही थे, जिनमें इस प्रयोजन के लिए विशेष व्यवस्था कर दी जाती थी। जो भी हो, स्पष्ट है कि मंदिरों

और मठों से जुड़े दस्तकारों और कारीगरों के गुजारे के लिए भूमिदान दिए जाते थे। शायद यही बात-व्यवस्था राजकुमारों और धनी-मानी भूस्वामियों की समृद्ध और विशाल गृहस्थियों में भी चलती होगी।

साधारण कृषक गृहस्थियों की जरूरतें जजमानी प्रथा से पूरी हो जाती थीं। पूर्व-मध्यकाल में यह प्रथा काफी पुख्ता हुई। इस प्रकार मुद्रा के अभाव से ऐसी अर्थव्यवस्था के उभरने का संकेत मिलता है जिसमें अधिकांश स्थानीय आवश्यकताओं की पूर्ति स्थानीय रूप से उपलब्ध उत्पादनों और सेवाओं से ही हो जाती थी।

मुद्रा का अभाव शहरों में केंद्रित शिल्प-उद्योगों के ह्रास का भी द्योतक है। शहरी जीवन के छीजने के जो पुरातात्त्विक साक्ष्य मिलते हैं उनसे प्रकट होता है कि वाणिज्य और दस्तकारियों में कमी आ गई थी। पत्थरों और काँसे से मूर्तियाँ बनाना और मंदिर स्थापत्य, यही दो शिल्प पूर्व-मध्यकाल में फलते-फूलते दिखाई देते हैं।

कुछ विद्वानों ने मेरे इस विचार का खंडन किया है कि धातु के सिक्कों का अभाव व्यापार में कमी का द्योतक है।[81] उनका कहना है कि लगभग 700 ई. से लेकर 1200 ई. के आसपास तक व्यापार खूब फल-फूल रहा था।[82] यह सच है कि स्थानीय और दूर-देशीय व्यापार कभी बंद नहीं हुआ। लेकिन यहाँ बात उपलब्ध साक्ष्यों के आधार पर तुलनात्मक दृष्टि से देखने की है। भारत के पूर्वी और पश्चिमी दोनों तटों पर अरबों की समुद्री गतिविधियाँ बराबर चलती रहीं। लेकिन 1000 ई. के पहले के काल में ये गतिविधियाँ जिस पैमाने पर चल रही थीं उसकी तुलना भारत-रोम व्यापार से तो नहीं की जा सकती। जिन साहित्यिक स्रोतों और सिक्कों का इस्तेमाल व्यापार की फलती-फूलती अवस्था के समर्थन में किया गया है उनमें से अधिकांश दसवीं सदी के बाद के हैं। यह बात उन लोगों के हवाले से भी कही जा सकती है जिन्होंने पूर्व-मध्यकाल में व्यापार की स्थिति पर काम किया है।[83] हाल के उत्खनन में फारस की खाड़ीवाले अरब और ईरान दोनों के तट पर दूसरी से पाँचवीं सदी के बीच गुजरात के बने बरतन मिले हैं, पर पांचवीं सदी के बाद तीन-चार सौ साल तक भारत के साथ व्यापार में बहुत कमी दिखलाई पड़ती है।[83अ] यह सही है कि चटगाँव के तटवर्ती क्षेत्र में तो व्यापार चलता रहा, लेकिन तामलुक इलाके के बारे में यह नहीं कहा जा सकता। इसलिए 1000 ई. के पूर्व के काल में बंगाल में व्यापार के सामान्य ह्रास की बात[84] सही हो सकती है हाँलाकि इसके अपवाद में मिलते हैं। लेकिन उतरती दसवीं सदी और दसवीं सदी के बाद के काल में दक्षिण-पूर्व बंगाल में और भी हरिकेल सिक्के मिलने तथा उत्तरी बिहार में विग्रहपाल सिक्के प्राप्त होने से तरफदार के इस कथन को स्वीकार करना कठिन हो जाता है कि इन राज्यों में ग्यारहवीं तथा बारहवीं सदियों में व्यापार का ह्रास हुआ।[85] जब तरफदार सिक्के के अभाव को व्यापार के ह्रास का द्योतक नहीं मानते तब सिक्के की प्रचुरता को व्यापार-उद्योग का द्योतक मानने में तर्क-दोष आता है।

ऐसा मानने का आधार क्या है कि 1000 ई. के आसपास सिक्कों का अभाव समाप्त हो गया और सामान्यतः पूरे देश में व्यापार का पुनरुत्थान आरंभ हुआ ? मध्य और पश्चिमी

उत्तर प्रदेश में किसी हद तक नवीं सदी के अंतिम वर्षों में लेकिन खास तौर से दसवीं सदी के उत्तरार्ध में राजवंशीय सिक्कों के रूप में व्यापार के उत्थान के संकेत मिलने लगते हैं। लेकिन कुल मिलाकर पूरे देश में विभिन्न राजवंशों द्वारा सोने तथा अन्य धातुओं के सिक्के दसवीं सदी के बाद जारी किए जाने लगे। ग्यारहवीं सदी से बढ़ते व्यापार के संकेत भी स्पष्ट हैं। अड़ोस-पड़ोस में भी ऐसी ही स्थिति दिखाई पड़ती है। ग्यारहवीं सदी से चीन ने श्रीलंका से बड़े पैमाने पर अपना व्यापार आरंभ किया।[85अ] भारत में व्यापार का पुनरुत्थान 1000 ई. के आसपास ही क्यों हुआ, यह बताना कठिन है। कहा गया है कि आत्मनिर्भर इकाइयाँ भी स्थानीय बाजार के लिए कुछ-न-कुछ उत्पादन अवश्य करती हैं।[86] मालूम होता है दसवीं और नवीं सदियों में राजस्थान में अरहट्ट के बढ़ते उपयोग के कारण आखिरकार ऐसा ही हुआ।[87] इसी प्रकार, लगता है, दसवीं सदी से दिल्ली क्षेत्र के आसपास तथा दक्षिणी राजस्थान और गुजरात में दसवीं सदी के बाद से वापियों या सिंचाई-तालाबों की संख्या में खूब वृद्धि हुई।[88] कर्नाटक के अभिलेखों से इन सदियों के दौरान सिंचाई के लिए ऐसे तालाबों के महत्त्व का स्पष्ट आभास मिलता है।[89] दसवीं-ग्यारहवीं सदियों की रचनाओं—*अग्नि पुराण* और *कृषिपराशर*—से लगता है कि दसवीं सदी के आसपास कृषि के क्षेत्र में उल्लेखनीय प्रगति हुई। *पर्यायमुक्तावली* में, जो प्राक्-मुगलकाल में पूर्वी भारत में लिखी गई, उड़ीसा तथा बंगाल में पैदा किए जानेवाले अनेक प्रकार के अनाजों तथा अन्य कृषि उत्पादों का उल्लेख हुआ है।[90] लेकिन यह शायद ग्यारहवीं सदी के बाद की रचना हो। कर्नाटक के संबंध में ग्यारहवीं सदी से विभिन्न प्रकार की नकदी फसलों के उत्पादन के बारे में भी काफी साक्ष्य प्रस्तुत किए गए हैं।[91]

मालूम होता है, दसवीं सदी के बाद लोहे के औजार-उपकरण प्रचुर मात्रा में उपलब्ध हुए — यहाँ तक कि उनका उपयोग विजय-स्तंभ खड़े करने और इमारतों की शहतीरों के तौर पर किया जाने लगा।[92] इन सब बातों से दसवीं सदी के बाद के काल में कृषि-उत्पादन को प्रबल उत्तेजन मिला होगा, हालाँकि यह प्रक्रिया शायद पहले ही प्रारंभ हो गई होगी। ग्यारहवीं-बारहवीं सदी से नौका-निर्माण और नौसंचालन में अभूतपूर्व प्रगति हुई। 1150 ई. तक ऐसी पतवारों का आविष्कार हुआ जिनसे नाव की चाल भी तेज हुई और उसके माल ढोने की क्षमता भी बढ़ी।[92अ] आठवीं और ग्यारहवीं सदी के बीच अरबों के व्यापार का जोर भूमध्यसागरीय क्षेत्र में था। लेकिन धर्म-युद्धों (क्रूसेड्स) के आरंभ के साथ उनका व्यापार पूर्वाभिमुख होता गया। यद्यपि सिंध और मालाबार तट के साथ उनका व्यापार ग्यारहवीं सदी के पूर्व भी चलता था, लेकिन इस उपमहाद्वीप के पश्चिमोत्तर भाग में मुलतान तक के इलाकों के साथ उनके थलमार्गीय व्यापार ने इसी सदी में जोर पकड़ा। ये व्यापारी पाकिस्तान के खासे बड़े भाग में, खास तौर से दक्षिणी हिस्से में, कारोबार करते थे।[93] दसवीं सदी के अंत के आसपास चोलों, चालुक्यों, कलचुरियों, चन्देलों, चाहमानों, परमारों, चौलुक्यों, गाहडवालों आदि के बड़े-बड़े और शक्तिशाली राज्यों के उदय से और भी व्यापक व्यापारिक प्रवृत्तियों के लिए मार्ग प्रशस्त हुआ, और उनके लिए स्वभावतः अधिक परिमाण में प्राधिकृत और स्थिर मूल्यवाले सिक्कों की जरूरत थी।

तालिका I

ब्रिटिश म्यूजियम, लंदन

जो क्रिब द्वारा दी गई जानकारी के आधार पर

400 ई.पू. से 100 ई.पू.

जनजातीय सिक्के	2500	(अधिकांश ताँबे में ढाले गए हैं)
सातवाहन सिक्के	750	
दक्षिण भारतीय सिक्के	100	
पंच-मार्क्ड सिक्के	1000	

50 ई. से 400 ई.

इंडो-ग्रीक सिक्के	2000	
इंडो-सीथियन सिक्के	1000	
इंडो-पार्थियन सिक्के	600	
कुषाणकालीन सोने के सिक्के	600	
कुषाणकालीन ताँबे के सिक्के	1500	
हूणकालीन सिक्के	600	(अधिकांश घटिया किस्म के चाँदी के हैं)
गुप्तकालीन सिक्के	1000	
पश्चिमी क्षत्रप सिक्के	1000	

500 ई. से 1200 ई.

कश्मीरी सिक्के	500	
शाही सिक्के	500	
इंडो-ससानियन सिक्के	500	
आदिवराह प्रकार के सोने के सिक्के	03	(ये सभी सिक्के 12वीं सदी के हैं, यद्यपि इनका काल-निर्धारण संदेहास्पद लगता है)
हरिकेल सिक्के	20	(ये सभी 800 ई. के हैं)
नेपाली सिक्के	100	(ये सभी 500 ई. से 700 ई. के बीच के हैं, और उत्तरकालीन गुप्त राजाओं के सिक्कों के समकालीन जान पड़ते हैं)
अन्य सिक्के	1620	(इनमें से अधिकांश 500 ई. से 1000 ई. के हैं, यद्यपि इस कोटि में कुछ ऐसे इंडो-ससानियन सिक्के भी हैं जो 1200 ई. तक चलते रहे)

तालिका II

भारतीय मुद्राशास्त्र अध्ययन संस्थान, अंजनेरी

पी.एल. गुप्ता एवं ए.के. झा द्वारा दी गई जानकारी के आधार पर

क्र. सं.	श्रेणी	600 ई.पू. से 200 ई.पू.	200 ई.पू. से 300 ई.	300 ई. से 500 ई.	500 ई. से 1000 ई.	1000 ई. से 1300 ई.
1	2	3	4	5	6	7
1.	**पंच-मार्क्ड सिक्के** प्रारम्भिक प्रकार के सिक्के	800				
	राजकीय चिह्नवाले सिक्के	11490				
	इ प्रकार के सिक्के	650				
2.	प्रारंभिक अभिलेखरहित ताँबे के सिक्के	1760				
3.	इंडो-ग्रीक एवं इंडो-सीशियन सिक्के		1200			
4.	**जनजातीय सिक्के** **ए इ** प्रकार के सिक्के **आर** प्रकार के सिक्के		4100 190			
5.	कुषाणकालीन सिक्के		15250			
6.	गुप्तकालीन सिक्के			3200		
7.	**गुप्तोत्तर सिक्के** गाहडवाल राजाओं के सिक्के				800 800	

→

1	2	3	4	5	6	7
	परमार आदि राजाओं के सिक्के				600	
	काबुल के शाहियों के सिक्के				500	
	वृषभ घुड़सवार आकृतिवाले सिक्के				1400	
	पद्माटंक सिक्के				500	
8.	सातवाहनकालीन सिक्के		2900			
9.	पश्चिमी क्षत्रप सिक्के		2700			
10.	ईक्ष्वाकु सिक्के			3336		
11.	विष्णुकुंडी एवं चालुक्य राजाओं के सिक्के				2226	
12.	सल्तनती सिक्के (ये सभी सिक्के अस्थायी सुलतानों द्वारा जारी किए गए प्रतीत होते हैं)					9300

तालिका III

स्टेट म्यूजियम, हैदराबाद

संग्रहाध्यक्ष एस. रामकंटम् द्वारा दी गई जानकारी के आधार पर

श्रेणी	सोने के सिक्के	चाँदी के सिक्के	ताँबे के सिक्के	लेड (सीसे) के सिक्के	पोटीन के सिक्के
1	2	3	4	5	6
पंच-मार्क्ड	–	9062	10	–	–
सातवाहन	–	–	19105	22614	7949
रोमन	124	1571	02	–	–
ईक्ष्वाकु	–	–	11	6228	–
विष्णुकुण्डिन्	–	–	2300	–	–
पूर्वी चालुक्य	–	–	15160	–	–
पश्चिमी चालुक्य	978	44	81	–	–
गधैया	–	1038	04	–	–
यादव	225	10	–	–	–
काकतीय	588	09	05	–	–
विजयनगर	7082	–	227	–	–
बहमनी	08	460	17198	–	–
आसफजाही	77	13742	4287	–	–
दिल्ली के सुलतान	140	44	1073	–	–
मुगल	941	34749	35155	–	–
ब्रिटिश	22	4949	214	–	–
अन्य राज्य	2029	545	6425	–	–
विदेशी सिक्के	03	248	1020	–	–
आदिलशाही	–	–	1652	–	–
निजामशाही	–	–	464	–	–
कुतुबशाही	–	492	27496	–	–

तालिका IV

पटना म्यूजियम, पटना

माधुरी अग्रवाल एवं विजयकुमार द्वारा दी गई जानकारी के आधार पर

क्र.सं.	कालावधि	सिक्कों की संख्या
1.	500 ई.पू. – 200 ई.पू.	6629
2.	200 ई.पू. – 300 ई.	1840
3.	300 ई. – 500 ई.	130
4.	500 ई. – 1000 ई.	34
5.	1000 ई. – 1300 ई.	09
6.	वैसे सिक्के जिनका काल-निर्धारण नहीं हो सका है	148

तालिका V

प्रिंस ऑफ वेल्स म्यूजियम ऑफ बंबई

बी.वी. सेठी द्वारा दी गई जानकारी के आधार पर

क्र.सं.	श्रेणी	सिक्कों की संख्या
1.	पंच-मार्क्ड सिक्के	913
2.	प्रारंभिक ढाले गए सिक्के	52
3.	जनजातीय एवं अन्य सिक्के — 200 ई.पू. से 300 ई. (पश्चिमी कश्मीर के सिक्के इसी कोटि में रखे गये हैं)	1162
4.	काम्पिल	03
5.	चेर	05
6.	पांड्य	11
7.	सातवाहन, कुर, आदि	157
8.	पार्थिया	286
9.	रोमन	139

क्र.सं.	श्रेणी	सिक्कों की संख्या
10.	ग्रीक	78
11.	इंडो-ग्रीक	26
12.	कुषाण	5[illegible]
13.	गुप्त	79
14.	बंगाल से प्राप्त गुप्त सिक्कों की नकल	01
15.	गुप्त, त्रैकुटक, वल्लभी, कलचुरि, कोट, पुष्यभूति, नाग एवं हूण	420
16.	चन्द्रगुप्त द्वितीय	01
17.	चेदि	14
18.	चालुक्य	23
19.	गुर्जर-प्रतीहार	05
20.	प्रतीहार	17
21.	राष्ट्रकूट	05
22.	चन्देल	12
23.	चोल (सिक्कों की तिथि के संबंध में विवाद)	21
24.	कल्याणी के चालुवय	33
25.	कांगड़ा	04
26.	पूर्व-अब्बासी	03
27.	अब्बासी	52
28.	उम्मैया	01
29.	फातिमी	06
30.	सेलजुकी	01
31.	गाहडवाल	05
32.	ओहिन्द/काबुल के शाही	58
33.	राठौड (तोमर)	24
34.	महाकोशल	04
35.	देवगिरि के यादव	20
36.	वारंगल के काकतीय	02
37.	कश्मीर (तोरमाण एवं उसके बाद आनेवाले राजाओं के)	7[illegible]
38.	चाहमान	34
39.	नरवर	57
40.	शिलाहार	15

क्र.सं.	श्रेणी	सिक्कों की संख्या
41.	ससानियन, ससानियन सिक्कों की नकलवाले एवं इंडो-ससानियन सिक्के	575
42.	गधैया	65
43.	कलिंग के गंग	05
44.	परसियन (ईरानी)	35

टिप्पणी : 1. चालुक्यों के कई राजवंश अलग-अलग क्षेत्र और अलग-अलग कालों में राज्य कर रहे थे। उनके सिक्कों की पहचान इस आधार पर म्यूजियम के रजिस्टरों में नहीं की गई है।

2. प्रारंभिक चोलों के सिक्के ईस्वी सन् के प्रारंभ के हैं और बाद के चोलों के सिक्के 9वीं से 12वीं सदी ई. तक चलते रहे। म्यूजियम के रजिस्टरों में उनके सिक्कों की पहचान इस ढंग से नहीं की गई है।

तालिका VI

एशियाटिक सोसाइटी ऑफ बंबई

सोसाइटी के सौजन्य से उपलब्ध कराए गए रजिस्टरों के आधार पर

क्र.स.	श्रेणी	सिक्कों की संख्या
1.	पंच-मार्क्ड सिक्के	324
2.	उत्तरी भारत के प्राचीन सिक्के (अधिकांशत : जनजातीय गणतंत्रवाले)	32
3.	आंध्र सिक्के	219
4.	क्षहरात सिक्के	41
5.	क्षत्रप	287
6.	वलभी राजाओं के सिक्के	21
7.	त्रैकुटक	01
8.	इंडो-ससानियन सिक्के	43
9.	बैजंतियाई सिक्के	01
10.	रोमन सिक्के	107

क्र.स.	श्रेणी	सिक्कों की संख्या
11.	इंडो-बैक्ट्रियन सिक्के	46
12.	इंडो-सीथियन सिक्के	36
13.	इंडो-पार्थियन सिक्के	65
14.	कुषाण राजाओं के सिक्के	177
15.	गुप्त राजाओं के सिक्के	128
16.	कश्मीरी सिक्के	57
17.	काबुल के हिन्दू राजाओं के सिक्के	56
18.	विग्रहपाल द्वितीय के सिक्के	20
19.	वराह प्रकार के सिक्के	03
20.	भोजदेव आदिवराह प्रकार के सिक्के	43
21.	गधैया	222
22.	ससानियन	57
23.	नेलोर के तेलुगु चोल सरदारों के सिक्के	15
24.	शिलाहार	01
25.	कदम्ब	06
26.	चालुक्य	04
27.	पश्चिमी चेदि शासक गांगेयदेव	04
28.	चन्देल	05
29.	हैहेय	09
30.	परमार	03
31.	राष्ट्रकूट	47
32.	अजमेर एवं दिल्ली के तोमर	04
33.	कन्नौज के राठौड़	09
34.	नरवर राजवंश	63

टिप्पणी : इसके अतिरिक्त दक्षिण भारत के 60 सिक्के हैं जिनकी श्रेणी या समय (काल) का निर्धारण नहीं हुआ है।

तालिका VII

पुरातत्त्व निदेशालय, महाराष्ट्र सरकार, बंबई

ए.पी. जामखेडकर, निदेशक, पुरातत्त्व, द्वारा दी गई जानकारी के आधार पर

क्र.सं.	श्रेणी	सिक्कों की संख्या
1.	पंच-मार्क्ड सिक्के	06
2.	आन्ध्र-सातवाहन सिक्के	2427
3.	कुषाणकालीन सिक्के	08
4.	गुप्तकालीन सिक्के	02
5.	रोमन सिक्के	16
6.	पश्चिमी क्षत्रप सिक्के	1925
7.	इंडो-ससानियन सिक्के	5290
8.	गधैया	3520
9.	चोल राजा (राजादित्य प्रथम) के सिक्के	650
10.	यादव विल्हणदेव	135
11.	पछेती चालुक्य	06

तालिका VIII

भारत कला भवन, बनारस

ओ.पी. टंडन एवं टी.एन. मिश्र द्वारा दी गई जानकारी के आधार पर

क्र.सं.	कालावधि	सिक्कों की संख्या
1.	500 ई.पू. - 200 ई.पू.	11103
2.	200 ई.पू. - 300 ईस्वी	2393
3.	300 ईस्वी - 500 ईस्वी	724
4.	500 ईस्वी - 1000 ईस्वी	169
5.	1000 ईस्वी – 1300 ईस्वी	32

तालिका IX

केंद्रीय संग्रहालय, इंदौर

ए.के. रिसबुद (संग्रहाध्यक्ष, केंद्रीय संग्रहालय) एवं वी.पी. नागयाच (पुरातत्त्वविद्, नेहरू केंद्र) द्वारा दी गई जानकारी के आधार पर

क्र.सं.	श्रेणी	सिक्कों की संख्या
1.	पंच-मार्क्ड सिक्के	167 (36 चाँदी एवं 131 ताँबे के)
2.	इंडो-ग्रीक सिक्के	101
3.	सातवाहन सिक्के	10
4.	कुषाण सिक्के	14
5.	इंडो-ससानियन सिक्के	01
6.	पश्चिमी क्षत्रप सिक्के	12
7.	गुप्त सिक्के	21 (सोने के)
8.	नाग शासकों के सिक्के	123 (ताँबे के)
9.	प्रारंभिक कलचुरि शासकों के सिक्के	11
10.	हर्षवर्धन के सिक्के	03
11.	गधैया सिक्के	20
12.	गुर्जर-प्रतीहार शासकों के सिक्के	16
13.	ओहिन्द सिक्के	02
14.	पछेती कलचुरि शासकों के सिक्के	03
15.	गाहडवाल शासकों के सिक्के	01

तालिका X

नेशनल म्यूजियम (राष्ट्रीय संग्रहालय), नई दिल्ली

बी.के. सहाय द्वारा दी गई जानकारी के आधार पर

क्र.सं.	कालावधि	सिक्कों की संख्या
1.	500 ई.पू. से 200 ई.पू.	6174
2.	200 ई.पू. से 300 ई.	6033
3.	300 से 500 ई.	6728
4.	500 से 1000 ई.	876
5.	1000 से 1200 ई.	4161

तालिका XI

इंडियन म्यूजियम (भारतीय संग्रहालय), कलकत्ता

मुद्रा दीर्घा में प्रदर्शित सिक्कों की विवरणी (कैटेलॉग) के आधार पर

क्र.सं.	श्रेणी	सिक्कों की संख्या
1.	प्रारंभिक अभिलेखरहित भारतीय सिक्के (पाँचवीं सदी ई.पू. से दूसरी सदी ई.)	20
2.	प्रारंभिक दक्षिण भारतीय सिक्के (दूसरी सदी ई.पू. से पाँचवीं सदी ई.)	18
3.	प्रारंभिक जनजातीय एवं स्थानीय सिक्के (दूसरी सदी ई.पू. से तीसरी सदी ई.)	18
4.	बैक्ट्रिया एवं भारत के यूनानी राजाओं के सिक्के (चौथी सदी ई.पू. से दूसरी सदी ई.पू.)	16
5.	भारत के यूनानी राजाओं के सिक्के (तीसरी सदी ई.पू. से पहली सदी ई.)	12
6.	सीथियन एवं पार्थियन राजाओं के सिक्के (पहली सदी ई.पू. से छठी सदी ई.)	13
7.	कुषाण राजाओं के सिक्के (पहली सदी ई.पू. से तीसरी सदी ई.)	24

क्र.सं.	श्रेणी	सिक्कों की संख्या
8.	मथुरा, सौराष्ट्र एवं मालवा के क्षत्रपों/सातवाहनों/त्रैकुटकों के सिक्के (पहली सदी ई. पू. से चौथी सदी ई.)	16
9.	ससानियन, हूण एवं अन्य विदेशी राजाओं के सिक्के (तीसरी से सातवीं सदी ई.)	11
10.	गुप्त राजाओं के सिक्के (चौथी से सातवीं सदी ई.)	22
11.	गुप्तोत्तर एवं प्रारंभिक मध्यकालीन सिक्के (सातवीं से बारहवीं सदी ई.)	27
12.	दक्षिण भारतीय सिक्के (छठी से नौवीं सदी ई.)	33

संदर्भ और टिप्पणियाँ

1. जो क्रिब, 'इंडियाज अर्लिएस्ट क्वायंस', *क्वायन होर्ड्स*, VII, पृ. 281.
2. तालिका II.
3. ए.के. नारायण एवं एल. गोपाल (सं.), *सेमिनार पेपर्स ऑन द क्रोनोलॉजी ऑफ द पंच-मार्क्ड क्वायंस*, वाराणसी, 1955, पृ. 1, 7.
4. तालिका I.
5. तालिका II.
6. तालिका III.

6अ. तालिका VIII.

6ब. तालिका IV.

7. तालिका V.
8. तालिका VI; तालिका VII.
9. स्टेनवेन ई. साइडबॉथम, *रोमन इकॉनमिक पॉलिसी इन द एरिथ्रा थलासा*, लाइडेन, 1989, पृ. 38-39.
10. वही, पृ. 38.
11. माइकेल एफ. हैंडी, *स्टडीज़ इन द बैजन्टाइन मॉनिटरी इकॉनमी, सर्का 300-1450*, कैम्ब्रिज, 1986, पृ. 374, 395 आदि।
12. वी.के. श्रीवास्तव, 'कुषाण एवं गुप्त मुद्राओं का तुलनात्मक अध्ययन', पीएच.डी. शोधप्रबंध, बनारस हिन्दू विश्वविद्यालय, 1985, पृ. 187-89.
13. तालिका III.

13अ. *इंडियन आर्किऑलॉजी 1990-91 ए रिव्यू*, पृ. 92.

14. तालिका II.
15. ए.के. श्रीवास्तव, *क्वायन होर्ड्स ऑफ उत्तरप्रदेश, 1882-1979*, लखनऊ राज्य संग्रहालय, 1980.

16. वही। यह स्पष्ट नहीं है कि इनमें से सब-के-सब सिक्के ही हैं।

16अ. तालिका X.

17. यह जानकारी बंबई के मुद्राशास्त्री स्वर्गीय एस.एम. शुक्ल से प्राप्त हुई है। उन्होंने क्षत्रप सिक्कों का गहन अध्ययन किया था और उनके पास इन सिक्कों का अच्छा संग्रह भी था।

18. यह जानकारी टी.जी.एम. हेगडे से प्राप्त हुई है।

18अ. मेरी-फ्राँसुआ बुसैक और जीन-फ्राँसुआ सैलिस (सं.), *एथेन्स, अडन, अरिकामेडु*, नई दिल्ली, 1995 में एच.पी. राय द्वारा लिखित निबंध 'दि यवन प्रेजेंस इन इंडिया', पृ. 94-95.

19. रॉबर्ट एस. विक्स, 'द न्यूमिस्मेटिक ज्यॉग्रफी ऑफ पोस्ट-गुप्त एण्ड प्रि-इस्लामिक सिलवर फ्रॉम बंगाल, बांग्लादेश, असम एंड अराकान', पी.एल. गुप्त और ए.के. झा (सं.), *न्यूमिस्मेटिक्स एंड आर्किऑलॉजी*, दूसरा अंतर्राष्ट्रीय सम्मेलन, भारतीय मुद्राशास्त्र शोध संस्थान (इंडियन इंस्टीट्यूट ऑफ रिसर्च इन न्यूमिस्मेटिक्स), अंजनेरी, जिला नासिक, 1987, पृ. 54-55.

20. वही।

21. जॉन एस. डायल, *लिविंग विदाउट सिलवर, द मॉनिटरी हिस्टरी ऑफ अर्ली मेडीईवल इंडिया*, ऑक्सफर्ड यूनिवर्सिटी प्रेस, दिल्ली, 1990.

22. तालिका III.

23. आई.के. शर्मा से प्राप्त जानकारी, और देखिए तालिका III.

24. ब्रजदुलाल चट्टोपाध्याय, *क्वायंस एंड करेंसी सिस्टम इन साउथ इंडिया*, नई दिल्ली, 1978.

25. *एंशट इंडिया*, नं. 1, पृ. 39-40.

26. वही।

27. लेकिन अब तक कोई साँचा मिला नहीं है।

28. यह जानकारी आई.के. शर्मा से प्राप्त हुई है।

29. एन.जी. रोड्स एवं सी. वैलडेटारो, 'क्वायंस इन एंशंट नेपाल', *न्यूमिस्मेटिक क्रॉनिकल*, सातवीं शृंखला, XVI, पृ. 153.

30. विक्स, उपर्युक्त, पृ. 56.

31. वही, पृ. 57.

32. वही, पा.टि. 12.

33. बी.एन. मुखर्जी, 'बियरिंग ऑफ द एक्सकैवेशंस ऐट मैनामती (बांग्लादेश) ऑन द लोकल सिलवर क्वायनेज', पी.एल. गुप्त और ए.के. झा (सं.), उपर्युक्त, पृ. 57.

34. विक्स, उपर्युक्त, पृ. 57.

35. वही।

36. यह जानकारी मुझे 27 जुलाई 1988 को कलकत्ता में एक व्यक्तिगत चर्चा के दौरान प्राप्त हुई।

37. बी.एन. मुखर्जी, 'बियरिंग ऑफ द एक्सकेवेशंस ऐट मैनामती (बांग्लादेश) ऑन द लोकल सिलवर क्वायनेज', पी.एल. गुप्त और ए.के. झा, उपर्युक्त, पृ. 66-69; 'प्लेस ऑफ हरिकेल क्वायनेज इन द आर्किऑलॉजी ऑफ बांग्लादेश', *जर्नल ऑफ द वारेन्द्र रिसर्च म्यूज़ियम*, जिल्द VII, 1981-82, पृ. 59-68.

38. तालिका I.

39. बी.एम.एस. परमार, 'आदिवराह क्वायंस', *जर्नल ऑफ न्यूमिस्मेटिक सोसाइटी ऑफ इंडिया* (आगे से *ज.न्यू.सो.इं.*), 1964, पृ. 240. वासुदेवशरण अग्रवाल के अनुसार, ये सिक्के गुजरात के राजाओं और कन्नौज के गुर्जर-प्रतीहारों द्वारा दसवीं सदी में जारी किए गए ('द्रम्म-क्वायंस ऑफ द गुर्जर-प्रतीहार किंग विनायक पालदेव, ए.डी. 914-933', *ज.न्यू.सो.इं.*, X, भाग 1, पृ. 28-30)।

40. ए.के. श्रीवास्तव, उपर्युक्त, जखीरा सं. 365.

41. वही। जखीरा सं. 360 के 100 सिक्कों में से केवल 4 और जखीरा सं. 438 के 247 सिक्कों में से सिर्फ 3 को परखा गया।

42. 'नोट्स ऑन द फिजिकल डिस्ट्रीब्यूशन ऑफ द इंडो-ससानियन, श्री वि, श्री विग्र (ह) एंड श्री आदिवराह क्वायंस इन द गंगा वैली, सर्का ए.डी. 700-1000', न्यूमिस्मेटिक सोसाइटी ऑफ इंडिया के प्लैटिनम अधिवेशन, पटना, 1987 में प्रस्तुत शोधपत्र (अप्रकाशित)।

43. वही।

44. आर.के. सेठी, 'द ऐट्रीब्यूशन ऑफ श्रीविग्र क्वायंस', *ज.न्यू.सो.इं.*, XXX, 1968, पृ. 208-10.

45. पी. भाटिया, उपर्युक्त।

45अ. डॉ. सरजुगप्रसाद सिंह से प्राप्त जानकारी के आधार पर।

46. रामशेखर सिंह का विचार है कि इसे 'विपा' पढ़ना चाहिए। डॉ. जगदीश्वर पांडेय इससे सहमत मालूम होते हैं। लेकिन डॉ. सीताराम राय मानते हैं कि जिसे 'पा' समझा जाता है उसे 'ग' पढ़ना चाहिए। मुझे डॉ. राय का विचार जँचता है, बशर्ते कि इस मुद्रालेख के अधिक सुपाठ्य नमूने उपलब्ध हों।

47. हमने डॉ. सीताराम राय की सहायता से उपलब्ध सामग्री की छानबीन करके यह कालानुक्रम तय करने की कोशिश की है।

48. यह जानकारी विक्रमशिला परियोजना (पटना) के एस.के. चौधरी से प्राप्त हुई है।

48अ. इस सूचना के स्रोत रामशेखर सिंह हैं।

49. गधैया सिक्कों का सबसे बड़ा संग्रह जयपुर के स्टेट म्यूजियम में है, पर इसके पर्याप्त अध्ययन की आवश्यकता है।

50. एस.सी. राय, *स्ट्रैटीग्राफिक एविडेंस ऑफ क्वायंस इन इंडियन एक्सकैवेशंस एंड सम एलाइड इश्यूज़*, वाराणसी, 1959, पृ. 39, तालिका II.

51. पी.सी. राय, *दि क्वायनेज ऑफ नॉर्दर्न इंडिया*, दिल्ली, 1980, पृ. 141-46.

52. 'इंस्क्राइब्ड गधैया क्वायंस', *जे.न्यू.सो.इ.*, XVI, 1954, पृ. 281-82.

53. बंबई के मुद्राशास्त्री एस.एम. शुक्ल से प्राप्त जानकारी।

54. विनयकुमार श्रीवास्तव, 'कुषाण एवं गुप्त मुद्राओं का तुलनात्मक अध्ययन', पीएच.डी. शोधप्रबंध, बनारस हिन्दू विश्वविद्यालय, 1985, पृ. 187-89.

55. वही, पृ. 189.

56. वही, पृ. 190.

57. कार्मेल बर्कसन, *द आमेजन एंड द गॉडेस : कॉगनेट्स ऑफ आर्टिस्टिक फॉर्म*, बंबई, 1987.

पृ. 16-17.

58. वारविक रॉथ, *कैटेलॉग ऑफ द इंपीरियल बैजंटाइन क्वायंस इन द ब्रिटिश म्यूजियम*, जिल्द 1, लंदन, 1908, भूमिका।
59. वही।
60. वही।
61. तालिका V.
62. वही।
63. मिशीगन विश्वविद्यालय में एक संगोष्ठी द्वारा तैयार किया गया 'अर्ली इस्लामिक आउटपुट', *जर्नल ऑफ द इकॉनमिक एंड सोशल हिस्टरी ऑफ द ऑरिएंट*, IX, 1966, पृ. 212-41.
64. आर.एस. शर्मा, *अर्बन डिके इन इंडिया (सर्का 300 – सर्का 1000)*, नई दिल्ली, 1987, पृ. 129-30.
65. पी.सी. राय, द *क्वायनेज ऑफ नॉर्दर्न इंडिया*, दिल्ली, 1980.
66. इस और आगे के अनुच्छेदों में मध्य एशिया के सिक्कों की संख्या तथा अन्य पहलुओं के बारे में मैने जो कुछ कहा है उस सबका आधार 30 सितंबर 1988 को हरमिटेज म्यूजियम (सेंट पीटर्सबर्ग) के साइंटिफिक वर्कर अलेकजैण्डर निकितिन के साथ हुई ज्ञानवर्धक चर्चा के दौरान प्राप्त जानकारी है। इनमें से अधिकांश सिक्के सेंट पीटर्सबर्ग, मास्को, ताशकंद, दुशांबे और समरकंद संग्रहालयों में सुरक्षित हैं। इनमें से कुछेक पंजीकृत भी हैं।
67. आर.एस. शर्मा, *अर्बन डिके इन इंडिया*, पृ. 172.
68. तालिका I, V, VI, VII और XI. लखनऊ संग्रहालय में भी कुछ इंडो-ससानियन सिक्के मिलते हैं। देखिए ए.के. श्रीवास्तव, उपर्युक्त।
69. एस.के. मैती, *इकॉनमिक लाइफ ऑफ नॉर्दर्न इंडिया इन गुप्त पीरियड*, पृ. 136-39; रिचर्ड पैंकइर्स्ट, *एन इंट्रोडक्शन टु द इकॉनमिक हिस्टरी ऑफ इथियोपिया*, पृ. 46-47; आर.एस. शर्मा, *इंडियन फ्यूडलिज़्म*, पृ. 54-55.
70. साइडबॉथम, उपर्युक्त।
71. हिमांशु प्रभा रे : जीन फ्रांसुआ सैलिज़ (सं.), *ट्रैडिशन एंड आर्किऑलॉजी अर्ली मैरीटाइम कॉनटैक्स्ट्स इन दि इंडियन ऑशन*, मनोहर, नई दिल्ली, 1996, पृ. 79-94.
72. वर्गसन, उपर्युक्त।
73. क्लाइव फॉस, 'क्वायन आर्किऑलॉजी एंड द डिक्लाइन ऑफ क्लासिकल सिटीज़ इन एशिया माइनर', पी.एल. गुप्त तथा ए.के. झा (सं.), उपर्युक्त।
74. माइकल हेंडी, *स्टडीज़ इन मॉनिटरी इकॉनमी इन द बैजंटाइन इम्पायर*, कैम्ब्रिज यूनिवर्सिटी प्रेस, 1985.
75. तालिका V.
76. बी.एन. मुखर्जी, 'प्लेस ऑफ हरिकेल क्वायंस इन द आर्किऑलॉजी ऑफ बांग्लादेश', *जर्नल ऑफ द वारेन्द्र रिसर्च म्यूज़ियम*, VII, 1981-82, पृ. 96.
77. आर.एस. शर्मा, *अर्बन डिके इन इंडिया*, पृ. 130, 136.
78. सोना निकालने से संबंधित यह सारी जानकारी मुझे 28 दिसंबर 1987 को दिल्ली में एक चर्चा के दौरान प्रोफेसर टी.जी.एम. हेगडे से प्राप्त हुई।

79. वही।

80. यह राय पहले डी.सी. सरकार ने जाहिर की थी और अब इसे बी.एन. मुखर्जी ने दुहराया है, 'कॉमर्स एंड मनी इन द वेस्टर्न एंड सेंट्रल सेक्टर्स ऑफ ईस्टर्न इंडिया (सर्का ए.डी. 750-1200)', *इंडियन म्यूजियम बुलेटिन*, 1982, पृ. 75.

80अ. धन माने धरती धन माने गाय।
कुछ-कुछ सोना और सब छाय॥

81. ब्रजदुलाल चट्टोपाध्याय और ब्रतीन्द्रनाथ मुखर्जी व्यापार की कमी के विषय में संदेह प्रकट करते हैं।

82. बी.एन. मुखर्जी, उपर्युक्त, 'मीडिया ऑफ एक्सचेंज इन अर्ली मेडीईवल नॉर्थ इंडिया,' *न्यूमिस्मेटिक डाइजेस्ट*, **X**, दिसंबर 1986, पृ. 91-105.

83. लल्लनजी गोपाल, *इकॉनमिक लाइफ इन नॉर्दर्न इंडिया, सर्का 700 – सर्का 1200*, दिल्ली, 1964; बी.एन.एस. यादव, *सोसाइटी एंड कल्चर इन नॉर्दर्न इंडिया*, इलाहाबाद, 1973.

83अ. रे : सैलिज़ (सं.), उपर्युक्त, पृ. 2-3, 11, 27-28, 37, 42-43.

84. एम.आर. तरफदार, 'ट्रेड एंड सोसाइटी इन अर्ली मेडीईवल बंगाल', द *इंडियन हिस्टॉरिकल रिव्यू*, IV, 1978, पृ. 274. द्विजेन्द्रनारायण झा द्वारा संपादित *फ्यूडल सोशल फार्मेशन इन अर्ली इंडिया*, दिल्ली, 1987, पृ. 220-38 में पुनर्प्रस्तुत।

85. वही।

85अ. रे : सैलिज़ (सं.), उपर्युक्त, पृ. 72-73.

86. वही।

87. बी.डी. चट्टोपाध्याय, 'इरीगेशन इन अर्ली मेडीईवल राजस्थान', *जर्नल ऑफ इकॉनमिक एंड सोशल हिस्टरी ऑफ द ऑरिएंट*, XVI, 1973, पृ. 298-316. दिल्ली क्षेत्र में बहुत-सी तोमरकालीन वापियाँ देखी जा सकती हैं।

88. वी.के. जैन, *'ट्रेड एंड ट्रेडर्स इन वेस्टर्न इंडिया (ए.डी. 1000-1300)*, मुंशीराम मनोहरलाल, नई दिल्ली, 1990. इस ग्रंथ में एक नक्शे में 1000-1300 के दौरान पश्चिमी भारत में कुओं और तालाबों की स्थिति दिखाई गई है।

89. आर.एन. नन्दी, अध्यक्षीय भाषण, प्राचीन भारत अनुभाग, भारतीय इतिहास कांग्रेस, पैंतालीसवाँ अधिवेशन, अन्नामलाई विश्वविद्यालय, अन्नामलाईनगर, पृ. 35-39.

90. कृषि संबंधी ज्ञान एवं तकनीक के विस्तृत विवेचन के लिए देखें इस पुस्तक का अध्याय तीन।

91. आर.एन. नन्दी, उपर्युक्त, पृ. 40-49.

92. देखें इस पुस्तक का अध्याय तीन।

92अ. रे : सैलिज़ (सं.), उपर्युक्त, पृ. 6, 207-9, 212.

92ब. वही, पृ. 5.

93. एच.सी. वर्मा, *मेडीईवल रूट्स ऑफ इंडिया : ए स्टडी ऑफ ट्रेड एंड मिलीटरी रूट्स*, कलकत्ता, 1978, अध्याय I से II; 'ट्रेड एंड ट्रेड रूट्स ऑफ नॉर्थ-वेस्ट इंडिया इन द टेंथ-फोर्टींथ सेंचुरीज़', *सोशल सायंस प्रोबिंग्स*, जिल्द II, 1987, पृ. 91-95.

अध्याय पाँच

भूमिदानपत्र (राजशासन) का कानूनी पक्ष

कौटिलीय अर्थशास्त्र में वाद या मुकदमे के चार पैरों अथवा आधारों की चर्चा की गई है। वे हैं धर्म, व्यवहार, चरित और राजशासन।[1] धर्म का तात्पर्य है धर्मशास्त्रों का विधान और/या सत्य; व्यवहार में क्रय-विक्रय, ऋण-धरोहर, वेतन-मजदूरी आदि से संबंधित सौदों का समावेश है। चरित का मतलब है देश-काल, परिवार, श्रेणी आदि से जुड़े पारम्परिक नियम, और राजशासन से राजा के आदेश या शाही सनद का बोध होता है। *अर्थशास्त्र* में यह भी कहा गया है कि यदि इन चारों में परस्पर असंगति हो तो व्यवहार धर्म को, चरित व्यवहार[2] को तथा राजशासन शेष तीनों को निरस्त कर देता है। कुछ इतिहासकार मुकदमे के इन चार आधारों को कानून के चार स्रोत मानते हुए कहते हैं कि राजशासन की सर्वोच्चता मौर्यशासन में राजसत्ता को प्राप्त उस शिखर स्थिति की द्योतक है जो प्राचीन भारत में अन्य किसी भी राज्य को हासिल नहीं हो पाई। के.ए. नीलकंठ शास्त्री के अनुसार, कौटिल्य ने राजसत्ता को 'निरंकुशता की ऐसी ऊँचाई पर' प्रतिष्ठित कर दिया 'जिसका कोई अन्य उदाहरण हिन्दू संवैधानिक कानून में न कौटिल्य के पूर्व मिलता है और न उसके पश्चात्।' शास्त्री के प्रेरणा-स्रोत ब्रोलर की रचना *कौटिल्यई स्टुडीन* (1927-34) और एम. रोस्तोवजेफ की कृति *द सोशल एण्ड इकॉनमिक हिस्टरी ऑफ द हेलनिस्टिक वर्ल्ड* हैं। रोस्तोवजेफ ने तीसरी सदी ई.पू. में सिकन्दर के साम्राज्य के ध्वंसावशेष पर उदित होनेवाले टॉलेमीय तथा अन्य राज्यों की निरंकुश एवं व्यापक सत्ता पर जोर दिया है। उसका विचार है कि चन्द्रगुप्त ने भारतीय शासन-व्यवस्था का यूनानी पद्धति पर जो आमूल केन्द्रीकरण किया वह *अर्थशास्त्र* के सार भाग में परिलक्षित होता है, तथा भारत के यूनानीकरण के लिए चन्द्रगुप्त ने दिमित्रियस या मिनांदर से भी अधिक कार्य किया।[3] शास्त्री इन दोनों विचारों का पल्लवन-पुष्पन करते हुए यह भी कहते हैं कि चूँकि कौटिल्य ने *अर्थशास्त्र* की रचना समकालीन राज्यों की प्रशासनिक रीति-नीतियों की छानबीन के बाद की, इसलिए उसने राजसत्ता की सर्वोच्चता की कल्पना उनसे उधार लेकर उसे सत्ता के अन्य सभी स्रोतों के ऊपर प्रतिष्ठित कर दिया।[4] इस व्याख्या के पीछे कौटिल्य द्वारा वर्णित राज्य के सर्वव्यापी कार्यकलाप की प्रेरणा रही है।[5] किन्तु यू.एन. घोषाल ने इस व्याख्या को अमान्य सिद्ध करने का प्रयास किया है।

स्मृति परम्परा का हवाला देते हुए वे इस बात पर जोर देते हैं कि राजसत्ता धर्म के बृहत्तर ढाँचे की मर्यादाओं के अन्दर रहकर ही काम करती थी।[6] उनकी राय में मुकदमे के चार आधारों की प्रासंगिकता मूल विधान के संदर्भ में नहीं, बल्कि सिर्फ प्रक्रियात्मक कानून के मामलें में ही है।[7]

हमारा विचार यह है कि जिस निर्णायक उद्धरण का जिक्र असीम राजसत्ता के समर्थन में किया जाता है वह मूल *अर्थशास्त्र* का हिस्सा नहीं है। कौटिल्य की शैली से उस अवतरण की संगति नहीं बैठती है। कौटिल्य की शैली न्यूनाधिक धर्मसूत्रों की गद्य शैली के समान है। लगभग 500-200 ई.पू. के ठेठ सूत्र साहित्य में चूँकि श्लोकों के लिए कोई स्थान नहीं था, इसलिए कौटिल्य की रचना में श्लोक अथवा पद्य के प्रयोग से सन्देह उत्पन्न होना स्वाभाविक है। जिन उद्धरणों की हम बात कर रहे हैं वे पद्य में हैं न कि गद्य में। ईस्वी सन् की प्रारंभिक सदियों के स्मृति-साहित्य में बहुधा पद्य का प्रयोग किया जाता था। न्याय-विधान के प्रसंग में मुकदमे के उपर्युक्त चार आधारों पर धर्मसूत्रों में कोई विचार नहीं किया गया है। यहाँ तक कि प्रारंभिक स्मृतियों में — जैसे मनु, विष्णु, याज्ञवल्क्य आदि की रचनाओं में भी उनका विवेचन नहीं किया गया है। इसलिए सामान्यतः मौर्यकालीन रचना माने जानेवाले *अर्थशास्त्र* के तीसरे अधिकरण में इनकी चर्चा का कोई कारण समझ में नहीं आता। इस कृति के एक अन्य श्लोक पर भी यही बात लागू होती है, जिसमें 'विष्टि' का प्रयोग किसानों पर थोपी गई अनिवार्य श्रम-सेवा अथवा बेगार के अर्थ में किया गया है, यद्यपि इस ग्रन्थ के गद्यवाले भाग में इस शब्द के जितने भी उल्लेख हुए हैं, सब-के-सब भाड़े की मजदूरी के अर्थ में हुए हैं।[8] ऐसा प्रतीत होता है कि 'राजशासन' वाले श्लोक इस ग्रन्थ में बहुत बाद में प्रक्षिप्त कर दिए गए। जिस अवतरण से यह जानकारी मिलती है कि कौटिल्य ने अन्य राज्यों की रीति-नीतियों का अध्ययन किया वह भी श्लोक में है और उस अध्याय में नहीं आया है जिसमें 'राजशासन' पर विचार किया गया है।

राजशासनवाले श्लोक नारद[9], बृहस्पति[10], कात्यायन[11], हरित[12] आदि की स्मृतियों तथा *अग्नि पुराण*[13] जैसी पूर्व-मध्यकालीन रचनाओं में बार-बार आए हैं।

'राजशासन' के लिए 'शासन', 'राजलेख्यम्', 'राजकीयलेख्यम्', 'राजकृतशासन' आदि विविध शब्दों का प्रयोग हुआ है, और वसिष्ठ से लेकर आगे के विभिन्न स्मृतिकारों ने उसका वर्णन तथा निरूपण भूमिदानपत्र के अर्थ में किया है। यदि हम यह मान लें कि वसिष्ठ की रचना में भी इस विषय से संबंधित श्लोक बाद में सम्मिलित किए गए, तो इसकी आद्यतम परिभाषा हमें तीसरी-चौथी सदी ईस्वी के स्मृतिकार याज्ञवल्क्य की रचना में मिलती है। उसने भावी राजाओं के सूचनार्थ 'शासन' को भूमिदान से संबंधित शाही सनद कहा है।[14] उसका निर्देश है कि शासन को कपड़े या ताम्रपत्र पर लिपिबद्ध करके उस पर राजमुद्रा अंकित कर देनी चाहिए, उसमें दान के क्षेत्रफल तथा राजा के वंशवृक्ष का उल्लेख होना चाहिए, एवं उसे राजा को स्वाक्षरों में अन्तिम रूप देना चाहिए।[15] इस आदर्श मसौदे के बारे में दो बातें ध्यान देने योग्य हैं। एक तो यह कि यद्यपि राजा को सनद लिपिबद्ध कराने (कारपेत्)[16] की सलाह दी गई है, तथापि उसके लेखक के रूप में सांधिविग्रहिक, अर्थात् शान्ति एवं युद्ध के अमात्य, को स्थान नहीं दिया गया

है, जबकि बहुत-से उपलब्ध दानपत्रों में सांधिविग्रहिक को उनका लिपिकार बतलाया गया है। दूसरे, हालाँकि परवर्ती विधिशास्त्री इन व्यवस्थाओं पर टिप्पणी करते हुए कहते हैं कि भूमि या उसका राजस्व ब्राह्मणों को देना है, लेकिन याज्ञवल्क्य ने दानभोगियों के इस वर्ग का कोई उल्लेख नहीं किया है। इसके विपरीत, भूमिदानपत्र को कपड़े या भोजपत्र पर लिपिबद्ध करने की उसकी व्यवस्था[17] से धर्मेतर लोगों को दान देने की संभावना दिखायी पड़ती है, क्योंकि ऐसे अनुदानों को स्थायी सनदों का रूप देने की मंशा नहीं होती थी।

याज्ञवल्क्य के श्लोकों का भाष्य करते हुए विश्वरूप (800-850 ई.),[18] जिसकी रचना उपलब्ध भाष्य-साहित्य में सबसे प्राचीन मानी जाती है, इतना और जोड़ देता है कि शासन पर दूतक के पद पर काम करनेवाले अधिकारी का नाम अथवा हस्ताक्षर, दान देनेवाले राजा के स्कन्धावार का नाम तथा उसकी तीन पीढ़ियों की वंशावली, जिसमें स्त्रियों के नाम भी शामिल किए गए हों, अंकित होने चाहिए, और साथ ही उसमें दान देने के सुपरिणामों एवं उसे वापस लेने के कुपरिणामों का संकेत करनेवाले श्लोक भी लिपिबद्ध किए जाने चाहिए।[19]

जहाँ तक स्मृतियों का संबंध है, *व्यास स्मृति* में, जिसे 600 से 900 ई. के बीच की रचना माना जाता है, राजशासन का सर्वप्रथम विस्तृत विवेचन किया गया है। इस स्मृति में दी गई परिभाषा के अनुसार राजशासन भूमिदान से संबंधित राज्यादेश की सूचना देनेवाला प्रलेख है।[20] यह गवाहों की उपस्थिति में लिखे जानेवाले अन्य प्रकार के प्रलेखों से, खासकर 'जानपदलेख्यम्' से (जिसे 'लौकिक लेख्यम्' या रेहन, ब्याज, ऋण, धरोहर आदि से संबंधित प्रलेख भी कहा गया है),[21] भिन्न है। व्यास के अनुसार राजशासन स्वयं राजा के निर्देश पर सांधिविग्रहिक द्वारा ताम्रपट या वस्त्र (पट) पर लिखा हुआ ('सांधिविग्रहिकलेखः') होना चाहिए।[22]

व्यास आगे कहता है कि उद्देश्य तथा विधेय के बीच उपयुक्त संबंध होना चाहिए और कम-से-कम शब्दों में अर्थ के पूर्ण तथा स्पष्ट सम्प्रेषण के लिए समासों का प्रयोग किया जाना चाहिए। दान में दिए जानेवाले मकानों और रकबों का उल्लेख राजा को स्वयं करना चाहिए। 'समा' (संवत्), मास, मास का पक्ष (कृष्ण अथवा शुक्ल), राजा का नाम, उसके विरुद एवं उसके पिता तथा पितामह के नाम भी अंकित किए जाने चाहिए। दानप्राप्तकर्ता ब्रह्मचारी की जाति, गोत्र आदि, उसके मूल स्थान, देश और गाँव का उल्लेख भी होना चाहिए। इसके अतिरिक्त उसमें ब्राह्मणों, अन्य गण्यमान्य लोगों ('मान्यानधिकृतान्'), कृषक कुटुम्बों ('कुटुम्बिनोडथ'), कायस्थ, राजकीय अभिकर्ताओं ('दूत'), वैद्यों, गाँवों के प्रतिष्ठित वयोवृद्ध जनों ('महत्तरान्') बल्कि यहाँ तक कि उन म्लेच्छों तथा चण्डालों का भी जिक्र होना चाहिए जिन्हें दान की सूचना देनी है। यह बताना चाहिए कि दान (मेरे द्वारा) अमुक ब्राह्मण को, अमुक माता-पिता के पुत्र को, स्वयं राजा तथा उसके माता-पिता के पुण्य के लिए दिया जा रहा है। भावी राजाओं तथा सामंतों के मार्गदर्शन के लिए राजा को लिखना चाहिए कि दान का उल्लंघन करनेवाला साठ हजार वर्षों तक नरक का भागी होगा और उसका पालन करनेवाला उतने ही काल के लिए स्वर्ग के उपभोग का अधिकारी होगा। दान को 'धर्मसेतु' कहा गया है, जिसका पालन सभी युगों में सभी राजाओं को करना चाहिए।

राजशासन की मूल प्रति के संबंध में परामर्श है कि वह राजकीय सुरक्षा में ('राजकीये') रखी जाए तथा उसे राजा स्वयं लिपिबद्ध करे,[23] अन्यथा उसे सांधिविग्रहिक लिपिबद्ध करे और फिर दानभोगी को दे। राजा के निर्देश पर सांधिविग्रहिक को उसे लिखना चाहिए और उस पर राजमुद्रा अंकित करके स्वयं अपना नाम भी लिख देना चाहिए। सांधिविग्रहिक से यह प्रमाणित करने की अपेक्षा की गई है कि यह लेख उसने समझ-बूझकर स्वयं लिखा है, और इस पर वर्ष, महीना, महीने का पक्ष तथा राजमुद्रा सब अंकित हैं। इस प्रकार लिखे 'लेख्यम्' को 'राजशासनकम्' कहा गया है। व्यास का कहना है कि ऐसे 'राजशासन' का संबंध गाँवों, आबाद खेतों, घरों आदि के दान से होता है। इसका मतलब यह हुआ कि इसके अतिरिक्त अन्य प्रकार के 'राजशासन' भी होते थे, यद्यपि व्यास ने उनका कोई स्पष्ट उल्लेख नहीं किया है।

यह खास तौर से गौर करने लायक है कि केवल धार्मिक प्रयोजनों से दिए जानेवाले भूमिदानों को दर्ज करनेवाले उपर्युक्त प्रकार के राजशासनों के उदाहरण उन्हीं भूमिदानों में देखने को मिलते हैं जो तीसरी सदी से दिए गए।[24] 'राजकीय लेख्यम्' या राजशासन की जो परिभाषा स्मृतियों में की गई है वह पत्थरों या तामपत्रों पर उत्कीर्ण दानपत्रों से सामान्यतः मेल खाती है। दिलचस्प बात यह है कि राजशासन की व्यास द्वारा की गई परिभाषा का पाल शासकों के बंगाल तथा बिहार के दानपत्रों से काफी साम्य है। दानपत्र में ब्राह्मणों, राज्याधिकारियों तथा कुटुम्बी, वैद्य, कायस्थ, महत्तर, म्लेच्छ, चण्डाल आदि अन्य ग्रामवासियों को सम्बोधित करने के संबंध में व्यास के स्पष्ट निर्देशों का पालन पाल दानपत्रों में अक्षरशः किया गया है।[25]

अर्थशास्त्र के 'शासनाधिकार' संबंधी अध्याय में आठ प्रकार के लिखित 'शासनों' या राजाज्ञाओं का उल्लेख हुआ है। वे इस प्रकार हैं : 'प्रज्ञापन' (सूचित करना), 'आज्ञा' (आदेश), 'परिदान' (दान या अन्य प्रकार की कृपा से धन्य करना), 'परिहार' (रियायतें), 'निसृष्टि' (अधिकार का प्रतिनिधान), 'प्रवृत्तिक' (समय-समय पर समाचार देना), 'प्रतिलेख' (उत्तर) तथा 'सर्वत्रग' (सार्वत्रिक राजघोषणा)। 'परिहार'[26] का उल्लेख तो है, किन्तु भूमिदानपत्रों के संदर्भ में नहीं, जैसा कि सातवाहन तथा पल्लव दानपत्रों में देखने को मिलता है। लेकिन ज्यादा चक्कर में डालनेवाली बात यह है कि इन श्लोकों में 'प्रज्ञापन' तथा 'आज्ञालेख' का भी जिक्र है, जिनका उल्लेख वसिष्ठ की कृति में केवल एक स्थल पर श्लोक-रूप में और फिर बहुत आगे चलकर *सरस्वती-विलास* (16वीं सदी) तथा *शुक्रनीतिसार* में हुआ है। यद्यपि स्मृतियों में 'राजकीय लेख्यम्' या 'राजशासन' सहित विभिन्न प्रकार के प्रलेखों की पर्याप्त तथा काफी सूक्ष्म विवेचना की गई है, तथापि उनमें कौटिल्य के आठ प्रकार के 'शासनों' का कोई उल्लेख नहीं हुआ है। स्टाइन मानते हैं कि 'शासनाधिकार'-संबंधी अध्याय एकाधिक स्रोतों से उद्भूत प्रतीत होता है, और उसमें इस बात के लक्षण दिखाई देते हैं कि रोम साम्राज्य के काफी बाद के काल के पत्रों के आधार पर उसे नए रूप में प्रस्तुत किया गया।[27] किन्तु इस प्रक्षिप्त अंश के स्रोत की तलाश में सात समुद्र पार जाने की जरूरत नहीं दिखाई देती। *शुक्रनीतिसार* में, जिसे उत्तर-मध्यकाल की रचना माना जाता है, कम-से-कम दस प्रकार के राजकीय प्रलेखों का उल्लेख है और इसमें

'आज्ञा' तथा 'प्रज्ञापन'[28] भी शामिल हैं। इसलिए हमारे विचार में ये आठ प्रकार के शासनों से संबंधित नौ-के-नौ श्लोक *अर्थशास्त्र* में बाद में प्रक्षिप्त किए गए मालूम पड़ते हैं, और हम इन्हें खारिज करने के पक्ष में हैं। ये श्लोक बहुत सुबोध हैं और इनकी शैली इस कृति की सामान्य सूत्रशैली से मेल नहीं खाती। गरज यह कि कौटिल्य की रचना में राजकीय आदेशों से संबंधित श्लोक राजशासन, विशेषकर उस प्रकार के राजशासन के अर्थ को समझने में सहायक नहीं हो सकते, जिसका उल्लेख स्मृतियों तथा पुराणों में न्यायिक मुकदमे के चौथे आधार के रूप में हुआ है। इस निर्णायक शब्द का अर्थ स्वयं स्मृतियों से मालूम किया जा सकता है।

पांचवीं-छठी सदियों की स्मृतियों में अधिक विश्वसनीय वर्गीकरण देखने को मिलता है। इन स्मृतियों में तीन-चार प्रकार के 'राजशासन' या 'राजकीय लेख्यम्' का जिक्र हुआ है। बृहस्पति 'राजशासन' को तीन समूहों में विभाजित करता है।[29] उनमें से एक तो, बेशक, भूमिदानपत्र ही है जिसे 'शासन' या 'राजकृत शासन' कहा गया है। इस स्मृतिकार के अनुसार, धार्मिक प्रयोजनों से स्थायी रूप से दिए गए भूमिदान को दर्ज करनेवाले इस प्रलेख पर राजा के हस्ताक्षर या राजमुद्रा अंकित होनी चाहिए।[30] दूसरे समूह का राजशासन भी भूमिदान की ही सनद है, किन्तु इस सनद के जरिए दिया जानेवाला दान शौर्य तथा पराक्रम के लिए दिया जाता है और इसमें अनुदानभोगी के लिए कर या नजराना देना आवश्यक होता है; बृहस्पति ने इसे 'प्रसादलिखितम्' की संज्ञा से अभिहित किया है।[31] तीसरी कोटि में वह प्रलेख या राजनिर्णय आता है, जिसके फलस्वरूप किसी पक्ष को किसी विवाद में विजय प्राप्त होती है। इसे बृहस्पति, कात्यायन आदि ने 'जयपत्रम्'[32] या 'जयपत्रकम्'[33] कहा है। चौथे प्रकार की सनद का उल्लेख वसिष्ठ ने किया है, लेकिन साथ ही वह उपर्युक्त तीन समूहों का भी जिक करता है। वसिष्ठ के अनुसार, इस प्रकार की सनद में भृत्यों एवं सामंतों को ('भृत्यसामंतेषु')[34] राजा की 'आज्ञा' तथा ऋत्विकों, ब्राह्मणों आदि को 'प्रज्ञापन' या लिखित निवेदन सूचित किया जाता है।[35] राजकीय सनद के इन चारों रूपों का उल्लेख प्रतापरुद्रदेव द्वारा संकलित (1500-1525 ई.)[36] *सरस्वतीविलास* में भी मिलता है, किन्तु इस संकलन में एक पाँचवाँ रूप भी जोड़ दिया गया है, जिसे 'प्रसाक्षपन' कहा गया है।[37] चूँकि चौथे प्रकार की सनद से संबंधित पूरा-का-पूरा संदर्भ बहुत बाद की रचना *शुक्रनीतिसार* में बिलकुल उसी रूप में मिलता है,[38] इसलिए जान पड़ता है यह अंश वसिष्ठ की कृति में प्रक्षिप्त किया गया है। उल्लेखनीय है कि मराठा प्रशासन में 'आज्ञापत्रों' का चलन बहुत सामान्य हो गया, और उनमें बहुधा सामंतों तथा ग्राम-प्रधानों और ऐसे ही दूसरे अमलों के भरण-पोषण के लिए दिए गए भूमिदानों की सूचना दी जाती थी।

विभिन्न प्रकार की राजकीय सनदों के स्वरूप के विश्लेषण से मालूम होता है कि सामान्य प्रकार के 'राजशासन' का अर्थ केवल धार्मिक प्रयोजनों से जारी किया गया भूमिदानपत्र है। इसके उदाहरण पुरालेखीय दानपत्रों में मिलते हैं। 'प्रसादलिखित' कोटि की सनद भी भूमिदानपत्र ही है, तथा 'जयपत्र' का अर्थ किसी भूमिखण्ड के संबंध में राजा का निर्णय हो सकता है। यदि वसिष्ठ की रचना तथा *सरस्वतीविलास* में उल्लिखित 'आज्ञापत्र' को पूर्व-मध्यकालीन 'राजशासन' मान

लिया जाए और इसका अर्थ मराठा प्रशासन में इसके उपयोग के आधार पर लगाया जाए तो यह भी भूमिदानपत्र ही साबित होगा। अन्य प्रकार के 'राजशासन' कपड़े या भोजपत्र पर लिखे जाते थे, इसलिए वे नष्ट हो गए और उपलब्ध नहीं हैं। किन्तु जिन पुरालेखीय भूमिदानपत्रों में 'प्रशासन-प्रदत्त', 'प्रभुप्रसादावाप्त'[39] अथवा 'प्रसादीकृत्य'[40] शब्द का प्रयोग हुआ है (ऐसे दानपत्र मुख्यतः बारहवीं-तेरहवीं सदियों के हैं) वे 'प्रसादलिखितम्' प्रकार की कोटि में रखे जा सकते हैं। किन्तु 'राजशासन' के विभिन्न रूपों के दृष्टान्तों की उपलब्धता से भी बहुत अधिक महत्त्व की बात यह है कि सामान्यतः वे किसी-न-किसी प्रकार से भूमिदानों तथा भूमि-विषयक विवादों के बारे में दिए गए निर्णयों से संबद्ध हैं।

अब यह प्रश्न उठ सकता है कि 'राजशासन' को निर्णायक प्रमाण का दर्जा देना क्यों जरूरी हो गया। चतुष्पद प्रमाण की व्यवस्था के प्रयोग के क्षेत्र का कुछ आभास हमें याज्ञवल्क्य की कृति के भाष्य *अपरार्क* (1115-1130 ई.)[41] तथा देवनभट्ट की *स्मृतिचन्द्रिका* (1200-1215 ई.)[42] से मिलता है। *अपरार्क* के अनुसार, यदि ऊपर के तीनों वर्णों में से किसी वर्ण के सदस्य द्वारा की गई हत्या के संबंध में कोई साक्षी सुलभ न हो तो अभियुक्त द्वारा अपने अपराध की स्वीकृति के बावजूद 'धर्म' अर्थात् सत्य बोलने पर 'व्यवहार' को वरीयता देते हुए उसे दोषमुक्त कर दिया जाएगा।[43] किन्तु, *स्मृतिचन्द्रिका* में इस व्यवस्था के प्रयोग को व्यभिचार से संबंधित एक मामले का उदाहरण देकर समझाया गया है। उसके अनुसार, यदि कोई राजन्य किसी राजमहिषी का अथवा राजप्रासाद की अन्य स्त्रियों का स्पर्श करता है और प्राणों के भय के कारण अपने दोष को स्वीकार कर लेता है तो उसे 'धर्म' के आधार पर अर्थात् सत्य बोलने के कारण दंडित नहीं किया जाएगा। यहाँ 'धर्म' इस आधार पर 'व्यवहार' से निरस्त हो जाएगा कि अभियुक्त के अपराध का साक्ष्य देने के लिए कोई साक्षी उपलब्ध नहीं था।[44] इसी प्रकार, *अपरार्क*[45] तथा *स्मृतिचन्द्रिका*[46] दोनों के अनुसार, यदि कोई व्यक्ति किसी आभीर के घर में घुस जाता है और उस पर परस्त्रीगमन ('परदाराभिगमनम्') का आरोप लगाया जाता है तथा 'व्यवहार' से (अर्थात् साक्षियों द्वारा) आरोप का समर्थन किया जाता है तो भी यहाँ 'व्यवहार' 'चरित' से निरस्त हो जाएगा, क्योंकि आभीरों में परपुरुषों को आभीर स्त्रियों के साथ सहवास करने देने की प्रथा है। *स्मृतिचन्द्रिका* के इस दृष्टान्त को *पराशरमाधवीय* (1330-1385) में उद्धृत किया गया है, किन्तु इस अन्तर के साथ कि आभीर स्त्री के स्थान में केरल स्त्री की चर्चा है।[47] इसके अतिरिक्त इसमें यह भी बताया गया है कि कर्नाटक में मामा की लड़की के साथ जबरदस्ती विवाह करने में कोई दोष नहीं है, क्योंकि राजकीय आदेश में यह प्रथा निर्दिष्ट है।[48]

इसके अतिरिक्त, *स्मृतिचन्द्रिका* के अनुसार, यदि कोई राजकीय अभिकर्ता (राजपुरुष) किसी 'कुलगृह' अर्थात् प्रतिष्ठित व्यक्ति के घर में (अनुमानतः स्त्रियों का शीलभंग करने के इरादे से) प्रवेश करता है और इसलिए प्रचलित रीति ('चरित') का उल्लघंन करने के आरोप का भागी बनता है तो यह सिद्ध हो जाने पर वह बच सकता है कि उसने उस घर में किसी उपद्रवी को पकड़ने के लिए राजकीय आदेश ('राजशासन') के आधार पर प्रवेश किया था।[49] इस

सन्दर्भ में *अपरार्क* में चोरों तथा अन्य अपराधियों को पकड़ने के लिए 'राजपुरुष' के ब्राह्मण और अन्य लोगों के घर में प्रवेश करने का उल्लेख हुआ है।[50] ध्यान देने की बात है कि इन भाष्यकारों ने जो दृष्टान्त दिए हैं उन सबका संबंध चोरी, हत्या और विशेष रूप से यौन अपराधों से है, और दूसरे, इनमें से कई मामलों में जिस अभियुक्त के बचाव का मार्ग सुझाया गया है वह कोई राजपुरुष या राज्याधिकारी है।[51] उस स्थिति की कल्पना ही नहीं की गई है जब 'धर्म' और 'राजशासन' तथा 'व्यवहार' और 'राजशासन' में परस्पर विरोध हो सकता है। इससे भी ज्यादा परेशानी की बात यह है कि यद्यपि 'राजशासन' का मतलब सामान्यतः भूमिदान होता है, तथापि उपर्युक्त दृष्टान्तों में उसका उपयोग राजा के आदेश के सामान्य अर्थ में ही किया गया है; उसके भूमिदानपत्र वाले विशिष्ट और पारिभाषिक अर्थ की ओर कोई ध्यान ही नहीं दिया गया है। इसलिए ऐसा मानना गलत होगा कि वाद के चतुष्पद प्रमाणों या राजशासन के प्रयोग का क्षेत्र उनके द्वारा दिए गए उदाहरणों तक ही सीमित है।[52] सच तो यह है कि 12वीं-14वीं सदियों के भाष्यकारों द्वारा कल्पित किसी भी स्थिति में राजकीय भूमिदानपत्र के प्रयोग के लिए कोई स्थान ही नहीं है, जबकि राजशासन का पारिभाषिक अर्थ राजकीय भूमिदानपत्र ही है।

लेकिन यह मानना तो बिलकुल बेतुका होगा कि राजशासन का सहारा अन्य सभी विवादों में तो लिया जाता था, लेकिन भूमि-विषयक विवादों में नहीं। अभी हाल तक भूमिदानों के भोक्ता अपनी भूसम्पत्ति के दावों के समर्थन में राजकीय सनदें और फरमान ही नहीं, बल्कि भूमिदानों को दर्ज करनेवाले ताम्रपत्र भी प्रस्तुत करते रहे हैं।

वास्तविकता यह प्रतीत होती है कि जब स्मृतियाँ और पुराण धर्म, व्यवहार तथा चरित पर आधारित अन्य सभी प्रकार के प्रमाणों के राजशासन से निरस्त हो जाने की बात करते हैं तब सामान्यतः सन्दर्भ भूमि-विवादों का होता है। हम देख चुके हैं कि तीसरी सदी से और विशेषकर पूर्व-मध्यकाल में हमें ब्राह्मणों, मंदिरों, बल्कि धर्मेतर पक्षों के हक में भी जारी किए गए पुरालेखीय भूमिदानपत्र काफी बड़ी संख्या में मिलते हैं। इन दानों के फलस्वरूप कबायली तथा सीमावर्ती क्षेत्रों में कृषिप्रधान अर्थव्यवस्था का प्रसार हुआ, और ये पुराने आबाद और नए बसाए दोनों तरह के इलाकों में कराधान एवं प्रशासन की समस्याओं के समाधान में सहायक सिद्ध हुए, किन्तु साथ ही उनसे बहुत बड़ी संख्या में मध्यवर्ती भूस्वामियों का उदय हुआ, जिनकी उपस्थिति के कारण समाज में सतत तनाव और संघर्ष का वातावरण तैयार हुआ। आबाद इलाकों में दान में दी गई जमीन किसानों के वास्तविक कब्जे में होती थी। नए दानभोगियों को ऐसी जमीन पर अपना नियंत्रण स्थापित करने में कठिनाई हुई होगी। उनके द्वारा परम्परागत देयों से अधिक की वसूली करने के प्रयत्नों का किसानों ने विरोध किया होगा। अनेक प्रसंगों में ग्रामवासियों ने पारम्परिक बेठ-बेगार ('विष्टि') से अधिक श्रम देने से इनकार कर दिया होगा, जबकि अनुदत्त गाँव में अपने स्थायी निवास के कारण दानभोगी ऐसे श्रम की अधिकाधिक माँग करता होगा। इसी तरह दानभोगियों द्वारा सामूहिक जंगलों, चरागाहों, मछलीगाहों आदि पर अपना अधिकार जताने के प्रयत्न का इस आधार पर प्रतिरोध किया गया होगा कि किसान युगों से इनका मुक्त उपभोग

करते आए हैं। ज्ञातव्य है कि धर्मशास्त्रों के अनुसार 'चरित' से केवल लोकाचार तथा अनुमान का ही बोध नहीं होता बल्कि स्वामित्व का भी बोध होता है।[53]

लौकिक तथा धार्मिक दोनों प्रकार के दानभोगी एक-दूसरे का विरोध करते होंगे और आपस में भी झगड़ते होंगे। दानभोगी परिवारों में भूसम्पति के विभाजन से उत्पन्न होने वाले विवादों की भी कल्पना की जा सकती है। *नारद स्मृति* में बँटवारे से संबंधित पूरे इक्कीस प्रकार के विवादों का उल्लेख हुआ है।[54] स्मृतियों के अनुसार 'सीमाविवाद' भूमि-संबंधी मुकदमेबाजी का महत्त्वपूर्ण कारण था। इस प्रकार के विवाद खेतों तथा गाँवों, दोनों की सीमाओं को लेकर उठते थे। दोनों प्रकार के मुकदमों से संबंधित प्रमाण तत्कालीन भूमिदानपत्रों या 'राजशासनों' में मौजूद हैं। खेतों की सीमाएँ सामान्यतः निर्धारित होती थीं, किन्तु उनके रकबों में स्थानीय मापों के कारण फर्क पैदा हो जाते होंगे। बंगाल के अनेक दानपत्रों में भूमि के क्षेत्रफल का निर्देश सत्तासीन राजा के हाथ की लम्बाई के हिसाब से किया गया है। जरूरी नहीं कि सभी सत्ताधीन राजाओं के हाथ की लम्बाई समान हो। इसलिए माप में समय-समय पर अन्तर पड़ता होगा और इससे दानभोगियों, काश्तकारों और राजाओं के बीच समस्याएँ खड़ी होती होंगी। कई गाँवों में सीमाएँ अनिर्धारित छोड़ दी जाती थीं। साधारण मामलों में भी यह अपेक्षा रखी जाती थी कि सीमाएँ राजकीय आदेश से निर्धारित की जाएँगी। नारद ने पाँच प्रकार की सीमाओं का जिक्र किया है, जिनमें से एक 'राजशासनीता' अर्थात् राजशासन के द्वारा निर्धारित सीमा है।[55] जहाँ सीमाएँ निर्धारित थीं वहाँ भी सीमा-विवाद उत्पन्न होते ही रहते होंगे, लेकिन सीमाएँ अनिर्धारित होने पर ऐसे विवाद ज्यादा उठते होंगे। कई अभिलेखीय भूमिदानपत्रों में 'ताम्रपट्टी' क्षेत्रों का उल्लेख सीमाओं के रूप में हुआ है, कुछ अन्य मामलों में भूमिदान उन क्षेत्रों को छोड़ करके दिए गए हैं जो पहले ही देवताओं और ब्राह्मणों को दान कर दिए गए थे। ऐसे सभी मामलों में विवाद की पूरी गुंजाइश थी। विवाद समान हैसियतवाले राजभोगियों के बीच भी हो सकते थे और छोटे-बड़े दानभोगियों के बीच भी। इसी तरह दानभोगियों और पूरे-के-पूरे गाँव के बीच भी विवाद हो सकते थे या दानभोगियों और किसानों के बीच भी हो सकते थे। इसी प्रकार अन्य पक्षों के बीच भी विवादों की कल्पना की जा सकती है।

इन सबके फलस्वरूप जमीन को लेकर होनेवाली मुकदमेबाजी के पर्याप्त कारण और अवसर उपस्थित होते हैं। भूमि-विवाद को नारद ने 'क्षेत्रजवाद' कहा है और बृहस्पति ने 'भूवाद'। दोनों इसे 'व्यवहार' के अट्ठारह पदों ('अष्टादशपाद') में से एक बताते हैं।[56] इसी प्रकार दान की वापसी को भी एक पद माना गया है। मनु तथा नारद से ज्ञात होता है कि भूमि-विवाद बहुधा हुआ करते थे, और भूमि को सबसे मूल्यवान् सम्पत्ति माना जाता था। उनका विधान है कि यदि कोई गवाह जमीन के बारे में झूठी गवाही देता है तो वह घोर पाप करता है, और यह पशुओं, गोधन, घोड़ों तथा सोने के संबंध में दी गई झूठी गवाहियों से लगनेवाले पाप से अधिक गंभीर है।[57] इस संबंध में मनु के विधान का भाष्य करते हुए, मेधातिथि (नौवीं सदी) ब्राह्मणों को दिए गए भूमिदानों के संबंध में झूठी गवाहियाँ देने के उदाहरणों का उल्लेख करता है।[58] यदि हम उपलब्ध

अभिलेखीय साक्ष्य के आधार पर देखें तो पाएँगे कि अधिकांश प्रसंगों में ये दान 'राजशासनों' के माध्यम से दिए गए। अतएव, स्मृतियों में 'राजशासनों' की सर्वोच्चता से संबंधित व्यवस्था इसलिए की गई कि दानभोगी भूमिदानपत्रों से प्रतिफलित लाभों का उपभोग निर्बाध रूप से करते रह सकें। 'राजशासनों' के माध्यम से सृजित की जा रही नए प्रकार की सम्पत्ति के लिए वैधानिक व्यवस्था करना भी स्मृतिकारों के लिए आवश्यक हो गया था। राजकीय आदेशों के अधीन दिए गए भूमिदानों को लेकर उठनेवाले सभी कानूनी विवादों में संबंधित पक्ष अपने हक में 'राजशासन' का सहारा ले सकते थे। कारण, ऐसे मामलों में भूसम्पत्ति-विषयक दावों के समर्थन में प्रस्तुत अन्य सभी प्रकार के प्रमाण 'राजशासन' से निरस्त हो जाएँगे।

चूँकि 'राजशासन' को सभी प्रलेखों में उत्तम कहा गया है,[59] और वह अन्य सभी प्रकार के प्रमाणों को निरस्त कर सकता था, इसलिए ब्राह्मणों तथा अन्य लोगों द्वारा 'कूटराजशासन' गढ़ लेने की संभावना बराबर बनी रहती थी। मनु ने 'कूटराजशासन' गढ़ने के लिए मृत्युदण्ड का विधान किया है।[60] हर्ष के मधुबन ताम्रदानपत्र में एक ब्राह्मण द्वारा जाली दानपत्र गढ़े जाने का उल्लेख मिलता है।[61] नालन्दा तथा गया के उन जाली दानपत्रों के उदाहरण तो सुविदित ही हैं जो उत्कीर्ण तो सातवीं सदी की लिपि में किए गए हैं[62] किन्तु बताए गए हैं समुद्रगुप्त के। बिहार के आधुनिक पलामू जिले में 13वीं सदी के जपला के शासक प्रतापधवल को हम 'लंपट' ब्राह्मणों को जमीन हड़पने के लिए जाली दानपत्र गढ़ने के खिलाफ चेतावनी देते देखते हैं।[63] स्पष्ट है कि पूर्व-मध्यकालीन स्मृतिकारों को इस संभावना का एहसास था। कौन प्रामाणिक 'राजशासन' है और कौन जाली, इसका पता लगाने के लिए स्मृतिकार प्रजापति ने विधान किया कि राजकीय प्रलेख की जाँच राजा की लिखावट, राजमुद्रा तथा दान-लेखक की लिपि के आधार पर की जानी चाहिए।[64] अपने पूर्वजों द्वारा परिहार किए गए राजस्वों को पुनः प्राप्त करने के इच्छुक राजाओं ने या दान के प्रतिद्वंद्वी दावेदारों ने इस तरह के बहुत-से प्रलेखों की प्रामाणिकता को सफल चुनौती दी होगी। चूँकि ताम्रपत्रों पर दानलेख शिल्पियों या उत्कीर्णकों को उकेरने होते थे, इसलिए इन प्रलेखों की प्रामाणिकता निर्धारित करना आसान नहीं होता होगा।

प्रलेख की प्रामाणिकता की जाँच कर लेने के बाद अगला कदम उसकी व्याख्या करने का होगा, और इस संबंध में 'सभा' नामक राजकीय न्यायालय के गठन के जो नियम विहित किए गए हैं वे स्पष्ट रूप से दानभोगियों के पक्ष में हैं। स्मृतियों के सभी रचयिताओं या संकलनकर्ताओं की व्यवस्था है कि आदर्श 'सभा' वह है जिसके सदस्य विप्र हों, यदि वे उपलब्ध न हों तो उसमें क्षत्रियों को रखा जाए, और यदि क्षत्रिय भी न मिलें तो 'धर्मशास्त्रज्ञ' वैश्यों को सदस्य बनाया जाए, किन्तु हर हाल में शूद्र को उससे अलग ही रखा जाए।[65] ये नियम मुख्य न्यायाधीश या 'प्राड्विवाक' की नियुक्ति पर भी लागू होते हैं।[66] यद्यपि समृतिकार प्रजापति के अनुसार क्षत्रिय सामंत अपने-अपने सामंत-क्षेत्रों में मुख्य न्यायाधीश का काम कर सकते हैं, तथापि ब्राह्मण तथा वैश्य सामंतों के इलाकों में यह स्थान ब्राह्मण को ही दिया जाना चाहिए।

न्यायालय के गठन या मुख्य न्यायाधीश की नियुक्ति के नियमों को देखते हुए इस बात की

कल्पना की जा सकती है कि जिन मामलों में वैश्य या शूद्र किसान पक्ष के रूप में उपस्थित होते होंगे उनमें 'राजशासन' की व्याख्या करने में न्यायाधीश कैसे दुराग्रहों और पूर्वाग्रहों से काम लेते होंगे। जैसा कि हमने देखा है, मुकदमे से संबंधित शूद्रों को यह अवसर कभी नहीं मिलेगा कि उसका कोई सजातीय व्यक्ति न्यायाधीश के शासन पर बैठकर मामले का फैसला करेगा, और किसी वैश्य के इस आसन पर आसीन होने की संभावना भी विरल ही दिखाई देती है। अतएव शूद्र/वैश्य किसानों तथा ब्राह्मण/क्षत्रिय भोक्ताओं के बीच विवाद होने पर निम्न वर्णों के प्रति उच्च वर्णों के बद्धमूल पूर्वाग्रहों के कारण, न्याय की तुला हमेशा किसानों के खिलाफ ही झुकेगी। अतः 'राजशासन' का न केवल प्रमाण पेश किए जाने की पद्धति के रूप में, बल्कि उसमें उल्लिखित बातों के अर्थनिर्णय की दृष्टि से भी, किसानों के हितों पर प्रतिकूल प्रभाव पड़ा होगा।

संदर्भ और टिप्पणियाँ

1. 111.38 इस अध्याय में *अर्थशास्त्र* के कांगले संस्करण का अनुसरण किया गया है। *नारद स्मृति*, 1.10 में तथा कुछ अन्य ग्रंथों में भी 'व्यवहार' का उल्लेख 'व्यवहार' के चार में से एक पद के रूप में किया गया है। रिचर्ड डब्लू. लैरिवियर दूसरे 'व्यवहार' का अर्थ कानूनी प्रक्रिया या कानूनी विवाद लगाते हैं (*द नारद स्मृति*, भाग 2, अनुवाद, पेंसिलवानिया, फिलाडेलफिया, 1989, पृ. 5)। लेकिन इसका अर्थ सौदा या इकरारनामा लगाना शायद बेहतर हो।
2. *अर्थशास्त्र*, III.1.38.
3. 'कौटिल्य ऑन रॉयल अथॉरिटी', *इंडियन हिस्टॉरिकल क्वार्टर्ली (आई. एच. क्यू.)*, XXIX (1953), 175-79; 'द प्लेस ऑफ द अर्थशास्त्र इन द लिटरेचर ऑफ इंडियन पॉलिटी, *एनल्स ऑफ दि भाण्डारकर ऑरिएन्टल रिसर्च इंस्टीच्यूट (ए.बी.ओ.आर.आई.)*, XXVIII (1947), 84-85.
4. वही।
5. मौर्य राज्य के सर्वशक्तिमान स्वरूप पर गंभीर शंका की गई है। विवेचना के लिए देखिए रामशरण शर्मा, *ऐस्पेक्ट्स ऑफ पॉलिटिकल आइडियाज़ एण्ड इंस्टिट्यूशंस इन एंशंट इंडिया*, 1996, पृ. 392-402.
6. यू. एन. घोषाल, 'द अथॉरिटी ऑफ द किंग इन कौटिल्याज़ *अर्थशास्त्र*', *आई.एच.क्यू.*, XXVIII (1952), 307-11.
7. वही।
8. *अर्थशास्त्र*, II. 1.
9. लक्ष्मणशास्त्री जोशी, *धर्मकोश*, भाग 1, 'व्यवहारकाण्ड' (वाई, जिला सतारा, 1937), पृ. 1921.
10. वही, 98-99. यहाँ 'राजाज्ञा' शब्द का प्रयोग किया गया है।
11. वही, 103. कात्यायन ने 'राजशासन' की सर्वोच्चता को किंचित् भिन्न दृष्टि से मान्य किया है।
12. वही।
13. द *अग्नि पुराण*, आनन्दाश्रम संस्करण, एच. एन. आप्टे (सं.), संस्कृत सीरीज़, 1900 (253.

3-4). श्लोक वही है जो नारद तथा अन्य धर्मशास्त्रकारों की रचनाओं में मिलता है, लेकिन 'धर्म', 'व्यवहार', 'चरित' तथा 'राजशासन' को 'पूर्ववाधक' कहने की बजाय *अग्नि पुराण* में उन्हें 'पूर्वसाधक' कहा गया है। बी.बी. मिश्र, *पॉलिटी इन द अग्नि पुराण*, कलकत्ता, 1965, पा.टि. 397 और 398 सहित पृ. 127. साथ ही देखिए परिशिष्ट, पृ. 51, जिसमें दिखाया गया है कि *नारद स्मृति*. 1.8.15 वैसा ही है जैसा *अग्नि पुराण* 253. 1(बी)-9(ए)। संभव है पूर्वी भारतीय पांडुलिपि में अनुक्रम की किसी भूल के कारण 'बी ए 4' को 'ए ए 4' में बदल दिया गया हो।

14. *धर्मकोश*, I, भाग 1, पृ. 39. वही, तुलनीय *विष्णु पुराण* से लिया गया उद्धरण।
15. वही, पृ. 349-50.
16. *धर्मकोश*, I, भाग 1, पृ. 349-50.
17. विश्वरूप ने 'पट' का प्रयोग 'भूर्ज' (भोजपत्र) के अर्थ में किया है (वही, पृ. 350)।
18. पी.वी. काणे, *हिस्टरी ऑफ धर्मशास्त्र* (आगे *हि.ध.शा.* के रूप में उल्लिखित), III, पृ. XVIII पर दी गई तिथि-तालिका।
19. *धर्मकोश*, I, भाग 1, पृ. 350.
20. वही, पृ. 374-6.
21. वही, पृ. 376.
22. 'राजाज्ञा तु समादिष्टः सान्धिविग्रहलेखकः ताम्रपट्टे पटे वापि विलिखेद् राजशासनम्' —वही, पृ. 375.
23. 'राजकीये तथा राजा स्वहस्तेन लिखेत् स्वयम्' —वही।
24. अधिकांश दानअभिलेखों में दान देने के सुपरिणामों तथा दान में विघ्न डालने के कुपरिणामों का निर्देश करनेवाले श्लोकों का प्रयोग पाँचवीं सदी से पूर्व नहीं किया गया है, और जहाँ ये श्लोक दिए गए हैं, वे मनु या व्यास की या सामान्यतः अन्य स्मृतियों से लिए गए हैं। पी.वी. काणे ने अभिलेखों से ऐसे तैंतालीस श्लोक एकत्र करके बताया है कि कौन किस स्मृति अथवा किस स्रोत से लिया गया है। *हि.ध.शा.*, II, भाग II, पृ. 1271-77, साथ ही देखिए पृ. 862.
25. एस.के. मैती एवं एच.आर. मुखर्जी, *कार्पस ऑफ बंगाल इंस्क्रिप्शंस* (कलकत्ता, 1967), संख्या 16, पृ. 44-48; सं. 18, पृ. 30-37.
26. *अर्थशास्त्र*, II. 10. 38-40.
27. 'फ़र्सूख़ आइनेर अनालीजा डस शासनाधिकार' ('शासनाधिकार' के विश्लेषण का प्रयास), II, VI. नीलकंठ शास्त्री द्वारा *एनल्स ऑफ भण्डारकर ऑरिएंटल रिसर्च इंस्टीट्यूट*, XXVIII (1947), 86 में उद्धृत।
28. *धर्मकोश*, भाग 1, पृ. 379. यहाँ 'प्रज्ञापनपत्र' शब्द का प्रयोग किया गया है।
29. *धर्मकोश*, I, भाग 1, पृ. 363.
30. वही, पृ. 364-65.
31. वही, पृ. 365.
32. वही।
33. वही, पृ. 366, 368-69, 370.
34. वही, पृ. 348.
35. वही। यहाँ भी *शुक्रनीतिसार* की तरह 'प्रज्ञापनपत्र' शब्द का ही प्रयोग किया गया है।
36. पी.वी. काणे, *हि.ध.शा.*, जिल्द III (पूना, 1946), पृ. XIX पर दी गई तिथि-तालिका।
37. वही, III, पृ. 13 में उद्धृत।

38. वही, पृ. 379.
39. रामशरण शर्मा, *इंडियन फ्यूडलिज़्म (सर्का 300-1200)*, कलकत्ता विश्वविद्यालय, 1965, पृ. 198.
40. वही, पृ. 199, पा. टि. 1.
41. एच. एन. आप्टे (सं.), (आनन्दाश्रम संस्कृत सीरीज़, 1904), पृ. 592.
42. एल. श्रीनिवासाचार्य (सं.), (मैसूर, 1914), III, 'व्यवहारकाण्ड'।
43. आप्टे, उपर्युक्त, पृ. 597.
44. एल. श्रीनिवासाचार्य, उपर्युक्त, पृ. 23-24.
45. आप्टे, उपर्युक्त, पृ. 597.
46. श्रीनिवासाचार्य, उपर्युक्त, पृ. 24.
47. *धर्मकोश*, I, भाग 1, पृ. 92, में उद्धृत, तुलनीय के.बी. रंगस्वामी अय्यंगार, *इंट्रोडक्शन टु व्यवहारकाण्ड ऑफ़ कृत्यकल्प ऑफ़ लक्ष्मीधर* (बड़ौदा, 1958), पृ. 8-9.
48. *धर्मकोश*, I, भाग 1, पृ. 93.
49. श्रीनिवासाचार्य, उपर्युक्त, पृ. 24.
50. *विवादताण्डव* में कमलाकर (1610-1640) का भी प्रायः यही विचार है, *धर्मकोश* I, भाग 1, पृ. 92 पर उद्धृत।
51. आप्टे, उपर्युक्त, पृ. 597.
52. पी. वी. काणे, उपर्युक्त, III, 261 में *स्मृतिचन्द्रिका* तथा *पराशरमाधवीय* के उदाहरणों का उल्लेख अनुमोदनपूर्वक करते हैं।
53. 'अनुमानेन भुक्तियुक्तिस्वरूपेण निर्णयस्तदेकम् चरित्रम्।
सेदस्थित्य यो निर्णयस्तद्द्वितियम् चरित्रमितित्यर्थः।'
—बृहस्पति का *व्यवहारप्रकाश भाष्य, धर्मकोश*, I, पृ. 99 पर।
54. वही, 15.
55. *धर्मकोश*, I, भाग 2, पृ. 944.
56. *धर्मकोश*, I, भाग 1, पृ. 17.
57. वही, पृ. 266, 316. इस प्रकार की प्रथम उक्ति का श्रेय वौधायन को दिया गया है (वही, पृ. 243)। लेकिन यह श्लोक-रूप में है, इसलिए शैली के आधार पर इसे बाद में प्रक्षिप्त किया गया मानकर खारिज किया जा सकता है।
58. वही, पृ. 267.
59. प्रजापति द्वारा, *धर्मकोश*, I, भाग 1, पृ. 373.
60. IX, 232.
61. *एपिग्राफिया इंडिका*, VII, नं. 22, पंक्ति 10; *मनुस्मृति*, IX. 232 की तरह यहाँ भी जाली दानपत्र के लिए 'कूटशासन' शब्द का प्रयोग किया गया है। फ्लीट ने अपने 'स्प्युरियस लैण्ड रेकर्ड्स' शीर्षक निबंध *इंडियन एंटिक्वेरी*, XXX, पृ. 214-23 में जाली दानपत्र गढ़ने के 59 कारण बताए हैं। 1901 में इस सूची के प्रकाशन के बाद से कुछ और भी कारणों की जानकारी मिली है।
62. रामशरण शर्मा, उपर्युक्त, पृ. 64.
63. वही, पृ. 212.
64. *धर्मकोश*, I, भाग 1, पृ. 373.
65. वही, पृ. 38-65.
66. वही, पृ. 62.

अध्याय छह

कृषक-विरोध और सामाजिक संतुलन

पूर्व-मध्यकालीन आर्थिक-सामाजिक व्यवस्था भूमि-संबंधी अधिकारों की दृष्टि से तथा कृषि-उत्पादन के वितरण की दृष्टि से भी घोर असमानता से ग्रस्त थी। भूस्वामियों में बहुत बड़ी संख्या ऐसे लोगों की थी जो खुद खेती-बारी नहीं करते थे, बल्कि किसानों से मुख्य रूप से जिंसों में वसूल किए गए लगान पर सुख-सुविधा की जिंदगी जीते थे। इसके अलावा वे सड़क, इमारत आदि के निर्माण, परिवहन सेवा और अन्य अनेक प्रयोजनों के लिए किसानों के श्रम का शोषण करते थे। व्यापार तथा शिल्प दुरवस्था में थे, और रोजमर्रा के व्यवहार में धातु के सिक्कों का खास इस्तेमाल नहीं होता था, इसलिए किसानों के लिए बाजार में जाकर राहत पाने का रास्ता बन्द था।

आर्थिक-सामाजिक असमानता प्राचीनकाल में भी थी, लेकिन उसका रूप भिन्न था। जातक कथाओं में कुछ बड़े भूस्वामियों के उल्लेख मिलते हैं, पर वे वास्तव में बड़े किसान थे, जिनका हक-हुकूमत अपनी जोत की उस जमीन तक सीमित था जिसके वे मालिक थे। आम तौर पर किसी और की जमीन में उनका कोई हित, कोई हक नहीं बनता था। इसके अलावा ऐसे बड़े किसानों की संख्या भी कम मालूम होती है। इसलिए उस काल में उत्पादन और जीवनयापन के मुख्य साधन, भूमि, के वितरण में कोई व्यापक असमानता नहीं थी। असमानता कृषि-उत्पादों के वितरण के मामले में अवश्य थी। इसके अतिरिक्त खेती-बारी तथा अन्य प्रयोजनों के लिए शूद्रों से जबरन काम लिया जाता था। कृषि-उत्पादन का एक अच्छा-खासा भाग कर या टैक्स के रूप में शासकों के पास चला जाता था, जो क्षत्रिय कहलाते थे। दूसरा भाग दान-दक्षिणा के रूप में ब्राह्मणों तथा धर्म-कर्म में लगे अन्य लोगों और संस्थाओं के हाथों में चला जाता था। ब्राह्मण, क्षत्रिय और वैश्य इन तीनों ऊपरी वर्णों की श्रम की आवश्यकता की पूर्ति का सामान्य स्रोत शूद्र माने जाते थे। लेकिन वास्तव में उनके श्रम का अधिक उपयोग गाँवों में जमीन रखनेवाले ब्राह्मण और क्षत्रिय सामुदायिक या व्यक्तिगत रूप से करते थे। ब्राह्मण और क्षत्रिय समुदाय करों के दायित्व से मुक्त थे। कर देना वैश्यों के जिम्मे था। इस पद्धति में व्यतिक्रम के बहुत-से उदाहरण दिए जा सकते हैं। तथापि गुप्तकाल के पूर्व तक मोटे तौर पर इसी प्रकार के उत्पादन-संबंध कायम रहे।

निस्संदेह, ये उत्पादन-संबंध अन्तर्विरोधों से ग्रस्त थे, और इनमें संघर्ष के बीज विद्यमान थे। जातक कथाओं (500-200 ई.पू.) में जन-विद्रोह के अनेक उदाहरण मिलते हैं। उनके बारे में बिनयचन्द्र सेन का कहना है कि '"" कथा में राजा की निरंकुशता या अलोकप्रिय कार्यों के खिलाफ प्रजा की विजय को ब्राह्मणों, क्षत्रियों तथा वैश्यों के एकजुट हो जाने का परिणाम बताया गया है। इन तीनों समुदायों की आवाज को शारीरिक शक्ति के सम्मिलित प्रयोग के बल पर कार्यान्वित किया जाता था।'[1] लेकिन राजा को क्षत्रियों का प्रतिनिधि माना जाता था, इसलिए मालूम होता है, कई अवसरों पर विद्रोहों का नेतृत्व ब्राह्मण करते थे। एक दृष्टांत में तो गाँवों और शहरों के लोगों ने मिलकर विद्रोह किया, और राजा तथा उसके पुरोहित को पीट-पीटकर मार डाला।[2] *कौटिलीय अर्थशास्त्र* में 'प्रकृतिकोपक' शब्द के उल्लेख से भी जन-विद्रोह का संकेत मिलता है।[3] इसके अतिरिक्त कलियुगीन सामाजिक संघर्षों पर हम दूसरे अध्याय में विचार कर चुके हैं।

मालूम होता है, कलियुगीन सामाजिक संघर्षों के उदर से ही उन नए उत्पादन-संबंधों का जन्म हुआ जिनकी प्रमुख विशेषता भूमि-विषयक अधिकारों तथा कृषि-उत्पादों के वितरण की घोर असमानता थी। कलियुगीन संघर्ष की स्थिति के कारण वैश्यों से कर वसूल करना और शूद्रों से सेवा प्राप्त करना कठिन हो गया। राज्य पुरोहितों को नकद दान-दक्षिणा और सरकारी अमलों को वेतन देने में असमर्थ हो गया। इस अराजकता की स्थिति पर काबू पाने के लिए स्मृतियों में दण्ड के कड़े विधान किए गए। राजा की धर्म की रक्षा करने, अर्थात् सभी वर्णों को अपने-अपने कर्तव्य पर आरूढ़ रखनेवाली भूमिका पर जोर दिया गया। किन्तु लगता है, ये सारे उपाय विफल हो गए। निदान पुरोहितों तथा धर्म-कर्म से संबंधित अन्य लोगों और संस्थाओं की सेवाओं के बदले में बड़े पैमाने पर उन्हें भूमिदान देने का रास्ता अपनाया गया। पूरी संभावना है कि अन्य सेवाओं के प्रतिदानस्वरूप भी भूमिदान दिए जाते होंगे, यद्यपि इनके अभिलेखीय प्रमाण नहीं मिलते, जिसका कारण यह है कि ऐसे दान स्थायी रूप से नहीं दिए जाते थे और इसलिए उनसे संबंधित दस्तावेज किसी टिकाऊ चीज पर तैयार नहीं किए गए। दूसरे, राज्य के नियंत्रण के कमजोर पड़ जाने से गाँवों के मुखिया-महतो भी भूस्वामी श्रीमंत बन बैठे। तीसरे, जब नकद वेतन देने में असमर्थ राज्य ने अपने अमलों को किसानों पर लगाए गए कुछ कर-महसूल निजी खाते में वसूल करने की सुविधा दी तो उन्होंने न केवल उन कर-महसूलों पर स्थायी अधिकार जमा लिया, बल्कि जिस जमीन पर कर-महसूल लगाये जाते थे उस पर भी अपना हक मुकम्मल कर लिया।

इस तरह जो नई सामाजिक व्यवस्था उदित हुई उसमें भूस्वामियों का बोलबाला था। भूमिदान से संबंधित राजकीय सनदों में, जिन्हें 'राजशासन' कहा जाता था, किसानों को चरागाहों, पगडंडियों, मछलीगाहों, जंगलों, बगीचों आदि के सामुदायिक अधिकारों से वंचित कर देने की प्रवृत्ति दिखाई देती है। अब इन सामुदायिक संसाधनों के उपभोग का अधिकार दानभोगियों के हाथों में चला गया। उन्हें न केवल नियत कर, जो अब तक राजा को मिलते थे, वसूल करने का अधिकार दिया गया, बल्कि वे नए कर भी लगा सकते थे। पूर्व-मध्यकालीन राजशासनों में जमीन पर लगाए गए करों की सूची उत्तरोत्तर लंबी होती चली गई। मालूम होता है, इससे एक

ओर तो कृषि का विस्तार हुआ और उत्पादकता में वृद्धि हुई, लेकिन दूसरी ओर राज्य द्वारा प्रत्यक्ष रूप से शासित प्रदेशों में और विशेषतः उसके द्वारा अनुदत्त क्षेत्रों में करों का बोझ अधिकाधिक बढ़ता चला गया। कारण, दान-क्षेत्रों का उपभोग करनेवाले नए भूस्वामी प्राचीनकाल के भूस्वामियों से भिन्न थे। इनका कुछ-न-कुछ हक दान-क्षेत्र की चप्पा-चप्पा जमीन पर कायम हो गया। इस प्रकार राजशासनों से उत्पादन-संबंधों में परिवतर्तन आया। अब ऐसी स्थिति उत्पन्न हो गई थी जिसमें एक दानभोगी का दूसरे दानभोगियों से, राजा का अपने सामंतों से, और सबसे ज्यादा भूस्वामियों का किसानों से संघर्ष हो सकता था।

यह संघर्ष अनेक रूपों में प्रकट हो सकता था। एक रूप था मुकदमेबाजी। स्पष्ट है कि इसका सहारा दानभोगी और उन्नत वर्गों के किसान ही ले सकते थे। संभव है, दानभोगी भूस्वामियों को और बल-प्रयोग से अथवा परम्परा-सिद्ध अधिकारों के आधार पर जमीन हासिल करनेवाले कुछ अन्य भूस्वामियों को मुकदमेबाजी में फँसना पड़ा हो। भूमि-विषयक विवादों का निबटारा दानभोगियों के हक में कराने के उद्देश्य से ही धर्मशास्त्रों या विधिग्रन्थों में नए विधान का समावेश किया गया। इसमें 'राजशासन' को अन्य सभी प्रमाणों पर वरीयता प्रदान की गई, जिसका विस्तृत विवेचन हम चौथे अध्याय में कर चुके हैं।

किसान मुकदमेबाजी के अलावा दूसरे तरीकों से भी विरोध प्रकट करते थे। इनमें से एक तरीका था राजा की यात्रा के दौरान स्वयं उसी से फरियाद करना। एक बार जब हर्ष अपनी सेना के साथ देहाती इलाके से गुजर रहा था तब उसका स्वागत करने बहुत-से ग्रामीण लोग बाहर आ गए। लेकिन साथ ही इस अवसर का लाभ उठाकर उन्होंने उन भोगपतियों के अत्याचारों के खिलाफ उससे शिकायत भी की जिन्हें उन गाँवों के राजस्व का उपभोग करने का अधिकार दिया गया था। एक दूसरा तरीका था आत्म-बलिदान का जो दक्षिण भारत में अधिक लोकप्रिय था। इस संदर्भ में एक नर्तकी का दृष्टान्त उल्लेखनीय है। उसे भरण-पोषण के लिए कुछ जमीन दी गई थी, लेकिन मालूम होता है, उस जमीन में उसके संबंधियों को खेती नहीं करने दी जा रही थी। उन्हें खेती करने का अधिकार दिलाने के लिए उस नर्तकी ने मंदिर के बुर्ज से कूदकर जान दे दी। इसी प्रकार का उदाहरण उस ब्राह्मण का है जो मंदिर के सेवकों तथा रक्षकों को उनका अधिकार दिलाने के क्रम में उनके साथ स्वयं भी बलिदान हो गया।[4] बहुत-से जैनों का विश्वास था कि अपने शरीर को कष्ट देकर जीवन का अन्त कर देने से मोक्ष प्राप्त होता है। मोक्ष प्राप्त करने के लिए अपने जीवन का अन्त कर देने का जैनों का यह धार्मिक आचरण शायद उन्हीं तरीकों का अनुकरण था जिनका उपयोग दक्षिण भारत के किसान अपने सामंती प्रभुओं के अत्याचारों के खिलाफ विरोध प्रकट करने के लिए करते थे। मालूम होता है, दक्षिण भारत में अभी हाल तक प्रचलित आत्म-बलिदान की प्रथा, जिसका उदाहरण एम.जी. रामचन्द्रन् की मृत्यु के समय देखने को मिला, जीवन की असहनीय स्थितियों के खिलाफ विरोध प्रकट करने की पूर्व-मध्यकालीन प्रथा का ही अवशेष है।

ग्यारहवीं-तेरहवीं सदियों के दौरान ब्राह्मण जाति के भूस्वामियों तथा किसानों के बीच

कर्नाटक और आन्ध्रप्रदेश में हुए कई हिंसक संघर्षों के दृष्टान्तों का हवाला दिया गया है। किसानों ने ब्राह्मण भूस्वामियों पर सशस्त्र हमले किए तो बदले में भूस्वामियों ने पूरे गाँव और खड़ी फसलों को जला दिया और कृषक गाँवों के खिलाफ लड़ाई छेड़ दी।[5]

ब्राह्मणों की भूमि की रक्षा करते हुए अथवा ब्राह्मणों तथा अन्य भूस्वामियों द्वारा मचाई गई मार-काट में अपने प्राण उत्सर्ग करनेवालों की वीरता की स्मृति में दक्षिण भारत में पत्थर के बहुत-से स्मारक स्थापित किए गए। इन्हें 'विरगल' या 'विरकल' अर्थात् 'वीर पाषाण' कहा जाता है। कर्नाटक के साथ-साथ दक्षिण भारत के अन्य कई हिस्सों में भी ये अच्छी-खासी संख्या में देखने को मिलते हैं। कर्नाटक के हसन जिले से प्राप्त ऐसे ही एक पत्थर पर अभिलेख भी अंकित है। इस अभिलेख से मालूम होता है कि 1212 ई. में तालाब के लिए केरेहल्ली के लोगों के खिलाफ लड़ते हुए एक सरदार खेत रहा, जिसकी याद में वहाँ वह स्मारक स्थापित किया गया।[6] कर्नाटक के ग्यारहवीं-तेरहवीं सदियों के अभिलेखों में न केवल तालाबों के दान, निर्माण तथा अनुरक्षण के उल्लेख मिलते हैं, बल्कि उनके कब्जे के लिए लड़ाइयों के भी जिक्र हुए हैं। यह सब स्वाभाविक ही था, क्योंकि उस काल में सिंचाई मुख्यतः तालाब के द्वारा ही होती थी। ऊपर जो दृष्टान्त दिया गया है उससे मालूम होता है कि तालाब से ज्यादा पानी का दावा करनेवाले उस सरदार के खिलाफ गाँव के सारे-के-सारे किसान उठ खड़े हुए थे। वीर पाषाणों पर अंकित अभिलेखों का क्षेत्रवार और कालानुक्रमिक मानचित्र तैयार करके ग्रामीण संघर्षों की दृष्टि से उनके निहितार्थों एवं महत्त्व का आकलन करना सार्थक हो सकता है।

तमिलनाडु तथा उसके आसपास के क्षेत्रों से प्राप्त चोल अभिलेखों में किसानों के विरोध के अनेक उदाहरण मिलते हैं। *एन्युअल रिपोर्ट्स ऑफ साउथ इंडियन एपिग्राफी* में प्रकाशित इन अभिलेखों के सारांशों पर मैंने नजर डाली है। इन सारांशों से भी इसका ठीक-ठीक अन्दाजा मिल जाता है कि तेरहवीं सदी के पूर्वार्ध में चोल शासक राजराज तृतीय के अधीन भूस्वामियों के अत्याचारों के विरुद्ध और कभी-कभी सरकारी अमलों के जुल्मों के खिलाफ भी किसानों की प्रतिक्रिया कितने उग्र रूप में प्रकट होती थी। इनसे मालूम होता है कि पांड्यों के हाथों चोल राजा की पराजय से उसके सामंतों की बन आई। पांड्य हमलों के बाद चोल राज्य में अव्यवस्था और 'क्षोभम्' फैल गया। संपत्ति असुरक्षित हो गई और उसकी हानि हुई। मंदिर वीरान हो गए, और लोग उनसे प्रतिमाएँ चुराकर ले गए। इससे भी बुरी बात यह हुई कि जमीन के कागज-पत्र और स्वामित्व के दस्तावेज नष्ट कर दिए गए। यह सब चोल राज्य के केंद्र तंजावुर जिले में हुआ।[7] जमीन के कागज-पत्रों तथा भूमि के स्वामित्व के दस्तावेजों को शायद सामंतों और प्रतिद्वंद्वी दानभोगियों ने नष्ट किया होगा, लेकिन करों के भारी बोझ से दबे मंदिर की रैयतों की भी इस तरह की कार्रवाई में कुछ कम रुचि नहीं रही होगी। ऐसे प्रसंगों में मंदिरों के प्रबंधक कभी-कभी मंदिरों में सेवा के लिए रखे गए लोगों का पक्ष लेते थे। श्रीरंगम् में प्राप्त मारवर्मन् सुंदर पांड्य के शासनकाल के नवें वर्ष (1223 या 1224 ई.) के एक अभिलेख से ज्ञात होता है कि मंदिर के प्रबंधक 'ओट्टर' से मिल गए, जिससे मंदिर की आय की हानि हुई। वेंकटरामय्या 'ओट्टर'

को ओड्डिय (उड़ीसा के निवासी) मानते हुए यह स्थापना प्रस्तुत करते हैं कि 1224 ई. के आसपास कलिंग की सेना ने श्रीरंगम् तक पर आक्रमण कर दिया। किंतु वेंकटसुब्बा अय्यर के विचार से ओट्टर से 'अपने सिर किसी विशेष कार्य का दायित्व लेनेवाले या मंदिर के साथ कोई इकरार करनेवाले लोगों' का बोध होता है। तमिल अभिलेखों में उड़ीसा के लोगों को ओट्टर नहीं, बल्कि ओड्डियर कहा गया है।[8] ओट्टर शब्द की अय्यर द्वारा की गई व्याख्या के अनुसार स्पष्ट ही इस शब्द से सेवा वर्ग के लोगों का बोध होता है, जिसमें ऐसे शिल्पी तथा कृषि-मजदूर भी शामिल थे जिन्हें निर्वाह के लिए कुछ जमीन मिली हुई थी। हो सकता है, इनमें 'देवदान-कम्मी' या मंदिर की जमीन से बँधे कृषिदास भी शामिल रहे हों। मालूम होता है, श्रीरंगम् मंदिर के प्रबंधक सेवक वर्ग के हितों के समर्थन में मंदिर के प्रधान के खिलाफ खड़े हो गए, उनकी कार्रवाई से मंदिर की आमदनी घट गई और उसका सामान्य कामकाज ठप पड़ गया। अंत में पांड्य राजा मारवर्मन् सुंदर ने इन प्रबंधकों को मंदिर से निकाल भगाया। स्पष्ट है कि दो वर्षों तक चलनेवाला यह संघर्ष मंदिर के शिल्पियों तथा कृषक-मजदूरों के भारी विरोध के कारण हुआ और इसका नेतृत्व मंदिर के पुरोहितों ने किया।

राजराज तृतीय के शासनकाल के अंतिम वर्षों के बहुत-से अभिलेख अशांति, सामाजिक अव्यवस्था तथा राज्य-विरोधी कार्रवाइयों के प्रसंगों से भरे पड़े हैं। वे यह भी बतलाते हैं कि ऐसी कार्रवाइयों के प्रतिकारस्वरूप कई मामलों में संपत्ति की जब्ती और नीलामी की गई। तंजावुर जिले से प्राप्त राजराज के शासनकाल के तेईसवें वर्ष के एक अभिलेख में जो विवरण दिए गए हैं वे सामान्यतः इस तरह के अन्य अभिलेखों में भी पाए जाते हैं।[9] इस अभिलेख के अनुसार, एक मंदिर के दो पुजारियों को, जिन्हें शिव-ब्राह्मण कहा गया है, माहेश्वरों (शैव उपासकों) की एक मंडली ने दंड दिया। अब्राह्मणों की ग्राम-सभा (उर) ने भी इस मंडली की कार्रवाई में साथ दिया। पुजारियों को 'राज-द्रोहम्' तथा 'शिव-द्रोहम्' का अपराधी ठहराया गया। अभिलेख के अनुसार, इन पुजारियों ने मंदिर की देवी के आभूषण एक रखैल को दे दिए थे, मंदिर के धन का गबन किया था, जमीन का लगान देने से इनकार कर दिया था और अन्य प्रकार के अनुचित आचरण किए थे। उन्होंने राजा के आदेश की अवहेलना की थी और उसके दूतों को धोखा दिया था। उन्होंने कन्नडिगों (कर्नाटकियों) के माध्यम से अकथनीय पाप किए थे एवं 50,000 'कसु' जमा कर लिए थे। इन तमाम अपराधों के दंडस्वरूप उन्हें मंदिर और समाज से निकाल बाहर किया गया, तथा राज्य ने नौकर-चाकर सहित उनकी सारी चल-अचल संपत्ति जब्त कर ली।[10] इस अभिलेख में अब्राह्मण होने पर भी लोग शैव मंदिर को दिए गए दान के उत्साही समर्थकों के रूप में सामने आते हैं, जबकि उस मंदिर के ब्राह्मण पुजारी दान में विघ्न डालते दिखाई देते हैं।

इसी राजा के शासनकाल के उन्नीसवें वर्ष में एक गाँव के निवासियों के नाम उन सभी भूमिखंडों के स्वत्वपत्रों का नवीकरण किया गया जिनका उपभोग वे राजराज के राजत्व-काल के अठारहवें वर्ष तक कर रहे थे। यह काम उस गाँव की सभा की देखरेख में कराया गया और इसे अंजाम दिया पिल्लै वंशनामवाले दो अधिकारियों ने, जो अपने नाम से काफी ऊँचे सरकारी

ओहदेदार मालूम होते हैं। स्वत्वपत्रों का नवीकरण इसलिए करना पड़ा कि राजराज के शासनकाल के पाँचवें, ग्यारहवें और सोलहवें वर्षों में चोल देश में भड़की अशांति के दौरान पुराने पंजीकरण और दस्तावेज खो गए थे। इस पूरे मामले का संबंध शंखनारायणेश्वर मंदिर से था।[11]

ऊपर की बातों से मालूम होता है कि राजराज तृतीय के शासनकाल में, खासकर उसके शासन के प्रथम चरण में चोल राज्य के केंद्रीय प्रदेश में भी ग्रामीण लोगों के विद्रोह होते रहते थे। जमीन के सभी दस्तावेजों के खो जाने से लगता है कि किसान धार्मिक भोक्ताओं को स्वीकार करने को तैयार नहीं थे। शंखनारायणेश्वर मंदिर के मामले में आखिरकार दानभोगियों की ग्राम-सभा को उन सभी लोगों के स्वत्वपत्रों का नवीकरण करना पड़ा जो गाँव के अलग-अलग मौजे में जमीन का उपभोग कर रहे थे।

राजराज के शासनकाल के तेईसवें साल में भी विरोध का ऐसा ही प्रसंग एक अभिलेख में मिलता है। उसमें कहा गया है कि एक बार अकाल पड़ने पर अंडरांड नामक व्यक्ति ने कुछ और लोगों के साथ मिलकर मंदिर के खजाने को खोल दिया, देव-प्रतिमा में से कुछ हिस्से काट लिए और मंदिर की जमीन का कुप्रबंध किया। इस सबके लिए न्यायाधीशों तथा अन्य ग्रामवासियों के निर्णय के अनुसार उसकी और उसके साथियों की जमीन जब्त कर ली गई। यह सब तंजावुर जिले में घटित हुआ।[12] इस संक्षिप्त विवरण में बहुत-सी बातें अनकही रह गई हैं। यह नहीं बताया गया है कि विद्रोह के उस नेता और उसके साथियों ने मंदिर की जमीन का कैसा कुप्रबंध किया। जाहिर है कि या तो उन्होंने मंदिर की जमीन किसानों को बंदोबस्त कर दी या दुर्भिक्ष से परेशान किसानों का लगान माफ कर दिया। परिणाम यह हुआ कि अकाल के दौर में मंदिर की जमीन से होनेवाली आमदनी मंदिर के बजाय उस जमीन को जोतने-बोनेवालों के हाथों में चली गई। अंत में इस विद्रोह के नेता और उसके समर्थकों की जमीन जब्त करके उन्हें दंडित किया गया।

राजद्रोहियों को दंडित किए जाने का भी मामला सामने आता है। यह स्पष्ट नहीं है कि उन्होंने शिव-ब्राह्मणों की तरह स्थानीय भूस्वामियों तथा उनके अनुगामियों के खिलाफ काम किया था या नहीं, पर इतना तो निश्चित है कि उन्होंने राजा के विरुद्ध कार्रवाई की थी। इस राज-विरोधी षड्यंत्र को विरोधियों में भेद डालकर दबा दिया गया। इस अभिलेख[13] के अनुसार, जब पांड्य देश में कुलोतुंग चोल तृतीय पड़ाव डाले हुए था तभी उसने एक सरदार को बुलाकर उससे तोंडैमंडलम् के एक गाँव की सरदारी लेने को कहा। पांड्य सरदार ने इस प्रस्ताव को स्वीकार कर लिया और उस गाँव में जाकर उसने राजद्रोहियों को दंडित किया। पांड्य देश के मूल निवासी से तोंडै के एक गाँव की सरदारी लेने को कहने का एक कारण तो स्पष्ट ही यह था कि राजद्रोहियों ने वहाँ अशांति मचा रखी थी। इस नए सरदार ने उन्हें अवश्य ही गाँव से निकाल बाहर किया होगा।[14]

मुझे विश्वास है कि ग्रामीण तनाव और हिंसा के और भी बहुत-से दृष्टांत जुटाए जा सकते हैं। यद्यपि इनमें से किसी भी उदाहरण से भूस्वामियों के विरुद्ध संगठित कृषक समूहों के विद्रोह का संकेत नहीं मिलता, तथापि भूमि के दस्तावेज और स्वत्वपत्रों के नष्ट किए जाने का विशेष

महत्त्व है, क्योंकि ये कागजात सामान्यतः ब्राह्मणों तथा मंदिरों को दी गई राजकीय सनदों पर आधारित होते थे। स्वाभाविक है कि किसान धार्मिक तथा धर्मेतर दोनों वर्गों के विभिन्न प्रकार के दानभोगियों की पारस्परिक प्रतिद्वंद्विता और दानभोगियों और राज्य के बीच की खटपट से भी लाभ उठाना चाहेंगे। चूँकि किसानों में अपेक्षित जागरूकता नहीं रही होगी, इसलिए उनके विरोध का नेतृत्व सामान्यतः ऐसे पुरोहितों ने किया जिनमें या तो सामाजिक चेतना थी या स्थिति के प्रति असंतोष। सामाजिक चेतनावाले उच्चवर्गीय लोगों द्वारा दलितों-शोषितों के नेतृत्व का सिलसिला आधुनिक काल तक जारी रहा है।

भूस्वामियों के विरुद्ध खुले विद्रोह के भी साक्ष्य उपलब्ध हैं। ऐसा विद्रोह खास तौर से जनजातीय किसान करते थे। इसका उदाहरण दक्षिण भारत में छठी सदी के आसपास का प्रसिद्ध कलभ्र विद्रोह है। कलभ्र कबायली लोग मालूम होते हैं। नीलकंठ शास्त्री ने अपनी कई रचनाओं में इस विद्रोह का जिक्र किया है,[15] हालाँकि कलभ्रों में उन्हें कहीं कोई अच्छाई दिखाई नहीं देती। कलभ्रों को मानवता का अभिशाप और सभ्यता का शत्रु कहा गया है। कलभ्र राजाओं को कुराजा बताया गया है, और उन पर दानभोगियों के दखल की ब्रह्मदेय भूमि छीनकर वापस ले लेने का आरोप लगाया गया है। आठवीं तथा नवीं सदी के पांड्य अभिलेखों के अनुसार कलभ्र आक्रमणों के फलस्वरूप भोक्ताओं से दान में दी गई जमीन छिन गई, और शूद्र लोग भी दान की जमीन पर दखल जमाने लगे।[16]

तमिलनाडु में चोलों के मुकाबले कलभ्रों के वर्चस्व के काल को अंधकार का युग बतलाया गया है। यद्यपि कलभ्रों का शासन सिर्फ 75 साल के आसपास चला तथापि इसी दौरान उन्होंने उस काल के सामाजिक तथा राजनीतिक संबंधों को अस्तव्यस्त करके रख दिया। कलभ्रों की जीत के साथ आरंभ होनेवाले तथाकथित अंधकार के दौर का खात्मा उन्हें पराजित करके पांड्यों ने किया।

पूर्वी भारत में कैवर्त विद्रोह का उल्लेख किया जा सकता है। ये लोग पेशे से मछुवारे और कृषक थे। इस कबीले को ब्राह्मणीय समाज में निम्नस्थ वर्णसंकर जाति के रूप में स्थान दिया गया था। मनु के अनुसार (X. 34) कैवर्त मल्लाह थे। लेकिन लगता है, बंगाल में वे मुख्यतः किसान थे, और बहुत-कुछ महिषियों के ही समान थे, जिन्हें क्षत्रिय पिता तथा वैश्य माता की संतान माना जाता था।[17] पाल शासकों ने कुछ कैवर्त सरदारों को सेवा-अनुदान के रूप में जमीन दी थी। दसवीं सदी के अंत के आसपास महीपाल ने इनकी जमीन वापस ले ली,[18] और कैवर्तों पर बहुत-से कर लगा दिए गए। फलतः उन्होंने महीपाल के खिलाफ विद्रोह कर दिया और काफी समय के लिए अपने क्षेत्र में पाल सत्ता को समाप्त कर दिया।[19] इस विद्रोह को अब तक या तो अत्याचार के विरुद्ध जन-आक्रोश[20] या सुस्थापित वैध सत्ता के खिलाफ नागरिक अशांति माना जाता रहा है, जिससे शांति-व्यवस्था भंग हो गई।[21] प्रथम दृष्टिकोण का प्रयोजन लोकतांत्रिक शासन का औचित्य सिद्ध करना और दूसरे का यथास्थिति का समर्थन करना तथा हर परिस्थिति में विद्रोह को अनुचित ठहराना है। लेकिन विशेष मंतव्यों से प्रेरित इस तरह की व्याख्या करने के उत्साह में इस विद्रोह के कृषक पक्ष की उपेक्षा कर दी गई।[22]

जिन थोड़े-से विद्रोहों की जानकारी हमें उपलब्ध है उनके स्वरूप का सही विश्लेषण करना बहुत आवश्यक है। अब तक हमें ऐसे इलाकों में विद्रोह का कोई उदाहरण नहीं मिला है जो ठीक तरह से बस चुके थे और जहाँ समाज स्पष्ट रूप से वर्णों में विभाजित हो चुका था। कलभ्र और कैवर्त दोनों कबायली किसान थे, जिन पर जाति या ब्राह्मणीय व्यवस्था का असर नहीं हो पाया था। कैवर्त दुर्धर्ष कबीले के लोग थे। पालों के खिलाफ अपने विद्रोह में लड़ने के लिए उनके पास रथ नहीं थे।[23] वे भैंसों पर सवार होकर तीर-धनुष से लड़े।[24] भैंसा यम का वाहन है, इसलिए भैंसे के साथ कैवर्तों का संबंध इस बात का द्योतक है कि वे यम के समान प्रचंड थे। जो भी हो, कैवर्तों ने अपने सरदार भीम के अधीन अपनी कबायली पहचान कायम रखी। संध्याकरनंदी-कृत *रामचरित* में भीम के गोत्र-बंधुओं के वध के उल्लेख बार-बार मिलते हैं।[25] यद्यपि रामपाल का चित्रण अपने कुटुम्बियों का कभी कोई अपकार न करनेवाले व्यक्ति के रूप में किया गया है, तथापि उसने कैवर्तों को इन लोगों की सहायता से नहीं, बल्कि अपने बहुत-सारे सामंतों की मदद से दबाया, जिनमें से चौदह का उल्लेख उस ग्रंथ में स्पष्ट रूप से किया गया है।[26] इनमें से कई सामंत वनांचलों में शासन करनेवाले कबायली सरदार थे।[27] इसलिए लगता है, रामपाल और कैवर्तों के बीच चलनेवाले लंबे संघर्ष से व्यापक कबायली बंधुता कमजोर हुई, और कैवर्तों को अपनी नियति से अकेले ही जूझना पड़ा; उन्हें अन्य कबायली बंधुओं की सहायता नहीं मिली। इसलिए इस बात की छानबीन करना भी आवश्यक है कि इन विद्रोहों में कौटुंबिक बंधुता की भावना का इस्तेमाल कहाँ तक किया गया।

इसी प्रकार इन विद्रोहों के स्वरूप का विश्लेषण करते हुए इसका विचार करना भी जरूरी है कि शोषकों के खिलाफ किसानों की लामबंदी में धर्म की क्या भूमिका रही। कलभ्र तो स्पष्ट ही ब्राह्मण-विरोधी थे और उन्हें बौद्ध कहा गया है। सातवीं सदी या उसके आसपास के एक बौद्ध भिक्षु की रचना में कलभ्र कुल का उल्लेख हुआ है।[28] दूसरी ओर कैवर्त लोग शैव थे और उनका विरोध पालों से था, जो निर्विवाद रूप से बौद्ध धर्म के पक्षधर थे। यद्यपि दसवीं सदी में नारायणपाल ने पाशुपतों को भूमिदान दिए तथा उनके लिए कई मंदिर बनवाए,[29] किंतु आगे की सदियों के दौरान पूर्वी भारत में बौद्ध धर्म तथा शैव संप्रदाय में अनबन ही रही। पूर्वी भारत की मूर्तिकला में बौद्ध देवी-देवताओं को आक्रामक मुद्रा में दिखाया गया है। उड़ीसा में प्राप्त दसवीं सदी की देवमाला में बौद्ध देवता त्रैलोक्यविजय शैव देवताओं को पद-मर्दित करते हुए दर्शाये गये हैं। इसी सदी की एक देवमाला में,[30] जो नालंदा से प्राप्त हुई है, शैव देवी-देवताओं पर बौद्ध देवी अपराजिता का प्रभुत्व दिखाया गया है।

इस धार्मिक संघर्ष का कारण उस सामाजिक परिस्थिति में ढूँढ़ा जा सकता है जिसमें बौद्ध विहारों के बड़ी-बड़ी भूसंपत्तियों के स्वामी बन बैठने से एक ओर तो ब्राह्मण दान के अवसरों से वंचित हो गए और दूसरी ओर हिंदू किसान दानभोगी विहारों के शोषण का शिकार बन गए। कैवर्त सरदार भीम शिव और भवानी का भक्त था।[31] और हो सकता है, उसकी जाति के लोग भी शैव ही रहे हों। ज्ञातव्य है कि जब रामपाल ने कैवर्तों पर विजय प्राप्त की तो उसने अपनी नवस्थापित राजधानी रमावती में लोगों

को, जो जाहिरन कैवर्त थे, संतुष्ट करने के लिए अनेक शैव मंदिर बनवाए।[32]

दक्षिण भारत में स्थिति इससे उल्टी थी। वहाँ शैव तथा वैष्णव दोनों जैनों और बौद्धों को सताते थे। भूमिदान प्राप्त करने की प्रतिस्पर्धा शायद इसका महत्त्वपूर्ण कारण रही हो। जैनों को वसदियों के लिए तथा बौद्धों को विहारों के लिए भूमिदान दिए गए जिससे अन्ततः यह सारा वैर-विरोध मिट गया और सुलह-समझौता कायम हो गया। लेकिन चूँकि इन विद्रोहों के उल्लेख धर्मेतर ढंग से नहीं किए गए हैं, इसलिए इनके सामाजिक आयामों की छानबीन और भी जरूरी हो जाती है।

कभी-कभी भूमिदान के सौभाग्य से वंचित ब्राह्मण भी किसानों को लामबंद करके दानभोगी ब्राह्मणों के खिलाफ विद्रोहों का नेतृत्व करते थे। यह भी ध्यान देने की बात है कि जातक कथाओं में विद्रोहों के नेता ब्राह्मण हैं, जिन्हें जन-समर्थन भी मिलता है। इन विद्रोहों के फलस्वरूप अत्याचारी शासक के स्थान पर नेक शासक प्रतिष्ठित होता है, जो धर्म तथा समाज द्वारा स्थापित नियमों के अनुसार शासन करने का वचन देता है।

कृषक विद्रोहों के लक्ष्यों तथा प्रयोजनों और उनसे जुड़े प्रश्नों की पहचान करना आसान नहीं है। सामान्यतः ये प्रश्न विद्रोहियों की तात्कालिक आकांक्षाओं से संबद्ध होते थे। उदाहरण के लिए, कैवर्त लोग उस जमीन को वापस पाना चाहते थे जो महीपाल ने उनसे छीनकर बौद्धों को दे दी थी। वे पाल शासकों द्वारा लगाए गए करों के भारी बोझ से भी मुक्ति चाहते थे।[33] उन्होंने कुछ समय के लिए अपने बीच से पाल शासन को उखाड़ फेंका, लेकिन इससे सामाजिक और राजनीतिक संबंधों का स्वरूप नहीं बदला; बस इतना ही हुआ कि उस दौरान पाल शासक का स्थान कैवर्त सरदार दिव्योक तथा उसके पुत्र भीम ने ले लिया।

इस विद्रोह के फलस्वरूप कैवर्त जाति की कर्मकांडी स्थिति में सुधार हुआ। पहले ब्राह्मण कैवर्त का छुआ भोजन ग्रहण नहीं करता था और उसे अंत्यज कहा जाता था। लेकिन बाद में क्षत्रिय पिता तथा वैश्य माता से उसके उद्भव की कथा को काफी लोकप्रियता प्राप्त हुई, और वह सत् शूद्र माना जाने लगा, जो कुछ ब्राह्मणीय संस्कार संपादित कर सकता था और जिसका छुआ भोजन स्वीकार किया जा सकता था। सोलहवीं सदी के एक ग्रंथ में (हालाँकि इसकी रचना का श्रेय बारहवीं सदी के शासक बल्लालसेन को दिया गया है) ऐसा उल्लेख है कि बल्लालसेन ने कैवर्तों की सामाजिक स्थिति को ऊपर उठाया और यह विधान किया कि वे शारीरिक श्रम और घरेलू चाकरी करके जीविका उपार्जित कर सकते हैं। कैवर्तों के मुखिया महेश को महामांडलिक का दर्जा और विरुद प्रदान किया गया।[34] अपने सरदार के इस सम्मान से महेश के गोत्र-बंधु प्रसन्न हो सकते थे। *भागवत पुराण* के एक श्लोक की टीका में श्रीधरस्वामी (1400 ई.) ने भी दिखाया है कि कैवर्तों के दर्जे में सुधार हुआ।[35]

सुदूर दक्षिण में तीन तमिल राजवंशों की सत्ता को कुछ समय के लिए उखाड़ फेंकनेवाले कलभ्र लोग भी उस काल की व्यवस्था पर शायद कोई छाप नहीं छोड़ पाए। उन्होंने ब्राह्मणों को दान की गई जमीन अवश्य छीन ली और शायद वे काफी समतावादी भी थे। संभव है, कैवर्तों में भी समता की भावना रही हो। किंतु इन दोनों में से किसी के बारे में भी यह नहीं कहा जा सकता

कि उन्होंने सामाजिक संबंधों अथवा राजनीतिक व्यवस्था को बदलने के इरादे से विद्रोह किया।

किसानों के विरोधों और विद्रोहों से उस काल की सामाजिक-आर्थिक व्यवस्था में कोई कमजोरी आई या नहीं, इसका अन्वेषण भी आवश्यक है। देश के कई हिस्सों में ग्यारहवीं सदी से आरंभ होनेवाले व्यापार तथा शिल्प के पुनरुत्थान के इन विरोधों और विद्रोहों से संबद्ध होने की संभावना का संकेत अवश्य किया गया है, लेकिन इस विषय की छानबीन नहीं की गई है।[36] हम निश्चयपूर्वक यह भी नहीं कह सकते कि ये विद्रोह स्वतःस्फूर्त थे या इन्हें योजनापूर्वक संगठित किया गया था। प्रमाणों के पर्याप्त स्रोतों तथा अनुसंधान के अभाव में इन प्रश्नों का उत्तर देना संभव नहीं है।

किंतु एक बात स्पष्ट है। बारहवीं सदी या उसके आसपास तक लोगों को भूमिदानों से उत्पन्न बुराइयों और शोषण की विराटता तथा विकरालता का काफी एहसास हो चुका था। यह बात खास तौर से दक्षिण भारत के बारे में कही जा सकती है, जहाँ भूमिदानों को रोकने के भी किसानों ने प्रयास किए। बारहवीं सदी में जब एक गाँव को अग्रहार बनाने का प्रयत्न किया गया तो वहाँ के सारे-के-सारे निवासियों ने उसका विरोध किया।[37] इस खुले विरोध से अन्य गाँवों के लोगों को भी प्रतिरोध करने का साहस और प्रेरणा प्राप्त हुई होगी।

किंतु कृषक-प्रतिरोध के इन तमाम उदाहरणों के बावजूद वास्तविकता यही है कि मोटे तौर पर किसानों ने भूस्वामियों के उदय तथा अपने सामुदायिक अधिकारों के क्षय से उत्पन्न स्थिति को अपनी नियति मानकर स्वीकार कर लिया और वे शांति-सुलह से रहते रहे। इसके कई कारण थे।

देश के कुछ भागों में, खास तौर से पिछड़े इलाकों में, दान में दी गई भूमि के साथ कृषिदास भी भोक्ताओं को सौंप दिए जाते थे, किंतु कृषिदासता भारतीय सामंतवाद की कोई सर्वमान्य विशेषता नहीं थी। कृषिदास जहाँ भी खेती-बारी का काम करते थे, वे कम संख्या में ही थे। इससे उनकी स्थिति कमजोर बनी रही, और ऊपर से वे अनेक जातियों में विभाजित थे। इसलिए वे संगठित नहीं हो पाए। इसके अलावा थोड़ी-थोड़ी संख्या में दूर-दूर तक फैले होने के कारण उनकी कठिनाई और भी बढ़ जाती थी। कर्नाटक में बँधुआ मजदूरों के ब्राह्मण दान-क्षेत्र पर हमला कर देने का दृष्टांत अवश्य मिलता है। जिस योद्धा ने उस दान-क्षेत्र की रक्षा के लिए संघर्ष किया उसका दावा है कि उसने उनमें से बहुत-से श्रमिकों (बेस-वगल) को मौत के घाट उतार दिया।[38] समृद्ध किसानों और बँधुआ मजदूरों के बीच तनाव बना रहता था। मध्यकालीन मिथिलावासी घाघ की उक्ति है कि यदि बहिया अर्थात् बँधुआ मजदूर किसान से बड़ा हो जाए तो फिर किसान संताप से मरता रहता है।[39]

ग्रामीण समाज के हर वर्ग में कुछ ऐसा एहसास था कि वह समष्टि का अंग है। समष्टिगत एकता की यह भावना भी शायद किसानों के मार्ग की बाधा बनी। यदि भूस्वामी और किसान एक ही गाँव के हुए तो सबको एक छत्र के नीचे रखने के लिए सहग्रामीणता की भावना का इस्तेमाल किया जाता था। यदि वे एक ही गोत्र या जाति के हुए तब तो समष्टिगत एकता की भावना और भी प्रबल होती होगी। छठी से लेकर आगे की कम-से-कम चार सदियों तक जजमानी प्रथा के कारण कृषि तथा शिल्प के बीच अन्योन्याश्रय संबंध कायम रहा, जिससे एकता की भावना और

भी मजबूत हुई। कृषि के विस्तार की आरंभिक अवस्था में आत्मनिर्भर गाँवों की संख्या में वृद्धि होने से भी समष्टिगत एकता के लिए अनुकूल वातावरण तैयार हुआ।

वैचारिक तथा कर्मकांडी शक्तियाँ भी उतनी ही महत्त्वपूर्ण प्रतीत होती हैं। मालूम होता है, दान की जमीन के छीने जाने के प्रसंग अक्सर उपस्थित होते रहते थे। दाता को बराबर यह आशंका रहती थी कि कहीं ऐसा न हो कि उसके उत्तराधिकारी जमीन वापस ले लें या जो किसान दीर्घकाल से उसका उपभोग करते आए थे वही उस पर फिर से काबिज हो जाएँ। इस संभावना को रोकने के लिए दानपत्रों की व्यवस्थाओं के उल्लंघन का दुस्साहस करनेवालों को तरह-तरह के दैवी प्रकोपों का भय दिखाया गया। दानपत्रों के अंत में बार-बार यह कहा गया कि दान का उल्लंघन करनेवाला साठ हजार वर्षों तक नरक की यातना भोगेगा और उनका आदर करनेवाला उतने ही काल तक स्वर्ग के सुखों का उपभोग करेगा। कृषक समुदाय तथा अन्य लोगों के मानस को सामंतवादी पितृसत्तात्मक समाज की रीति-नीति के साँचे में ढालने के लिए सुविचारित ढंग से किस प्रकार स्वर्ग-नरक की कल्पना की गई, इस बात का पता लगाना सार्थक प्रयत्न होगा। स्वर्ग-नरक के भ्रम को पूर्व-मध्यकाल में इतना अधिक विकसित करने का मुख्य कारण यह प्रतीत होता है कि ब्राह्मणों तथा अन्य लोगों की भूसंपत्ति को उनके उतने ही प्रबल प्रतिद्वंद्वियों और साथ ही आम कृषक समुदाय के अतिक्रमण से बचाया जाए।

स्वर्ग-नरक की कल्पना से ही जुड़ा हुआ था वेदांत का कर्म-सिद्धांत। इस सिद्धांत में इस बात पर जोर दिया गया कि अपने जन्मना निर्धारित कर्तव्यों का पालन करनेवाले लोग अगले जन्म में उच्च सामाजिक वर्ग में उत्पन्न होने की आशा कर सकते हैं। कितनी ही धार्मिक कथाओं के माध्यम से आम किसानों एवं अन्य लोगों के बीच पुनर्जन्म के सिद्धांत का प्रचार किया गया। इस प्रकार, प्राचीनकाल में लेकिन विशेष रूप से पूर्व-मध्यकाल में, जब वर्गगत असमानता अधिकाधिक बढ़ती जा रही थी, लोगों के मन में यह विश्वास कूट-कूटकर भर दिया गया कि जन्म तथा विरासत के परिणामों से बचने का कोई उपाय नहीं है।

इसके अतिरिक्त प्राचीनकाल से चले आ रहे वर्ण-सिद्धांत को नए ढंग से सँवारा गया। इसके महान पुरस्कर्ता कृष्ण ने *भगवद्गीता* में उपदेश दिया कि लोगों को अपने-अपने वर्ण-धर्म का पालन करना चाहिए। ज्यों-ज्यों समय बीतता गया, *गीता* की शिक्षा का अधिकाधिक प्रचार होता गया, और वह उत्तरोत्तर अधिक-से-अधिक पवित्र मानी जाने लगी। लेकिन बहुत-से भूसंपत्तिधारी समूहों या शक्तिशाली परिवारों के उदय से समस्या खड़ी हो गई, क्योंकि ये लोग चातुर्वर्ण्य के चौखटे में ठीक-ठीक बैठ नहीं पा रहे थे। सो, इनको खपाने और सामाजिक असंतोष को शमित करने के लिए धर्मशास्त्रों में नई व्यवस्थाओं का समावेश किया गया। यदि शक्तिशाली देसी जनजातीय परिवार अथवा विदेशी कबीले किसी तरह सत्ता प्राप्त कर लेते थे तो उन्हें क्षत्रियों के रूप में स्वीकार करके सामाजिक वैधता प्रदान कर दी जाती थी। जैमिनी-कृत *मीमांसा सूत्र* के भाष्यकार शबरस्वामी ने 400 ई. के आसपास इस सिद्धांत को स्पष्ट रूप में प्रस्तुत किया। इस काल में हर राजा को क्षत्रिय मानने अर्थात् 'क्षत्रियो राजा उच्यते' का सिद्धांत सर्वत्र फैल गया।

इसी प्रकार जब भूमिदानों के फलस्वरूप बहुत-से कबायली लोग ब्राह्मणीय व्यवस्था में शामिल हो गए तो नए किसानों को शूद्रों का दर्जा दे दिया गया। प्राचीनकाल में शूद्र मुख्यतः घरेलू नौकरों, दासों, शिल्पियों तथा कृषक-मजदूरों के तौर पर काम करते थे लेकिन अब कुछ रचनाओं में, और खासकर विदेशी विवरणों में, उनका किसानों के रूप में उल्लेख होने लगा। संस्कारों की संख्या बढ़ा दी गई और जिन संस्कारों में वैदिक मंत्रों का उच्चार नहीं किया जाता था उन्हें अब शूद्र भी संपन्न कर सकते थे। कहने की जरूरत नहीं कि इन संस्कारों के संपादन में पौरोहित्य ब्राह्मण ही करते थे, हालाँकि हो सकता है कि ऐसे ब्राह्मणों का स्थान समाज में अपेक्षाकृत निम्न रहा हो। लेकिन जो शूद्र किसान ये संस्कार संपादित कर सकते थे उनमें निश्चय ही सामाजिक उन्नति और उच्चतम वर्ण से निकटता का एहसास आया होगा। इस प्रकार देखा जा सकता है कि उत्पादन-संबंधों में जो सामाजिक परिवर्तन आ रहे थे उन्हें कर्मकांडी स्वीकृति देने के प्रयास किए गए। इन कर्मकांडों से शूद्रों के अहम्भाव तथा मनोवैज्ञानिक आकांक्षाओं की तुष्टि हुई, और फलस्वरूप उनमें उस नई स्थिति के प्रति स्वीकृति का भाव आया जिसमें उन्हें समतापरक कबायली अधिकारों से वंचित कर दिया गया था।

पूर्व-मध्यकाल की खास विशेषता जातियों की संख्या में अभूतपूर्व वृद्धि थी — खास तौर से शूद्र कृषक जातियों की संख्या में खूब इजाफा हुआ। क्षेत्रों, कुलों तथा कबीलों के आधार पर उन्हें कर्मकांडी विन्यास में व्यवस्थित किया गया। इन शूद्र जातियों के उद्‌भव की व्याख्या वर्णसंकर सिद्धांत द्वारा दी जाती थी। इस सिद्धांत में अनेक कृषक जातियों को पहले से मौजूद जातियों के बीच प्रतिलोम विवाहों से उद्‌भूत बताया गया। इस सिद्धांत की अवधारणा इस प्रकार की गई कि लगभग प्रत्येक वर्णसंकर जाति दूसरी किसी जाति से या तो ऊँची या नीची थी।[40] इस प्रकार यद्यपि सभी किसानों का शोषण कमोबेश समान रूप से होता था, लेकिन वे निम्नता या श्रेष्ठता के कर्मकांडी भेदों पर आधारित जातियों द्वारा असंख्य हिस्सों में विभाजित होकर रह गए। कर्मकांडी युक्तियों ने किसानों के शोषण की वास्तविकता को सही रूप में सामने नहीं आने दिया। इसलिए किसान भूस्वामियों के खिलाफ एकजुट नहीं हो पाए।

पूर्व-मध्यकाल में तंत्र[41] और भक्ति, इन दो महत्त्वपूर्ण आंदोलनों ने आम कृषक समाज के मानस को बहुत प्रभावित किया। तंत्र संप्रदाय में मातृदेवी की पूजा पर विशेष जोर दिया गया। उल्लेखनीय है कि इस देवी के कई नाम संस्कृत मूल के नहीं मालूम होते। इसके कर्मकांडों और विधि-विधानों के द्वार स्त्री-पुरुष दोनों के लिए समान रूप से खुले हुए थे। वैसे तो तंत्र संप्रदाय ने शैव, वैष्णव, जैन और बौद्ध सभी धर्मों को प्रभावित किया, किंतु वस्तुतः इसका उदय कबायलियों तथा अन्य अब्राह्मणीकृत लोगों से आबाद सीमावर्ती क्षेत्रों में ब्राह्मणों और दूसरे लोगों को दिए गए भूमिदानों के कारण हुआ। दानभोगियों के वर्ग को ऊपर से थोप देने से कबायली लोग जमीन और सामुदायिक संसाधनों के काफी सारे अधिकारों से वंचित हो गए, लेकिन उनके समतापरक कर्मकांडी अधिकरों को तांत्रिक कलेवर में स्वीकृति देकर किसी हद तक उनकी भरपाई करने की कोशिश की गई। यहाँ तक कि ब्राह्मणीय संस्कृति के रंग में रँगी जिन कृषक जातियों

को वर्णव्यवस्था में ऐसे समतापरक अधिकार प्राप्त नहीं थे वे भी तांत्रिक संस्कार संपन्न कर सकती थीं। इस संप्रदाय के अनुयायियों की संख्या काफी बड़ी थी — खास तौर पर पिछड़े कबायली इलाकों में। मातृदेवी को हिन्दू धर्मव्यवस्था में समायोजित करके तथा उसे ऊँचा स्थान देकर तंत्र संप्रदाय के प्रतिपादक कबायली लोगों को भूमिदानों से उत्पन्न कठिनाइयों तथा असुविधाओं के साथ जीने के लिए तैयार करने में कामयाब हो गए। संभव है कि कालातंर में जब तांत्रिक संप्रदाय के संगठन को श्रेणीबद्ध सामंती व्यवस्था के साँचे में ढाल दिया गया तथा भूस्वामियों के मन पर छाई युद्ध एवं काम की भावनाओं को तंत्र संप्रदाय में प्रमुख स्थान दे दिया गया, तब उसके प्रति कबायलियों का आरंभिक उत्साह मंद पड़ गया हो।

किंतु सामान्य कृषक समुदाय के असंतोष और मोह को शमित तथा मर्यादित करने में इससे भी अधिक सहायता भक्ति आंदोलन से मिली। सातवीं सदी के आसपास दक्षिण भारत में यह आंदोलन नए रूप में प्रकट हुआ और इसने वैष्णव तथा शैव दोनों संप्रदायों को प्रभावित किया। पूर्व-मध्यकाल में यह आंदोलन सामंती समाजव्यवस्था से प्रेरित था, हालाँकि मालूम होता है बाद में पूर्ण प्रस्फुटन की अवस्था तक पहुँचते-पहुँचते उसने स्वतंत्र रूप ग्रहण कर लिया। कृषक भक्तों में जैसी अनुरक्ति अपने आराध्य देव के प्रति थी वैसी ही वे अपने भूस्वामियों के प्रति भी दिखाते थे। लगता है, सर्वशक्तिमान और सतत दयालु देवता की कृपा से प्रतिफलित 'अदृश्य वास्तविकताओं' में वे सच्चे हृदय से विश्वास करते थे। उत्तर-मध्यकाल में देवता के प्रति संपूर्ण समर्पण की कल्पना को और भी निखारा गया। अब देवता को अपना पिता, माता, बंधु, सखा, द्रव्य तथा विद्या सबकुछ माना जाने लगा। इस काल में शोषण के शिकार और करों के बढ़ते बोझ से पिसते हुए लोगों को इस विचार से बहुत सांत्वना मिली कि उसका आराध्य सदा उसके साथ है।[42]

और भी कई उपायों से किसानों और भूस्वामियों को एक-दूसरे से जोड़कर रखने की कोशिश की गई। इस संबंध में व्रतों तथा त्यौहारों का विशेष उल्लेख किया जा सकता है। व्रत-त्यौहारों का विधान समाज के ऊँच-नीच सभी वर्गों के लिए समान रूप से किया गया। इससे भी महत्त्व की बात यह है कि भूस्वामियों तथा किसानों के बीच के भेदों को कुंद करने का काम करनेवाले तीर्थों और मंदिरों की संख्या में खूब वृद्धि हुई। पूर्व-मध्यकाल में राजाओं, सरदारों, भूस्वामियों तथा मंदिरों द्वारा संपादित किए जानेवाले कर्मकांडों का हिसाब लगाने का हमारे पास कोई जरिया नहीं है। लेकिन सत्ता तथा सामाजिक स्थिति में अचानक होनेवाले परिवर्तन को वैधता प्रदान करने के लिए कर्मकांड आवश्यक माने जाते थे। एक हद तक इसी कारण से मध्यकालीन ग्रंथों में बहुत सारे व्रतों का विधान किया गया। इस तरह के धार्मिक अनुष्ठानों के अवसर पर केवल पुरोहितों को दान-दक्षिणा ही नहीं दी जाती थी, बल्कि मंदिरों तथा अन्य स्थानों में बृहत् भोगों तथा प्रसाद वितरण का भी आयोजन किया जाता था। ऐसे अवसरों पर भूस्वामी और उसकी भूमि से बँधे कृषक और शिल्पी एक ही पंगत में बैठकर एक ही रसोई में पका खाना खाते थे। मध्यकाल में कर्मकांड एक प्रकार से 'पुनर्वितरण' के अवसर उपस्थित करते थे। भूस्वामी किसानों से कर-महसूल के रूप में जो प्राप्त करते थे, उसी को वे मंदिरों में बाँटते थे। इस प्रकार

विभिन्न प्रकार के उपायों से समाज को एक सूत्र में बाँधने और उसमें मेल-जोल को बढ़ावा देने का प्रयत्न किया गया। लोगों में अगले जन्म के प्रति आशा जगाकर और वैधीकरण तथा पुनर्वितरण के अनुष्ठान द्वारा इस सूत्र को मजबूत किया जाता था।

इन उपायों को कारगर बनाने के लिए लेखन और वाणी दोनों का सहारा लिया जा सकता था। इनमें से पहले उपाय के असर के दायरे में तो मुट्ठी-भर पढ़े-लिखे लोग ही आते थे, लेकिन वाणी की पहुँच लगभग पूरे समाज तक थी। पौराणिक कथाएँ स्त्रियों और शूद्रों को भी सुनाई जाती थीं। वैचारिक तथा कर्मकांडी प्रचार को कला के माध्यम से समर्थन दिया गया। पत्थर और काँसे की असंख्य प्रतिमाओं में धार्मिक तथा सामाजिक आदर्शों को रूपायित किया गया। पूर्व-मध्यकाल में उनकी संख्या की विशालता का अंदाजा इसी बात से लगाया जा सकता है कि देश के लगभग सभी बसे हुए हिस्सों में ऐसी कलाकृतियाँ देखने को मिलती हैं।

संदर्भ और टिप्पणियाँ

1. बी.सी. सेन, *स्टडीज़ इन द बुद्धिस्ट जातकाज़,* कलकत्ता, 1974, पृ. 77-79.
2. *जातक,* III, पृ. 305-6 में जातक संख्या 43 पालि से बी.बी. कॉवेल द्वारा अनूदित।
3. V.6.32; VII.6.10.
4. एन. वनमलै, 'कॉन्सॉलिडेशन ऑफ फ्यूडलिज़्म एण्ड एण्टी-फ्यूडल स्ट्रगल्स ड्यूरिंग चोल इंपीरिएलिस्ट रूल,' *प्रोसीडिंग्स ऑफ द सेकेंड इंटरनेशनल कॉन्फरेंस सेमिनार ऑफ तमिल स्टडीज़,* III (मद्रास, 1968), 242-43, द्विजेन्द्रनारायण झा द्वारा संपादित *फ्यूडल सोशल फॉर्मेशंस इन अर्ली इंडिया,* दिल्ली, 1987, पृ. 21-22 में उद्धृत।
5. आर.एन. नन्दी, 'ग्रोथ ऑफ रूरल इकॉनमी इन अर्ली फ्यूडल इंडिया', अध्यक्षीय भाषण, प्राचीन भारत अनुभाग, भारतीय इतिहास कांग्रेस, पैंतालीसवाँ अधिवेशन, 1984, अन्नामलाई विश्वविद्यालय, अन्नामलाईनगर, पृ. 64.67.
6. *एपिग्राफिया कर्नाटिका,* V, हसन तालुक, अभिलेख सं. 42 (अंग्रेजी अनुवाद)।
7. *एनुअल रिपोर्ट्स ऑफ साउथ इंडियन एपिग्राफी* (आगे *ए.रि.ए.* के रूप में उल्लिखित), 1926 की सं. 141 (वर्ष 16-1), 1925 की सं. 213 (वर्ष 19), 1927 की सं. 309 (तिथि-रहित)।
8. वी. वेंकटसुब्बा अय्यर, *एपिग्राफिया इंडिका,* XXVII (1947-48), पृ. 198, पा.टि.
9. *ए.रि.ए.,* 1927 की सं. 279; वही, 1927, भाग II, पैरा 13.
10. *ए.रि.ए.,* वही, भाग II, पैरा 30.
11. वही, 1925 की सं. 213, पृ. 86.
12. वही।
13. वही, 1913 का पैरा 39.
14. वही।
15. के.ए. नीलकंठ शास्त्री, *हिस्टरी ऑफ इंडिया, पार्ट I, एंशंट इंडिया,* मद्रास, 1950,

पृ. 147-48; *ए हिस्टरी ऑफ साउथ इंडिया*, 1958, पृ. 138-39.

16. राजन् गुरुकल, 'नन-ब्राह्मण रेजिस्टेंस टु द एक्सपेंशन ऑफ ब्रह्मदेयज़ — द अर्ली पांड्य एक्सपेरिएंस', *प्रोसीडिंग्स ऑफ द इंडियन हिस्टरी कांग्रेस*, पैंतालीसवाँ अधिवेशन, अन्नमलाई विश्वविद्यालय, अन्नमलाईनगर, 1984, पृ. 161-63.
17. आर.सी. मजुमदार, *हिस्टरी ऑफ एंशंट बंगाल*, कलकत्ता, 1971, पृ. 437-39.
18. *एपिग्राफिया इंडिका*, XXIX, 51.
19. *रामचरितम् ऑफ संध्याकरनन्दिन्*, हरप्रसाद शास्त्री द्वारा संपादित और आर.जी. बसाक द्वारा संशोधित, कलकत्ता, 1969 (आगे *रा.च.* के रूप में उल्लिखित), के दूसरे अध्याय में इस विद्रोह का विवेचन किया गया है।
20. जदुनाथ सरकार, आर.पी. चन्द, और यू.एन. घोषाल का मत ऐसा ही मालूम होता है। उपर्युक्त, पृ. 187, पा.टि. 197.
21. यह आर.सी. मजुमदार का विचार है। देखिए आर.सी. मजुमदार, उपर्युक्त, पृ. 145.
22. रामशरण शर्मा, *इंडियन फ्यूडलिज़्म (सी. ए.डी. 300-1200)*, दूसरा संस्करण, दिल्ली 1980, पृ. 127, 220.
23. *रा.च.*, II, 40. लेकिन एक स्थल पर टीका में भीम के हाथियों, घोड़ों तथा भैंसों का उल्लेख हुआ है (II. 33)।
24. वही, 42.
25. वही, 48-49.
26. टीका में, जो लगता है बारहवीं सदी की है, मूल स्थल में उल्लिखित नामों का स्पष्टीकरण देते हुए इसका निर्देश भी किया गया है कि कौन-सा सामंत किस क्षेत्र का था। देखिए *रा.च.*, II, 5-6 की टीका।
27. वही। यहाँ 'समस्त-आटविक-सामन्त-चक्र' पद ध्यान देने योग्य है।
28. के.ए. नीलकंठ शास्त्री, *हिस्टरी ऑफ इंडिया*, पार्ट I, *एंशंट इंडिया*, पृ. 149.
29. *रा.च.*, भूमिका, पृ. xxiii.
30. देवकुलों की ये प्रतिमाएँ पटना संग्रहालय में देखी जा सकती हैं।
31. *रा.च.*, II, 261.
32. वही, III, 46.
33. आर.सी. मजुमदार, उपर्युक्त, पृ. 437-38.
34. मजुमदार की उपर्युक्त कृति के पृ. 252 में उद्धृत *बल्लालचरित* (16वीं सदी में संकलित) के अंश।
35. जे.एल. शास्त्री (सं.), *भागवत पुराण*, दिल्ली, 1983, XII. 325; साथ ही देखिए भूमिका, पृ. VII.
36. इस संबंध में देखिए नन्दी, उपर्युक्त।
37. वही।
38. *एपिग्राफिया कर्नाटिका*, VIII, सोराब तालुक, सं. 251 और 253. नन्दी के उपर्युक्त निबंध में उद्धृत।
39. किसान सँ बहिया बड़ी, कहे घाघ संतापे मरी।
40. एस.जे. तांबिया, 'फ्रॉम वर्ण टु कास्ट थ्रू मिक्स्ड यूनियन्स', जैक गुडी (सं.), *द कैरेक्टर ऑफ किनशिप*, पृ. 207.
41. तंत्र संप्रदाय के उद्भव, विकास और प्रभाव के विस्तृत विवेचन के लिए नवाँ अध्याय देखें।
42. इस विषय का विवेचन मेरी रचना *इंडियन फ्यूडलिज़्म* में किया गया है।

अध्याय सात

सामंती अवस्था में जातिप्रथा

बंद अर्थव्यवस्था : गतिशीलता का ह्रास

पूर्व-मध्यकालीन भारत में सामाजिक परिवर्तनों की पृष्ठभूमि इस काल की कतिपय नई आर्थिक प्रवृत्तियों ने तैयार की। इनमें से सबसे महत्त्वपूर्ण भूमिदान की प्रवृत्ति थी। पिछले अध्यायों में हम देख चुके हैं कि किस प्रकार राजा और सामंत सरदार धर्म-कर्म से संबंधित व्यक्तियों, समूहों और संस्थाओं तथा सरकारी अमलों को बड़े पैमाने पर भूमि तथा राजस्व के अधिकार दान करने लगे थे। दान-क्षेत्र राजकीय हस्तक्षेप से मुक्त कर दिए जाते थे और उनके प्रशासनिक अधिकार भी दानभोगियों को ही सौंप दिए जाते थे। ग्यारहवीं और बारहवीं सदियों में उत्तरी भारत के राजपूत राज्यों में इस तरह के अनुदान खूब दिए गए।[1] दकन और दक्षिण भारत में सैनिक सेवाओं के लिए ग्रामदान दिए जाते थे। पालों, प्रतीहारों तथा राष्ट्रकूटों के पतन के बाद देश अनेक छोटे-छोटे राज्यों में बँट गया था, लेकिन भूमिदानों के कारण स्थिति ऐसी बन गई थी कि इन छोटे-छोटे राज्यों में भी राजसत्ता निष्प्रभाव हो गई थी। दानभोगियों को राजस्विक तथा प्रशासनिक अधिकार देने का परिणाम यह हुआ कि उन पर केंद्रीय सरकार की सत्ता नाममात्र की रही। कुछ दानभोगी दाता को कर देते थे, पर अधिकतर करमुक्त थे। राजा या राजसत्ता को वे केवल धार्मिक तथा वैचारिक समर्थन देते थे। वास्तव में विभिन्न दान-क्षेत्र अलग-अलग प्रशासनिक और राजस्विक द्वीप बन गए, केंद्र से उनका संपर्क टूट ही गया, और आपस में भी कोई सरोकार नहीं रह गया। उपसामंतीकरण के कारण ये इकाइयाँ और भी सिकुड़ती चली गईं। इससे जो स्थिति उत्पन्न हुई उसने भूमि तथा भूराजस्व के असमान वितरण पर आधारित नए सामाजिक श्रेणी-विन्यास के लिए मार्ग प्रशस्त किया।

इस काल में व्यापार के ह्रास के कारण दान किए गए गाँवों के साथ-साथ उन गाँवों की भी अलग पहचान पुख्ता हुई जो दान में नहीं किए गए थे। भारतीय विदेशी व्यापार का उत्कर्ष पहली और दूसरी सदियों के दौरान प्रायः सौ साल तक कायम रहा। यह वह दौर था जब भारत रोम साम्राज्य के पूर्वी हिस्से को मसाले, रेशम और बहुमूल्य धातुएँ निर्यात करता था। छठी सदी

के मध्य तक बैजंतियाई साम्राज्य को रेशम भेजा जाता रहा। लेकिन जब बैजंतियाइयों ने चीन से रेशम के कीड़े पालने की विधि सीख ली तब उन्हें चीनी या भारतीय रेशम की जरूरत नहीं रह गई।[2] फारस की खाड़ी में तटों पर अवस्थित अरब और ईरान के कई स्थानों के साथ भी पश्चिमी भारत का व्यापार चौथी-पाँचवीं सदी तक चलता रहा, क्योंकि इन स्थानों के उत्खनन में गुजरात के बरतन मिले हैं। पर पाँचवीं सदी के बाद तीन-चार सौ साल के लिए यह व्यापार लगभग बंद हो गया।[2अ] याद रहे कि सातवीं-आठवीं सदी में गुजरात के ब्राह्मण नगरों को छोड़कर गाँवों को चले गए।[2ब] दक्षिण-पूर्व एशिया और चीन के साथ भारत के तटवर्ती क्षेत्रों का व्यापार थोड़ा-बहुत चलता रहा, हालाँकि इसका देश की अंदरूनी अर्थव्यवस्था पर कोई प्रभाव नहीं पड़ रहा था। उधर व्यापार के सामान्य ह्रास से तटवर्ती शहरों और देश के आंतरिक हिस्सों के शहरों के बीच का संबंध भी कमजोर पड़ गया।

इस काल में सिक्कों का अभाव व्यापार की अवनति का परिचायक है। पालों, गुर्जर-प्रतीहारों तथा राष्ट्रकूटों ने सुदूर दक्षिण को छोड़कर पूरे देश पर तीन सौ सालों से अधिक तक राज किया, लेकिन हम सिक्कों की किसी भी श्रृंखला के बारे में निश्चयपूर्वक नहीं कह सकते कि यह इनमें से अमुक राजवंश द्वारा जारी की गई। केवल नवीं सदी के मध्य से प्रतीहारों के सिक्के मिलते हैं। कुषाणों तथा गुप्तों के शासनकालों में सोने के सिक्कों की जितनी प्रचुरता देखने को मिलती है, गुप्तोत्तरकाल में उनका उतना ही अभाव दिखाई देता है। सिर्फ बांग्लादेश के दक्षिण-पूर्व भाग में सोने के बहुत ही छोटे आकार के सिक्के मिले हैं जो नवीं-दसवीं सदी के हैं। मध्यकालीन राजवंशों के अभिलेखों में सिक्कों के उल्लेख तो मिलते हैं, लेकिन उस काल के सिक्कों की अनुपलब्धता के कारण इन उल्लेखों से कोई विशेष निष्कर्ष निकालना संभव नहीं है। ग्यारहवीं-बारहवीं सदियों में कलचुरि, चन्देल, गाहडवाल आदि राजवंशों ने सोने के सिक्के जारी करने का सिलसिला फिर से आरंभ किया, लेकिन बहुत छोटे पैमाने पर ही। गरज यह कि लगभग 650 ई. से लेकर 1000 ई. तक भारतीय उपमहादेश के अधिकांश भागों में सोने के सिक्कों का अभाव ही अभाव दिखाई देता है। सिक्कों के अभाव में देशी और विदेशी, दोनों तरह के व्यापार में बाधा पड़ी और गाँव अलग-अलग या सामूहिक रूप से अपनी जरूरतें आप पूरी करने को मजबूर हो गए। अनेक छोटे-छोटे राज्यों की उपस्थिति के कारण व्यापारियों के लिए असंख्य चुंगी-चौकियों पर शुल्क अदा करने की लाचारी खड़ी हुई, जिससे व्यापार में और भी अड़चन पैदा हुई। *कथासरित्सागर* से मालूम होता है कि शुल्कों से बचने के लिए व्यापारी अपना माल जंगलों के रास्ते ले जाते थे।[3]

वाणिज्य-व्यापार के ह्रास के कारण शिल्पियों तथा व्यापारियों का देश के एक भाग से दूसरे में आना-जाना बहुत घट गया। शिल्पियों की सेवाओं की जरूरत मुख्यतः शहरी केंद्रों को पड़ती थी, लेकिन व्यापार के अभाव में असली शहरी केंद्र उजाड़ पड़ते गए और उनका स्थान तीर्थों और स्कंधावारों ने ले लिया। स्कंधावार सैनिक तथा प्रशासनिक केंद्र और सामंती दरबार होते थे, जिनके लिए व्यापार की कोई खास उपयोगिता नहीं थी। शिल्पियों को शहरों और गाँवों से बाँध देने की जरूरत उठ खड़ी हुई। वे अपनी जगह से बँधे रहकर अपने स्थानीय यजमानों या

मालिकों की सेवा करते थे। जब कोई गाँव दान किया जाता था तो वहाँ के बाशिंदों को, जिनमें स्वभावतः शिल्पी भी शामिल थे, दानभोगी के आदेशों का पालन करने का निर्देश दिया जाता था। यह तभी संभव था जब उन पर गाँव से बँधे रहने की मजबूरी भी थोप दी जाए। उदाहरणार्थ, समुद्रगुप्त के नाम पर गढ़े गए सातवीं सदी के दो जाली दानपत्रों में किसानों तथा शिल्पियों को आदेश दिया गया है कि वे दान में दिए गए गाँव का त्याग करके किसी करमुक्त गाँव में जाकर न बसें।[4] कुछ चन्देल दानपत्रों में स्पष्ट उल्लेख मिलता है कि अनुदत्त गाँवों के साथ वहाँ रहनेवाले अनेक वर्गों के शिल्पी भी अनुदानभोगियों को सौंप दिए गए।[5] दकन तथा दक्षिण भारत के अभिलेखों में शिल्पियों के मंदिरों और मठों को सौंपे जाने के कई दृष्टांत मिलते हैं।[6] पश्चिमी दकन के तटवर्ती क्षेत्रों में वे व्यापारियों की श्रेणियों के भी सिपुर्द कर दिए जाते थे।[7]

अनुदत्त भूमि के साथ व्यापारियों के हस्तांतरण का कोई स्पष्ट उदाहरण नहीं मिलता। लेकिन मध्यकालीन शिल्पी उस काल के व्यापारियों से बहुत भिन्न नहीं थे, क्योंकि वे माल के उत्पादक होने के साथ उसके विक्रेता भी होते थे। समुद्र-यात्रा संबंधी निषेध स्वभावतः सबसे अधिक व्यापारियों के लिए ही बाधक रहा होगा। संभव है, इस निषेध का पालन न किया जाता हो, फिर भी यह उस काल की संकुचित और एक प्रकार की बंद अर्थव्यवस्था का द्योतक तो है ही। पश्चिमी दकन के छठी-आठवीं सदियों के कुछ दानपत्रों में व्यापारियों को कारोबार के लिए नगर के एक ही बाजार में एकत्र होने से मना किया गया है।[8] इस तरह के निषेध से स्पर्धा की समाप्ति और व्यापारियों की गतिविधियों के बहुत छोटे इलाकों तक सीमित हो जाने का संकेत मिलता है।

दानपत्रों की शब्दावली से मालूम होता है कि किसानों के लिए अनुदत्त गाँवों में बने रहना आवश्यक था। सामान्यतः सभी दानपत्रों में ग्रामवासियों से दानभोगियों को समस्त देय चुकाते रहने और उनके आदेशों का पालन करने को कहा गया है। छठी सदी से उड़ीसा और दकन जैसे पिछड़े एवं पहाड़ी प्रदेशों में जारी किए गए दानपत्रों में बटाईदारों तथा काश्तकारों का अपनी जमीन से बँधे रहने का स्पष्ट निर्देश दिया जाने लगा।[9] जब भूस्वामियों को इस व्यवस्था का लाभ दिखाई दिया तो उन्होंने इसे उन इलाकों में भी लागू कर दिया जो पहले से ही आबाद और कृषि की दृष्टि से उन्नत थे। उत्तरी भारत के कई दानपत्रों में 'धनजनसहित'[10] 'जनतासमृद्ध'[11] या 'सप्रतिवासिजनसमेत'[12] के उल्लेख से स्पष्ट है कि भूमि के साथ किसान भी दानभोक्ता को सौंप दिए जाते थे। इन शब्दों के प्रयोग के पीछे उद्देश्य यह था कि दानभोगियों के साथ किसानों के संबंध के बारे में किसी प्रकार की अनिश्चितता की गुंजाइश न रहे, लेकिन इसका मुख्य परिणाम यह हुआ कि ग्रामीण अर्थव्यवस्था का रूप जैसा-का-तैसा बना रह गया।

किसानों, दस्तकारों और व्यापारियों के अपने-अपने गाँवों से बँध जाने के कारण बंद अर्थव्यवस्था को बढ़ावा मिला और प्रबल स्थानीयता की भावना का जन्म हुआ। जमीन से बँधे श्रमिकों, शिल्पियों, किसानों आदि के मालिक बदल सकते थे, लेकिन उनके हालात में बदलाव आने के सारे रास्ते बंद थे। उनके लिए स्वतंत्र रूप से एक स्थान से दूसरे स्थान को जाना कठिन हो गया। जब तक अत्याचार असहनीय नहीं हो जाता था या दानभोगियों के हित में दानपत्रों की शर्तों के अधीन

ही (ऐसी शर्तें मध्य तथा पश्चिमी भारत के दानपत्रों में देखने को मिलती हैं) उन्हें अपने गाँव से हटा नहीं दिया जाता था तब तक वे एक ही स्थान से बँधे रहते थे।[13] इस काल में यदि कहीं कोई वास्तविक गतिशीलता थी तो वह युद्ध के लिए प्रयाण करनेवाली सेनाओं अथवा भूमि प्राप्त करने के लोभ में देशांतरण करनेवाले पुरोहितों या फिर तीर्थाटन पर निकले यात्रियों में थी। इस काल में लड़ाइयाँ प्रायः लगातार चलती रहती थीं, लेकिन सैनिक अभियानों से व्यापार को कोई बढ़ावा नहीं मिला। अपना कुछ रसद-पानी तो सैनिक खुद ही अपने साथ ढोकर ले जाते थे और बाकी वे रास्ते में पड़नेवाले इलाकों के बाशिंदों से जबरदस्ती वसूल कर लेते थे। इसके अलावा गाँववालों को परिवहन आदि के लिए बेगार भी करना पड़ता था। अतः सैनिकों के लिए खाद्य-सामग्री आदि की ऐसी व्यवस्था के कारण व्यापारियों के बीच कोई गतिशीलता नहीं पनप सकी। इसके विपरीत मुगल सैनिकों को रसद एवं अन्य सामान की आपूर्ति घुमक्कड़ सौदागरों अथवा बनजारों द्वारा ही की जाती थी। शायद पुरोहित वर्ग के दानभोगियों ने कुछ शिल्पियों तथा किसानों को नई बस्तियों में जाकर बसने को प्रेरित किया, जैसा कि वे अभी हाल तक करते रहे हैं। लेकिन तब भी देशांतरण करनेवाले किसान और शिल्पी अपने-अपने मालिकों से बँधे ही रहे और नई बस्तियों में भी मूल बस्तियोंवाली बंद अर्थव्यवस्था को ही चलाया। इस काल में भारत के पुरोहितों के देश के एक भाग से दूसरे भाग में जाकर बस जाने की तुलना प्राचीन यूनान के असंतुष्ट कुलीनों और उद्यमशील व्यापारियों के देशांतरण से नहीं की जा सकती। भारत में राजे-रजवाड़े पुरोहितों को प्रतिकूल प्रदेशों में वहाँ के विरोधी लोगों के बीच अपनी सत्ता की जड़ें मजबूत करने के लिए आमंत्रित करते थे। इसके अलावा, जो भूमिखण्ड ब्राह्मणों को दान किए जाते थे वे सामान्यतः उनके मूल स्थानों से सौ मील से ज्यादा दूर नहीं होते थे।

मध्यकालीन धर्मशास्त्रों से गतिहीन ब्राह्मणों की जो तस्वीर उभरती है वह गुप्तोत्तरकाल की संकुचित अर्थव्यवस्था के अनुरूप ही है। ब्राह्मणों के आवागमन को नितांत परिसीमित कर दिया जाना भी कलिवर्ज्यों (कलियुग में निषिद्ध आचरणों) में शामिल है, और स्वाभाविक था कि जिस आचरण को समाज के उच्चतम वर्ग के लिए श्रेयस्कर बताया गया उसे समाज में उच्च स्थान प्राप्त करने की आकांक्षा रखनेवाले अन्य लोग भी अपनाना चाहेंगे। ब्राह्मणों को यज्ञ करने के लिए यात्रा करने की अनुमति तो दी गई, लेकिन लंबी यात्रा करने की नहीं, क्योंकि इससे वैदिक तथा गृह्य अग्नि को प्रज्वलित रखने में व्यवधान उपस्थित हो सकता था।[14] समुद्री यात्रा से संबंधित प्रतिबंध काफी कठोर थे। *औशनस स्मृति* के अनुसार समुद्री यात्रा करनेवाले लोग जातिच्युत हो जाते हैं और श्राद्ध में निमंत्रित किए जाने योग्य नहीं रह जाते।[15] समुद्री यात्रा के लिए विहित प्रायश्चित करने के बाद भी ऐसी यात्रा करनेवाले व्यक्ति के साथ संबंध रखना अवांछनीय बताया गया है। अलबरूनी से मालूम होता है कि बाह्मणों के निवास का क्षेत्र निर्धारित होता था और हिन्दुओं को सामान्यतः तुर्कों या कर्णाटों के देश में जाने की अनुमति नहीं थी।[16] बृहत्पराशर की स्मृति का विधान है कि बहुत दूर रहनेवाले व्यक्ति को बेटी नहीं व्याहनी चाहिए।[17] यह विधान उच्चतर वर्णों और विशेष रूप से ब्राह्मणों के लिए उद्दिष्ट है। बहुत दूर, समुद्रपार या भारतवर्ष की सीमा पर स्थित तीर्थस्थानों की भी यात्रा का

निषेध किया गया है।[18] इन सभी निषेधों के पीछे सामंती स्थानीयतावाद काम कर रहा था। इसने देश के एक भाग के दूसरे के साथ आर्थिक या अन्य प्रकार के संबंध का रास्ता ही करीब-करीब बंद कर दिया था। जहाँ पहले के धर्मग्रंथ 'देशधर्म', अर्थात् अमुक इलाके के लोकाचार की बात करते थे, वहाँ इस काल की कई रचनाओं, जैसे हेमचन्द्र (1088-1172 ई.) की *अभिधानचिन्तामणि*[19] में 'ग्रामधर्म'[20] या 'ग्राम्यधर्म' की चर्चा की गई है और कुछ में तो 'ग्रामाचार'[21] और 'स्थानाचार'[22] तक का भी उल्लेख हुआ है। ये तमाम बातें आत्मनिर्भर आर्थिक तथा प्रशासनिक इकाइयों के रूप में गाँवों के बढ़ते महत्त्व की द्योतक हैं।

सामंती दर्जे और वर्ण

भूमिदानों और उपसामंतीकरण के फलस्वरूप व्यापक स्तर पर भूमि तथा सत्ता का असमान वितरण हुआ, और ऐसे सामाजिक समूहों और दर्जों का जन्म हुआ जो तद्युगीन वर्णव्यवस्था से मेल नहीं खाते थे। मध्यकालीन स्मृतियों में तो इस नई वस्तुस्थिति की ओर ध्यान नहीं दिया गया, किंतु वास्तुकला की कई रचनाओं में जन्म पर आधारित वर्ण-विभाजन तथा भूमि एवं सत्ता पर आश्रित वर्ग-भेद के बीच सामंजस्य स्थापित करने का प्रयत्न किया गया है। इसका प्रारंभ वराहमिहिर की रचना से हुआ। इसने विभिन्न वर्गों के शासकों तथा चारों वर्णों के लिए भी अलग-अलग आकार के आवासों का विधान किया है। पूर्वकाल की रचनाओं में इस विषय पर केवल चार वर्णों को ही ध्यान में रखकर विचार किया गया है। पूर्व-मध्यकालीन रचना *मयमत* का विधान है कि चक्रवर्ती राजा का आवास ग्यारह-मंजिला होना चाहिए, द्विजाति का नौ-मंजिला, नृप या साधारण राजा का सात-मंजिला, वैश्यों तथा सैनिक अगुओं का चौमंजिला, शूद्रों का एक से लेकर तीन-मंजिला तक और सामंत-प्रमुख आदि का पाँचमंजिला।[23] इस प्रकार इस आवास-योजना में चारों वर्णों के अतिरिक्त विभिन्न दर्जों के शासकों तथा सामंतों का भी पूरा-पूरा ध्यान रखा गया है, जैसा हमें *बृहत्संहिता* में देखने को नहीं मिलता।

इससे भी अधिक महत्त्व की बात यह है कि कुछ रचनाओं में वर्णों की ओर कोई ध्यान न देकर केवल सामंती प्रभुओं या श्रीमंतों का ही ख्याल रखा गया है। भट्ट भुवनदेव (11वीं सदी) की कृति *अपराजितपृच्छा* में नौ वर्गों के सामंतों के आवासों के आकार-प्रकार निर्धारित किए गए हैं। इन नौ वर्गों में महामंडलेश्वर, मांडलिक, महासामंत, सामंत और लघुसामंत शामिल हैं। इसमें निचली श्रेणियों के भी कुछ लोगों के उपयुक्त आवासों का निर्धारण किया गया है।[24] ठेठ सामंती दरबार का वर्णन करते हुए इसमें आठ सोपानबद्ध श्रेणियों के सामंतों की उपस्थिति का उल्लेख किया गया है। इसके अनुसार महाराजाधिराज परमेश्वर की उपाधि से विभूषित सम्राट् के दरबार में 4 मंडलेश्वर, 12 मांडलिक, 16 महासामंत, 32 सामंत, 160 लघुसामंत तथा 400 चतुरशिक के होने का विधान है। इनसे नीचे के सभी राजपुरुषों को राजपुत्र कहा गया है।[25] इस कृति में यह भी बताया गया है कि लघुसामंत की आय 5,000, सामंत की 10,000

और महासामंत की 20,000 होनी चाहिए।[26] यह स्पष्ट नहीं है कि सामंतों की इन विभिन्न श्रेणियों में केवल क्षत्रिय ही शामिल हैं या अन्य वर्णों के लोग भी। लेकिन *मानसार* नामक समकालीन रचना से जान पड़ता है कि कम-से-कम कुछ सामंती दर्जे ऐसे अवश्य थे जिनमें सभी वर्णों के लिए स्थान था। इस रचना के 42वें अध्याय में अवरोह क्रम से शासक वर्ग की नौ श्रेणियों का वर्गीकरण किया गया है। सबसे ऊपर चक्रवर्ती आता है, जबकि सबसे नीचे की दो श्रेणियाँ प्रहारकों और अस्त्रग्राहियों की हैं। इसमें शासकों या सरदारों के अलग-अलग दर्जों के अनुसार नौ प्रकार के सिंहासनों का भी वर्णन किया गया है।[27] इस रचना में महत्त्व की बात यह है कि तत्कालीन सामंती व्यवस्था में प्रहारक तथा अस्त्रग्राही, ये दो सैनिक दर्जे, किसी भी वर्ण का व्यक्ति प्राप्त कर सकता था। यद्यपि अस्त्रग्राही का दर्जा सबसे निम्न था, तथापि यह 500 घोड़े, 5,000 हाथी, 50,000 सैनिक, 500 सेविकाएँ और एक रानी रखने का हकदार था।[28] इस प्रकार इस रचना में वर्ण के विचार का स्पष्ट रूप से त्याग कर दिया गया है, और भूमि, कृषि-उत्पाद तथा सत्ता के वितरण की नई प्रणाली के अनुरूप जो सामाजिक एवं राजनीतिक संगठन उभर रहा था, उसके लिए आधार प्रस्तुत किया गया है।

सामंती श्रेणी-विन्यास का प्रतिबिंब धर्म के क्षेत्र में भी देखा जा सकता है। इस काल में पूर्वोत्तर भारत में बौद्ध धर्म का वज्रयान संप्रदाय काफी लोकप्रिय था। इसके देवकुल की कल्पना चतुःस्तरीय पिरामिड के रूप में की गई थी, जिसके तले पर पचीस बोधिसत्व आसीन थे। इन बोधिसत्वों के ऊपर सात मानुषी या मर्त्य बुद्ध अवस्थित थे, जिनके ऊपर पाँच ध्यानी या समाधिस्थ बुद्ध विराजमान थे। इस देवकुल के शीर्ष पर सर्वोच्च सत्ताधारी के रूप में प्रतिष्ठित वस्त्राभूषणों से सज्जित वज्रसत्व प्रतिष्ठित किए गए थे।[29] स्पष्ट है कि यह पूरी कल्पना देव-समाज के श्रेणी-विन्यास को उजागर करती है, जिसमें बौद्ध देवताओं के चार सोपान दिखाए गए हैं।

भूस्वामी श्रीमंतों के उच्च वर्गों की पृथक् पहचान स्थापित करने के लिए सत्ता के अनेक बाह्य चिह्नों तथा प्रतीकों का उपयोग किया गया। दकन में उन्हें भूमिदान देने के साथ विशेष सम्मान-चिह्न प्रदान किया जाता था, जिसे वे अपने ललाट पर धारण करते थे। देश में सामंतों को सामान्यतः चँवर, छत्र, घोड़े, हाथी, पालकी आदि दिए जाते थे। उनमें से सबसे प्रबल व्यक्तियों को पंचवाद्यों के उपयोग का अधिकार भी दिया जाता था।[30] यह विरल विशेषाधिकार था, जिसका उपयोग सामान्यतः राजा ही कर सकता था। चक्रवर्ती, महासामंत तथा सामंत को सिंहद्वार बनाने का अधिकार था,[31] जो छोटे सामंतों को प्राप्त नहीं था। मालूम होता है, सामाजिक रुतबे के ये तमाम चिह्न वर्ण का खास ख्याल किए बिना प्रदान किए जाते थे। जो लोग अपनी भूसंपत्ति या लगान-वसूली के कारण ऊँची सामाजिक तथा राजनीतिक स्थिति का उपभोग कर रहे थे उन्हीं को सामाजिक उच्चता के इन प्रतीकों का उपयोग करने का अधिकार था।

मध्यकाल में शिल्पियों तथा व्यापारियों को भी ऐसे सामंती विरुद दिए जाते थे जिनसे उनके सैनिक तथा प्रशासनिक दर्जों का बोध होता था। सेनवंशी राजा विजयसेन के देवपारा अभिलेख से ज्ञात होता है कि वारेन्द्र के शिल्पियों के प्रधान शूलपाणि को राणक की उपाधि प्राप्त थी।[32]

निस्संदेह इससे उसके सामाजिक रुतबे में इजाफा हुआ होगा। ठाकुर, राउत, नायक, चौधरी आदि उपाधियाँ केवल क्षत्रियों या राजपूतों को ही प्राप्त नहीं थीं, बल्कि ये वैश्यों, कायस्थों तथा भूमिदान प्राप्त करने और सैनिक दायित्वों का निर्वाह करनेवाले अन्य जातियों के लोगों को भी प्रदान की जाती थीं। यही कारण है कि आज भी ब्राह्मणों, राजपूतों, कायस्थों तथा नाइयों जैसी अन्य तथाकथित निम्न जातियों में भी ठाकुर पदवी का चलन देखने को मिलता है।

पूर्व-मध्यकाल में छोटे-बड़े राजाओं द्वारा बराबर दिए जानेवाले भूमिदानों के दस्तावेजों के लिए लिपिकों की जरूरत पड़ी, जिससे कायस्थ जाति का जन्म हुआ। भूमिदानों के प्रलेख तैयार करने तथा भूमि और गाँवों एवं दान में दिए जानेवाले राजस्व की निरंतर बढ़ती मदों का विवरण रखने के लिए बड़ी संख्या में लिपिक तथा पटवारी भरती करने की जरूरत पड़ी। गुप्तकाल में भूमि के विभाजन के कानून बने, जिससे भूमि का विखंडन आरंभ हुआ। इसलिए अलग-अलग भूमिखंडों से संबंधित सारी तफसीलें रखना आवश्यक हो गया। सीमा-विवाद स्मृतियों का प्रमुख विषय बन गया, लेकिन इन विवादों के निबटारे के लिए हर भूमिखंड का सही विवरण रखना आवश्यक था। इसके अलावा उपसामंतीकरण के कारण एक ही भूमिखंड में हकों के चार-चार, पाँच-पाँच दावेदार खड़े हो सकते थे। कोई देश के अधिपति के नाते उस पर हक जताता तो कोई अधिपति के सामंत की हैसियत से, कोई उपसामंत के नाते अपना अधिकार जताता तो कोई वास्तविक जोतदार के रूप में।[33] इसलिए विवादों का प्रसंग न उठने देने और उठने पर उनका निबटारा करने के लिए गाँव और भूमि से संबंधित प्रलेख बहुत सावधानी से तैयार करके रखने की जरूरत पैदा हुई।

यह सारा काम लिपिकों के वर्ग द्वारा किया जाता था। इन लोगों के लिए 'कायस्थ', 'करण', 'करणिक', 'अधिकृत', 'पुस्तपाल,' 'चित्रगुप्त', 'लेखक', 'दिविर', 'धर्मलेरिवन्', 'अक्षरचण', 'अक्षरचन्द्र', 'अक्षपटलिक', 'अक्षपटलाधिकृत' आदि तरह-तरह की संज्ञाओं का प्रयोग किया जाता था। बिहार और उत्तरप्रदेश के कुछ कायस्थों में 'आखौरी' की उपाधि, जिसका संबंध अक्षर से है, अभी भी चलती है। 'करण' और 'करणिक' का उपाधि के रूप में प्रयोग बंगाल, बिहार, उड़ीसा और पश्चिम भारत के कायस्थों में पाया जाता है। जिस प्रकार वैदिक काल में सोलह प्रकार के पुरोहित ब्राह्मणों के एक ही वर्ग में शामिल थे उसी प्रकार प्रारंभ में लगभग एक दर्जन किस्म के लिपिक और पटवारी कायस्थों के एक ही समूह में समाविष्ट थे। कालांतर में सभी प्रकार के पटवारी कायस्थ कहे जाने लगे। आरंभ में उच्च वर्णों के पढ़े-लिखे लोग ही कायस्थों या लिपिकों के रूप में भरती किए जाते थे। कल्हण की कृति से मालूम होता है कि शिवरथ नामक ब्राह्मण को कायस्थ अधिकारी के रूप में नियुक्त किया गया था।[34] एक अन्य स्रोत से मालूम होता है कि पितृकुल से ब्राह्मण मूलवाला लोकनाथ करण था।[35] किंतु विभिन्न वर्णों से भरती किए गए लिपिकों ने धीरे-धीरे अपने मूल वर्णों से अपना रोटी-बेटी का संबंध तोड़ लिया और अपने सारे सामाजिक रिश्ते-नाते को अपनी नई बिरादरी के दायरे तक ही सीमित कर लिया। इसका मतलब यह हुआ कि अपने परिवार के दायरे के बाहर किंतु एक ही

समूह के अंदर वे सजातीय वैवाहिक संबंध स्थापित करने लगे। जब ब्राह्मणों के सामने वर्णव्यवस्था में कायस्थों के लिए उचित स्थान निर्धारित करने की समस्या उपस्थित हुई तो वे बहुत दुविधा में पड़े। उन्हें जो समाधान सूझा वह यह था कि उन्होंने कायस्थों को शूद्रों तथा द्विजों, दोनों से जोड़ दिया। कायस्थों के उद्‌भव के विषय में धर्मशास्त्रों की व्यवस्था स्पष्ट न होने के कारण अंग्रेजी राज में कलकत्ता उच्च न्यायालय ने उन्हें शूद्र करार दे दिया, लेकिन इलाहाबाद उच्च न्यायालय ने उन्हें ब्राह्मण बताया।

पेशेवर शिक्षित जाति के रूप में कायस्थों के उदय से स्वभावतः लेखकों और लिपिकों के रूप में ब्राह्मणों के एकाधिकार पर आँच आई। मध्यप्रदेश में चन्देल तथा कलचुरि शासकों के और कर्नाटक एवं उड़ीसा के राजाओं के मंत्री कायस्थ थे। स्वभावतः यह बात ब्राह्मणों को खटकने लगी, क्योंकि ऐसे उच्च पदों पर अब तक अधिकतर उनकी ही नियुक्ति होती चली आ रही थी। कायस्थों से उनकी नाराजगी का कारण यह भी था कि भूमिदानों के प्रलेख कायस्थ ही रखते थे, जबकि इन दोनों का उपभोग करनेवाले मुख्यतः ब्राह्मण थे। लिपिकों और पटवारियों की हैसियत से कायस्थ ब्राह्मणों के लिए, जो प्रमुख दानभोगी वर्ग थे, बहुधा परेशानी पैदा करते होंगे। इसलिए ब्राह्मणीय रचनाओं में कायस्थों को कभी अच्छी दृष्टि से नहीं देखा गया है। यद्यपि उनका प्रथम उल्लेख चौथी सदी में ही स्मृतिकार याज्ञवल्क्य की रचना में हुआ है,[36] लेकिन तब भी उन्हें प्रजापीड़क ही कहा गया है। बारहवीं सदी तक कायस्थ-निन्दा की प्रवृत्ति अपनी पराकाष्ठा पर पहुँच चुकी थी। कल्हण की कृति *राजतरंगिणी* का यह एक प्रिय विषय है,[37] और बाद की कई रचनाओं में किंचित् फेर-बदल के साथ इस निन्दा-प्रकरण को दुहराया गया है।

उत्तरी भारत के देहाती इलाकों में गाँवों के प्रधानों और प्रतिष्ठित लोगों के एक नए वर्ग का उदय हुआ। ये लोग महत्तर कहलाते थे। इन्हें भूमि के दान और सौदों की सूचना देना जरूरी था। ये गाँव की जमीन के अच्छे-खासे हिस्से के मालिक होते थे, और स्पष्ट ही गाँवों की व्यवस्था के लिए जिम्मेदार होते थे। सन् 920 के आसपास की हरिषेणाचार्य की कृति *बृहत्कथाकोश* से ऐसा आभास मिलता है कि गाँव के चरागाहों पर महत्तरों का अधिकार होता था, जिसकी शर्त यह थी कि वे शासक को हजार घड़े घी दें।[38] इस समृद्ध वर्ग में, जिसका उल्लेख गुप्तकाल से मिलने लगता है, विभिन्न वर्गों और जातियों के लोग शामिल होते थे, और यद्यपि हर गाँव में महत्तरों के पास काफी जमीन-जायदाद होती थी, तथापि इनमें से सबका कर्मकांडी दर्जा समान नहीं होता था। इस उपाधि के आधुनिक रूप, जैसे महतो, मेहता, महथा, मलहोत्रा, मेहरा, मेहरोत्रा, मेहतर आदि, ऊँची-नीची सभी जातियों में देखे जा सकते हैं। इन परिवारों की संपन्नता में समय-समय पर उतार-चढ़ाव आते रहे होंगे, लेकिन इसके बावजूद यह माना जा सकता है कि इनमें से कम-से-कम कुछ के मध्यकालीन पूर्वज गाँवों के प्रधान थे और काफी सुखी-संपन्न थे। यही बात पश्चिमी भारत के 'पट्टकिलों' के बारे में भी कही जा सकती है। ग्यारहवीं और बारहवीं सदियों के अभिलेखों में उनका उल्लेख हुआ है और वे हमेशा एक ही जाति के लोग नहीं हुआ करते थे। उनके आधुनिक वंशज पाटिल या पटेल भी एक ही जाति के नहीं हैं। इसी प्रकार, मध्यकालीन दकन में दान में भूमि तथा प्रशासनिक एवं

राजस्विक अधिकार प्राप्त करनेवाले गावुंड लोग भी किसी एक जाति के नहीं थे और कर्नाटक में गौड़ या गौडा कहे जानेवाले उनके आधुनिक वंशज शूद्र माने जाते हैं। कर्नाटक के अभिलेख में शावुंड को सत् शूद्र बतलाया गया है।

वैश्यों की अवनति और शूद्रों का उत्थान

इस प्रकार प्रशासन से जुड़े विभिन्न श्रेणियों के भूस्वामियों के उदय से वर्णव्यवस्था में बदलाव आया। इस बदलाव का कारण यह भी था कि वैश्यों तथा शूद्रों की पारस्परिक स्थिति में भी परिवर्तन आ चुका था। गुप्तकाल तक तो शूद्र मुख्यतः दासों, शिल्पियों तथा खेतिहर मजदूरों के रूप में दिखाई देते हैं, लेकिन उसके बाद वे कृषकों के रूप में वैश्यों का स्थान ले लेते हैं। ह्वानत्सांग ने स्पष्टतया इस बात का उल्लेख किया है कि शूद्र किसान हैं।[39] अलबरूनी को वैश्यों और शूद्रों में कोई खास फर्क नजर नहीं आया; दोनों एक ही शहर या गाँव में साथ-साथ रहते थे और एक-दूसरे के घर आते-जाते थे।[40] कुछ मध्यकालीन रचनाओं में भी यह परिवर्तन प्रतिबिंबित होता है। *स्कंद पुराण* में शूद्रों को 'अन्नद' अर्थात् अन्न देनेवाला तथा 'गृहस्थ' कहा गया है।[41] हेमचन्द्र-कृत *अभिधानचिन्तामणि* में किसानों और काश्तकारों को 'कुटुम्बिन्' कहा गया है।[42] बहुत संभव है कि आजकल के बिहार और उत्तरप्रदेश की कुर्मी तथा महाराष्ट्र की कुनबी जातियाँ इन्हीं की वंशज हैं।

ईस्वी सन् के आरंभ से ही स्मृतियों में वैश्यों को लगभग शूद्रों जैसा दर्जा दिया जाने लगा। 'भूस्पर्श' या 'भूमिस्पर्श' कहलाने के कारण यह स्पष्ट है कि वे मुख्यतः किसान थे। छठी सदी तक वे किसानों के रूप में अपनी पहचान लगभग खो बैठे। *स्कंद पुराण* की भविष्यवाणी है कि कलियुग में वणिकों का पतन होगा, उनमें से कुछ लोग तेली और धान ओसानेवाले ('तंडुलकारिणः') बन जाएँगे, कुछ राजपुत्रों के यहाँ शरण लेंगे, और शेष लोग सभी वर्णों के यहाँ।[43] ग्यारहवीं सदी तक तो वे कर्मकाण्डी और वैधानिक, दोनों रूपों में शूद्र माने जाते रहे, जिसका पता अलबरूनी के इस कथन से चलता है कि वेद का पाठ करने पर वैश्य तथा शूद्र, दोनों को जीभ काटकर दंडित किया जाता है।[44] पाँचवीं सदी तक वे वाणिज्य-व्यापार में लगे सुखी-संपन्न लोगों के रूप में दिखाई देते हैं। फाहियान उनके द्वारा दी जानेवाली दान-दक्षिणा की भूरि-भूरि प्रशंसा करता है। किंतु गुप्तोत्तरकाल में व्यापार के ह्रास के कारण उनकी हालत बिगड़ गई। इस बात के काफी विश्वसनीय प्रमाण उपलब्ध हैं कि आठवीं सदी से बंगाल में वाणिज्य-व्यापार का क्षय होने लगा, जिससे व्यापारियों के महत्त्व में कमी आई। प्रोफेसर नीहाररंजन राय ने इस संबंध में एक उल्लेखनीय अवतरण की ओर ध्यान दिलाया है। सेनवंशी राजा लक्ष्मणसेन के शासनकाल में व्यापारियों के शक्रध्वज नामक झंडे के फहराए जाने के प्रसंग में एक लेखक विलाप करता है : 'कहाँ गए वे वणिक् जो किसी समय तुझे बुलंदी पर लहराते थे ? अब तो तेरा उपयोग हल या खूँटे की तरह किया जाता है।'[45] व्यापार के ह्रास के साथ स्वभावतः व्यापारियों की स्थिति में भी गिरावट आई।

मध्यकाल में ब्राह्मणीय या हिन्दू धर्म का प्रसार देश के दूर-दूर के हिस्सों में हुआ, लेकिन

यह कहना गलत होगा कि साथ-ही-साथ गंगा के मैदान के मध्य भाग में जो चातुर्वर्ण्य व्यवस्था उत्पन्न एवं विकसित हुई थी, उसका प्रसार भी सर्वत्र हुआ। उत्तर भारत में आरंभ से ही क्षत्रिय तथा वैश्य, प्रत्येक वर्ण, में अनेक जातियों का समावेश रहा है, किंतु दक्षिण भारत तथा बंगाल में ये वर्ण संख्या की दृष्टि से फैल नहीं पाए। इन दो राज्यों में मुख्यतः ब्राह्मण और शूद्र वर्णों का अस्तित्व दिखाई देता है; मध्यवर्ती वर्ण प्रमुख रूप से सामने नहीं आते हैं। इस विलक्षण स्थिति का मूल पूर्व-मध्यकाल में देखा जा सकता है।

बंगाल तथा दक्षिण भारत में ब्राह्मण संस्कृति का प्रसार तब हुआ जब वैश्यों तथा शूद्रों के बीच का अंतर मिटने लगा था और राजपूतों के उदय के फलस्वरूप मूल क्षत्रिय वर्ण पृष्ठभूमि में चला गया था। प्रारंभिक काल में ब्राह्मण संस्कृति का प्रसार वैदिक आर्यों के सामूहिक देशांतरणों के फलस्वरूप हुआ। इन देशांतरण करनेवालों में बहुत बड़ा हिस्सा विश् या वैश्यों का होता था। अब जो लोग सीमावर्ती क्षेत्रों की कबायली और गैर-हिन्दू आबादियों के बीच रहकर ब्राह्मण संस्कृति का प्रचार-प्रसार कर रहे थे वे मुख्यतः ब्राह्मण भूस्वामी थे, भले ही इन इलाकों को जीतने का काम क्षत्रियों ने किया हो। जो ब्राह्मण धार्मिक कार्य, युद्ध और शासन में भाग लेते थे वे ब्रह्मक्षत्र कहलाते थे। इन प्रदेशों के लोगों को ब्राह्मणीय समाज में मुख्यतः शूद्रों के रूप में ही शामिल किया गया। मानवमितिक अध्ययनों से मालूम होता है कि बंगाल के शूद्र वहाँ के मूल निवासी हैं, लेकिन ब्राह्मण नहीं। महालनवीस के अनुसार, बंगाल की विभिन्न शूद्र जातियाँ एक ही नस्ल की हैं और वे अपने बिहारी पड़ोसियों से अभिन्न नहीं हैं। किंतु बंगाल के ब्राह्मणों का साम्य उत्तर भारतीय ब्राह्मणों से है।[46]

यह सच है कि इस काल में ब्राह्मणीय समाज में विदेशी आक्रमणकारियों तथा बाहर से आए कबीलों के शामिल होने से क्षत्रिय वर्ण में नई जातियाँ जुड़ गईं, लेकिन बंगाल और दक्षिण भारत अब तक विदेशी आक्रमणों से विशेष प्रभावित नहीं हुए। इन प्रदेशों में सिर्फ स्थानीय कबीलों के शासक सरदारों को ही क्षत्रियों का दर्जा दिया गया और उनके अधिसंख्य कबायली बंधु-बांधवों को शूद्रों का स्थान दे दिया गया। मध्यवर्ती वर्णों तथा जातियों के अभाव में बंगाल एवं दक्षिण भारत में देश के अन्य भाग की अपेक्षा अधिक सामाजिक ध्रुवीकरण हुआ। बाद के काल में इन प्रदेशों में उग्रवादी आंदोलनों के जन्म लेने का कारण भी शायद यही था।

जातियों की संख्या में वृद्धि

पूर्व-मध्यकाल में जातियों की संख्या में अभूतपूर्व वृद्धि हुई। एक ओर तो चारों वर्ण अनेक जातियों में बँट गए और दूसरी ओर असंख्य कबीलों और जातियों को उनमें शामिल कर लिया गया। बंगाल के दसवीं सदी के एक ताम्रपत्र में बृहत्-छत्तिवन्ना[47] नामक एक गाँव का उल्लेख मिलता है, जिसमें 36 वर्णों अर्थात् जातियों के लोग रहते थे। आधुनिक बिहार में इस तरह के नामवाले जो अनेक गाँव दिखाई देते हैं उनका उदय भी शायद मध्यकाल में ही हुआ, छतौना

या छतिऔना से 36 वर्णवाले गाँव का बोध होता है, और बरहौना से 12 वर्णवाले गाँव का।

जातियों की संख्या में वृद्धि की प्रक्रिया का सबसे प्रबल रूप ब्राह्मणों में दिखाई देता है। बहुत-से मामलों में तो ऐसा हुआ कि जो ब्राह्मण समुदाय जिस प्रकार का कर्मकांड करता था या वैदिक विधा की जिस शाखा का अभ्यास करता था उसी के नाम पर उसकी अलग जाति बन गई। लेकिन ब्राह्मणों के बीच जातियों की संख्या प्रधानतः प्रबल स्थानीयता की भावना के विकास के कारण बढ़ी। भूमिदानपत्रों में ब्राह्मणों की पहचान के लिए उनके गोत्र, पुरुष पूर्वजों की चार-चार पीढ़ियों तक के नाम, वैदिक विधा की शाखा और अंत में उनके मूल गाँव, इन सभी बातों का उल्लेख किया जाता था। लेकिन कालांतर में उनकी पहचान केवल उनके गोत्र और मूल से की जाने लगी। आज उनके गोत्रों की शुद्धता तथा सात्य के संबंध में निश्चयपूर्वक कुछ कहना कठिन है, क्योंकि जान पड़ता है बहुत-से आर्येतर कबीलों को भी आर्य गोत्र प्रदान करके ब्राह्मण बना दिया गया। ऐसा खास तौर से दक्षिण भारत और दकन में हुआ। फिर भी क्षेत्रीय अनुसंधानों के आधार पर उनके पुराने ठौर-ठिकानों का कुछ पता लगाया जा सकता है। अधिकतर दानपत्रों में ब्राह्मणों के मूलों का उल्लेख बहुत गर्व के साथ किया गया है और गुप्तकाल से ब्राह्मण की पहचान उसके मूल गाँव या गाँवों से की जाने लगी। गुप्तोत्तरकाल के अभिलेखों में कई गाँवों की प्रशंसा इसलिए की गई है कि वे ब्राह्मणों के मूल निवास-स्थान हैं। गाँवों से लगाव का ठेठ उदाहरण सिद्धल ग्राम के वर्णन में मिलता है। ग्यारहवीं सदी के एक अभिलेख में इसे राढ़ (पश्चिमी बंगाल) की अधिष्ठातृ देवी लक्ष्मी की छत्रछाया में फलता-फूलता सर्वोत्तम गाँव और आर्यावर्त का भूषण कहा गया है।[48]

उत्तर-मध्यकाल आते-आते राढ़ के ब्राह्मण अपने-अपने मूल गाँवों (गामियों) के आधार पर 56 उपजातियों में बँट गए,[49] जिनमें से कई का उल्लेख ग्यारहवीं-तेरहवीं सदियों के अभिलेखों में हुआ है। चौदहवीं सदी में हरिसिंहदेव ने मैथिल ब्राह्मणों का पारस्परिक दर्जा तय किया और ये 180 मूलों में बाँट दिए गए, लेकिन अंत में उनके मूलों की संख्या 1,000 तक पहुँच गई। यदि मैथिल ब्राह्मणों की कुल संख्या 30,00,000 (दुर्भाग्यवश अब जनगणना में जाति का उल्लेख बंद कर दिया गया है) हो तो मोटे तौर पर 3,000 मैथिल ब्राह्मणों पर एक उपजाति का हिसाब बैठेगा। ग्यारहवीं सदी के एक पाल दानपत्र से ज्ञात होता है कि कभी-कभी ब्राह्मण की पहचान तीन-तीन गाँवों से उसके संबंध के आधार पर की जाती थी, बाद में यह चलन और भी व्यापक हो गया। ऐसा लगता है कि पहला गाँव उसके पूर्वजों का मूल स्थान होता था, दूसरा उसका डेरा जहाँ उसके पूर्वज कुछ समय के लिए बसते थे, और तीसरा वह गाँव जहाँ वह वास्तव में बसा हुआ रहता था। मूल स्थानों के रूप में एक, दो या तीन गाँवों से संबंधित प्रत्येक मैथिल उपजाति अपने-आप पर बहुत अभिमान करती है और मैथिल जाति-सोपान में निम्न मानी जानेवाली उपजातियों के साथ सामाजिक आहार-व्यवहार रखने से परहेज करती है। इसी प्रकार कायस्थ भी क्षेत्रीय उपजातियों में बँट गए। आजकल बिहार के करण कायस्थ मैथिल ब्राह्मणों की तरह अपने बहुत-सारे मूलों की सूची रखते हैं और अम्बष्ठ कायस्थ भी अपने विभिन्न मूल गाँवों के आधार पर सौ से अधिक उपजातियों में बँटे हुए हैं। विवाह तय करते समय इस सबका

विचार किया जाता है। ब्राह्मण, कायस्थ तथा अन्य शिक्षित लोग चूँकि अपनी-अपनी वंशावलियों को लिपिबद्ध करके रख सकते थे, इसलिए ग्रामधर्म की कल्पना इनके बीच अधिक लोकप्रिय हुई। वैसे ग्वाले तथा कुर्मी जैसी तथाकथित निम्न जातियों के लोगों की संख्या बहुत अधिक है और वे अलग-अलग क्षेत्रों पर आश्रित उपजातियों में विभक्त हैं, फिर भी लिखित प्रलेखों के अभाव के कारण उनमें मूल परिवार या गाँव के प्रति लगाव उतना प्रबल नहीं है। *ब्रह्मवैवर्त पुराण* का कथन है कि देशभेद जातिभेद का आधार है।[50] ब्राह्मणों के संबंध में यह कथन बहुत अधिक कारगर रहा, लेकिन अन्य वर्णों के बीच भी देशभेद के कारण नई जातियों का जन्म हुआ।

क्षत्रिय वर्ण में जातियों का बाहुल्य मुख्य रूप से राजपूत कहे जानेवाले नए समुदाय के उदय के कारण हुआ। जातीय एवं पारिवारिक गौरव की भावना का जैसा प्रबल विस्फोट राजपूतों में हुआ वैसा किसी समुदाय में नहीं हुआ। संभव है, उनमें से कुछ लोग मूल क्षत्रिय वर्ण की संतति रहे हों। अभिलेखों में राजघरानों को सूर्यवंशी या चन्द्रवंशी मूल का बताने का चलन सातवीं सदी से आरंभ हुआ। चालुक्य, चन्देल, पाल आदि राजवंश शायद मूलतः स्थानीय जनजातियों के सुसंस्कृत स्वरूप थे, जिन्हें ब्राह्मण पंजीकारों ने सम्माननीय वंश-परंपरा प्रदान कर दी थी। पूर्व-मध्यकाल में 'क्षत्रियो राजा उच्यते' का नियम देश के एक छोर से दूसरे छोर तक काम कर रहा था। व्रात्य कहे जानेवाले क्षत्रिय को निम्न सांस्कारिक दर्जा देकर ब्राह्मणीय समाज में शामिल किया गया, लेकिन इस वास्तविकता के दंश को मिटाने के ख्याल से उसके लिए 'संस्कार वर्जित' शब्द का प्रयोग किया गया। बैक्ट्रियाई यूनानियों, शकों, पार्थियाइयों आदि का अपना कोई सशक्त धर्म और संस्कृति नहीं थी, सो हिन्दू समाजव्यवस्था में उन्हें द्वितीय श्रेणी के क्षत्रियों के रूप में सम्मिलित किया गया। दरअसल क्षत्रिय जातियों की संख्या पाँचवीं और छठी सदियों से बढ़ने लगी, जब हूण तथा गुर्जर-जैसे मध्य एशियाई लोग राजपूतों के रूप में उनमें शामिल किए जाने लगे। शायद सोलंकियों (चालुक्यों), परमारों, चाहमानों, तोमरों, गाहडवालों आदि के मूल भी मध्य एशियाई ही थे। यद्यपि जाटों को राजपूत नहीं माना जाता है, परन्तु मध्य एशियाई जातियों से उनका नस्ली संबंध जरूर था। उनके खप नामक वर्तमान जातीय संघों के गठन से मालूम होता है कि इस जाति की रचना गुर्जर, तोमर तथा अन्य राजपूत कुलों के किसानों तथा सैनिकों की मिली-जुली आबादी से हुई।[51] हमें तोमर जाटों तथा गूजर जाटों के उल्लेख देखने को मिलते हैं, और तेरहवीं सदी के एक प्रलेख से मालूम होता है कि जाटों की सभा में तोमरों तथा गूजरों के प्रतिनिधि भी बैठते थे।[52] गूजरों, जाटों, अहीरों तथा गुजरों के बीच हुक्का-पानी भी चलता है। मगर ऐसा सोचना गलत होगा कि सभी विदेशी कबीलों को क्षत्रियों तथा राजपूतों के रूप में ही स्वीकार किया गया, क्योंकि कालांतर में गूजर लोग राजपूतों में ही नहीं, बल्कि ब्राह्मणों, बनियों, कुम्हारों और सोनारों में भी बँट गए।[53]

पूर्व-मध्यकाल में शूद्र जातियों की संख्या सबसे अधिक हो गई। आद्यतम विधिग्रंथों अर्थात् धर्मसूत्रों में 10-15 वर्णसकंर जातियों की चर्चा है, किंतु लगभग दूसरी सदी की रचना *मनुस्मृति* में ऐसी 61 जातियों का जिक्र हुआ है।[54] यदि इसमें *ब्रह्मवैवर्त पुराण*[55] में दी गई अतिरिक्त

जातियों की सूची भी मिला दें तो यह संख्या सौ से ऊपर चली जाती है। यादव प्रकाश-कृत *वैजयन्ती* और हेमचन्द्र की रचना *अभिधानचिन्तामणि* से मालूम होता है कि शूद्र जातियों की संख्या में भारी वृद्धि हुई थी। आठवीं सदी की रचना *विष्णुधर्मोत्तर पुराण* में कहा गया है कि वैश्य स्त्रियों तथा निम्नतर जातियों के पुरुषों के समागम से हजारों वर्णसंकर जातियों का जन्म होता है,[56] मगर इन जातियों के नाम नहीं बताए गए हैं।

जब उन्नत खेतीवाले क्षेत्रों के ब्राह्मणीय समाज में रहनेवाले राजे-रजवाड़ों ने जंगली और पहाड़ी इलाकों के पिछड़े लोगों पर विजय पाई तो इससे भी शूद्र जातियों की संख्या में काफी वृद्धि हुई। मध्य भारत के एक मध्यकालीन अभिलेख में शबरों, भिल्लों, पुलिन्दों आदि के दमन का उल्लेख हुआ है।[57] आभीरों को ब्राह्मण-व्यवस्था में खपा पाना टेढ़ी खीर साबित हुआ, सो नौवीं सदी से लेकर प्रायः पाँच सौ वर्षों तक दकन के लगभग सभी राजवंश उनसे जूझते रहे।[58] 861 ई. का एक अभिलेख बतलाता है कि प्रतीहार राजा कक्कुक ने जोधपुर के निकट आभीरों के एक गाँव को तहस-नहस करके उस पर अपना आधिपत्य जमा लिया और ब्राह्मणों तथा वैश्यों को सुरक्षा और आजीविका का आश्वासन देकर वहाँ बसा दिया।[59] बारहवीं सदी के एक कलचुरि अभिलेख से थिरू या थारू नामक कबायली लोगों के चंगुल से रतनपुर-नरेश जाज्जलदेव द्वितीय की मुक्ति का पता चलता है, और इस मुक्ति के उपलक्ष्य में इस नृपति ने दो ब्राह्मणों को एक गाँव दान में दिया।[60] यह स्पष्ट नहीं है कि यह गाँव थिरू क्षेत्र में था या अन्यत्र, लेकिन यह निश्चित है कि पुरोहितों को कई विजित क्षेत्रों में भूमिदान दिए गए, जिन्होंने वहाँ के मूल निवासियों को ब्राह्मणीय समाज में शामिल कर लिया। संभव है, ब्राह्मणीय संस्कृति में जनजातियों के शामिल किये जाने की प्रक्रिया शांतिपूर्ण रीति से भी संपन्न हुई हो। इस प्रक्रिया का रूप चाहे जो रहा हो, इसकी सफलता का कारण ब्राह्मणों की भौतिक संस्कृति की श्रेष्ठता थी। उन्होंने इन निरक्षर लोगों को न केवल नई लिपियाँ, भाषा और कर्मकाण्ड सिखाए, बल्कि उन्हें हल द्वारा खेती-बारी, नई फसलों, मौसमों, पंचांग, पशुधन के संरक्षण आदि से भी अवगत कराया। जनजातियों के सदस्यों को ब्राह्मण-व्यवस्था में सदा एक-सा स्थान नहीं दिया जाता था, और सच तो यह है कि कभी-कभी एक ही कबीला कई-कई वर्णों तथा जातियों में बँट जाता था। उदाहरण के लिए, हमें आभीर ब्राह्मणों, आभीर क्षत्रियों, आभीर वैश्यों, आभीर महाशूद्रों और आभीर बढ़इयों एवं सोनारों के उल्लेख मिलते हैं,[61] यद्यपि संभवतः अधिसंख्य आभीरों को हिन्दू संस्कृति में शूद्रों के रूप में ही शामिल किया गया। किंतु ऐसे सभी मामलों में जातिधर्म का पूरा ख्याल रखा जाता था, और प्रत्येक जाति को अपने रीति-रिवाज कायम रखने दिया जाता था। *ब्रह्मवैवर्त पुराण*[62] तथा अन्य रचनाओं में उल्लिखित आभीर, आगरी, अम्बष्ठ, मितल, चण्डाल, कौच आदि वर्णसंकर जातियों के लोग मूलतः कबायली थे, जिन्हें ब्राह्मण समाजव्यवस्था में सत् या असत् अर्थात् स्पृश्य या अस्पृश्य शूद्रों के रूप में शामिल किया गया।

मध्यकाल में असत् शूद्रों की संख्या में अपार वृद्धि हुई। ऐसे शूद्रों का प्रथम उल्लेख चौथी सदी ई.पू. में पाणिनि ने किया है। मध्यकालीन धर्मशास्त्रों में अस्पृश्यों को गोमांस-भक्षक

कहा गया है, और ऐसी जातियों में अंत्यजों, बराटों, बरुडों, भेदों, भिल्लों, चण्डालों, चर्मकारों, दाशों, नटों, रजकों आदि का उल्लेख किया गया है।[63] इनमें से कुछ का जिक्र ईस्वी सन् के आरंभ से ही देखने को मिलता है। अलबरूनी ने भेदों तथा तंतुवायों के अतिरिक्त बधतुओं, चण्डालों, डोमों, हाडियों आदि का भी उल्लेख किया है।[64] पूर्व-मध्यकालीन धर्मशास्त्रों में बारह प्रकार के अछूतों की चर्चा हुई है, किंतु वास्तव में इन जातियों की संख्या शायद इससे बहुत अधिक रही होगी। *पराशर स्मृति* में विहित विस्तृत नियमों से प्रकट होता है कि चण्डालों तथा श्वपकों की संख्या में काफी वृद्धि हुई।

अस्पृश्यों की संख्या में इस भारी वृद्धि के कारणों का विश्लेषण कर पाना कठिन है। अधिकतर अस्पृश्य जातियों में पिछड़े कबीलों के लोग शामिल थे। इन लोगों को हिन्दू समाजव्यवस्था में ब्राह्मणीकरण के माध्यम से या हिन्दू धर्म के रंग में रँगे बौद्ध धर्म के प्रचार के फलस्वरूप शामिल किया गया था। ब्राह्मणीय रचनाओं तथा बौद्ध चर्यापदों, दोनों से ऐसा निष्कर्ष निकाला जा सकता है। बौद्ध चर्यापदों में डोमों, निषादों और उनकी स्त्रियों, तथा कापालिकों का उल्लेख हुआ है। इनमें से सब-के-सब सामान्यतः गाँवों के बाहर टीलों पर रहते थे और ब्राह्मणों के लिए अछूत थे।[65] जाहिर है कि कुछ कबायली लोगों को बहुत पिछड़े होने के कारण हिन्दू समाज में पूर्ण रूप से नहीं खपाया जा सका, और इसलिए उन्हें अछूत करार दे दिया गया था। यह भी संभव है कि जिन लोगों ने विजय तथा हिन्दूकरण की प्रक्रिया का प्रबल प्रतिरोध किया उनकी जमीन-जायदाद छीनकर उन्हें गाँवों से बाहर बसने को मजबूर कर दिया गया हो। शायद कैवर्तों के साथ आरंभ में ऐसा ही हुआ, और अंततः ग्यारहवीं सदी में पाल शासकों ने उन्हें पराजित किया। संभव है, *डोम्बीपादचर्या* में महत्त्वपूर्ण कबीले के रूप में चर्चित[66] डोम्ब जनजाति का भी यही हश्र हुआ हो। चमार शहरों और देहातों में चमड़े का काम करते थे। शहरों के उजड़ने से वे हलवाही करने लगे जिसके लिए अनुदान मिलता था। ऐसा उदाहरण दसवीं सदी में बांग्लादेश में मिलता है।[67] चूँकि पूर्व-मध्यकाल में ब्राह्मणीकरण की प्रक्रिया बहुत बड़े पैमाने पर चली, इसलिए इस काल में अस्पृश्य जातियों की संख्या में भी खूब वृद्धि हुई। पूर्वकाल में कुछ खास-खास किस्म के अहेरियों तथा शिल्पियों को ही अस्पृश्य बना दिया गया था, किंतु अब कुछेक खेतिहर जातियों को भी इस अवस्था में पहुँचा दिया गया। इसका कारण खेती-बारी के प्रति शासकों तथा पुरोहितों का जितना घृणाभाव नहीं था उससे बढ़कर नई व्यवस्था का विरोध करनेवाले पिछड़े खेतिहरों के प्रति उनका तिरस्कार-भाव था। दूसरी ओर बहुत-सारे शूद्रों को अस्पृश्यता की स्थिति में डाल दिए जाने से बाकी शूद्रों को, जो श्रेणीबद्ध समाजव्यवस्था में अब वैश्यों की जगह आ गए थे, काफी संतोष प्राप्त हुआ होगा।

शूद्र जातियों की संख्या में वृद्धि का बड़ा कारण यह भी था कि कई शिल्पों ने जातियों का रूप धारण किया। गुप्तोत्तरकाल में वाणिज्य-व्यापार के ह्रास के कारण शिल्पियों की श्रेणियाँ रूढ़, गतिहीन, अधिकाधिक आनुवंशिक तथा ज्यादा-से-ज्यादा स्थानीयकृत होती चली गईं। अलग-अलग धंधों और श्रेणियों से संबद्ध लोगों ने स्वयं को धीरे-धीरे ऐसे बंद, संकीर्ण समूहों में बाँध लिया जो

लगभग सभी प्रकार से जातियों के पयार्य बन चुके थे। बृहस्पति को उद्धृत करके अपरार्क ने यह दिखाया है कि श्रेणियों के प्रधान गलत काम करनेवाले लोगों की प्रताड़ना तथा भर्त्सना कर सकते हैं तथा उन्हें श्रेणी-बहिष्कृत भी कर सकते हैं।[68] जान पड़ता है, मध्यकालीन रचनाओं में नापित, मोदक, ताम्बुलिक, स्वर्णकार, मालाकार, शंखकार, सूत्रकार, चित्रकार आदि जिन जातियों का उल्लेख जनजातियों की तरह वर्णसंकर जातियों के रूप में हुआ है,[69] वे सब विभिन्न शिल्पों से जुड़े समूहों से ही निकलीं। प्राचीनकाल के ग्रंथों में शिल्प-ग्रामों का उल्लेख हुआ है, लेकिन मध्यकाल में उनका जिक्र अभिलेख में भी होने लगा। उदाहरण के लिए, एक अभिलेख में कुम्भारपद्रक नामक दो गाँवों का उल्लेख हुआ है।[70] ये स्पष्ट ही कुम्हार जाति के गाँव थे। आधुनिक काल में जहाँ और जब शिल्प में कौशल और महारत मिल सकती है कारीगर उसे प्राप्त करने का प्रयास करता है, लेकिन मध्यकाल का शिल्पी अपने मालिक, अपने स्थान और अपने परिवार से बँधा रहकर ही अपने हुनर में महारत हासिल कर सकता था। गतिशीलता के अभाव के कारण अलग-अलग शिल्पों के विशेषज्ञों की अलग-अलग जाति बनती चली गई।

मध्यकाल में, खास तौर से दकन और दक्षिण भारत में, हिन्दू समाज के उच्च और निम्न, दोनों तरह के वर्णों में जातियों की संख्या में वृद्धि धर्म के कारण भी हुई। इस काल में धार्मिक सम्प्रदायों की संख्या में वृद्धि के लगभग समानांतर ही जातियों की संख्या में भी वृद्धि होती चली गई। वस्तुतः धार्मिक सम्प्रदायों की संख्या में वृद्धि जातियों की संख्या बढ़ाने में सहायक हुई। शैव, वैष्णव, बौद्ध और जैन, इन चारों धर्मों में से प्रत्येक अनेक सम्प्रदायों में विभक्त हो गया। इस विभाजन का कारण कोई बुनियादी सैद्धांतिक भेद नहीं था, बल्कि कर्मकाण्डों, तथा खान-पान और पहनावे-ओढ़ावे जैसी मामूली बातों से संबंधित फर्क थे। धार्मिक आचार-व्यवहार ने इन सतही भेदों का पोषण किया। कुछ धर्मोपदेशक तो स्थान-स्थान घूमते रहे, लेकिन उनमें से बहुत-से लोग भूमिदान प्राप्त करके मठों, विहारों तथा मंदिरों से बँध गए।

बौद्ध धर्म 18 सम्प्रदायों में बँट गया, और कर्नाटक में जैन धर्म के सात सम्प्रदाय बन गए। इनमें से प्रत्येक का नेतृत्व उसके गुरु के हाथों में चला गया, और हर गुरु अपने अनुयायियों से अंधश्रद्धा की अपेक्षा करने लगा। सर्वशक्तिमान ईश्वर तथा अपने अनुयायियों के बीच गुरु उसी प्रकार मध्यस्थ का काम करने लगा जिस प्रकार सामंत लोग राजा तथा जमीन को कमाने-कोड़नेवाले लोगों के बीच करते थे। कालांतर में अलग-अलग सम्प्रदायों के सदस्य अलग-अलग जातियों के लोगों की तरह व्यवहार करने लगे। उन्होंने स्वयं को अपने सम्प्रदाय के दायरे में बाँध लिया और दूसरे सम्प्रदायों के लोगों के साथ खाना-पीना, उठना-बैठना बंद कर दिया। उत्तर-मध्यकाल तक आते-आते ये सम्प्रदाय पूर्ण रूप से जातियों का दर्जा ले चुके थे। कर्नाटक के लिंगायतों तथा वीरशैवों की और उत्तर भारत के राधास्वामियों की अलग-अलग जातियाँ बन गईं। पश्चिमी भारत तथा राजस्थान में जैनों की विशाल जाति बन गई, जो अनेक उपजातियों में बँट गई। गंगा के मैदान में कृष्ण की पूजा करने और स्वयं को नस्ली तौर पर इस लोकोत्तर नायक से संबद्ध बतानेवाले ग्वाले अपने को किस्नोत कहने लगे।

यह इतिहास की विडंबना है कि जन्म पर आधारित जातीय असमानता तथा विशेषाधिकारों को मिटाने के लिए उदित होनेवाले धार्मिक सम्प्रदाय स्वयं ही जातिप्रथा के ग्रास में आ गए। सामाजिक तथा आर्थिक संरचना के अभाव में बुनियादी परिवर्तन के बिना यह तो होना ही था, क्योंकि आरंभिक सुधारकों के सुधारवादी उत्साह तथा आदर्शवादिता को कायम रखने के लिए समाज में कोई ठोस नींव नहीं बन पाई थी।

ऊपर के विवरण से स्पष्ट है कि उत्तर भारत में मुसलमानों के आगमन से पूर्व के मध्यकालीन समाज में कुछ महत्त्वपूर्ण परिवर्तन हुए। भूमि, कृषि-उत्पाद तथा सैनिक शक्ति के असमान वितरण से ऐसे सामंती दर्जों का जन्म हुआ जिनमें वर्णों का कोई ध्यान नहीं रखा गया था, खास तौर से उच्चतर तथा शिक्षित लोगों के स्तर पर। बार-बार भूमिदान देने तथा भूसंपत्ति का बार-बार विभाजन होने से कायस्थ नामक नए शिक्षित वर्ग का जन्म हुआ, जिसका स्थान वर्णव्यवस्था में स्पष्ट रूप से परिभाषित नहीं किया जा सका। जो ब्राह्मण क्षत्रिय का भी काम करते थे वे ब्रह्मक्षत्र कहलाए। शूद्रों के काश्तकार बन जाने तथा वैश्यों की शूद्रों के रूप में अधोगति होने से वर्णव्यवस्था में और भी बदलाव आया। इसका परिणाम यह हुआ कि बंगाल तथा दक्षिण भारत में नवस्थापित ब्राह्मण-व्यवस्था में मुख्य रूप से ब्राह्मणों और शूद्रों को ही स्थान दिया गया। सबसे उल्लेखनीय प्रवृत्ति जातियों की संख्या में भारी वृद्धि की थी। ब्राह्मण, कायस्थ और क्षत्रिय या राजपूत जातियों की संख्या में तो वृद्धि हुई ही, लेकिन सबसे ज्यादा बढ़ोतरी शूद्र जातियों की संख्या में हुई। वर्णसंकर जातियों की संख्या में दिन-दूनी रात-चौगुनी वृद्धि हुई। इसी तरह अस्पृश्य जातियों की गिनती में भी काफी इजाफा हुआ। इन सामाजिक परिवर्तनों के पीछे सामंती स्थानीयतावाद की प्रबल भावना काम कर रही थी, जिसे भूमि के प्रति गहरे लगाव पर आश्रित संकुचित आर्थिक इकाइयों से बल मिला। इसके अलावा देश-विजयों तथा ब्राह्मणों को दिए गए भूमिदानों के माध्यम से ब्राह्मण-व्यवस्था में कबायली लोगों का समाहार भी सामाजिक परिवर्तनों में सहायक हुआ।

संदर्भ और टिप्पणियाँ

1. रामशरण शर्मा, *इंडियन फ्यूडलिज़्म : सर्का 300-1200*, कलकत्ता, 1965, (आगे *इंडियन फ्यूडलिज़्म* के रूप में उल्लिखित), अध्याय V.
2. रिचर्ड पैंकहर्स्ट, *एन इंट्रोडक्शन टु द इकॉनमिक हिस्टरी ऑफ इथियोपिया*, लंदन, 1961, पृ. 46-7.

2अ. हिमांशु प्रभा रे : जीन-फ्रांसुवा सैलिज़ (सं.), *ट्रेडिशन एंड आर्किऑलॉजी*, मनोहर, नई दिल्ली, 1996, पृ. 2-3.

2ब. आर. एस. शर्मा, *अर्बन डिके इन इंडिया*, नई दिल्ली, 1987, परिशिष्ट।

3. VI.3.105.
4. *कॉरपस इंस्क्रिप्शनम इंडिकैरम* (आगे *कॉ.इं.इं.* के रूप में उल्लिखित), III, नं. 60, पंक्तियाँ 12-13.

5. *एपिग्राफिया इंडिका* (आगे *ए.इं.* के रूप में उल्लिखित), कलकत्ता और दिल्ली, XX, नं. 14, बी प्लेट, पंक्ति 19.
6. *ए.इं.*, III, नं. 40; *एपिग्राफिया कर्नाटिका*, VII, शिकारपुर तालुक 20ए.
7. *ए.इं.*, XXX, नं. 30, पंक्तियाँ 8, 28.
8. वही, पंक्ति 6.
9. *इंडियन फ्यूडलिज़्म*, पृ. 54-6.
10. *ए.इं.*, XXXV, नं. 17. इस संदर्भ के लिए मैं प्रोफेसर बी.एन.एस. यादव का आभारी हूँ।
11. *ए.इं.*, XXX, नं. 17.
12. *कॉ.इं.इं.*, III, नं. 80, पंक्ति 10.
13. *इंडियन फ्यूडलिज़्म*, पृ. 118-19.
14. बटुकनाथ भट्टाचार्य, *द कलिवर्ज्याज़*, कलकत्ता, 1943, पृ. 67; पी.वी. काणे, *हिस्टरी ऑफ धर्मशास्त्र*, III, पृ. 953, 955.
15. काणे, उपर्युक्त, III, पृ. 934.
16. *अलबरूनीज़ इंडिया*, एडवर्ड सी. सचाउ (सं.), दिल्ली, 1964, II, पृ. 134-51.
17. बी.एन. शर्मा, *सोशल लाइफ इन नॉर्दर्न इंडिया (ए.डी. 600-1000)*, दिल्ली, 1966, पृ. 12 में उद्धृत।
18. काणे, उपर्युक्त, III, पृ. 953.
19. आर.सी. हाजरा-कृत *स्टड़ीज इन उपपुराणाज़*, II, पृ. 325 में उद्धृत देवीभागवत। इस संदर्भ के लिए मैं प्रो. बी.एन.एस. यादव का आभारी हूँ।
20. III, 201.
21. *बृहन्नारदीय पुराण*, 22.11.
22. *स्कंद पुराण*, ब्रह्म खंड, II, 40.5.
23. XXIX, 80.2.
24. 81.2.12.
25. 71.33.4, 39; वासुदेवशरण अग्रवाल, *हर्षचरित — एक सांस्कृतिक अध्ययन*, पटना, 1953, पृ. 178, पा.टि. 3.
26. अग्रवाल, उपर्युक्त, पृ. 203 में उद्धृत।
27. पी.के. आचार्य, *हिन्दू आर्किटेक्चर इन इंडिया एंड एब्रॉड, मानसार सिरीज़*, ऑक्सफर्ड, 1946, VI, 125. यह वर्णन ग्रंथ के 45वें और 46वें अध्यायों में किया गया है।
28. पी.के. आचार्य, उपर्युक्त, VI, 125.
29. विनयतोष भट्टाचार्य, *द इंडियन बुद्धिस्ट आइकनॉग्राफी*, कलकत्ता, 1958, अध्याय I और II.
30. *इंडियन फ्यूडलिज़्म*, पृ. 22-3, 99.
31. *अपराजितपृच्छा*, 81.21.4.
32. *इंस्क्रिप्शंस ऑफ बंगाल*, III, एन. जी. मजुमदार (सं.), राजशाही, 1929, नं. 5, श्लोक 36.
33. *इंडियन फ्यूडलिज़्म*, पृ. 153-4.
34. काणे, उपर्युक्त, II, पृ. 77.
35. *ए.इं.*, न. 19.
36. I, 322.
37. IV, 620 और आगे; VIII, 560 और आगे।

38. बी.एन. शर्मा, उपर्युक्त, पृ. 311 में उद्धृत।
39. टी. वाटर्स, *ऑन युयान च्वांग्स ट्रैवल्स इन इंडिया*, टी. रीज़ डैविड्स तथा एस.डब्लू. बुशेल (सं.), 2 जिल्दें, लंदन, 1904-5, I, पृ. 168.
40. सचाउ, I, पृ. 101.
41. नगर खंड, VI. 242.31.
42. III, 554.
43. ब्रह्म खंड, II, 39. 291.2.
44. सचाउ, II, पृ. 136.
45. *बंगालीर इतिहास* ('आदि पर्व'), कलकत्ता, 1948, पृ. 343.
46. आर.सी. मजुमदार (सं.), *द हिस्टरी ऑफ बंगाल*, I, ढाका, 1943, पृ. 558-9.
47. पुष्पा नियोगी, *ब्राह्मणिक सेट्लमेंट्स इन डिफरेंट सबडिवीजन्स ऑफ बंगाल*, कलकत्ता, 1967, पृ. 55.
48. *इंस्क्रिप्शंस ऑफ बंगाल*, III, नं. 4, श्लोक 3.
49. पुष्पा नियोगी, उपर्युक्त, पृ. 33.
50. ब्रह्म खंड, X.14, तुलनीय 168.
51. एम.सी. प्रधान, *द पॉलिटिकल सिस्टम ऑफ जाट्स ऑफ नॉर्दर्न इंडिया*, आक्सफर्ड, 1966, परिशिष्ट I, पृ. 249.
52. वही, पृ. 254-5.
53. डी.आर. भाण्डारकर, 'फॉरन एलिमेंट्स इन द हिन्दू पॉप्युलेशन', *जर्नल ऑफ एंशंट इंडियन हिस्टरी*, I, 301-3.
54. X. 1-51.
55. ब्रह्म खंड, X. 14.136.
56. II.81.2.
57. *ए.इं.*, I, नं. 38, II, श्लोक 22.
58. भगवान सिंह सूर्यवंशी, *द आभीर्ज़ : देयर हिस्टरी एंड कल्चर*, बड़ौदा, 1962, पृ. 39-40.
59. वही, पृ. 40.
60. *कॉ.इं.इं.* IV, उटकमंड, 1955, नं. 99, पंक्ति 28.
61. डी.आर. भाण्डारकर, उपर्युक्त, पृ. 286-8.
62. ब्रह्म खण्ड, X. 17.136.
63. वासुदेव उपाध्याय, *सोसियो-रिलीजियस कंडीशंस ऑफ नार्थ इंडिया (700-1200 ए.डी.)*, वाराणसी, 1964, पृ. 92, पा.टि. 3 और 4.
64. सचाउ, I, पृ. 101-2.
65. अतीन्द्र मजुमदार, *द चर्यापद्ज़*, कलकत्ता, 1967, पृ. 101.
66. वही, पृ. 48-49.
67. आर. एस. शर्मा, *अर्बन डिके इन इंडिया*, पृ. 158-59.
68. बी.पी. मजुमदार, *सोसियो-इकॉनमिक हिस्टरी ऑफ नॉर्दर्न इंडिया (1030-1194 ए.डी.)*, कलकत्ता, 1960, पृ. 211.
69. *ब्रह्मवैवर्त पुराण*, ब्रह्म खण्ड, X.17.136.
70. पुष्पा नियोगी, उपर्युक्त, पृ. 53.

अध्याय आठ

सम्पत्ति तथा उत्तराधिकार-विषयक कानून के सामाजिक आयाम

धर्मशास्त्र की संज्ञा से अभिहित भारत के प्राचीन एवं मध्यकालीन विधि-साहित्य में सम्पत्ति-संबंधी विधानों का समावेश लगभग पाँचवीं सदी ई.पू. से प्रारंभ हुआ। धर्मसूत्रों में, जो धर्मशास्त्र के आद्यतम अंग हैं, विभिन्न प्रकार की सम्पत्ति के भोग, अर्थात् उसे अपने कब्जे में रखकर उसके उपयोग के संबंध में विधान किए गए हैं और उसकी प्राप्ति के स्रोतों का उल्लेख किया गया है। सम्पत्ति का स्वामित्व प्राप्त करने के सामान्य स्रोत उत्तराधिकार, क्रय, भेंट, उपहार आदि हैं। इनके अतिरिक्त ब्राह्मण दान-दक्षिणा से, क्षत्रिय विजय से, वैश्य कृषि तथा पशुपालन से और शूद्र सेवा से सम्पत्ति प्राप्त कर सकता है।[1] प्राचीनतम धर्मशास्त्र में निजी भूसम्पत्ति का कोई संकेत नहीं मिलता। पशुधन, अस्त्र-शस्त्र, बरतन-भांडे आदि सम्पत्ति माने गए हैं, और ये सब चल सम्पत्ति की श्रेणी में आते हैं। सर्वप्रथम गुप्तकाल में बृहस्पति तथा कात्यायन दो प्रकार की सम्पत्ति का स्पष्टतया उल्लेख करते हैं। अचल सम्पत्ति को वे 'स्थावर' तथा चल को 'जंगम' कहते हैं।[2] लेकिन इन दो धर्मशास्त्रकारों से पूर्व याज्ञवल्क्य भी भूमि को स्पष्ट रूप से सम्पत्ति के रूप में मान्यता प्रदान करता है। वह तीन प्रकार की सम्पत्ति का उल्लेख करता है — 'भू' (भूमि), 'निबन्ध' (जीविका का साधन) तथा 'द्रव्य' (स्वर्ण, आभूषण आदि)[3]। स्पष्ट है कि यहाँ 'निबंध' में 'भू' का भी समावेश हो जाता है।

प्रारंभिक धर्मशास्त्र में भूमि या अचल सम्पत्ति पर कानूनी अधिकार कैसे हो इस पर ज्यादा जोर नहीं दिया गया है। इस काल में धर्मशास्त्रकारों को मुख्य रूप से इस सम्पत्ति के भोग अर्थात् कब्जे की ही चिन्ता है। किसी वस्तु के भोग की वैधता इस बात पर निर्भर करती है कि वह व्यक्ति-विशेष के दखल में कितने समय तक रही। गौतम,[4] कौटिल्य,[5] मनु[6] तथा नारद[7] का कहना है कि यदि कोई व्यक्ति किसी वस्तु के भोग से दस वर्षों तक वंचित रहता है तो उस पर उसका अधिकार समाप्त हो जाता है। लेकिन इस संदर्भ में भूमि का उल्लेख नहीं किया गया है। याज्ञवल्क्य का विधान है कि अगर कोई व्यक्ति बीस साल तक किसी भूसम्पत्ति का भोग नहीं

करता और इस बीच वह बेदखल होने के खिलाफ प्रतिवाद भी नहीं करता तो उस पर उसका अधिकार खत्म हो जाता है।[8] ऐसा विधान करते समय वह 'भूमि' तथा 'धन' में भेद करता है। 'धन' पर से अधिकार दस साल की बेदखली से ही समाप्त हो जाता है।[9] इन विधानों से लगता है कि दस साल की बेदखली के बाद चल सम्पत्ति आसानी से एक से दूसरे व्यक्ति के हाथ में चली जाती थी, भूमि के संबंध में भी बीस वर्षों तक उसके उपभोग से वंचित रहना इस दृष्टि से पर्याप्त था। निजी सम्पत्ति और उसमें भी विशेषतया निजी भूसम्पत्ति के भोग को बहुत अधिक सुरक्षा नहीं प्राप्त हो पाई थी। किन्तु परवर्ती विधानों में सम्पत्ति से वंचित होने के लिए निर्धारित बेदखली की अवधि को बढ़ाकर भोग को अधिक स्थिरता प्रदान की गई। कात्यायन बेदखली से संबंधित बीस साल के नियम को मर्यादित करता है और कहता है कि यह बात राजा और ब्राह्मणों पर लागू नहीं होती।[10] दानभोगियों के रूप में ब्राह्मणों को इस बात का खतरा रहता था कि बेदखली के कारण उनकी सम्पत्ति कहीं किसानों, प्रतिद्वन्द्वी दानभोगियों अथवा दाता और उसके उत्तराधिकारियों के हाथों में न चली जाए, इसलिए यह व्याख्या उनके हक में गई। नारद स्पष्ट शब्दों में कहता है कि राज्य की भूसम्पत्ति का कोई सैकड़ों वर्षों तक वैध स्वामित्व के बिना भोग करे तो भी उस पर राज्य का अधिकार समाप्त नहीं होता।[11] इस प्रकार के विधान राजकीय भूमि तथा ब्राह्मणों की भूमि, दोनों की सुरक्षा करते हैं और इस विषय से संबंधित पूर्ववर्ती नियमों के ढर्रे पर ही हैं। राज्य तथा ब्राह्मणों को छूट देने के अतिरिक्त बीस-वर्षीय अवधि के नियम को ऐसा बल दे दिया गया है जिससे मूल सम्पत्ति पर आँच नहीं आ पाती, क्योंकि इस नियम की व्याख्या करते हुए कहा गया है कि इससे 'फलहानि'[12] तो होती है, किन्तु पूरी तरह की हानि नहीं होती। गरज यह कि यह नियम सम्पत्ति से प्राप्त लाभों पर तो लागू होता है, लेकिन स्वयं सम्पत्ति पर नहीं। इससे भी बड़ी बात यह है कि गुप्तकालीन धर्मशास्त्रकारों के अनुसार, किसी व्यक्ति को सम्पत्ति से उसी हालत में वंचित किया जा सकता है जब किसी अन्य ने उसका भोग तीन पीढ़ियों तक किया हो।[13] इस प्रकार जो लोग ब्राह्मण और अन्य भोक्ताओं या आम लोगों की भी सम्पत्ति पर 'अनुचित रूप' से कब्जा कर लेते थे उन्हें यह साबित करना पड़ता था कि वे 60 या 90 वर्षों से उसका उपभोग करते रहे हैं।

गुप्त और गुप्तोत्तर काल के धर्मशास्त्रकारों ने यह नियम भी बनाया कि किसी की भूमि अथवा अन्य सम्पत्ति पर कोई अनुचित रूप से दखल जमा ले तो इसी से वह उसका हकदार नहीं बन जाता। उसके लिए अपने अधिकार के समर्थन में प्रमाण प्रस्तुत करना भी आवश्यक है। पूर्ववर्ती धर्मशास्त्रकार केवल 'भुक्ति' अर्थात् भोग या किसी सम्पत्ति को अपने कब्जे में रखकर उसका उपयोग करने के बारे में ही बात करते हैं। किन्तु गुप्तकालीन धर्मशास्त्रकारों ने एक नई संकल्पना का सूत्रपात किया। वह थी 'आगम' या स्वत्व की संकल्पना। 'आगम' शब्द का प्रथम प्रयोग *मनुस्मृति* के आठवें अध्याय में हुआ है।[14] परन्तु याज्ञवल्क्य की रचना में इसे महत्त्व प्राप्त हुआ।[15] कहा गया है कि भुक्ति का समर्थन आगम से और आगम का समर्थन भुक्ति से होना चाहिए।[16] किन्तु पूर्व-मध्यकालीन धर्मशास्त्रकार हारित का वचन है कि आगम मूल है तथा भुक्ति

शाखा।[17] इस उपमा से स्वामित्व का महत्त्व भोग या दखल से कुछ अधिक हो जाता है। स्पष्ट है कि स्वत्व को महत्त्व देने और अन्य व्यक्ति द्वारा भोग की वैधता की शर्त के तौर पर उसकी अवधि बढ़ा देने से मुख्य रूप से ब्राह्मणों तथा उन अन्य अनुदानभोगियों को लाभ पहुँचा जिन्हें राजकीय सनदों के माध्यम से अनुदान में भूमिखण्ड या गाँव प्राप्त हुए थे। कोई विवाद होने पर वे भूसम्पत्ति पर अपना स्वामित्व प्रमाणित करने के लिए राजशासन प्रस्तुत कर सकते थे। लेकिन यदि मन्दिरों, ब्राह्मणों तथा मठों को अपनी भूसम्पत्ति के स्वत्व के मूल का स्मरण नहीं है और वे सदियों से उसका भोग करते आ रहे हैं तो मेधातिथि (नवीं सदी) का कहना है कि राज्य को उनसे वह सम्पत्ति छीनकर वापस नहीं लेनी चाहिए। वह आगे कहता है कि प्राचीनकाल से चली आ रही दखलदारी स्वत्व का प्रमाण है, क्योंकि बहुत संभव है कि उस स्वत्व का मूल किसी अनुदान आदि में निहित हो।[18] यहाँ मेधातिथि के मन में स्पष्ट ही राजकीय सनद की बात रही होगी। और राज्य के अमलों से दानभोगियों की भूसम्पत्ति को वास्तविक खतरा था, इसका संकेत केवल दान-अभिलेखों से ही नहीं बल्कि हारित नामक धर्मशास्त्रकार से भी मिलता है। उसका कहना है कि 'आगम' या स्वत्वाधिकार से उस सम्पत्ति (स्पष्ट ही भूसम्पत्ति) से संबंधित विवादों का निर्णय होगा जिस पर राज्य के कारिन्दों और सिपाहियों ने बलात् अधिकार कर रखा है, जिसे छल-छद्म से दबा रखा है, जिसे छिपा रखा है, जो स्नेहवश या जीविकार्थ पारिश्रमिक के रूप में किसी को दे दी गई है। घर की सुरक्षा के लिए दी गई सम्पत्ति या स्नेह के आधार पर याचना करके ली गई सम्पत्ति से संबंधित विवादों का निबटारा भी इसी प्रकार होना है।[19] इस प्रकार हारित के मन में यहाँ स्पष्ट ही उपसामंतीकरण की स्थिति का ख्याल है, जिसमें भूस्वामी को अपनी जमीन का कुछ हिस्सा सेवा के प्रतिदानस्वरूप अथवा व्यक्तिगत या पारिवारिक स्नेह-संबंधों के कारण दूसरों को देना पड़ सकता है। जो भी हो, जब भूमिदान की प्रथा व्यापक रूप से प्रचलित हो गई और भूसम्पत्तिधारी अनुदानभोगियों का बड़ा वर्ग खड़ा हो गया तब स्वभावतः ब्राह्मण धर्मशास्त्रकारों की चिन्ता का मुख्य विषय यह हो गया कि उनके भूमि-संबंधी हितों पर राज्य तथा उसके अमलों या प्रतिद्वन्द्वी दानभोगियों अथवा किसानों की ओर से, या जिन्हें पारिश्रमिक के रूप में अथवा स्नेहवश उपयोग के लिए जमीन दे दी गई है उनकी ओर से, जो संकट आ सकता था उससे उनकी रक्षा कैसे की जाए। इतर व्यक्ति द्वारा भोग की वैधता के लिए भोगावधि को बढ़ाना तथा गुप्त और गुप्तोत्तर कालों के धर्मशास्त्रकारों का आगम या स्वत्वाधिकार पर विशेष जोर देना, ये दोनों बातें राजशासनधारियों को अपने-अपने क्षेत्र में भूस्वामियों के रूप में प्रतिष्ठित कर देने में सहायक सिद्ध हुईं।

आद्यतम धर्मशास्त्र में भी उत्तराधिकार के कारण सम्पत्ति के विभाजन की व्यवस्था की गई है। लेकिन इस संदर्भ में भूसम्पत्ति के विभाजन की व्यवस्था का कोई स्पष्ट संकेत नहीं मिलता। कौटिल्य के *अर्थशास्त्र* में घर ('वास्तु') के लिए जमीन की खरीद-बिक्री के बारे में विधान किया गया है। किन्तु जिस अवतरण में ऐसा विधान है उसका निश्चित काल बताना आज भी कठिन है। वास्तविक स्थिति चाहे जो रही हो, गुप्तकाल के पूर्व तक विधिग्रन्थों में भूमि के विभाजन की

कोई स्पष्ट व्यवस्था मोटे तौर पर नहीं की गई है। गुप्तकाल में आकर जब भूमि को काफी हद तक निजी सम्पत्ति माना जाने लगा तभी उत्तराधिकार-विषयक कानूनों के संदर्भ में धर्मशास्त्रों में भूसम्पत्ति के विभाजन की बात की जाने लगी।[20]

गुप्तकाल के उत्तराधिकार-विषयक कई विधान पूर्ववर्ती धर्मशास्त्र के ढर्रे पर ही हैं। किन्तु पहले के कानून जनजातीय व्यवस्था अथवा ऐसे समाज में अमल के लिए थे जिसमें भूमि को उस हद तक निजी सम्पत्ति नहीं माना जाता था जिस हद तक चल वस्तुओं को था। किन्तु अब उन प्राचीन कानूनों का अमल इस प्रकार की सामाजिक व्यवस्था में होना था, जिसमें भूमि स्पष्ट रूप से निजी सम्पत्ति में शुमार की जाने लगी थी। फलतः पुराने विधानों को नए अर्थ दिए जा सकते थे, उनकी नई व्याख्याएँ की जा सकती थीं। उदाहरण के लिए, एक आद्यतम कानून में कहा गया है कि ज्येष्ठ पुत्र को या तो सबसे अच्छा या सबसे बड़ा हिस्सा मिलेगा। पूर्ववर्ती काल में इसका संबंध पशुधन, आभूषण आदि चल सम्पत्ति से होगा। किन्तु गुप्त तथा गुप्तोत्तर कालों में जब भूमि विभाज्य हो गई तब ऐसी व्यवस्था भूमि के असमान वितरण में भी सहायक हो गई। कतिपय उत्तर-वैदिक ग्रन्थों के आधार पर सबसे आरंभिक धर्मशास्त्रकार ज्येष्ठ पुत्र को पूरी सम्पदा देने की भी बात करते हैं।[21] यह उल्लेख मिलता है कि अपने पिता की सभी सम्पदा के वारिस के रूप में ज्येष्ठ पुत्र की स्थिति विशिष्ट है।[22] उदाहरण के लिए वह सोना, काली गाय, अनाज, धातु आदि का हकदार होता था। पिता के रथ, उसके घर के हिस्से और घरेलू सामान पर उसका अधिकार बनता था।[22अ] जनजातीय परिवेश में अथवा जिस समाज में भूमि को सम्पत्ति के रूप में खास मान्यता प्राप्त नहीं थी उसमें इस प्रकार के नियम से बहुत अधिक असमानता उत्पन्न होने की संभावना नहीं थी। लेकिन यदि ऐसा विधान भूमि को सम्पत्ति माननेवाले समाज में प्रचलित होगा तो उसके अमल के कुछ और ही नतीजे निकलेंगे। गुप्त तथा गुप्तोत्तर कालों के कई विधिग्रन्थों में असमान विभाजन के विरुद्ध प्रतिक्रिया व्यक्त की गई है।[23] लेकिन इसमें शायद कानून की वह प्रबल विचारधारा प्रतिबिम्बित हुई है जो साधारण भूस्वामियों या किसानों के अनुकूल थी। मध्यकाल में बहुत-सी अविभाज्य जागीरों के अस्तित्व से ऐसा ही आभास होता है। इस नियम के अनुसार जायदाद ज्येष्ठ पुत्र को मिलती थी, और दूसरों को जीवन-निर्वाह के कुछ स्रोत दे दिए जाते थे। धर्मशास्त्र का यह विधान भी है कि परिवार, प्रदेश आदि के रिवाजों का आदर करना चाहिए। जान पड़ता है, देश के कई भागों में पारम्परिक कानून के अनुसार पूरी जायदाद ज्येष्ठ पुत्र को देने की व्यवस्था थी। मध्यकाल में बड़ी-बड़ी जमींदारियों के अस्तित्व का इसके अतिरिक्त और कोई कारण दिखाई नहीं देता। बिहार की कुछ जमींदारियाँ तेरहवीं-चौदहवीं सदी से ही चली आ रही हैं, हालाँकि उन्हें कानूनी दर्जा बाद में 1793 के स्थायी बन्दोबस्त के जरिए दिया गया। बारहवीं सदी के पूर्व भी चौहान परिवार के कुमारों तथा रानियों को निर्वाह के लिए कुछ भूमि दे दी जाती थी, जबकि पूरी जायदाद ज्येष्ठ पुत्र को मिलती थी। जो बात शासक घरानों पर लागू होती थी वही उनके बनाए सरदारों और श्रीमंतों पर भी लागू होती होगी।

सम्पत्ति-विषयक महत्त्वपूर्ण व्यवस्था जीमूतवाहन (12वीं सदी) के *दायभाग* में मिलती है।

इस व्यवस्था से न केवल बड़ी-बड़ी जमींदारियों की सृष्टि में सहायता मिली वरन् बड़े-बड़े संयुक्त भूमिधारी परिवारों के कायम रहने में भी मदद मिली। इस व्यवस्था के अनुसार, पिता अथवा पितामह के जीवनकाल अर्थात् परिवार के मुखिया के जीते-जी सम्पत्ति का बँटवारा नहीं हो सकता था।[24] जीमूतवाहन ने *दायभाग* के विधानों का प्रतिपादन बारहवीं सदी में किया, किन्तु उसके सिद्धान्तों के दर्शन हमें बहुत पहले ही मनु, नारद तथा देवल की कृतियों में होते हैं। इन सभी धर्मशास्त्रकारों की व्यवस्था है कि व्यक्ति किसी परिवार में जन्म लेने के कारण उस परिवार की सम्पत्ति का हकदार नहीं होता, बल्कि परिवार के मुखिया की मृत्यु के बाद वह हकदार होता है।[25] यदि इस बात को ध्यान में रखें तो इसका अर्थ यह होगा कि जीमूतवाहन द्वारा विहित विधानों के पीछे जो सिद्धान्त विद्यमान थे वे गुप्तकाल में तथा उसके उपरान्त भी कायम थे। जिस क्षेत्र में यह सिद्धान्त प्रचलित था उसका सीमांकन करना कठिन है। बाद में जीमूतवाहन का *दायभाग* मुख्य रूप से बंगाल में प्रचलित रहा। लेकिन जहाँ तक परिवार के मुखिया के जीवनकाल में भूसम्पत्ति की अविभाज्यता का प्रश्न है, पूर्ववर्ती काल में देश के अन्य भागों में भी *दायभाग* का बोलबाला रहा होगा। हमें मालूम है कि उत्तर भारत के आर्यावर्त कहे जानेवाले भाग में मनु के विधानों को व्यापक स्वीकृति प्राप्त थी। इसी प्रकार, न्याय-व्यवस्था को विकसित करनेवाली *नारद स्मृति* का भी काफी सम्मान था। इसलिए जान पड़ता है कि परिवार के मुखिया की मृत्यु के पूर्व भूसम्पत्ति को विभाजित न करने का चलन देश के काफी बड़े हिस्से में था। कहने की जरूरत नहीं कि यह व्यवस्था बड़ी-बड़ी 'जमींदारियों' के दीर्घकाल तक कायम रहने में सहायक रही होगी। बड़ी 'जमींदारियों' में किसानों को जमीन देकर उनसे जुतवाया जा सकता था और इस प्रकार उत्पादन-प्रबन्धन भूस्वामियों के हाथ में रहता था। अपने पास जमीन रखकर हलवाहों और खेतिहर मजदूरों से भी काम करवाया जा सकता था अथवा यह भी हो सकता था कि दोनों तरह से जमीन को जुतवाया जाता था। स्पष्टतः ऐसी भूसम्पत्ति के स्वामी के संसाधनों का आधार विस्तृत होने के कारण उसे राजनीतिक सत्ता अवश्य प्राप्त रही होगी। लेकिन जीमूतवाहन का *दायभाग* परिवार के मुखिया को अपनी सम्पत्ति की व्यवस्था के संबंध में असीम अधिकार प्रदान करता है। वह अपनी जमीन जिसे चाहे उसे भेंट-उपहार में दे सकता था, चाहे वह जमीन को किसी के हाथ बेच सकता था। इससे उपसामंतीकरण की स्थिति उत्पन्न हो सकती थी और मुखिया की भूसम्पत्ति घट सकती थी।

उत्तराधिकार में भूसम्पति के विभाजन की दृष्टि से अन्य महत्वपूर्ण मध्यकालीन कृति है *मिताक्षरा*। यह भाष्य पश्चिमी भारत के निवासी विज्ञानेश्वर ने ग्यारहवीं सदी में *याज्ञवल्क्य स्मृति* पर लिखा। इसमें पुत्रों की इच्छा होने पर पिता या परिवार के मुखिया के जीवनकाल में ही सम्पत्ति के विभाजन की व्यवस्था की गई है।[26] इससे भूसाम्पत्तिक स्थापनाओं का विखण्डन हो सकता था। संभव है, पश्चिमी भारत में वाणिज्य-व्यापार की वृद्धि के कारण *मिताक्षरा* में यह दृष्टिकोण अपनाया गया हो। बड़ी-बड़ी भूसम्पत्तियों को अक्षुण्ण रखने में व्यापारियों की दिलचस्पी शायद न रही हो, और शायद व्यक्तिगत भूसम्पत्ति को वे अधिक पसंद करते थे। हो सकता है, उनका दृष्टिकोण यह

रहा हो कि यदि सम्पत्ति व्यक्तिगत होगी तो आवश्यकता पड़ने पर उसे बेचकर वाणिज्य-व्यापार में लगाने के लिए पूँजी प्राप्त की जा सकती है। लेकिन *मिताक्षरा* की उपर्युक्त व्यवस्था का इस तरह का कारण बताना फिलहाल तो अटकलबाजी करना माना जा सकता है। भूसम्पत्ति के कई हिस्सों में बँट जाने से कई अलग-अलग गृहस्थियाँ कायम हो सकती थीं। हर गृहस्थी कृषि उत्पादन की अलग इकाई होगी, जिससे स्वभावतः खेती की पैदावार बढ़ेगी। दूसरी ओर बड़ी-बड़ी भूसम्पत्तियों के मामले में इस तरह के विधान के फलस्वरूप सामाजिक तथा राजनीतिक सत्ता और प्रभाव का विभाजन होगा। लेकिन ये परिणाम तभी प्रकट हो सकते थे जब विभाजन की माँग पिता के जीवनकाल में की जाती। ऐसी माँग बहुधा नहीं उठती होगी। इससे भी बड़ी बात यह है कि *मिताक्षरा* व्यवस्था के अधीन परिवार का मुखिया जमीन न किसी को भेंट-उपहार में दे सकता था और न बेच सकता था। इससे स्वभावतः भूसम्पत्ति के अखण्ड और अक्षुण्ण रहने में सहायता मिली। इस प्रकार *दायभाग* तथा *मिताक्षरा*, दोनों के प्रावधानों से, वस्तुतः कृषि उत्पादन या उसके प्रबन्धन की बड़ी इकाइयों, जमींदारियों को बढ़ावा मिला।

कुछ और भी ऐसे विधान थे जिनसे बड़ी-बड़ी भूसम्पत्तियों की अक्षुण्णता तथा अभिवृद्धि की परिस्थितियाँ उत्पन्न हो सकती थीं। गुप्त तथा गुप्तोत्तर कालों के विधिग्रन्थों की व्यवस्था है कि *विद्याधन* अर्थात् विद्या द्वारा अर्जित सम्पत्ति का विभाजन नहीं हो सकता।[27] विद्याधन में तीन प्रकार की सम्पत्ति का बोध होता था : (1) किसी पंडित द्वारा शिष्यों से प्राप्त सम्पत्ति, (2) किसी कठिन प्रश्न को हल करने के लिए या शास्त्रार्थ में पुरस्कारस्वरूप प्राप्त सम्पत्ति, और (3) दक्षिणा में प्राप्त सम्पत्ति।[28] यदि हम मध्यकालीन परिस्थिति को ध्यान में रखें तो मालूम होगा कि ऐसे सभी मामलों में या तो भूमिखण्ड अथवा गाँव से प्राप्त होनेवाली आय दान में दी जाती थी। इन अनुदानों की अविभाज्यता इन्हें स्थायित्व प्रदान करती थी और इन्हें प्राप्त करनेवालों के लिए सहायक थी। स्पष्ट ही विद्याधन वाली व्यवस्था केवल ब्राह्मणों पर लागू होती थी, जो भूमिदानों के प्रमुख भोक्ता थे। इस प्रकार यह व्यवस्था भूमि के असमान वितरण का महत्त्वपूर्ण उपकरण बन सकती थी, और भूमि के असमान वितरण के बिना सामंतवाद का उद्भव और विकास नहीं हो सकता था।

इसी प्रकार *शौर्यधन*[29] अर्थात् शौर्य के कारण प्राप्त सम्पत्ति भी अविभाज्य थी। अभिलेखों में योद्धाओं के मरणोपरान्त और उनके जीवनकाल में भी उनके परिवारों को दिए गए पुरस्कारों के अनेक उल्लेख देखने को मिलते हैं। यह पुरस्कार सामान्यतः भूमिदान के रूप में ही दिया जाता था। ऐसे दानों के दस्तावेज कपड़े या लकड़ी की पट्टियों पर तैयार किए जाते थे, इसलिए वे नष्ट हो गए हैं। स्पष्ट है कि शौर्यधन उन योद्धाओं को प्रदान किया जाता था जिनके बिना सामंती प्रभुओं की सेना काम नहीं कर सकती थी। वर्णव्यवस्था की दृष्टि से देखें तो यह व्यवस्था क्षत्रियों पर लागू होगी, लेकिन वास्तव में यह अन्य वर्णों के योद्धाओं पर भी लागू हो सकती थी। मगर इस व्यवस्था से धर्मेतर भूमिअनुदानों को अधिक स्थायित्व मिलना संभव हो गया।

मध्यकालीन व्यवस्था के संदर्भ में सम्पत्ति के भोग, स्वामित्व तथा विभाजन-विषयक विधानों

के अध्ययन से ज्ञात होता है कि कुछ पुराने कानूनों की ऐसी व्याख्या की गई जिससे भूमिदानों के कारण उदित होनेवाले मध्यवर्ती भूस्वामी लोगों की स्थिति मजबूत हुई। यही प्रयोजन अन्य पुराने कानूनों के अमल से भी सिद्ध हुआ। नए कानूनों ने तो भूमिदानों के फलस्वरूप सृजित भूमि-विषयक अधिकारों को स्पष्ट रूप से दृढ़ता प्रदान की। जाहिर है कि पूर्व-मध्यकाल के सम्पत्ति-विषयक कानूनों ने किसानों के शोषण की बुनियाद पर बड़ी-बड़ी भूसम्पत्तियों की स्थिति को मजबूत बनाया।

संदर्भ और टिप्पणियाँ

1. *हिस्टरी ऑफ धर्मशास्त्र* (आगे *हि.ध.शा.* के रूप में उल्लिखित), III (1973), पृ. 317. संपत्ति अर्जित करने के पाँच, छह, सात या आठ उपाय बताए गए हैं, वही।
2. वही, पृ. 574-75.
3. वही, पृ. 575.
4. *धर्मकोश,* I, भाग I, पृ. 381.
5. वही, पृ. 382.
6. वही, पृ. 383.
7. *हि.ध.शा.,* III, पृ. 320.
8. 'पश्यतोब्रुवतो भूमेर्हानिर्विंशति वार्षिकी, परेन भुज्यमानस्य धनस्य दशवार्षिकी' —वही, II. पृ. 24; *धर्मकोश,* I, भाग I, पृ. 389 में उद्धृत।
9. वही।
10. *हि.ध.शा.,* III, पृ. 327.
11. वही।
12. वही, पृ. 323.
13. वही, पृ. 324.
14. *मनु,* VIII. पृ. 200; *धर्मकोश,* I, भाग I, पृ. 388.
15. वही, पृ. 379-410.
16. 'न मूलेन विना शाखा अन्तरिक्षे प्ररोहति, आगमस्तु भवेन्मूलम् भुक्ति शाखा प्रकीर्तितता।' —*धर्मकोश,* I, भाग I, पृ. 419-20.
18. *हि.ध.शा.,* III, पृ. 325.
19. 'भाटचाटबलाद्भुक्तम् हृत्तम् गुप्तम् अथापि वा, प्रणयदत्तम् च प्रदत्तम् भाटकेन वा तथा, वसनरक्षार्थम् याचितम् प्रणयेन वा, एवम् बहुविधे भोगे आगमो निर्णयः स्मृतः।' *धर्मकोश,* I, भाग I, पृ. 420.
20. रामशरण शर्मा, *इंडियन फ्यूडलिज़्म, सर्का ए.डी. 300-1200*, दूसरा संस्करण, दिल्ली, 1980, पृ. 118-19.
21. *आपस्तंब धर्मसूत्र* में 'ज्येष्ठो दायाद इत्येके' पद का प्रयोग हुआ है। *धर्मकोश,* I, भाग II,

पृ. 1165 में उद्धृत; तुलनीय *हि.ध.शा.*, III, पृ. 624.

22. *धर्मकोश*, I, भाग II, पृ. 1166.

22अ. वही, पृ. 1165.

23. *हि.ध.शा.*, III, पृ. 628.

24. इसे 'उपरमस्वत्ववाद' का सिद्धान्त कहा गया है—*हि.ध.शा.*, III, पृ. 547.

25. *हि.ध.शा.*, III, पृ. 556.

26. यह 'जन्मस्वत्ववाद' के सिद्धान्त के रूप में जाना जाता है,—वही, पृ. 540.

27. *कात्यायन स्मृति* (श्लोक 867-73) में यह विचार *विद्याधन* को परिभाषित तथा उदाहृत करते हुए व्यक्त किया गया है—वही, पृ. 583. *धर्मकोश*, I, भाग II, पृ. 1225 में उसके ये श्लोक देखे जा सकते हैं।

28. *हि.ध.शा.*, III, पृ. 583.

29. *भार्याधन* (स्त्रीधन) तथा शिल्पी द्वारा अपनी वस्तु के मूल्य के अतिरिक्त पुरस्कारस्वरूप प्राप्त धन को भी अविभाज्य माना गया है (वही), लेकिन धर्मशास्त्रकारों ने शिल्पियों के पुरस्कार-धन की ओर विशेष ध्यान नहीं दिया है।

अध्याय नौ

तंत्र सम्प्रदाय की सामाजार्थिक पृष्ठभूमि

आजकल के शिक्षित लोगों के लिए तंत्र का अर्थ पंचमकार है अर्थात् मत्स्य, मांस, मद्य, मैथुन एवं मुद्रा की सिद्धि के नाम पर भोग-विलास का जीवन बिताने के लिए अनुष्ठानों का सम्पादन। किन्तु आरंभिक तांत्रिक साहित्य तथा प्रतिमाओं एवं तांत्रिक आचारों के अवशेषों पर सतही विचार करने से भी स्पष्ट हो जाता है कि तंत्र सम्प्रदाय में अन्य अनेक महत्त्वपूर्ण तत्त्वों का समावेश था। लिखित तांत्रिक ग्रन्थों और प्रतिमाशास्त्र में मातृदेवी की पूजा को महत्त्व का स्थान दिया गया है। यद्यपि तंत्र-साधना मुख्य रूप से शाक्त सम्प्रदाय से संबद्ध है, तथापि शैव एवं वैष्णव सम्प्रदायों तथा बौद्ध और जैन धर्मों में भी इसके तत्त्व काफी स्पष्ट रूप में देखे जा सकते हैं। तंत्र सम्प्रदाय में सामान्यतः स्त्रियों तथा शूद्रों की दीक्षा की व्यवस्था है। तंत्र में वर्णगत भेदभाव नहीं बरता गया है। तंत्र के प्रमुख प्रतिपादकों में स्त्रियों का अच्छा स्थान था। शूद्र आचार्य शूद्रों तथा चण्डालों को दीक्षा दे सकते थे और कुछ यज्ञ भी सम्पादित कर सकते थे।

तंत्रों में सामान्य रोगों के साथ ही साँप, चूहे और विषैले कीड़ों के काटने तथा प्रेत-बाधाओं के निवारण के लिए अनेक अनुष्ठानों तथा उपचारों का विधान किया गया। इस प्रकार उनसे महत्त्वपूर्ण सामाजिक प्रयोजन सिद्ध होता था। रोगोपचारों के अलावा उनमें कीड़ों से अनाजों की रक्षा के उपाय भी बताए गए। ऐसा माना जाता था कि अनुष्ठानों तथा तंत्र-मंत्र से विष, ग्रहों तथा रोगों के कुप्रभावों का निवारण होता है। औषधियाँ मंत्रोच्चार के साथ दी जाती थीं। मध्यकालीन तांत्रिक वैद्य तथा ज्योतिषी का भी काम करता था। मिथिला तथा नेपाल में वे आज भी यह भूमिका निभा रहे हैं। इन क्षेत्रों के तांत्रिक भविष्यवाणी करते हैं और ग्रहणों तथा त्यौहारों की तिथियाँ बताते हैं। वैद्यों तथा ज्योतिषियों के रूप में तांत्रिक आम आदमी की सामाजिक एवं भावात्मक आवश्यकताओं की पूर्ति करते थे, और इस प्रकार वे विभिन्न आर्थिक एवं साम्प्रदायिक समूहों के लोगों के बीच आपसी लगाव पैदा करने में सहायता देते थे।

तंत्र सम्प्रदाय में मुक्ति तथा भुक्ति की प्राप्ति एवं लोगों की तरह-तरह की भौतिक कामनाओं ('काम्यानि') की पूर्ति के निमित्त अनेक प्रकार के गुह्य अनुष्ठानों का विधान किया गया। लगभग छठी सदी ईस्वी की एक वैष्णव तांत्रिक रचना में तंत्र सिद्धान्त चतुर्वर्ग अर्थात् अर्थ, धर्म, काम

एवं मोक्ष की प्राप्ति करानेवाला बताया गया है।[1] यह सिद्धि पूजा अथवा भक्ति द्वारा प्राप्त की जा सकती थी। भक्ति का अर्थ था आराध्य देव तथा गुरु के प्रति सम्पूर्ण समर्पण। इन दोनों को तरह-तरह के भेंट-चढ़ावे अर्पित किए जाते थे। इन सबके कारण लगभग सभी मध्यकालीन सम्प्रदायों में नए-नए देवी-देवताओं के लिए स्थान बनाने पड़े। इन सम्प्रदायों में अनेक लोक-पूजित देवी-देवताओं का समाहार किया गया। शिव, विष्णु एवं शक्ति जैसे नए देवी-देवताओं को उच्च स्थान प्रदान किया गया और पुराने वैदिक देवी-देवताओं को गौण स्थान दिया गया। मन्दिरों, तांत्रिक संगठनों तथा लिखित साहित्य द्वारा इस सम्प्रदाय को संस्थागत रूप दिया गया। मंदिरों में नए देवी-देवताओं की प्रतिमाएँ प्रतिष्ठित की गईं। तांत्रिक संगठनों ने गुरु या आचार्य को सर्वोच्च स्थान प्रदान किया। विशाल तंत्र साहित्य में विभिन्न तांत्रिक धाराओं तथा विविध धर्माचरणों को स्थायी और सुविन्यस्त रूप दिया गया। व्यवहारतः तंत्र सम्प्रदाय हिन्दू धर्म के समान ही था। उसकी दृष्टि सर्वथा सम्प्रदाय-निरपेक्ष एवं भौतिकवादी थी। विभिन्न वर्गों के जीवन के जितना निकट तंत्र सम्प्रदाय था उतना अन्य कोई सम्प्रदाय नहीं था। शायद यही कारण है कि यह सम्प्रदाय भारत में काफी दीर्घायु हुआ और इसके मूल तत्त्व आज भी कायम हैं। कुछ विद्वानों में तंत्र सम्प्रदाय के प्रतीकात्मक तथा दार्शनिक पहलुओं पर जोर देने की प्रवृत्ति दिखाई देती है, जिसका मतलब यह होगा कि यह सम्प्रदाय सिद्ध-साधकों के संकुचित दायरे तक सीमित था, किन्तु प्रकाशित ग्रन्थों की विषयवस्तु से मालूम होता है कि इनके अधिकतर हिस्से का संबंध लोगों के रोजमर्रा के जीवन से जुड़े आचार-व्यवहारों से है।

वेबर तंत्र के उद्भव का कारण ब्राह्मणों के लालच को मानते हैं। उनका कहना है कि दक्षिणा के लोभ में वे अनेक लोकप्रिय देवी-देवताओं की पूजा-अर्चना के लिए तैयार हो गए। उनकी राय में उन्होंने बौद्ध तथा जैनों के साथ स्पर्धा की भावना से भी प्रेरित होकर ऐसा किया। किन्तु तंत्रों का विकास करने में ब्राह्मणों के ऐसी मंशाओं से प्रेरित होने का कोई प्रमाण नहीं मिलता। उन पर भौतिक लाभों की मंशा आरोपित करने का कुछ तर्क हो सकता है, किन्तु पूर्व-मध्यकाल में जब तक तंत्र सम्प्रदाय शक्ति के रूप में उभरा तब तक बौद्ध तथा जैन धर्मों में ब्राह्मणों को चुनौती देने का कोई सामर्थ्य ही नहीं रह गया था। कुछ लोग तंत्र को मनोलैंगिक कारणों से उद्भूत बताते हैं तो कुछ का कहना है कि इसका उद्भव और विकास विशुद्ध रूप से आध्यात्मिक तथा रहस्यवादी कारणों से हुआ। किन्तु यह सब पूर्व-मध्यकाल में ही क्यों हुआ, और शाक्त पीठ परिपक्व ब्राह्मणीय क्षेत्र के बाहर जनजातीय क्षेत्रों में क्यों कायम हुए, यह किसी ने नहीं बताया है। हमारी राय में तंत्र के उद्भव तथा विकास को समझने के लिए पूर्व-मध्यकाल की आर्थिक एवं सामाजिक प्रवृत्तियों की भूमिका को समझना आवश्यक है।

पूर्व-मध्यकाल की उल्लेखनीय विशेषता थी पुरोहितों तथा मंदिरों को बड़े पैमाने पर भूमिदान देना। नए क्षेत्रों में कृषि तथा बस्तियाँ आबाद करने में धार्मिक प्रयोजनों से दिए गए भूमिदानों के महत्त्व की ओर सर्वप्रथम धर्मानन्द दामोदर कोसम्बी ने ध्यान दिलाया। किन्तु इन दोनों के राजनीतिक तथा धार्मिक परिणामों पर विचार करना अभी शेष है। भूमिदानों से मध्यदेश की

ब्राह्मण संस्कृति के फैलाव में नया आयाम जुड़ गया। दकन में सातवाहनों ने इस संस्कृति को खूब प्रश्रय दिया। असल में व्यापक स्तर पर ब्राह्मणीकरण गुप्तकाल में आरंभ हुआ। गुप्तों का साम्राज्य मौर्य साम्राज्य के समान विस्तृत तो नहीं था, किन्तु वह दो सौ वर्षों तक टिका रहा। गुप्तकाल तक ब्राह्मण लोग मध्यदेश में भली-भाँति प्रतिष्ठित हो चुके थे। वहाँ से उन्होंने बाहरी प्रदेशों की ओर फैलना शुरू किया। गुप्त राजाओं तथा उनके सामंतों ने नए-नए प्रदेशों तथा लोगों को जीता। इन विजित प्रदेशों तथा लोगों के बीच अपनी सत्ता को सुप्रतिष्ठित करने के लिए उन्हें धार्मिक तथा वैचारिक समर्थन की आवश्यकता थी। यह समर्थन मुख्य रूप से ब्राह्मणों से मिल सकता था, हालाँकि अन्य धार्मिक नेता भी इसमें सहायक हो सकते थे। ब्राह्मणों में बहुपत्नीत्व का चलन था, इसलिए संभव है कि उन्होंने अधिक संतानोत्पत्ति की हो। ईस्वी सन् की आरंभिक सदियों में चिकित्सा के बढ़ते ज्ञान के कारण उनकी संतानें दीघार्यु बनीं। भूसम्पत्ति के विभाजन के कानून सर्वप्रथम गुप्तकाल में ही देखने को मिलते हैं। इन कानूनों के कारण बड़ी-बड़ी पारिवारिक इकाइयाँ खण्डित हो गईं और ब्राह्मणों में निर्धनता आई। बेहतर लौह प्रौद्योगिकी, सुधरी हुई कृषि-विधियों तथा अधिक उन्नत चिकित्सा-ज्ञान के कारण मध्यदेश तथा उत्तर बंगाल की आबादी में वृद्धि हुई। यहाँ जमीन पर आबादी का दबाव बढ़ने के स्पष्ट साक्ष्य मिलते हैं। इस समस्या का कुछ समाधान ज्ञानी तथा सूझबूझवाले लोगों के देशान्तरण से हो सकता था। ब्राह्मण ऐसे ही लोग थे, जो कुछ उद्यमी शिल्पियों तथा किसानों को भी अपने साथ नए प्रदेशों में चलने को प्रेरित कर सकते थे।

ब्राह्मणों का गाँवों की ओर देशान्तरण शहरों के ह्रास से भी जुड़ा था। शक-सातवाहन काल में मध्यदेश तथा दकन में वाणिज्य-व्यापार के बल पर शहर खूब फलते-फूलते रहे और ईस्वी सन् की तीन प्रारंभिक सदियों के दौरान नकद दान-दक्षिणा द्वारा वे ब्राह्मणों तथा अन्य पुरोहित समुदायों का भरण-पोषण करते रहे। किंतु व्यापार के ह्रास के कारण,[2] जीविका का यह स्रोत सूख गया और फलतः पुरोहित वर्ग के लोग गाँवों की ओर लौट चले। जान पड़ता है, गुप्तकाल से ब्राह्मण नगरों का त्याग करने लगे और यह सिलसिला आगे की कई सदियों तक चलता रहा। दसवीं सदी में पाटलिपुत्र के दो ब्राह्मण गुजरात के नवसारी जिले के किसी स्थान को चले गए।[3] इसी कारण नवीं-दसवीं सदियों में तीरभुक्ति के कई ब्राह्मण उड़ीसा में जाकर बसे।[4] लगभग इसी काल में उत्तरप्रदेश स्थित अहिच्छत्र और श्रावस्ती के ब्राह्मणों ने भी उड़ीसा को देशान्तरण किया।[5] मालवा, गुजरात और कर्नाटक में अनेक ऐसे नगर थे जिन्हें छोड़कर पूर्व-मध्यकाल में ब्राह्मण गुजरात के गाँवों में भूमिअनुदान का उपभोग करने के[5अ] लिए गए। स्पष्ट है कि ये शहरी केन्द्र ब्राह्मणों तथा अन्य उच्च वर्गों के लोगों के लिए सुखमय जीवन के साधन सुलभ कराने में असमर्थ हो गए थे। पाटलिपुत्र, तीरभुक्ति (यदि वैशाली के रूप में इसकी पहचान सही हो तो), अहिच्छत्र तथा श्रावस्ती की दुरवस्था की पुष्टि खुदाइयों से भी हुई है। हुआनत्सांग ने लिखा है कि सातवीं सदी में पाटलिपुत्र पतनोन्मुख था। कोलाञ्च तथा तरकरी नामक दो अन्य स्थानों से ब्राह्मणों ने बिहार, बंगाल और अन्य क्षेत्रों को देशान्तरण किया। संभव है, ये दोनों स्थान

उत्तरप्रदेश के पतनोन्मुख शहर रहे हों। यही हाल गुप्तोत्तरकाल में कौशाम्बी का भी हुआ। वहाँ से अन्यत्र जाकर बसनेवाले ब्राह्मणों के वंशजों ने इस नगर के नाम से ही अपना कुलनाम कोसम्बी प्राप्त किया है। सच तो यह है कि अभी तक जो पुरातात्त्विक उत्खनन हुए हैं उनसे गंगा के मैदान में पड़नेवाले नगरों तथा उससे जुड़े मध्यप्रदेश के इलाकों के शहरों (जैसे गुप्तोतरकाल में एरण और उज्जैन) के ह्रासोन्मुख होने का संकेत मिलता है। इसके फलस्वरूप ब्राह्मणों तथा अन्य लोगों के लिए जीविका की समस्या खड़ी हुई।[6]

मध्यदेश से बाहर अन्य क्षेत्रों के शहरों से भी ब्राह्मण विभिन्न स्थानों में जाकर बस गए। आठवीं सदी के मध्य से करहद से बहुत-से ब्राह्मणों के देशांतरण करने के उल्लेख मिलते हैं।[7] नवीं सदी के आरंभ से आंध्रप्रदेश के वैंगी नगर से ब्राह्मणों के निकलने के जिक्र मिलने लगते हैं।[8] इन देशांतरणों का प्रयोजन ग्रामीण क्षेत्रों में भूमि प्राप्त करना था। स्पष्ट है कि इन सीमावर्ती नगरों का ब्राह्मणीकरण संपन्न हो चुका था, और संभव है कि यहाँ के ब्राह्मण स्थानीय मूल के रहे हों। भूमिअनुदान प्राप्त करनेवाले ब्राह्मणों के मूल स्थान उनकी अनुदान-भूमि से 100 मील से अधिक दूर नहीं होते होंगे। जो भी हो, इतना निश्चित है कि पूर्व-मध्यकाल में कृषि के विस्तार में ब्राह्मणों ने प्रमुख भूमिका निभाई।

भूमिदानपत्रों के कालानुक्रमिक वितरण से मालूम होता है कि उत्तर बंगाल में ब्राह्मणों का आगमन पाँचवीं सदी में, पूर्व बंगाल में छठी सदी में, असम में पाँचवीं सदी में तथा उड़ीसा में सातवीं सदी में हुआ। गुजरात में ब्राह्मणों को भूमिदान का चलन सातवीं सदी से वलभी शासकों के अधीन जोर पकड़ने लगा। लगभग इसी काल से उन्हें काँगड़ा, चंबा और नेपाल में भूमिदान मिलने लगे।

ब्राह्मणों को मध्यप्रदेश में फैलने में काफी समय लगा। उसकी उत्तरी सीमा तो मौर्य प्रभाव में थी, लेकिन पश्चिमी हिस्से शुंग-शक-सातवाहन युग में ब्राह्मण संस्कृति के प्रभाव में आए। वाकाटकों के ब्राह्मण राजवंश ने विदर्भ क्षेत्र में, जिसमें केंद्रीय तथा पश्चिमी मध्यप्रदेश शामिल है, ब्राह्मणों को अनेक भूमिदान दिए। वैनगंगा तथा वर्धा के बीच के क्षेत्र इन शासकों के अधीन पूर्ण रूप से ब्राह्मणीकृत हो गए। उनके समकालीनों तथा कुछ गुप्त सामंतों ने चौथी-पाचवीं सदियों में उत्तर-पूर्व मध्यप्रदेश में ब्राह्मणों को भूमिदान दिए। किंतु इस राज्य में महानदी और इंद्रावती नदियों के बीच पड़नेवाले दक्षिण-पूर्वी हिस्से का ब्राह्मणीकरण सर्वप्रथम छठी तथा सातवीं सदियों के बीच नल, पाण्डव तथा शरभपुरीय शासकों के अधीन हुआ।[9]

अशोक के विद्यमान अभिलेख बतलाते हैं कि तीसरी सदी ई.पू. में ब्राह्मण आंध्र और कर्नाटक में मौजूद थे। अभिलेखों में श्रवणों तथा ब्राह्मणों का आदर करने की शिक्षा है, पर उन्हें भूमिअनुदान देने की चर्चा नहीं है। भूमिअनुदान का प्राचीनतम अभिलेख प्रथम शताब्दी ई.पू. में ऊपरी दकन में सातवाहनों के समय में मिलता है जो ब्राह्मण होने का दावा करते थे। आंध्र के पूर्वी भाग का ब्राह्मणीकरण ईक्ष्वाकु, शालांकायन और विष्णुकुण्डी राजाओं के अधीन तीसरी और चौथी सदियों में हुआ, परंतु इसके पश्चिमी हिस्से का ब्राह्मणीकरण पाँचवीं सदी से प्रारंभ हुआ।

कर्नाटक का पश्चिमी भाग पाँचवीं-छठी सदियों में कदम्ब राजवंश के अधीन ब्राह्मणीय प्रभाव में आया। कदम्ब ब्राह्मण थे, और उन्होंने अपना शासन उत्तरी और मध्य मैसूर में स्थापित किया था। दक्षिणी कर्नाटक में गंगों के शासनकाल में ब्राह्मणीकरण फैला। किंतु सारे कनार्टक में छठी और आठवीं सदी के बीच चालुक्यों के राज्यकाल में ही ब्राह्मणों की बस्तियाँ क़ायम हुईं।

तमिल प्रदेश का बड़े पैमाने पर ब्राह्मणीकरण आठवीं सदी में प्रारंभ हुआ। यद्यपि पल्लवों ने काँची में अपनी राजधानी बनाई तथापि उनकी दृष्टि बराबर उत्तर की ओर लगी रहती थी। उन्होंने चौथी सदी में आंध्र के गुंटुर, नेलोर और कुरनुल जिलों में ब्राह्मणों को भूमिअनुदान दिए। पल्लव तमिलनाडु के कुछ हिस्से पर राज्य करते थे, और उनके कारण उस इलाके में जो ब्राह्मणीय प्रभाव का प्रवेश हुआ वह आधुनिक मद्रास के आसपास तटीय प्रदेश के आगे नहीं फैल पाया। अभी भी आंध्र और तमिलनाडु के तटीय क्षेत्रों में भीतरी इलाकों की अपेक्षा ब्राह्मणीय प्रभाव अधिक दिखलाई पड़ता है। आठवीं सदी से चोल राजाओं ने ब्राह्मणों को बड़ी संख्या में तमिलनाडु में स्थान दिया, और जैसा कि भूमिअनुदान के अभिलेखों से पता चलता है, ब्राह्मणों की बस्तियाँ नवीं और दसवीं सदियों में काफी बढ़ीं।

नवीं सदी के प्रारंभ में केरल में शंकराचार्य के होने से यह नहीं समझना चाहिए कि उस समय तक इस राज्य का ब्राह्मणीकरण हो चुका था। भूमिअनुदान के अभिलेखों से पता चलता है कि दसवीं-ग्यारहवीं सदियों तक केरल में ब्राह्मणीय बस्तियाँ बड़े पैमाने पर कायम नहीं हुईं।

अभिलेखों से मालूम होता है कि चोल राज्य में ब्राह्मणबहुल आबादीवाले बहुत-से गाँव थे। इसकी पुष्टि वैष्णव संप्रदाय के वैखानस तथा पाञ्चरात्र दोनों सिद्धांतों की संहिताओं से भी होती है। *वैखानसीय काश्यप संहिता* में राजा से वैष्णव ब्राह्मणों को ऐसा समृद्ध गाँव देने को कहा गया है जो भृत्यों आदि सभी संसाधनों से भरपूर हो और दस्युओं तथा विरोधी तत्त्वों के उत्पातों से मुक्त हो।[10] इस रचना में इस गाँव को विप्रों तथा उनके भृत्यों का निवास-स्थान[11] तथा विप्रों का अग्रहार[12] भी कहा गया है। पाञ्चरात्र *परम संहिता* से इसकी पुष्टि होती है और क्षत्रियों के निवास-स्थान को पुर तथा वैश्यों की बस्ती को पत्तन[13] कहा गया है। इस रचना में न तो ब्राह्मणों के भृत्यों का उल्लेख हुआ है और न शूद्रों का। शायद यह मान लिया गया है कि ब्राह्मणों की बस्तियों में उनकी सेवा के लिए इन लोगों को तो वहाँ रहना ही है। जो भी हो, इन रचनाओं का स्वर यह है कि केवल ब्राह्मण ही गाँव बसा सकते हैं। यह बात नई बस्तियाँ बसाने में राजा को प्रमुख भूमिका प्रदान करनेवाले कौटिल्य के 'जनपदनिवेश' विषयक सुझावों से भिन्न है। पाञ्चरात्र धारा की रचनाओं में गाँव बसाने के संबंध में सामान्यतः कुछ अध्याय अवश्य दिए गए हैं।[14] गाँव बसाना मंदिर-निर्माण की अनिवार्य पूर्व-शर्त है। उनमें प्रारंभिक किस्म की कुछ मापें भी दी गई हैं,[15] जिनसे प्रकट होता है कि वेदिकाओं तथा मंदिरों के निर्माण के पूर्व बस्ती बसाना तथा खेती-बारी के नए तरीके अपनाना आवश्यक है।

भूमिदानों के भौगोलिक सर्वेक्षण से मालूम होता है कि सिवाय सुदूर दक्षिण के जहाँ ब्राह्मण बस्तियाँ आठवीं सदी से अच्छी-खासी संख्या में बसाई जाने लगीं, देश के अन्य भागों में, जैसे

असम, बंगाल, उड़ीसा, मध्य भारत तथा दक्षिण भारत में, ब्राह्मणों को पाँचवी-सातवीं सदियों में ही बड़े पैमाने पर भूमिदान दिए गए। हिमालयी क्षेत्रों तथा नेपाल में भी भूमिदानों के माध्यम से ब्राह्मणों को गुप्तोत्तरकाल में ही बसाया गया।

पुरातत्त्व तथा मानवजाति-विज्ञान की अभी इतनी प्रगति नहीं हुई है कि उनके आधार पर गुप्त तथा गुप्तोत्तर कालों में ब्राह्मणों द्वारा बसाए गए इलाकों के भौतिक एवं सामाजिक जीवन के संबंध में स्पष्ट धारणा बनाई जा सके। लेकिन इसमें संदेह नहीं कि ये इलाके, विरल रूप से ही सही, आबाद थे, और उनमें से कुछ में इक्के-दुक्के ब्राह्मण भी रहते थे। भूसंपत्तिधारी ब्राह्मणों की नई बस्तियाँ बसने से पुरानी तथा नई आबादियों के बीच आर्थिक, सामाजिक एवं धार्मिक सामंजस्य की समस्याएँ खड़ी हुईं। ब्राह्मण दानभोगियों के कृषि-विषयक उन्नत ज्ञान से इन इलाकों के मूल निवासियों को आर्थिक लाभ हुआ। किंतु जहाँ भी ब्राह्मणों की नई बस्तियाँ बसी थीं वहाँ उन्हें भूमि के निजी अधिकार प्राप्त हुए थे, जिसके फलस्वरूप जनजातीय लोग जमीन से बँधे अस्थायी काश्तकार और कृषक-मजदूर बन गए, और इस तरह एक प्रकार की कृषिदासता का जन्म हुआ। दानभोगियों को राजकीय सैन्यबल का समर्थन तो प्राप्त था, लेकिन नए किसानों से अपने देयों की वसूली के लिए वे राज्य के अमलों पर निर्भर नहीं थे। उन्हें सामान्य लोगों के साथ आर्थिक एवं सामाजिक संबंधों की अपनी नई व्यवस्था स्वयं ही विकसित करनी पड़ी।

जनजातीय सरदारों तथा नए भूसंपत्तिधारी वर्गों को, जिनमें सभी लोग ब्राह्मण ही नहीं होते थे, समाज में उपयुक्त स्थान देने की आवश्यकता हुई। इसलिए पूर्व-मध्यकाल की धर्मशास्त्र तथा वास्तुकला से संबंधित रचनाओं में वर्णव्यवस्था पर आधारित पुराने कठोर श्रेणी-विन्यास के स्थान पर भूसंपत्ति, सैनिक स्थिति आदि पर आश्रित सामाजिक संगठन को प्रधानता दी गई। किंतु अधिसंख्य आम कबायली लोगों के लिए समाज में उपयुक्त स्थान ढूँढ़ने में विशेष कठिनाई नहीं हुई। उन लोगों को पूर्वी, मध्य तथा दक्षिणी भारत और हिमालयी क्षेत्रों में भी शूद्रों का दर्जा दे दिया गया। दरअसल यह प्रक्रिया बहुत पहले ही शुरू हो गई थी, क्योंकि *मनुस्मृति* में वर्णसंकर जातियों की जो सूची दी गई है उसमें ईस्वी सन् के आरंभ में भारतीय समाज में शामिल किए गए विदेशी समुदायों की अपेक्षा स्थानीय कबीलों के नाम अधिक दिखाई देते हैं। समाज में नए जनसमूहों के विलयन के साथ जातियों की संख्या बढ़ती चली गई, और मध्यकाल में वह पराकाष्ठा पर पहुँच गई।[16]

अपनी मातृसत्तात्मक परम्पराओं तथा पारिवारिक रीति-रिवाजों के साथ कबायली लोग बड़े पैमाने पर हिन्दू अर्थात् ब्राह्मणीय समाज में शामिल हो गए, जिसके कारण धर्मशास्त्रों के विवाह-संबंधी नियमों में नई व्यवस्थाओं का समावेश करना पड़ा। ईस्वी सन् से एक-दो सदी पूर्व विवाह के जिन *अधर्म्य* शास्त्रविरुद्ध रूपों का जन्म हुआ था उनमें निस्संदेह कुछ मातृतांत्रिक रीति-रिवाजों को मान्य किया गया था। सातवाहन अभिलेखों से मालूम होता है कि दकन के ब्राह्मण वर्ण के शासक परिवारों में भी मातृतांत्रिक रीति-रिवाज प्रचलित थे, और उड़ीसा, दकन तथा गुजरात के पूर्व-मध्यकालीन संस्कृत अभिलेखों में प्रशासन के विभिन्न स्तरों पर स्त्रियों के

उच्च स्थान को स्पष्ट रूप से मान्यता प्रदान की गई है। पूर्व-मध्यकालीन धर्मशास्त्रों में कुछ खास परिस्थितियों में विधवा-विवाह की अनुमति दी गई है और स्त्रीधन के दायरे को बढ़ाया गया है। स्त्रियों की अवस्था में ये तमाम परिवर्तन ब्राह्मणीय समाजव्यवस्था में कबायली लोगों के बड़ी संख्या में शामिल होने के परिणाम जान पड़ते हैं। पूर्व, पश्चिम तथा दक्षिण की ओर देशांतर करनेवाले सभी ब्राह्मण मध्यदेश में अपने मूल स्थान पर अभियान करते हैं। नए क्षेत्रों में जिन लोगों से उनका संपर्क हुआ, उनकी संस्कृति के स्तर अलग-अलग थे। उदाहरण के लिए, बंगाल, उड़ीसा, मध्य भारत तथा दकन में ब्राह्मण लोग शबरों के घनिष्ठ संपर्क में आए। पूर्व-मध्यकालीन अभिलेखों में इन लोगों के उल्लेख मिलते हैं, और ये उड़ीसा तथा उससे लगे मध्यप्रदेश के इलाकों में आज भी बसे हुए हैं। चौथी सदी के प्रसिद्ध संस्कृत भाष्यकार का नाम शबर स्वामी है, जिससे शबरों के साथ ब्राह्मणों के सांस्कृतिक संबंध का आभास होता है। शायद शबरों के भूमि-विषयक सामुदायिक अधिकारों का ख्याल करते हुए शबर स्वामी ने कहा कि भूमि पर राजा के साथ प्रजा का संयुक्त अधिकार है। छठी सदी के एक भूमिदानपत्र से मध्यप्रदेश में पुलिन्दों के साथ ब्राह्मणों के संबंध का संकेत मिलता है। इसमें दाता का नाम पुलिन्दभट बताया गया है। संभव है, यह दाता पुलिन्द कबीले का आदमी रहा हो, जिसे ब्राह्मण अथवा क्षत्रिय का दर्जा प्रदान कर दिया गया हो। इसी तरह पुलिन्दराज नामक सरदार का भी जिक्र मिलता है, जिसने नवीं सदी में उड़ीसा के भौमकर शासक से शैव मंदिर तथा शैव संन्यासियों के निर्वाह के लिए भूमिदान दिलवाया।[17]

कबायली इलाकों में ब्राह्मणों के प्रवेश के फलस्वरूप शूद्र जातियों की संख्या में काफी वृद्धि हुई। कबायली लोगों को चूँकि निम्न सामाजिक दर्जा दिया गया था, इसलिए उनकी कुछ आध्यात्मिक क्षतिपूर्ति द्वारा उन्हें संतुष्ट करना आवश्यक समझा गया। ब्राह्मणीय व्यवस्था के नियमों के अधीन उनका उपनयन संस्कार नहीं हो सकता था। वे यज्ञ भी सम्पादित नहीं कर सकते थे और न वैदिक मंत्रों का उच्चार ही कर सकते थे। इस धार्मिक व्यवस्था का विकास मध्यदेश में हुआ था, जहाँ शूद्र मुख्यतः दासों, सेवकों, कारीगरों तथा खेतिहर मजदूरों के रूप में काम करते थे। लेकिन पूर्व-मध्यकाल में ब्राह्मणों की अगुआई में कृषि का जो विस्तार हुआ वह ब्राह्मणीय व्यवस्थावाले समाज में शूद्रों के रूप में शामिल किए गए स्थानीय लोगों की मेहनत-मशक्कत से ही संभव हुआ। काश्तकारों के समुदाय के रूप में शूद्रों का प्रथम उल्लेख सातवीं सदी में हुआनत्सांग तथा भाष्यकार असहाय ने किया है। काश्तकारों के रूप में जमीन में उनके भी कुछ अधिकार और हित कायम हुए, हालाँकि उसमें ब्राह्मणों तथा अन्य दानभोगियों को वरीय अधिकार प्राप्त थे। शूद्रों की यह नई स्थिति उनके पारम्परिक कर्मकांडी दर्जे से मेल नहीं खाती थी, इसलिए तांत्रिक संप्रदायों में उनकी दीक्षा का द्वार खोलकर इस दर्जे में सुधार करना पड़ा।

जहाँ तक स्त्रियों की दीक्षा का संबंध है, जनजातीय क्षेत्रों में, जहाँ मातृदेवी की पूजा का व्यापक प्रचलन था, उनकी अवस्था मर्दों की तुलना में उतनी खराब नहीं थी। ब्राह्मणीय व्यवस्था में स्त्रियों

को शूद्रों के समकक्ष स्थान दिया गया था। इसलिए स्वाभाविक था कि शूद्रों के कर्मकांडी दर्जे में सुधार के साथ स्त्रियों की स्थिति को ऊपर उठाया जाए। हिन्दू समाज में आदिवासियों का समावेश उनके अपने देवी-देवताओं तथा धार्मिक अनुष्ठानों को स्वीकृति प्रदान करके ही किया जा सकता था। कबायली कर्मकाण्डों के संबंध में ब्राह्मणों की प्रारंभिक प्रतिक्रिया प्रतिकूल ही रही। *कादम्बरी* में बाण ने लिखा है कि शबर लोग चंडिका को नर-मांस चढ़ाते हैं और उसकी पूजा रक्त तथा विभिन्न पशुओं के मांस से करते हैं। लेखक उनके इन धार्मिक कृत्यों से स्तंभित है,[18] जिससे मालूम होता है कि सातवीं सदी तक विंध्य क्षेत्र में ब्राह्मण उन्हें पसंद नहीं करते थे। किंतु ये धार्मिक कृत्य मातृदेवी को प्रमुख स्थान प्रदान करनेवाले तंत्र संप्रदाय के अभिन्न अंग बन गए।

मातृदेवी की पूजा देश में दीर्घकाल से होती आ रही थी, किंतु छठी सदी में बौद्ध तथा ब्राह्मणीय दोनों संप्रदायों के साहित्य एवं अन्य लिखित परम्पराओं में उसने प्रमुख स्थान प्राप्त कर लिया। अब जनजातियों की मातृदेवी की पूजा शक्ति या बौद्ध धर्म की तारा के रूप में होने लगी। छठी सदी में शाक्त संप्रदाय धार्मिक पंथ के रूप में उभरा और नवीं सदी से वह प्रबल शक्ति बन गया।[19]

विभिन्न क्षेत्रों में मातृदेवी के जो विभिन्न नाम प्रचलित थे उनसे उनके आदिवासी मूल का पता चलता है। बंगाल में रचित लगभग दसवीं सदी[20] की बौद्ध कृति *हेवज्रतंत्र* (जिसे *योगिनीतंत्र* भी कहते हैं) में बेताली, घास्मारी, शबरी, चण्डाली और डोम्बिनी जैसी देवियों के नामों का उल्लेख हुआ है।[21] पत्र-परिधान-धारिणी पर्णशबरी शबरों की देवी थी, जो बंगाल में *शबरोत्सव* नामक पर्व मनाते थे।[22] तंत्र साहित्य में शिव को शबर कहा गया है।[23] लगभग आठवीं सदी की रचना *गौडवह* (श्लोक 285-347) में विंध्यवासिनी को काली या पार्वती बताया गया है, और उसे कोलों तथा शबरों से संबद्ध दिखाया गया है।[24] लगभग इसी काल की रचना *हरिवंश* (11, III, 7-8) से मालूम होता है कि इस देवी की पूजा शबर, पुलिन्द तथा बर्बर लोग करते थे।[25] मध्यप्रदेश के एक अभिलेख में शक्ति को मातंगी कहा गया है,[26] जिससे प्रकट होता है कि मूलतः यह देवी मातंग जनजाति की आराध्या थी। उसे चण्डाली भी कहा गया है, जिससे मालूम होता है कि वह चण्डालों की देवी थी। *कादम्बरी* से ज्ञात होता है कि चंडिका के मंदिर का प्रधान पुजारी द्राविड था।[27] पिष्टपुरिका देवी, जिसकी पूजा के लिए पुलिन्दभट ने छठी सदी में पूर्वी मध्यप्रदेश से दो गाँव दान में दिए,[28] नाम से मूलतः पुलिन्दों की देवी लगती है। शायद उसी को लेकर देश के एक सबसे पुराने पीठ की स्थापना की गई हो। *कुलार्णवतंत्र* के अनुसार, शक्ति की पूजा में उसका प्रतिनिधित्व *चण्डाली*, *चर्मकरी*, *मागधी*, *पुक्कसी*, *श्वपची*, *खट्टकी*, *कैवर्ती*, *वैश्ययोषितः*, *शस्त्रजीवी*, *कौञ्चिकी* या *कौंदुकी*, *शौण्डिकी*, *रञ्जकी*, *गायकी*, *रजकी*, *शिल्पी*, *कौलिकी* आदि करती हैं। इन्हें तंत्र, मंत्र, योग तथा मुद्रा की दीक्षा दी जाती है। ये अक्षतयौवना होती हैं तथा समयाचार का पालन करती हैं। यदि शक्ति के पूजन में उसके प्रतिनिधित्व के लिए इन देवियों में से कोई उपलब्ध न हो तो चार में से किसी भी वर्ण की कुमारी का उपयोग इस प्रयोजन से किया जा सकता है।[29] स्पष्ट है कि इस सूची में मुख्यतः शूद्रों तथा अस्पृश्य जातियों

के नाम आए हैं, और इनमें से कई के नाम उनके मूल कबीलों पर पड़े हैं। एक उत्तर-मध्यकालीन पांडुलिपि में दो सूचियों में सत्ताईस शक्ति देवियों के नाम दिए गए हैं, जिनके शीर्ष पर काली स्थित है।[30] इस सूची में आए तारा, भेरुण्डा, वगला, त्रिपुटा तथा चामुण्डा[31] ये नाम संस्कृत मूल के नहीं हैं और जनजातियों से संबद्ध प्रतीत होते हैं।

पूर्व-मध्यकाल में मातृदेवी की पूजा पूरे देश में होती थी, लेकिन पुराणों तथा अन्य स्रोतों से जिस धार्मिक भूगोल की जानकारी मिलती है, उससे प्रकट होता है कि नेपाल, असम, बंगाल, उड़ीसा तथा बिहार में स्थित मिथिला शक्ति पूजा के गढ़ थे। यह बात महत्त्वपूर्ण है, क्योंकि छठी सदी के अंत तक इन प्रदेशों में ब्राह्मण संस्कृति का पर्याप्त प्रचार नहीं हो पाया था। यहाँ तक कि बिहार में भी अंग, मिथिला तथा मगध के कुछ हिस्से ब्राह्मणों के गढ़ नहीं थे।

पुराण प्रधानतः उत्तर भारतीय मूल के हैं, इसलिए उनमें मध्य तथा दक्षिण भारत की ओर विशेष ध्यान नहीं दिया गया है। देश के इन भागों में ब्राह्मणीय संस्कृति से बाहर के लोगों के बीच मातृदेवी की पूजा का विशेष बोलबाला था। पुराने मातृतांत्रिक जनजातीय क्षेत्र अब बहुत सिकुड़ गए हैं, लेकिन आज भी असम तथा दक्षिण भारत के काफी बड़े इलाके इनमें शामिल हैं। डी.आर. एहरेनफेल्स के अनुसार, मातृतांत्रिक कबीले तथा जातियाँ, जिनकी संख्या सौ से उपर है, असम और इसके अलावा आंध्र प्रदेश, तमिलनाडु, मैसूर तथा केरल में देखी जा सकती हैं।[32] इसमें मध्यप्रदेश के पूर्वी हिस्से, दक्षिण बिहार और उससे लगे उड़ीसा तथा पश्चिमी बंगाल के इलाकों में पड़नेवाली जनजातीय बस्तियों को भी शामिल किया जा सकता है। इस प्रकार मातृतांत्रिक जनसमूहों के वर्तमान वितरण से मातृदेवी की पूजा के आदिवासी उद्भव का समर्थन होता है। संभव है, मातृदेवी के मंदिर बहुत पहले से मौजूद रहे हों, लेकिन उत्तरोत्तर फैलती हुई सर्वव्यापी ब्राह्मणीय परम्परा में उन्हें छठी सदी में आकर नियमित स्थान दिया गया।

आज का कोई भी तंत्रपीठ पाँचवीं-छठी सदी से पूर्व का नहीं है। आंध्रप्रदेश में मातृदेवी के कई पीठों की स्थापना पूर्व-मध्यकाल में की गई। तिरुपति में तंत्र संप्रदाय से संबद्ध पद्मावती का मंदिर आठवीं सदी से पूर्व किसी समय बनवाया गया। बालाजी का प्रसिद्ध वैष्णव मंदिर भी लगभग उसी समय बनवाया गया। इससे भी अधिक उल्लेखनीय बात यह है कि मातृदेवी को चौंसठ रूपों में अभिव्यक्त करनेवाली चौंसठ योगिनियों के लगभग सभी मंदिर पूर्वी मध्यप्रदेश तथा उड़ीसा के जनजातीय क्षेत्रों में अवस्थित हैं। हमें चौंसठ योगिनियों के पाँच मंदिरों की जानकारी है। इनमें से एक जबलपुर के निकट भेड़ाघाट में और दूसरा खजुराहो में है। इन दोनों मंदिरों का आरंभ नवीं सदी में ढूँढ़ा जा सकता है। एक अन्य मंदिर सम्बलपुर के निकट उड़ीसा के भूतपूर्व पटना (बोलंगीर) राज्य के रामपुर नामक स्थान में है। चौथा उड़ीसा में ही कालाहांडी जिले में है।[33] पाँचवाँ मंदिर उत्तरप्रदेश के ललितपुर जिले के दुधई नामक स्थान में है।[34] स्पष्ट है कि ये मंदिर जनजातीय देवियों को हिन्दू धर्म में स्थान देने के लिए हिन्दुओं के तत्त्वावधान में पूर्व-मध्यकाल में बनवाए गए।

सीमावर्ती क्षेत्रों में मातृदेवी के मंदिर स्थापित कर दिए जाने के बाद उन्हें बौद्ध तथा ब्राह्मण

दोनों धाराओं की संस्कृत रचनाओं के माध्यम से प्रतिष्ठा दिलाने का प्रयत्न आरंभ हुआ। इसी कोटि की संस्कृत रचनाओं में एक है *कुब्जिकातंत्र*। हरप्रसाद शास्त्री के अनुसार उसकी नकल छठी-सातवीं सदियों में तैयार की गई।[35] इसमें पाँच पीठों का उल्लेख हुआ है : उड़ीसा में ओद्रिमान, पंजाब के जालंधर जिले में जाल, आंध्रप्रदेश के श्रीशैल में मातंग, महाराष्ट्र में पुराण तथा असम में कामाख्या।[36] *हेवज्रतंत्र* में केवल चार पीठों का उल्लेख है। अनुमान है, ये जालंधर, ओड्डियान (स्वात घाटी में), पौर्णगिरि तथा कामरूप के पीठ थे।[37] लगभग दसवीं सदी की रचना *कालिका पुराण* तथा प्रायः उसके समकालीन बौद्ध ग्रंथ *साधनमाला* में किंचित् अंतर के साथ इसी सूची को दुहराया गया है।[38] किंतु ध्यान देने की बात है कि इन आद्यतम पीठों में से कोई भी मध्यदेश में स्थित नहीं था। बहुत बाद में चलकर ग्यारहवीं सदी की रचना *रुद्रयमल* में वाराणसी, अयोध्या और मधुपुरी (मथुरा), इन तीन ऐसे पीठों का उल्लेख मिलता है जो मध्यदेश में स्थित थे।[39] लगता है कि वाराणसी में तंत्र मिर्जापुर के जनजातीय क्षेत्र में अवस्थित विंध्यवासिनी के शाक्त पीठ से आया। इस पीठ से वाराणसी 50-60 किलोमीटर की दूरी पर है। *रुद्रयमल* में कुल दस पीठों का निर्देश किया गया है जिनमें पूर्ववर्ती ग्रंथों में उल्लिखित चार प्रधान पीठ भी शामिल हैं। अन्य तीन हैं : ज्वलंति (परवर्ती रचनाओं में उल्लिखित अनुमानतः ज्वालामुखी पीठ), मायावती (हरिद्वार के निकट) तथा कांची।[40]

उपर्युक्त पीठों के अतिरिक्त *हेवज्रतंत्र* में योगिनियों के मिलन-स्थलों के रूप में इक्कीस और स्थानों का उल्लेख हुआ है। इनमें मालव, सिंधु तथा नगर नामक तीन उपपीठ, सुनमुखी, कारुण्यपाटक, देविकोट और कमरिपाठक नामक चार क्षेत्र, कुलत, अर्बुद, गोदावरी तथा हिमाद्रि नामक चार उपक्षेत्र, हरिकेल, लम्पक, कांचिक और सौराष्ट्र नामक चार छंदोह, कलिंग, सुवर्णद्वीप तथा कोंकण नामक चार उपछंदोह, एवं चरित्र, कोसल तथा विंध्यकौमार पौरिका नामक तीन दिलव शामिल हैं।[41] यह सच है कि यह सूची पूर्ण नहीं है और सभी स्थानों को पहचाना भी नहीं जा सकता। फिर भी स्पष्ट है कि आठवीं सदी की इस रचना में मातृदेवी की पूजा से संबद्ध बताए गए इन स्थानों में से अधिकांश मध्यदेश के बाहर स्थित थे। उल्लेखनीय है कि सोपानबद्ध सामंती समाज के समान तंत्र स्थानों का वर्गीकरण किया गया है। उन स्थानों को उपपीठ, क्षेत्र, उपक्षेत्र, छंदोह, उपछंदोह और दिलव के रूप में श्रेणीबद्ध किया गया है।

उत्तर-मध्यकालीन रचनाओं के आधार पर मातृदेवी की पूजा से संबंधित शाक्त पीठों की प्रामाणिक तथा सर्वांगपूर्ण सूची तैयार नहीं की जा सकती। *कुलार्णवतंत्र* की सामग्री का अधिक संबंध पूर्वी भारत से मालूम होता है। अन्य रचनाओं का संबंध यद्यपि देश के दूसरे भागों से है, किंतु उनमें ऐसे कई पीठों का जिक्र नहीं हुआ है जिनकी जानकारी अभिलेखों या क्षेत्रीय सर्वेक्षण से मिलती है। फिर भी सभी मध्यकालीन रचनाएँ अपनी-अपनी सूची में उत्तरोत्तर अधिकाधिक पीठों के नाम शामिल करने की प्रवृत्ति दिखलाती हैं। पीठों की संख्या दस से बढ़कर बयालीस, बयालीस से पचास, और तब इक्यावन, और अंत में एक सौ आठ पर पहुँच जाती है। ज्यों-ज्यों सूची लंबी होती जाती है, उसमें शामिल किए गए मध्यदेश के स्थानों की संख्या भी बढ़ती जाती

है। तब भी अधिकांश पीठ उसके बाहर के प्रदेशों में ही पड़ते हैं।

इस निष्कर्ष की पुष्टि *देवीभागवत पुराण* में उल्लिखित बारह शिवलिंग के वितरण से भी होती है। आजकल के तीर्थयात्रियों में ये ज्योतिर्लिंग के नाम से जाने जाते हैं, और इनकी संख्या बारह बताई जाती है। किसी-किसी ज्योतिर्लिंग की पहचान के विषय में विवाद चलता रहता है, उदाहरण के लिए वैद्यनाथ का लिंग बिहार के देवघर में है या पुणे के पास महाराष्ट्र में है। पर इसमें संदेह नहीं कि इनमें से अधिकतर शिवलिंग आर्यावर्त के बाहर स्थित थे। दक्षिण भारत में तीर्थ माने जानेवाले शिवमंदिर की संख्या अधिक है। किंतु यह बात वैष्णव तीर्थों पर लागू नहीं होती। अनेक वैष्णव तीर्थ मध्येदश में स्थित थे।

कुछ तांत्रिक ग्रंथ स्पष्ट रूप से अलग-अलग जनजातियों से संबद्ध दिखाई देते हैं। *मातंगपरमेश्वरीतंत्र* के संबंध में ऐसा ही मालूम होता है। जाहिर है कि इसकी रचना मध्यप्रदेश तथा आंध्र में रहनेवाले मातंगों की आवश्यकताओं की पूर्ति के लिए की गई।[42] कतिपय शबर तंत्रों में कुछ ऐसे मंत्र मिलते हैं जो स्पष्ट ही उत्तर-मध्यकाल की क्षेत्रीय भाषाओं की बोलियों में रचे गए हैं,[43] किंतु इन ग्रंथों से स्पष्ट है कि इनकी रचना का प्रयोजन क्या था। और अब अंत में *कुलार्णवतंत्र* की जनजातीय पृष्ठभूमि पर कुछ विचार कर लें। उत्तर-मध्यकाल से कौलों ने सबसे अधिक महत्त्व इसी रचना को दिया है, इसके उद्‌भव के विषय में अनेक मत व्यक्त किए गए हैं, किंतु विद्वज्जन सामान्यतः इसे कुलधर्म से संबद्ध मानते हैं।[44] प्रारंभिक धर्मशास्त्रकारों का विधान है कि कानूनी विवादों के निबटारे में राजा को कुलधर्म का ख्याल करना चाहिए। लेकिन समझ में नहीं आता है कि अलग-अलग कुलों के रीति-रिवाजों तथा संस्कारों को किसी ऐसे ढाँचे में कैसे बाँधा जा सकता था जो देश के बड़े हिस्से में व्यापक रूप से स्वीकार्य हो। हमारी राय में *कुलार्णवतंत्र* में निहित कौलाचारों का संबंध पूर्वी मध्यप्रदेश के विस्तृत क्षेत्र तथा बंगाल और असम में बसे कोल कबीले से जोड़ा जा सकता है। उनका वर्णन पराजित लड़ाकू कबीले या वर्णसंकर जाति के रूप में किया गया है।[45] *कुलार्णवतंत्र* में कई निम्न जातियों की कुमारियों द्वारा शक्ति के प्रतिनिधित्व का विधान है। इन कुमारियों में कौलिकी भी शामिल है।[46] शक्ति की प्रतिनिधित्वरूपा जिन कुमारियों का उल्लेख हुआ है उनमें से चण्डाली, कैवर्ती, मागधी और पुक्कसी अलग-अलग जनजातियों से संबद्ध हैं। इसी तरह कौलिकी भी, संभव है, कोल जनजाति की कुमारी हो।[47] कोलों से संबद्ध जनजातियाँ आज भी मातृदेवी के सभी रूपों की पूजा करती हैं और जिस प्रकार के भयावह कर्मकाण्ड *कुलार्णवतंत्र* में विहित किए गए हैं उसी प्रकार के कई धार्मिक अनुष्ठान करती हैं। इससे यह निष्कर्ष निकाला जा सकता है कि इस तंत्र की रचना कोलों की धार्मिक आवश्यकताओं की पूर्ति के निमित्त की गई थी। कौलों की प्रधानता कश्मीर में दिखाई पड़ती है, पर इससे कोलों के संबंध का पता नहीं चलता। इतना स्पष्ट है कि कश्मीर मध्यदेश से बाहर पड़ता है।

ऊपर जो कुछ कहा गया है उसे ध्यान में रखकर देखा जाए तो हम समझ सकते हैं कि सनातनियों ने क्यों तंत्रों को भ्रष्ट अथवा निम्न वर्णों के लोगों का धर्म बताया है।[48] आर.पी. चन्द

ने मध्यकालीन रचनाओं से अनेक अवतरण उद्धृत करके दिखाया है कि सनातनी लोग पाञ्चरात्र को अवैदिक मानते थे।[49] *शाम्ब पुराण* के अनुसार, लक्ष्मी के पति ने पाञ्चरात्र, भागवत या वैखानस नामक तंत्र का प्रवर्तन वेद-विरुद्ध आचरण करनेवाले लोगों के लिए किया।[50] लगभग दसवीं सदी की रचना *कुर्म पुराण* में कहा गया है कि विष्णु भक्त सात्वत अंशु ने वर्णसंकरों तथा निम्न वर्ग के लोगों के बीच एक शास्त्र का प्रचार किया।[51] उसमें यह भी बतलाया गया है कि विष्णु तथा शिव ने कपाल, लगुड, वाम, प्राच्य भैरव, पाश्चात्य भैरव, पाञ्चरात्र, पाशुपत तथा अन्य सहस्रों भ्रामक पंथों का प्रवर्तन किया।[52] जनजातीय लोगों को वर्णसंकरों का हीन दर्जा देने और उनके भ्रामक मूल गढ़ने की ब्राह्मणों की चाल पहले से ही प्रचलित थी। जनजातीय देवियों को हिन्दू समाज में स्थान मिल जाने के बाद भी वे कहाँ से आई थीं इसकी पहचान कठिन नहीं थी। बारहवीं-तेरहवीं सदियों की कृति *जयद्रथयमल*[53] में कहा गया है कि परमेश्वरी (काली) की पूजा के लिए तेलियों तथा कुम्हारों के घरों में जाकर उनके सान्निध्य में पूजा करना आवश्यक है।[54] इस प्रकार तंत्र ग्रंथों के संदर्भों से स्पष्ट है कि आरंभ में तंत्र साहित्य की रचना उन जातियों तथा निम्नवर्गीय और ऐसे ही अन्य लोगों की आवश्यकताओं की पूर्ति के लिए की गई जिन्हें हिन्दू समाज में शामिल करके उसका अंग बनाए रखना था। कुछ तंत्र ग्रंथों की रचना मूलतः आम लोगों की बोलियों में हुई। *हेवज्रतंत्र* के संबंध में ऐसा ही मालूम होता है। जब उसे जैसा-तैसा संस्कृत रूप दिया गया तो उसके लयबद्ध पाठ में गंभीर दोष दिखाई दिए, जिसका कारण यही था कि मूलतः उसकी रचना स्थानीय बोली में की गई थी।[55] जनसाधारण के बीच प्रचार के निमित्त पौराणिक तथा तांत्रिक पोथियों की रचना और संशोधन का सिलसिला उन्नीसवीं सदी तक चलता रहा, हालाँकि वह कामयाब नहीं हो पाया। बंबई के वेंकटेश्वर प्रेस से प्रकाशित *भविष्यत् पुराण* में भविष्यवाणी की गई है कि भारत पर रानी विक्टोरिया का शासन होगा। इसी प्रकार बंगाल में रचित *मेरुतंत्र* में लंदन से अंग्रेजों के आने की बात कही गई है।[56] यह भी दिलचस्प बात है कि अपनी पूँजीवादी संस्कृति से ऊबे हुए कुछ अंग्रेज और पश्चिमी देशों के और लोग अब भारतीय तांत्रिक रहस्यवाद तथा प्रतीकवाद में शांति की तलाश कर रहे हैं।

एक मध्यकालीन अवतरण के आधार पर प्रबोधचन्द्र बागची ने यह निष्कर्ष निकाला है कि ब्राह्मण धारा के आद्यतम तंत्रों का उद्भव आर्यावर्त में हुआ।[57] इस अवतरण के अनुसार कामरूप, कश्मीर, कोंकण, कांची, कोसल और कावेरी राष्ट्र, 'क' अक्षर से आरंभ होनेवाले ये सभी देश अपनी भौगोलिक विरूपता के कारण शिव की साधना के अयोग्य हैं।[58] हिन्दू धर्म की इन परवर्ती प्रवृत्तियों को वैदिक संस्कृति या प्राचीन आर्यावर्त से जोड़ने का प्रयत्न जैसा लगता है। किंतु बागची के निष्कर्ष को स्वीकार नहीं किया जा सकता। यह अवतरण *पिंगलमत* में आया है, जिसकी नेपाल में उपलब्ध सबसे पुरानी पाण्डुलिपि 1174 ई. की है।[59] स्वयं यह पोथी भी *ब्रह्मयमल* नामक परवर्ती रचना का परिशिष्ट है।[60] ध्यान देने की बात है कि नेपाल दरबार पुस्तकालय में सुरक्षित आठवीं सदी की गुप्त लिपि में लिखी *निश्वासतंत्र संहिता* नाम की आद्यतम तांत्रिक रचना[61] में अठारह तंत्र ग्रंथों की सूची दी गई[62] है पर उनमें *ब्रह्मयमल* शामिल

नहीं है। तंत्र से संबंधित सबसे पुरानी सुव्यवस्थित कृति और *ब्रह्मयमल* के बीच जो चार सदियों का अंतराल पड़ता है उस दौरान तंत्र साहित्य की बाढ़-सी आ गई, और जैसे सातवीं-आठवीं सदियों से ब्राह्मणों ने वंशवृक्षों के काल्पनिक मूलों की सृष्टि करके अपने समय के राजाओं को सूर्यवंशी और चन्द्रवंशी दिखाने की कोशिश की, उसी प्रकार कुछ लेखकों ने तंत्र संप्रदाय के सम्मानजनक मूल और आध्यात्मिक वंशावली गढ़कर इसे प्रतिष्ठा प्रदान कराने का प्रयत्न किया। लेकिन तब भी वास्तविकता पर पर्दा नहीं डाला जा सका। मध्यकाल में हमें गौड, दक्षिण भारत तथा अन्य सीमावर्ती क्षेत्रों के भी तांत्रिक पंडितों के उल्लेख देखने को मिलते हैं। काठमांडो में मध्यकाल से ही पशुपतिनाथ मंदिर के पुरोहित पद पर केवल दक्षिण भारत के ब्राह्मणों को प्रतिष्ठित किया जाता रहा है।[63]

ध्यातव्य है कि लगभग सभी तांत्रिक ग्रंथों की रचना दूरस्थ जनजातीय क्षेत्रों में ही हुई। *जयाख्य संहिता* की पाण्डुलिपि तो नेपाल में 1187 ई. में तैयार की गई,[64] किंतु वास्तव में इसकी रचना पाँचवीं सदी में पश्चिमी भारत के किसी इलाके में हुई। सातवीं सदी की उत्तर-गुप्त लिपि में लिखा गया *कुब्जिकामत तंत्र* नेपाल से प्राप्त हुआ है।[65] वेदों की प्रभावकारिता को नकारने और स्वयं को अति प्रभावकारी बतानेवाले इस ग्रंथ की नकल नेपाल में 1197 ई. तक की जाती रही[66] और इस प्रकार वहाँ इसका वर्चस्व दीर्घकाल तक कायम रहा। आठवीं सदी की सांक्रांतिक गुप्त लिपि में लिखी *निश्वास संहिता* की पांडुलिपि का उल्लेख हम ऊपर कर चुके हैं। *सर्वज्ञानोत्तर तंत्र* यद्यपि अपेक्षया बाद की रचना है, किंतु इसकी आंशिक पांडुलिपि गुप्त लिपि में उपलब्ध है।[67] *हेवज्रतंत्र* की जो पांडुलिपि बैडल की नजर में आई वह 1200 ई. की है और बंगला लिपि में है। किंतु उसके *योगरत्नमाला* नामक जिस भाष्य की चर्चा हरप्रसाद शास्त्री ने की है[68] वह सांक्रांतिक गुप्त लिपि में है, जिससे स्वभावतः यह निष्कर्ष निकलता है कि मूल पाठ की रचना उससे पहले, शायद आठवीं सदी में, हुई। नेपाल में प्राप्त बहुत-से अन्य तंत्रों की पाण्डुलिपियाँ, जो दरबार पुस्तकालय में सुरक्षित हैं, दसवीं-बारहवीं सदियों में तैयार की गईं। हमें यह जानकारी भी मिलती है कि *पमेश्वरी तंत्र* की नकल 859 ई. में तैयार की गई[69] और *सौर संहिता* की 941 ई. में,[70] यद्यपि बताया गया है कि इस संहिता के दो पृष्ठ गुप्त लिपि में हैं और इनमें कई तंत्र-मंत्र दिए गए हैं।[71] *किरणतंत्र* की पाण्डुलिपि 924 ई. में तैयार की गई।[72] चूँकि ये सभी तंत्र पाण्डुलिपियाँ उत्तर-पूर्वी भारत पर मुसलमानों के आक्रमणों के काफी पूर्व नेपाल में तैयार की गईं, इसलिए इस बात की संभावना नहीं दिखाई देती कि इन्हें उत्तर भारत से नेपाल मँगवाया गया होगा। मालूम होता है, उनकी रचना लगभग छठी सदी से नेपाल में ही आरंभ हुई। यह वह समय था जब ब्राह्मणीय संस्कृति में रँगे बौद्ध भिक्षुओं का घाटी के कबायली लोगों से व्यापक संपर्क हुआ।

संभव है, तांत्रिक ग्रंथ और विशेष रूप से बौद्ध तांत्रिक ग्रंथ नेपाल से तिब्बत तथा चीन ले जाए गए हों। उत्तर भारत का ब्राह्मण भिक्षु अमोधवज्र 746 से 771 ई. तक चीन में रहा, और उसने 77 कृतियों का अनुवाद किया, जिनमें कुछ तंत्र भी शामिल थे।[73] अतीश दीपंकर ने तंत्र

की चार धाराओं में निपुणता प्राप्त कर ली थी, और उड्यानिवासी पद्मसंभव बौद्ध उपासना-पद्धति के तांत्रिक अंग का विशेष ध्यान रखता था।[74]

यह कहा जाता है कि तंत्रों पर आधारित बौद्ध मंत्रयान का उद्भव छठी सदी में आंध्र में हुआ।[74क] *गुह्यसमाज, वज्रशिखर, सर्वतथागततत्त्वसंग्रह* और *महावैरोचन* बौद्धों के प्राचीनतम तंत्र ग्रंथ हैं। उनकी रचना छठी और सातवीं सदियों में हुई क्योंकि परंपरा के अनुसार उन्हें नागार्जुन और नागबोधि तथा दक्षिण के साथ जुड़ा हुआ माना जाता है, इसलिए उनकी उत्पत्ति आंध्र या कलिंग में रखी जाती है।[74ख] ऐसा लगता है कि गुंटुर जिले में पछेती सातवाहन राजाओं तथा उनके उत्तराधिकारी ईक्ष्वाकुओं ने जो बौद्ध भिक्षुओं को बसाया था उसके कारण पहले महायान के उदय में सहायता मिली, और बाद में तंत्र के जन्म का मार्ग प्रशस्त हुआ।

भारत में बौद्ध तंत्रों ने सर्वप्रथम छठी-सातवीं सदियों में मजबूती से बंगाल में अपने पैर जमाए। जान पड़ता है, धर्मकीर्ति के काल (600-615 ई.) तक ये तंत्र गुप्त रूप से कायम रखे गए।[75] बहुत आगे चलकर आठवीं-बारहवीं सदियों में, बल्कि शायद इस काल के उत्तरार्ध में,[76] सरह, लुइपा, कम्बल, पद्मवज्र, कृष्णाचार्य, ललितवज्र, गंभीरवज्र तथा पित्स नामक बुद्धों ने तंत्रों की विविध शाखाओं का प्रवर्तन किया।[77] तंत्रोपासना और विशेष रूप से शाक्त पंथ की दृष्टि से मिथिला एवं उत्तर तथा पूर्वी बंगाल अर्थात् बांग्लादेश को मध्यकाल में एक ही धार्मिक इकाई माना जा सकता है। *कुलार्णवतंत्र* की पाण्डुलिपियाँ उत्तर तथा पूर्व बंगाल में मिली हैं, और *कौलाचार* तो मिथिला में आज भी कायम है। नौ नाथ कौल तंत्रों के रचयिता माने जाते हैं। *महाकौलज्ञान-विनिर्णय* की प्रतिलिपि, जिसे मत्स्येंद्रनाथ नेपाल ले गए थे, लगभग वैसी ही सांक्रांतिक गुप्त लिपि में लिखी मिली है जैसी कि 859 ई. में नकल की गई *परमेश्वरी तंत्र* की पाण्डुलिपि; यह पाण्डुलिपि कैम्ब्रिज यूनिवर्सिटी लाइब्रेरी में उपलब्ध है। इस रचना को 'चन्द्रद्वीप-विनिर्गत' कहा गया है, जिसका मतलब यह हुआ कि यह पूर्व बंगाल के बाकरगंज जिले में स्थित चन्द्रद्वीप से आई।[78]

संस्कृत भाषा लेकिन उड़िया लिपि में लिखी सामान्य ढंग की तांत्रिक पोथियाँ मध्यकालीन उड़ीसा में भी मौजूद थीं।[79] *कौलचूडामणि* में कामक्रीडा-विषयक मूर्तिकला के संबंध में तथा *बराही तंत्र* में मत्स्य बराही की प्रतिमा के बारे में जो निर्देश दिए गए हैं उनसे मालूम होता है कि ये दो रचनाएँ नवीं-दसवीं सदियों में मौजूद थीं।[80] सहजयान संप्रदाय की *वज्रयोगिनी साधना* नाम की पाण्डुलिपि 1154 ई. में नेपाल में तैयार की गई। इसमें उड़ीसा के इन्द्रभूमि नामक राजा द्वारा निर्धारित विधि-विधानों के अनुसार वज्रयोगिनी की सिद्धि का वर्णन किया गया है।

कश्मीर में तंत्र साहित्य की रचना का जोर दसवीं सदी से आरंभ हुआ, क्योंकि वहाँ आठवीं सदी से पूर्व तंत्र का प्रवेश नहीं हो पाया था।[81] तंत्र साहित्य का सबसे प्रसिद्ध रचयिता अभिनवगुप्त था, जिसका परिवार 250 वर्ष पूर्व कान्यकुब्ज से जाकर कश्मीर में बस गया था, और वहाँ उसे बड़ी जागीर दी गई थी।[82] उसने *तंत्रालोक* नामक बृहत् ग्रंथ की रचना की, जिसमें तंत्र की कुल तथा त्रिक पद्धतियों की शिक्षा को सुव्यवस्थित रूप से प्रस्तुत किया गया है। लगता

है, वह कौलाचार्य शम्भुनाथ से बहुत प्रभावित था और उसने जालंधर में उसी से कौल साहित्य तथा कर्मकाण्ड की शिक्षा प्राप्त की थी।[83]

जैन प्रभाव के कारण कुछ तांत्रिक ग्रंथों का संकलन पूर्व-मध्यकाल में गुजरात, महाराष्ट्र तथा कर्नाटक में भी किया गया। आठवीं सदी के आसपास गुजरात में हरिभद्र सूरि ने *समराइच्चकहा* की रचना की। वह शास्त्रीय दृष्टि से तांत्रिक रचना नहीं है, लेकिन तांत्रिक आचार-विचारों से ओतप्रोत है। इन्द्रनन्दी-कृत *ज्वालिनी कल्प* की रचना मान्यखेट में 939 ई. में पूरी हुई, यद्यपि मैसूर जिले के चामरजनगर ताल्लुके में दविड संप्रदाय के एक तांत्रिक आचार्य ने ज्वालिनी पूजा का प्रवर्तन पहले ही किया था।[84] इसी प्रकार 1047 ई. में एक जैन मुनि ने मैसूर में *भैरव पद्मावती कल्प* नामक तांत्रिक ग्रंथ का संकलन किया।[85]

इन जैन तांत्रिक ग्रन्थों के अतिरिक्त दक्षिण भारत में पूर्व-मध्यकाल में, विशेष रूप से आठवीं सदी के बाद से, शैव तथा वैष्णव दोनों संप्रदायों के अट्ठाईस आगमों की रचना की गई, और तंत्र संप्रदाय के अनुयायियों ने मंदिर बनाने, प्रतिमाएँ प्रतिष्ठित करने तथा पूजा-उपासना में उनका उपयोग किया। छठी सदी के पल्लव राजा राजसिंहवर्मन् के एक अभिलेख में शैव आगमों का उल्लेख हुआ है।[86] किंतु इनका वास्तविक विकास आठवीं और ग्यारहवीं सदियों के बीच तमिल प्रदेश में हुआ। टी. गोपीनाथ राव के अनुसार, शैवों के *उत्तरकरणागम* में सातवीं सदी की एक घटना का उल्लेख किया गया है। पर कतिपय अन्य शैवागमों के साथ इसमें भी कुछ ऐसे शैव संतों द्वारा रचे द्रविड वेदों या स्तोत्रों के पाठ का विधान किया गया है जिनमें से एक संत का जीवनकाल नवीं सदी में पड़ता है।[87] नवीं सदी के अंत के एक कश्मीरी कवि ने भी इस काल की तमिल शैव रचनाओं का जिक्र किया है।[88]

जहाँ तक वैष्णव आगमों का प्रश्न है, वे सामान्यतः संहिताओं के नाम से जाने जाते हैं। उनमें से *वैखानसागम* का गद्यरूप सबसे प्राचीन प्रतीत होता है।[89] छंदरूप में लिखित इस ग्रंथ का विधान है कि धार्मिक शोभायात्राओं के आगे मार्ग में द्रविड वेदों, अर्थात् श्रीवैष्णवों या अलवारों (आठवीं-नवीं सदी) के प्रबंधों का गायन होना चाहिए।[90] *अहिर्बुध्न्य, जयाख्य* तथा *सात्वत* जैसे कतिपय पाञ्चरात्र पोथियों की रचना शायद इससे पहले उत्तरी और पश्चिमी भारत में पाँचवीं और नवीं सदी के बीच हुई, किंतु उनका प्रचार मुख्य रूप से दक्षिण भारत में हुआ।[91] आंध्र और तमिलनाडु के मंदिरों में वैष्णव तांत्रिक या तो बैखानस (तामसिक) या पाञ्चरात्र (सात्विक) पूजन-पद्धति या दोनों के मिश्रण का अनुसरण करते थे। इन दोनों में से प्रत्येक पद्धति ने अपनी अलग संहिताओं का विकास किया, और इनकी पाण्डुलिपियाँ दक्षिण भारत में प्राप्त हुई हैं। अभी उनमें से कुछ का ही प्रकाशन हो पाया है।

तमिलनाडु में आगमों की रचना तथा भूमिदानों के बीच अद्भुत काल-साम्य देखने को मिलता है। टी.ए. गोपीनाथ राव के अनुसार आगम नवीं सदी से पूर्व के नहीं हैं, और अभिलेखों से मालूम होता है कि ब्राह्मणों, मंदिरों आदि को वहाँ बड़े पैमाने पर भूमिदान देने का चलन आठवीं सदी में आरंभ हुआ।

तंत्र का उद्भव तिब्बत और चीन में हुआ, इस विचार का कोई आधार नहीं है। *साधनमाला* से ऐसी ध्वनि निकलती प्रतीत होती है कि भारत में तारा की पूजा का आगमन तिब्बत से हुआ,[92] किंतु उसमें उन तंत्रों के उद्भव के विषय में कुछ नहीं कहा गया है जो तारा की उपासना के प्रारंभ होने से पहले के हैं। *देवीभागवत* (VII, 38.13) में चीन को तांत्रिक देवी नीलसरस्वती का स्थान कहा गया है, और *कालीतंत्र* से लगता है कि भारत में वामाचार तथा कुलाचार चीन या महाचीन से लाए गए।[93] *तारातंत्र* में उद्धृत *रुद्रयमल* और *ब्रह्मयमल* में यह दिखलाया गया है कि बुद्ध महाचीन में वसिष्ठ को तंत्रों की शिक्षा देते थे।[94] लेकिन ये तंत्र काफी बाद के काल के हैं और इनमें आए उपर्युक्त प्रकार के उल्लेखों से सिर्फ यही प्रकट होता है कि तंत्र संप्रदाय की विशेषताओं का जन्म हिमालय-पार के क्षेत्रों में, शायद पूर्वोत्तर भारत में या उसकी सीमाओं पर हुआ था। मालूम होता है, चीन के कुछ हिस्से असम में मिल गए, सातवीं सदी में कामरूप के राजा भास्करवर्मन् ने भारत आए एक चीनी दल को बताया कि उसके (राजा के) पूर्वज महाचीन से आए थे। पटकिर पहाड़ी तथा ऊपरी बर्मा से गुजरनेवाला स्थलमार्ग असम को पश्चिमी और दक्षिणी चीन से जोड़ता था। पूर्वोत्तर मार्ग के आक्रमणकारी तथा आप्रवासी इसी मार्ग से होकर आते थे।[95] भारत की सीमाओं के बाहर नेपाल ही एक ऐसा देश है जिसका संबंध तंत्रों के उद्भव से दिखाया जा सकता है। हरप्रसाद शास्त्री ने सातवीं सदी की एक नेपाली तंत्र-विषयक पाण्डुलिपि से अवतरण उद्धृत किया है, जिसमें कुब्जिकादेवी से भारतवर्ष में अपना वर्चस्व स्थापित करने के लिए वहाँ जाने को कहा गया है।[96]

कई ग्रंथों में कामरूप तथा बंगाल में तंत्रों का उद्भव होने का उल्लेख मिलता है। अभिनवगुप्त-कृत *तंत्रालोक* के भाष्य में जयरथ (12वीं सदी) ने एक श्लोक उद्धृत किया है, जिसमें कौल तंत्र का जन्म कामरूप में होने का उल्लेख है।[97] *महाकौलज्ञान-विनिर्णय* की पुष्पिका के अनुसार, इस तंत्र का जन्म पूर्वी बंगाल के चन्द्रद्वीप में हुआ।[98] *महानिर्वाण तंत्र* में बंगाल में सबसे ज्यादा पाई जानेवाली तीन प्रकार की मछलियों के बलिप्रदान का सुझाव दिया गया है,[99] जिससे ऐसा संदेह होता है कि इस तंत्र का उद्भव बंगाल में हुआ, पर यह कृति अठारहवीं सदी की मालूम होती है।

और अंत में सर्वसामान्य महत्त्व के एक अज्ञातमूल श्लोक पर विचार करना समीचीन होगा। उसमें कहा गया है कि तंत्र ने बंगाल में जन्म लिया, मिथिला में प्रबलता प्राप्त की, महाराष्ट्र में कुछ-कुछ प्रचलित हुआ और गुजरात में उसका अंत हो गया।[100] तंत्र के गुजरात में अंत होने से स्पष्ट है कि श्लोक उत्तर-मध्यकालीन है, जिसमें मिथिला को महत्त्व देकर दक्षिण भारत में संकलित संपूर्ण तंत्र साहित्य की उपेक्षा की गई है। इसलिए इस श्लोक पर भरोसा कर तंत्र का सही इतिहास नहीं लिखा जा सकता। लेकिन यदि इस श्लोक को लगभग 1000 ई. के आसपास की रचना *पद्म पुराण* के उत्तरखंड के आरंभ में पाए गए श्लोक से मिलाकर पढ़ा जाए तो यह काफी अर्थपूर्ण हो जाता है। *पद्म पुराण* के इस श्लोक में बताया गया है कि भक्ति द्रविड या तमिल देश में उत्पन्न हुई, कर्नाटक में बढ़ी-चढ़ी, महाराष्ट्र में कुछ-कुछ फैली और गुजरात

में अवनति को प्राप्त हुई।[101] यद्यपि भक्ति का जन्म पहले हुआ, तथापि भक्ति एवं तंत्र दोनों ने निम्न वर्णों को विभिन्न देवी-देवताओं की पूजा का अवसर प्रदान किया और इस प्रकार वे उनके उत्थान में सहायक हुए। इन देवी-देवताओं की पूजा के लिए वैदिक ढंग की दीक्षा या वैदिक मंत्र की आवश्यकता नहीं थी। ज्ञातव्य है कि पूर्व-मध्यकाल में दक्षिण भारत के 63 शैव भक्तों में से केवल 27 ब्राह्मण या क्षत्रिय हैं, जिनमें कुछ शासक सरदार और सिंहासनासीन राजा भी शामिल हैं। यद्यपि इनमें से कुछ की जातियों का उल्लेख नहीं किया गया है, परंतु बाकी के सभी संत या तो वैश्य हैं या शूद्र, और इनमें सबसे बड़ी संख्या कर्नाटक के वेल्लालों की है।[102] ये वेल्लाल किसान समुदाय के थे और इन्हें शूद्र की कोटि में रखा जाता था। यह सूची पूर्ण नहीं है और संभव है, यह परंपरागत रूप से तैयार की गई हो, लेकिन इससे यह तो भासित होता ही है कि भक्त सामान्यतः निम्न जातियों के होते थे और ब्राह्मणों के कर्मकांडी सोपान में उनका स्थान नीचा था।[103]

नेपाल के दरबार पुस्तकालय में परवर्ती काल की नेवारी लिपि में लिखी हुई *सम्मोहन तंत्र* नामक पोथी है।[104] इसमें संप्रदायों, सिद्धांतों, परम्पराओं तथा प्रदेशों के अनुसार तंत्रों का वर्गीकरण किया गया है। इसमें दिए गए क्षेत्रीय वितरण के अनुसार 100 प्रधान तथा 7 गौण तंत्र चीन में, 20 प्रधान तथा 25 गौण तंत्र द्रविड में, 18 प्रधान तथा 20 गौण तंत्र जैनों में (जिसका मतलब कर्नाटक, महाराष्ट्र और गुजरात हो सकता है), 60 प्रधान तथा 500 गौण तंत्र केरल में, 100 प्रधान एवं 10 गौण तंत्र कश्मीर में, तथा 27 प्रधान और 16 गौण तंत्र गौड में प्रचलित थे।[105] द्रष्टव्य है कि यद्यपि सबसे अधिक तंत्रों के मूल चीनी बताए गए हैं, किंतु कामरूप, नेपाल और तिब्बत का कोई उल्लेख नहीं किया गया है, जबकि वहाँ बहुत-से तांत्रिक ग्रंथ प्राप्त हुए हैं। स्पष्ट है कि ये सभी क्षेत्र चीन में ही शामिल मान लिए गए हैं। यह सूची कुल मिलाकर शायद सही न हो, पर इसमें क्षेत्रीय वितरण की मोटी रूपरेखा अवश्य प्रस्तुत की गई है, और मध्यदेश को इससे साफ-साफ बाहर रखा गया है।

इस प्रकार प्रारंभिक तांत्रिक ग्रंथ मुख्य रूप से कश्मीर, नेपाल, बंगाल, असम तथा पश्चिमी और दक्षिण भारत में पाए गए हैं, यद्यपि मिथिला में भी उनकी संख्या अच्छी-खासी है। इस पर यह कहा जा सकता है कि इन क्षेत्रों में वे पर्यावरणीय तथा राजनीतिक कारणों से सुरक्षित रहे। लेकिन ज्ञातव्य है कि यहाँ तंत्रों की रचना पूर्व-मध्यकाल से आरंभ होकर अठारहवीं सदी तक, बल्कि वस्तुतः उसके बाद भी चलती रही। उत्तर-मध्यकाल में तंत्रों के अधिकांश रचयिता बंगाल के थे, कुछ उड़ीसा, कश्मीर, कुमाऊँ और नेपाल के भी थे, लेकिन वाराणसी के तंत्र सूचनाकारों की संख्या बहुत कम थी।[106] इसलिए हम कह सकते हैं कि यद्यपि ब्राह्मण संस्कृति के केंद्र आर्यावर्त या मध्यदेश में थे, तथापि इन क्षेत्रों की अपेक्षा सीमावर्ती क्षेत्रों में तंत्रों के अवशिष्ट रूप अधिक दिखाई देते हैं। पश्चिमोत्तर भारत (अब पाकिस्तान) में अधिकतर लोगों के मुसलमान हो जाने के कारण इस क्षेत्र में तांत्रिक आचारों का महत्त्व नहीं रह गया, लेकिन उसके पड़ोस में पूर्वी पंजाब तथा उत्तरप्रदेश के हिमालयी क्षेत्रों के बारे में हम ऐसा नहीं कह सकते। सत्रहवीं-अट्ठारहवीं सदियों की उत्तर-मध्यकालीन

कृतियों में उल्लिखित 108 पीठों में से जिनकी पहचान की जा सकती है, वे मुख्यतः मध्यदेश के बाहर पड़ते हैं। इनके अवशेषों के मिथिला में पाए जाने की वजह यह मानी जा सकती है कि यह क्षेत्र नेपाल तथा उत्तर बंगाल से सटा हुआ है और मैथिल पंडित अपने प्रबल रूढ़िवादी चरित्र के कारण किसी भी परंपरा को दीर्घकाल तक कायम रखते हैं। इस प्रकार तांत्रिक ग्रंथ तथा तंत्राचार ठीक उन्हीं क्षेत्रों में शेष रह गए हैं जहाँ उनका जन्म हुआ।

गरज यह कि सीमांत क्षेत्रों में ब्राह्मणों को दिए गए भूमिदानों के माध्यम से उन प्रदेशों में ब्राह्मणीय संस्कृति का प्रसार, विभिन्न मातृदेवियों की आदिवासी पृष्ठभूमि, तांत्रिक पीठों की पुरातनता और क्षेत्रीय वितरण, शबर आदि कबीलों का विभिन्न तंत्रों से संबंध, तांत्रिक रचनाओं के काल और मूलस्थान, तथा तंत्र संप्रदाय के वर्तमान अवशेष, इन विविध परिप्रेक्ष्यों में इस संप्रदाय के उद्भव की समस्या पर विचार किया जा सकता है। किंतु चाहे जिस दृष्टि से भी देखें निष्कर्ष यही निकलता है कि इसका जन्म मध्यदेश के बाहर के क्षेत्रों में हुआ। वैसे तो भारतीय संस्कृति के कई पहलुओं के मूल भारत के बाहर ढूँढ़ने की अपनी प्रवृत्ति के कारण कुछ पाश्चात्य विद्वान[107] तंत्र का मूल भी अभारतीय मानते हैं, लेकिन ऐसी मान्यता का कोई ठोस आधार दिखाई नहीं देता।

ऊपर के विवेचन से स्पष्ट है कि भूमिदानों के कारण कबायली क्षेत्रों का ब्राह्मणीकरण हुआ, और उधर ब्राह्मणीकरण के फलस्वरूप मातृदेवी की पूजा के संस्कृतीकरण के साथ-साथ तांत्रिक ग्रंथों का संकलन हुआ। लेकिन इसमें कोई संदेह नहीं कि सभी क्षेत्रों में एक ही प्रकार का तंत्र-धर्म देखने को नहीं मिलता। मगध, उड़ीसा, बंगाल, असम तथा नेपाल की बौद्ध पृष्ठभूमि के कारण इन प्रदेशों में वज्रयान तंत्र का उदय हुआ। इस तंत्र में नए जनसमूहों को स्थान दिया गया और इसके कारण श्रेणीबद्ध महायान बौद्ध पंथ में ऐसे परिवर्तन हुए जो स्त्रियों और निम्न वर्गों के हक में थे। मध्यप्रदेश के कुछ हिस्सों में, जहाँ गुप्त और गुप्तोत्तर कालों के बहुत-सारे वैष्णव पुरावशेष तथा मातृदेवी की प्रतिमाएँ पाई गई हैं, तंत्र संप्रदाय पाञ्चरात्र के रूप में उदित हुआ और इसने वैष्णव पंथ में मातृदेवी को शामिल करके उसे नई शक्ल दी। बाद में शायद आंध्र तथा तमिलनाडु में भी ऐसा ही हुआ। कश्मीर, मध्यप्रदेश, आंध्र तथा तमिलनाडु के अर्ध-हिन्दू क्षेत्रों में शैव पंथ तंत्र संप्रदाय से प्रभावित हुआ, और कनार्टक, महाराष्ट्र तथा गुजरात में जैन धर्म पर भी उसका असर हुआ। छठीं सदी तक इनमें से किसी भी प्रदेश का पर्याप्त रूप से ब्राह्मणीकरण नहीं हो पाया था। इस प्रकार भूमिदानों द्वारा जनजातीय क्षेत्रों के ब्राह्मणीकरण के कारण पूर्व-मध्यकाल में अंततः तंत्र धर्म और संप्रदाय का उद्भव हुआ।

ब्राह्मणीय धर्म मध्यदेश से उसके बाहर के इलाकों में फैला, जबकि तंत्र संप्रदाय बाहरी क्षेत्रों से मध्यदेश में फैला। भूमिदानों के कारण बाह्य क्षेत्रों में कृषिदासता का जन्म हुआ[108] और साथ ही नई प्रकार की भक्ति तथा तंत्र का भी उदय हुआ। अंत में इन तीनों तत्त्वों ने मध्यदेश में प्रवेश किया। बाहरी क्षेत्रों के लोगों को अपनी धार्मिक एवं सामाजिक व्यवस्था में समायोजित करने के के कार्य में वहाँ के ब्राह्मणों ने जो सफलता पाई उसके कारण मध्यदेश के रूढ़िवादी ब्राह्मणों की

निगाह में उनकी कद्र कम हुई। तेरहवीं सदी के हेमाद्रि नामक दकनी भाष्यकार ने एक पूर्ववर्ती पाठ को उद्धृत किया है, जिसमें कहा गया है कि अंग, वंग, कलिंग, सौराष्ट्र, गुर्जर, आभीर, कोंकण, द्रविड, दक्षिणापथ, अवंति और मगध के ब्राह्मणों से दूर ही रहना चाहिए।[109]

दैवी तथा लौकिक दोनों धरातलों पर तंत्र संप्रदाय के संस्थागत पक्ष का विकास पूर्व-मध्यकाल की आर्थिक एवं सामाजिक व्यवस्था के अभिन्न अंग के रूप में हुआ। तांत्रिक मठों, मंदिरों तथा आचार्यों का निर्वाह भूमिदानों की बदौलत होता था, जिससे एक प्रकार की सामंती व्यवस्था की सृष्टि हुई। तांत्रिक मठों तथा देवकुलों का स्वरूप उस श्रेणीबद्ध सामाजिक एवं प्रशासनिक संगठन के ढंग पर तैयार किया गया जो आठवीं सदी या उसके आसपास तक सामंती व्यवस्था की विशेषता बन चुका था। अनेक तांत्रिक रचनाओं में हमें तंत्र धर्म में दीक्षित लोगों की चार से सात श्रेणियाँ तक देखने को मिलती हैं। आचार्य के अभिषेक की व्यवस्था तो बिलकुल सामंती अभिषेक के विधि-विधानों के अनुकरण पर की गई है। स्पष्ट है कि यहाँ धर्म के मामले में लौकिक जगत के आचार-व्यवहार को अपनाया गया था। इसी प्रकार तंत्र धर्म से प्रभावित देवकुलों में पुराने देवताओं को सामंतों, सेवकों, द्वारपालों, दिक्पालों आदि के रूप में गौण स्थान दिए गए, जबकि नई समाजव्यवस्था को प्रतिबिंबित करनेवाले शिव तथा विष्णु प्रमुख देवता बन गए। मंदिर में प्रधान देवता को गर्भगृह में प्रतिष्ठित किया गया और अन्य देवी-देवताओं को पार्श्ववर्ती कक्षों में स्थान दिया गया। *वैखानसागम* में एक के बाद एक सात 'आवरणों' या 'प्राकारों' का विधान किया गया है, जिनमें से प्रत्येक में कई देवी-देवताओं तथा परिचरों के लिए स्थान की व्यवस्था है। ये सब-के-सब विष्णु के 'परिवार देवता' हैं।[110]

ध्यान रखने का विषय है कि सोपानबद्ध देवमाला केवल विष्णु और शिव जैसे पुरुष देवताओं तक ही सीमित नहीं थी, बल्कि यह दुर्गा और तारा जैसे तांत्रिक देवियों से भी जुड़ गई थी। पटना संग्रहालय में तारा की कई देवमालाएँ कटक (उड़ीसा) से लाई गई हैं, और उनका समय आठवीं से लेकर दसवीं शताब्दी तक पड़ता है। इनमें से दो देवमालाओं का वर्णन किया जा सकता है। रत्नगिरि (कटक) से प्राप्त आठवीं सदी की देवमाला (आर्किऑलॉजिकल नंबर 6502) में तीन आकार के देवी-देवता हैं। तारा का आकार सबसे बड़ा है, उससे छोटे आकार के 17 देवी-देवता हैं, और सबसे छोटे आकार के 12 हैं। फिर कटक से प्राप्त दसवीं सदी की देवमाला (आर्किऑलॉजिकल नंबर 3745) में पाँच आकार की प्रतिमाएँ मिलती हैं। प्रथम आकार में तारा अकेली आती है, द्वितीय आकार की दो प्रतिमाएँ हैं जो तारा से बहुत छोटी हैं। तृतीय आकार की आठ प्रतिमाएँ हैं, चतुर्थ आकार की दो प्रतिमाएँ हैं और पंचम आकार की छह प्रतिमाएँ हैं।

कर्मकांडों तथा गुह्याचारों के बिना तंत्र संप्रदाय की कल्पना नहीं की जा सकती, लेकिन इस अध्याय में उन पर विचार करना संभव नहीं है। विंटरनित्स का विचार है कि 'तंत्रों तथा उनमें वर्णित धर्म की विचित्र विकृतियों का उद्भव आदिवासियों अथवा आर्य आप्रवासियों के बीच प्रचलित लोक मान्यताओं या लोक परंपराओं से नहीं हुआ, बल्कि वे धर्मतत्त्वज्ञों के असत् ज्ञान

की देन हैं।'[111] किंतु आदिवासी कबीलों, देवियों तथा क्षेत्रों से तंत्र संप्रदाय के स्पष्ट संबंध को देखते हुए उसके उद्भव तथा विकास में आदिवासियों के योगदान से इनकार करना कठिन है।

मैथुन तंत्र संप्रदाय के निकृष्टतम अनुष्ठानों में गिना जाता है, किंतु भारत तथा अन्य देशों के आदिम जनों के मानववैज्ञानिक अध्ययनों से प्रकट होता है कि कामानुष्ठान उनके कृषि-विषयक जादू-टोने का महत्त्वपूर्ण अंग थे। ऐसी मान्यता थी कि इनसे धरती की उर्वरा शक्ति और लोगों की समृद्धि बढ़ती है। चूँकि खेती-बारी के काम की देखरेख मूलतः और खासकर बागवानी वाली अवस्था में, स्त्रियाँ करती थीं, इसलिए इस कोटि में धर्माचारों का उद्भव और विकास केवल उन्हीं के हाथों हुआ।[112] देवी-देवताओं को प्रसन्न करने तथा भूत-प्रेतों को भगाने के बहुत-से उपाय जनजातियों से ही अपनाए गए। जंगली जड़ी-बूटियों का ज्ञान भी शायद उन्हीं से प्राप्त किया गया होगा। दरअसल आज भी स्थिति ऐसी ही है। किंतु इन मान्यताओं तथा धर्माचारों को धर्मतत्त्वज्ञों ने सुव्यवस्थित किया। वे जरूरी तौर पर हमेशा पंडित ही नहीं होते थे। उनमें से कुछ लोगों ने जनसाधारण की बोलियों में पहले से ही विद्यमान तांत्रिक विषयों को सिर्फ संस्कृत भाषा का जामा पहनाया। इस संप्रदाय का संस्थागत पक्ष समकालीन सामंती श्रेणी-विन्यास से प्रेरित हुआ। सबसे बुरा यह हुआ कि अन्य धार्मिक आंदोलनों की तरह तंत्र धर्म को भी अवकाश तथा सुख-सुविधा का उपभोग करनेवाले उच्च वर्गों ने हथिया लिया, और उनके हाथों में पड़कर वह उनकी कामेच्छा तथा अन्य ऐंद्रिक वासनाओं की तुष्टि का साधन बनकर रह गया। जहाँ-तहाँ ब्राह्मणों ने तंत्र को जोर से अपना लिया और इसके सुधारवादी स्वरूप को कुण्ठित कर दिया। मिथिला में ऐसा ही हुआ। खजुराहो तथा कोणार्क की कामोद्दीपक मूर्तियाँ अत्यंत खर्चीले शौक की देन हैं। उनका निर्माण कराना सरदारों तथा भूमिपतियों की ही सामर्थ्य की बात थी।

वैदिक तथा वेदोत्तर संस्कृति के लोग भी उत्तर भारत में विजय और उपनिवेशीकरण के माध्यम से आदिवासियों के संपर्क में आए तो इस आरंभिक चरण में तंत्र संप्रदाय जैसी किसी चीज का उदय क्यों नहीं हुआ? इसका कारण यह था कि इस अवस्था में सुगठित ब्राह्मण संस्कृति जैसी कोई वस्तु नहीं थी, और घोड़े, आरेवाले पहिए तथा हिन्द-यूरोपीय भाषा को छोड़कर वैदिक तथा प्राक्वैदिक संस्कृति के लोगों के बीच भौतिक और अन्य दृष्टियों से बहुत अंतर नहीं था। बड़े पैमाने पर लोहे के औजारों का प्रयोग आरंभ होने के पूर्व गंगा के मैदान की आबादी भी बहुत कम थी। इसके अतिरिक्त वैदिक तथा प्राक्-वैदिक निवासियों के बीच जो संपर्क हुए उनसे मध्य गंगा के मैदान में राज्यव्यवस्था और वर्णव्यवस्था का जन्म हुआ। किंतु ईस्वी सन् के आरंभ से विजित क्षेत्रों में पुरोहितों को राजस्व या भूमिदान दिए जाने लगे, जिनकी व्यवस्था के लिए उन्हें जनजातीय क्षेत्रों में स्थायी रूप से रहना पड़ा। नगरों के पतन और कलियुग के संकट के कारण चौथी-पाँचवीं शताब्दी आते-आते भूमिअनुदान की प्रथा बड़े पैमाने पर फैली। इस काल तक भूमि पर निजी अधिकार प्रतिष्ठित हो चुके थे, और फलतः ब्राह्मण लोग अपनी जर-जमीन से स्थायी तौर पर बँध गए थे। इससे उनके तथा जनजातीय लोगों के बीच स्थायी तथा दीर्घकालीन संबंध कायम हुए। अब ब्राह्मणों को इस बात की फिक्र हुई कि शिल्पियों, किसानों तथा कृषक मजदूरों

के रूप में वे जनजातियों की सेवा किस प्रकार प्राप्त करते रह सकते हैं। यही बात धर्मप्रचार के उद्देश्य को लेकर चलनेवाले बौद्धों तथा जैनों पर भी लागू होती है, क्योंकि उनके भी विहारों, वसदियों एवं मंदिरों का निर्वाह भूमिदानों से ही चलता था। गंगा के मैदान के उन्नत लोगों तथा उससे बाहर के लोगों के बीच के व्यापक संपर्कों से उत्पन्न सामाजिक एवं धार्मिक समस्याओं के समाधान तलाशने की जरूरत गुप्त तथा गुप्तोत्तर काल में खड़ी हुई, और कृषिदासत्व का आरंभ, जातियों के प्रकारों में अपूर्व वृद्धि तथा शक्ति की उपासना और तंत्र धर्म का उदय, ये सब उस तलाश के परिणाम थे।

गरज यह कि तंत्र धर्म का उदय पूर्व-मध्यकाल की आर्थिक एवं सामाजिक आवश्यकताओं की पूर्ति के लिए हुआ। एक ओर उसमें स्त्रियों, शूद्रों तथा बाहर से शामिल होनेवाली जनजातियों को स्थान दिया गया और दूसरी ओर उसने उस समय के सामाजिक तथा सामंती श्रेणी विन्यास को मान्यता दी। तंत्र संप्रदाय सामाजिक संघर्ष को तीव्रता देने की बजाय सामाजिक सौहार्द तथा एकता स्थापित करने का धार्मिक प्रयास था। बौद्ध संघों में भी दासों तथा कर्जदारों को स्थान नहीं दिया गया था, किंतु वर्ण, लिंग आदि के किसी प्रकार के भेदभाव के बिना तंत्र का चक्र सबके लिए खुला था। तंत्र संप्रदाय मध्यदेश के बाहर की संस्कृति द्वारा अपने वर्चस्व के आग्रह का द्योतक था और ब्राह्मणीय समाज द्वारा उस वर्चस्व की स्वीकृति का प्रतीक था।

इस संप्रदाय को ब्राह्मणीय समाज के रूढ़िवादी वर्गों के लिए स्वीकार्य बनाने के निमित्त उसका कोई प्राचीन और प्रतिष्ठित आधार खोजना जरूरी था। इस प्रयत्न का उदाहरण यमुनाचार्य की कृतियों में मिलता है, जिसकी मृत्यु 1040 ई. में हुई। *सात्वत आगम* का वैदिक आधार प्रमाणित करने के लिए उसने *आगम प्रमाण्य* की रचना की और पाञ्चरात्र का वैदिक स्वरूप दर्शाने के लिए *कश्मीरागम प्रमाण्य* का प्रणयन किया। इस प्रकार के वैचारिक एकीकरण के प्रयत्न सफल हुए, जिसका प्रमाण यह है कि बहुत-से रूढ़िवादी ब्राह्मण भी आज तक तंत्र धर्म का आचरण कर रहे हैं।

संदर्भ और टिप्पणियाँ

1. *जर्नल ऑफ द यू.पी. हिस्टॉरिकल सोसाइटी*, XXII (1951-52), पृ. 214 में वी.एस. पाठक द्वारा उद्धृत *हयशीर्ष*।
2. रामशरण शर्मा, *अर्बन डिके इन इंडिया (सर्का 300- सर्का 1000)*, नई दिल्ली, 1987.
3. *ज.बॉ.ब्रा.रॉ.ए.सो.*, XIV-XV, अंक 41 (1892), पृ. 253-69.
4. *जर्नल ऑफ इंडियन हिस्टरी*, XXXIX, पृ. 307-8.
5. वही।

5अ. रामशरण शर्मा, *भारत के प्राचीन नगरों का पतन*, राजकमल, नई दिल्ली, 1995, परिशिष्ट I.

6. वही, अध्याय 9.
7. *इंडियन एंटिक्वेरी* (आगे इं.ए. के रूप में उल्लिखित), XI, अंक 121, पृ. 10-15.
8. *एपिग्राफिया इंडिका* (आगे ए.इं. के रूप में उल्लिखित), XXXVI, अंक 29, पृ. 224 आदि।
9. ये सारे निष्कर्ष एम.सी. दीक्षित की पुस्तक *मध्यप्रदेश में पुरातात्त्विक अवशेषों का परिचय*, सागर, 1954, से निकाले जा सकते हैं।
10. अध्याय XVII.
11. 'विप्रानाम् सभृत्यानाम् निवासग्राम इति', अध्याय XIV.
12. वही।
13. *पाञ्चरात्रप्रसाद* (पेटर्सन संस्करण), II, पृ. 2-3.
14. वही, पृ. 16, पा.टि. 1.
15. वही, पृ. 32, पा.टि. 2.
16. इस विषय के विस्तृत विवेचन के लिए देखिए पिछला अध्याय।
17. *जर्नल ऑफ बिहार एण्ड ओडिसा रिसर्च सोसाइटी* (आगे *ज. बि. ओ. रि. सो.* के रूप में उल्लिखित), XVI, 81-82, पाठ की पंक्तियाँ 18-24.
18. पेटर्सन संस्करण, पृ. 224-28.
19. आर.सी. हाजरा (1940), पृ. 91; जे.एन. फर्कुहार, *एन आउटलाइन ऑफ हिन्दू रिलिजियस लिटरेचर*, ऑक्सफर्ड यूनिवर्सिटी प्रेस, 1919, पृ. 167.
20. द *हेवज्रतंत्र*, भाग 1 और 2, डी.एल. स्नेलग्रोव (सं.), ऑक्सफर्ड, 1959, I. VIII, 14-15; IX, 10-11.
21. वही।
22. आर.पी. चन्द, द *इंडो-आर्यन रेसेज़*, राजशाही, 1916, पृ. 126.
23. हरप्रसाद शास्त्री, *ए कैटेलॉग ऑफ पाम-लिफ एण्ड सेलेक्टेड पेपर बिलांगिंग टु द दरबार लाइब्रेरी, नेपाल*, कलकत्ता, 1905, पृ. LXXV. इस रचना को *सिद्धपंचसिक* कहते हैं।
24. डी.सी. सरकार, 'द शक्ति पीठ्ज़', *जर्नल ऑफ रॉयल एशियाटिक सोसाइटी ऑफ बंगाल* (आगे *ज.रॉ.ए.सो.बं.* के रूप में उल्लिखित), XIV (1948), 20, पा.टि. 1.
25. वही।
26. *कॉरपस इंस्क्रिप्शनम इंडिकैरम* (आगे *कॉ.इं.इं.* के रूप में उल्लिखित), IV, 591, श्लोक 12-14.
27. पेटर्सन संस्करण, पृ. 228.
28. रामशरण शर्मा, *इंडियन फ्यूडलिज़्म : सर्का 300-1200*, कलकत्ता विश्वविद्यालय, 1965, पृ. 13, 37.
29. 1. 42-45.
30. चिन्ताहरण चक्रवर्ती, *द तंत्रज़ : स्टडीज़ ऑन देयर रिलीजन एण्ड लिटरेचर*, कलकत्ता, 1963, पृ. 86, पा.टि. 28.
31. चक्रवर्ती, उपर्युक्त, पृ. 86, पा.टि. 20.
32. *मदर राइट इन इंडिया* (हैदराबाद, 1941, पृ. 18-35), डी.सी. सरकार (सं.), *द शक्ति कल्ट एण्ड तारा*, कलकत्ता विश्वविद्यालय, 1967, पृ. 67 में उद्धृत।
33. जे.एन. बनर्जी, *पौराणिक एण्ड तांत्रिक रिलीजन*, कलकत्ता विश्वविद्यालय, 1966,

पृ. 130-31.

34. विद्या प्रकाश, *खजुराहो*, बंबई, 1950, पृ. 11, पा.टि. 4.
35. हरप्रसाद शास्त्री, उपर्युक्त, I, प्रस्तावना, पृ. LXXVIII.
36. वही, I, XXX.
37. वही, I, VII, 12; डी.सी. सरकार, उपर्युक्त, पृ. 12-13. ओडियान की पहचान के संबंध में कुछ विवाद है। कुछ लोग इसका ठिकाना उड़ीसा में मानते हैं और कुछ स्वात घाटी में — पी.सी. बागची, *स्टडीज़ इन द तंत्रज़*। लेकिन दोनों में से जो भी अनुमान सही हो, यह स्थान मध्यदेश से बाहर पड़ता था।
38. डी.सी. सरकार, उपर्युक्त, पृ. 12-13.
39. वही।
40. वही।
41. I. VII, 12-18.
42. हरप्रसाद शास्त्री, *ए कैटेलॉग ऑफ पाम-लिफ एण्ड सेलेक्टेड पेपर मैन्युस्क्रिप्ट्स बिलांगिंग टु द दरबार लाइब्रेरी, नेपाल*, कलकत्ता, 1905, I, प्रस्तावना, पृ. LXVIII. यह पांडुलिपि नागरी अक्षरों में है, और पुरानी नहीं है — वही।
43. चक्रवर्ती, उपर्युक्त, पृ. 23.
44. वही।
45. प्रविष्टि 'कोल', मॉनियर-विलियम्स, *संस्कृत-इंग्लिश डिक्शनरी*।
46. I. 42-46.
47. इस अनुमान की पुष्टि के लिए अभी और साक्ष्य अपेक्षित हैं।
48. चक्रवर्ती, उपर्युक्त, पृ. 27-28.
49. उपर्युक्त, पृ. 99-101.
50. वही, पृ. 100.
51. 'शास्त्रम् प्रवर्त्तयामास कुंदगोलादिभिः स्वितम्'—चक्रवर्ती, उपर्युक्त, पृ. 27 में उद्धृत।
52. चन्द, उपर्युक्त, पृ. 100, पा.टि.
53. पी.सी. बागची, 'ऑन सम तांत्रिक टेक्स्ट्स स्टडीज़ इन एंशंट कम्बुज', *इंडियन हिस्टॉरिकल क्वार्टरली*, V, 763. नेपाल में उपलब्ध इसकी पांडुलिपि 1642 ई. की है (हरप्रसाद शास्त्री, उपर्युक्त, प्रस्तावना, पृ. LXI)।
54. हरप्रसाद शास्त्री, उपर्युक्त, I, पृ. 176.
55. डी.एल. स्नेलग्रोव (सं.), द *हेवज्रतंत्र*, भाग I, पृ. 18.
56. 'इंगरेज नवसत्पंच लन्द्रजाश्चापि भाविनः'—चक्रवर्ती, उपर्युक्त, पृ. 23, पा.टि. 1 में उद्धृत प्रकाश 23.
57. पी.सी. बागची, 'ऑन सम तांत्रिक टेक्स्ट्स स्टडीज़ इन एंशंट कम्बुज', *इंडियन हिस्टॉरिकल क्वार्टरली*, V, 768.
58. वही।
59. वही, 760.
60. वही, 760.

61. हरप्रसाद शास्त्री, उपर्युक्त, प्रस्तावना, पृ. LXXVII.
62. पी.सी. बागची, 'ऑन सम तांत्रिक टेक्स्ट्स स्टडीज़ इन एंशंट कम्बुज', *इंडियन हिस्टॉरिकल क्वार्टरली*, V, 758.
63. पी.सी. बागची, *स्टडीज़ इन द तंत्रज़*, भाग I, कलकत्ता विश्वविद्यालय, 1939, पृ. 17-19.
64. हरप्रसाद शास्त्री, उपर्युक्त, I, प्रस्तावना, पृ. XXVII.
65. वही, पृ. XXVIII-LXXIV.
66. वही।
67. वही, पृ. LXXIV-LXXV.
68. वही, II, प्रस्तावना, पृ. XII-XIII.
69. वही, I, प्रस्तावना, पृ. LXXVIII.
70. वही, पृ. LXXVI.
71. वही।
72. वही, II, पृ. 99. उसमें लोगों के संपूर्ण जीवन के नियमन की कोशिश की गई है। उसमें शुद्धीकरण, प्रायश्चित, आहार, आसन और मंदिरों तथा प्रतिमाओं की प्रतिष्ठापना — इन सबसे संबंधित विधि-विधानों का समावेश है (वही, प्रस्तावाना, पृ. XXIV)।
73. चक्रवर्ती, उपर्युक्त, पृ. 21, पा.टि. 11.
74. वही।
74क. ए.के. वार्डर, *इंडियन बुद्धिज़्म*, दिल्ली, 1970, पृ. 485.
74ख. वही, पृ. 487.
75. चक्रवर्ती, उपर्युक्त, पृ. 21, पा.टि. 12.
76. पी.सी. बागची, *स्टडीज़ इन द तंत्रज़*, पृ. 74.
77. चक्रवर्ती, उपर्युक्त, पा.टि. 15. यह सब तारनाथ के आधार पर बताया गया है। *ज. बि. ओ. रि. सो.*, XIV, पृ. 343.
78. हरप्रसाद शास्त्री, उपर्युक्त, II, प्रस्तावना, पृ. XVIII-XIX.
79. जे.एन. बनर्जी, *पौराणिक एण्ड तांत्रिक रिलीजन*, पृ. 130-31. दक्षिणी शाखा के इस तंत्र की एक पांडुलिपि नेपाल के दरबार पुस्तकालय में सुरक्षित है (हरप्रसाद शास्त्री, उपर्युक्त, II, 186)।
80. हरप्रसाद शास्त्री, उपर्युक्त, II, प्रस्तावना, पृ. XII.
81. के.सी. पांडे, *अभिनवगुप्त — एन हिस्टॉरिकल एण्ड फ़िलॉसॉफिकल स्टडी*, चौखंबा, बनारस, 1935, पृ. 85
82. वही, पृ. 4.
83. वही, पृ. 10.
84. रमेन्द्रनाथ नंदी, *'रिलिजियस इंस्टीट्यूशंस एंड कल्ट्स इन द डेक्कन (600-1000)*, मोतीलाल बनारसीदास, दिल्ली, 1973, पृ. 59.
85. वही, पृ. 408.
86. हुल्श, *साउथ इंडियन इंस्क्रिप्शंस*, I, नं. 24, श्लोक 5; नं. 25, 36 व 37 (चक्रवर्ती, पृ. 20)।
87. टी. गोपीनाथ राव, *एलिमेंट्स ऑफ हिन्दू आइकॉनोग्राफी*, I, भाग I, भूमिका, विभाग XVI, पृ. 55 आदि (चक्रवर्ती, पृ. 211)।

88. जे.एन. फर्कुहार, *एन आउटलाइन ऑफ दि रिलीजियस लिटरेचर ऑफ इंडिया*, पृ. 193-94.
89. टी. गोपीनाथ राव, उपर्युक्त, पृ. 56.
90. वही, पृ. 57.
91. विंटरनित्स, *ए हिस्ट्री ऑफ इंडियन लिटरेचर*, हिन्दी अनुवादः रामचन्द्र पाण्डेय, दिल्ली, 1966, जिल्द 1, भाग 1, पृ. 246-48. श्रेडर के अनुसार *अहिर्बुध्नय संहिता* कश्मीर में चौथी सदी के बहुत बाद लिखी गई (वही, पृ. 247, पा.टि. 1 और 2)।
92. हीरानन्द शास्त्री, *द ऑरिजिन एंड कल्ट ऑफ तारा*, पृ. 14-16, चक्रवर्ती, उपर्युक्त, पृ. 46, पा.टि. 5 में उद्धृत।
93. चक्रवर्ती, उपर्युक्त, पृ. 46.
94. वही।
95. पी.सी. बागची, *स्टडीज़ इन द तंत्रज़*, पृ. 48-49.
96. 'गच्छ त्वं भारतवर्ष अधिकारस्य सर्वतः'—हरप्रसाद शास्त्री, उपर्युक्त, I, प्रस्तावना, पृ. XXIX.
97. चक्रवर्ती, उपर्युक्त, पृ. 49, पा.टि. 18 में उद्धृत।
98. वही पृ. 49.
99. वही, पृ. 48.
100. 'गौडे प्रकाशिता विद्या मैथिलैः प्रबलीकृता। क्वचित्क्वचिन्महाराष्ट्र गुजरे प्रलयं गता।' — आर.पी. चन्द-कृत *'इंडो-आर्यन रेसेज़*, राजशाही, 1916, पृ. 153, पा.टि. में उद्धृत।
101. 'उत्पन्ना द्रविड सहम् वृद्धिम् कर्णाटक गता। क्वचित्क्वचिन्महाराष्ट्र, गुजरे जीर्णताम् गता।' — अध्याय 193, श्लोक 51, चक्रवर्ती की उपर्युक्त कृति, पृ. 48, पा.टि. 16 में उद्धृत।
102. गोपीनाथ राव, उपर्युक्त।
103. यद्यपि पारंपरिक बारह दाक्षिणात्य वैष्णव भक्तों में से अधिकतर ब्राह्मण थे, परंतु वैश्यों तथा शूद्रों के बीच भक्ति की लोकप्रियता की सामान्य परंपरा आधुनिक काल तक कायम है, और आज भी उत्तर भारत में 'भगत' उपाधि सामान्यतः शूद्र वर्ण के लोग ही धारण करते हैं, और बिहार में भगतपुर नाम के कुछ गाँवों के बाशिंदे मुख्यतः शूद्र वर्ग के लोग ही हैं।
104. हरप्रसाद शास्त्री, उपर्युक्त, II, पृ. 133. यहाँ *सम्मोहन तंत्र* नाम का प्रयोग हुआ है।
105. बागची, उपर्युक्त, पृ. 100.
106. इस सूचना का आधार चक्रवर्ती की उपर्युक्त कृति का नौवाँ अध्याय है।
107. ऐसा विचार हॉजसन तथा बी.एस. पुनार का है (वही, पृ. 47)। जेम्स नीड्हम ने चीनी कर्मकांडों तथा भारत के तंत्र धर्म में काम और ऐंद्रिक सुखोपभोग के तत्त्वों के बीच कुछ संबंध का निर्देश किया है, जिसके आधार पर जे.एन. बनर्जी ने अपनी उपर्युक्त कृति के पृ. 132 में तांत्रिक काम-प्रवृत्ति पर चीनी प्रभाव होने का अनुमान लगाया है।
108. आर.एस. शर्मा, *इंडियन फ्यूडलिज़्म*, 1965, पृ. 53-59.
109. *चतुर्वर्गचिन्तामणि*, श्रद्धाकल्प, आर.पी. चन्द की पूर्वोद्धृत कृति, पृ. 184, पा.टि. में उद्धृत।
110. गोपीनाथ राव, उपर्युक्त, I, भाग II, परिशिष्ट 'ए', पृ. 1-2.
111. उपर्युक्त, भाग II, पृ. 531.
112. एन.एन. भट्टाचार्य द्वारा संकलित प्रासंगिक संदर्भ डी.सी. सरकार (सं.), *द शक्ति कल्ट एण्ड तारा*, कलकत्ता विश्वविद्यालय, 1967, पृ. 68-9 तथा 143-6 में देखे जा सकते हैं।

अध्याय दस

सामंती मानसिकता

सामंती संरचना प्रभुत्वशाली भूस्वामी वर्ग तथा पराधीन कृषक वर्ग की बुनियाद पर खड़ी होती है। उसके शीर्ष पर राजा आसीन होता है, जो राजसत्ता का प्रतीक होता है, और यह सत्ता मुख्य रूप से भूस्वामी वर्ग पर अवलंबित होती है। किंतु न तो भूस्वामी वर्ग के सभी सदस्यों की आर्थिक-सामाजिक स्थिति समान होती है और न ही कृषक समुदाय के सभी लोगों की। इन दोनों वर्गों के पारस्परिक संबंध जागीरों की बख्शीश तथा उपसामंतीकरण की प्रक्रिया से निर्धारित होते हैं। उपसामंतीकरण से नियमित श्रेणी-विन्यास का जन्म होता है। इस विन्यास में सबसे ऊपर स्वभावतः राजा का स्थान होता है, जिसके नीचे वे लोग आते हैं जो अपनी जीविका के लिए लगान पर निर्भर होते हैं और वसूल किए गए लगान का निश्चित भाग राज्य को देते हैं। उनके नीचे दर-लगानदारों की श्रेणियाँ होती हैं, जिनके नीचे जमीन के जोतदारों और दर-जोतदारों के स्थान होते हैं। सबसे नीचे जमीन को सचमुच कोड़ने-कमानेवाले लोगों का वर्ग होता है। कई भूमिदानों में उपसामंतीकरण के पाँच-पाँच स्तर देखने को मिलते हैं। दक्षिण भारत में हम देखते हैं कि राजा दानभोगी को भूमि देता है, दानभोगी कब्जेदार को देता है, कब्जेदार दर-कब्जेदार को, और दर-कब्जेदार जमीन को वास्तव में कोड़ने-कमानेवाले को दे देता है।[1] यदि किसान महत्तर या गाँव का प्रतिष्ठित व्यक्ति अथवा प्रधान हुआ तो उसका दर्जा साधारण किसान से ऊपर हो सकता है। मध्ययुगीन मिथिला में समृद्ध किसान बँधुआ मजूदर रखता था जो 'सीरवाहक' या 'भारवाहक' कहलाता था। घाघ से पता चलता है कि किसान से बहिया या मजदूर का बड़ा होना किसान की कल्पना से बाहर था।

जरूरी नहीं कि भूमि-वितरण पर आश्रित यह श्रेणी-विन्यास जाति पर आश्रित वर्णव्यवस्था या जातिव्यवस्था के अनुरूप हो। पर ऐसा देखा जाता है कि अपर भूस्वामी सामान्यतः ऊँची जातियों के लोग होते थे या फिर उन्हें भूसंपत्ति तथा सत्ता के आधार पर ऊँची जातियों का दर्जा दे दिया जाता था। यह भी हो सकता है कि एक ही जाति के अंदर भूस्वामियों की अलग-अलग श्रेणियाँ हों और यह बात वैश्य और शूद्र वर्ण की जातियों में भी पाई जा सकती है। इन दोनों निचले वर्णों के भूस्वामी तथा सैनिक अधिकारी हमें उड़ीसा तथा आंध्र में गंगों के अधीन दिखलाई

पड़ते हैं; वे दक्षिण कर्नाटक में भी पाए जाते हैं। किंतु पूरे देश को ध्यान में रखकर देखें तो मोटे तौर पर क्षत्रिय तथा ब्राह्मण भूस्वामी ही सामने आते हैं। अधिकतर कृषक शूद्र माने जाते थे। वे कर्मकांडी दर्जों के आधार पर असंख्य जातियों में विभाजित थे। यही कारण है कि वे कभी एकजुट नहीं हो पाते थे। दूसरी ओर, चूँकि भूस्वामी ऊँची जातियों के थे और कृषक निचली जातियों के, इसलिए भूस्वामियों के लिए किसानों पर हुक्म चलाना आसान हो जाता था।

भारतीय समाज में श्रेणी-विन्यास का आरंभ वर्णों के उदय के साथ हुआ। प्राक्-सामंती श्रेणी-विन्यास वैश्यों से दान-दक्षिणा और कर-नजराने की उगाही तथा शूद्रों से बलात् श्रम-सेवा लेने के आधार पर कायम था। इस असमानता को कर्मकांडी व्यवस्थाओं द्वारा वैध रूप दिया जाता था। सामंती काल के बादवाले अर्थात् आधुनिक श्रेणी-विन्यास का आधार योग्यता, खुली प्रतिस्पर्धा तथा सार्वजनिक परीक्षा-प्रणाली है। शिक्षा के सीमित अवसर या ऐसे अवसर के पूर्ण अभाव के कारण बहुत-से लोग प्रतियोगिता परीक्षाओं का लाभ नहीं उठा सकते, किंतु जो लोग नौकरशाहीवाले श्रेणी-विन्यास में प्रवेश कर जाते हैं उनके लिए उन्नति की काफी गुंजाइश होती है। सामंती श्रेणी-विन्यास का अपना अलग चरित्र था, क्योंकि उसका आधार भूमि का असमान वितरण था, और चूँकि उसके साथ-साथ जातिप्रथा का भी संयोग था, इसलिए उसमें उन्नति की कोई गुंजाइश नहीं थी। यह श्रेणी-विन्यास लोगों के मानस पर इस प्रकार छाया हुआ था कि समानता या लोकतंत्र के लिए कोई गुंजाइश ही नहीं रह गई थी। कभी-कभी धार्मिक सुधार आंदोलनों में समतावादी विचारों का प्रचार किया जाता था, किंतु सामाजिक वास्तविकताएँ धार्मिक समानता से अधिक प्रबल साबित हुईं और नए संप्रदायों को भी सामंती शासक वर्ग के विचारों एवं संस्थाओं के साँचे में ही ढलना पड़ा।

सामाजिक असमानता तथा भूसंपत्ति के असमान वितरण पर आश्रित श्रेणी-विन्यास का समर्थन धार्मिक कला तथा वास्तुशिल्प के माध्यम से होता था। प्राक्-गुप्तकाल की आरंभिक मूर्तिकला में विभिन्न देवी-देवताओं तथा विभिन्न मनुष्यों की आकृतियों के आकार में विशेष अंतर नहीं है। साँची, भरहुत, बोधगया, अमरावती आदि की ई.पू. की दूसरी-पहली शताब्दियों की जातककथा-संबंधी मूर्तियों के आकार में कोई खास फर्क नहीं है। किंतु एक ही देवमाला में रहने पर भी गुप्त तथा गुप्तोत्तर काल की देव-प्रतिमाओं के आकार में भारी अंतर दिखाई देता है। इसका कारण अंशतः पितृतंत्रात्मक परिवार की संरचना में ढूँढ़ा जा सकता है, जिसमें परिवार के मुखिया की सत्ता सर्वोपरि है और जिसमें पुत्र-पुत्रियों को अपने माता-पिता और विशेष रूप से पिता की आज्ञा का पालन करना पड़ता है। इसके अतिरिक्त पत्नी को पति तथा छोटे भाई-बहनों को बड़े भाइयों की आज्ञा का पालन करना पड़ता है। परिवार या परिचर की भावना पर जोर देने के लिए देवकुल के सदस्यों की प्रतिमाओं के आकार को अधिष्ठाता देवता से छोटा रखा गया है। उनके आकार इसलिए छोटे रखे गए हैं कि उन्हें कम सामाजिक महत्त्व का माना गया है। शिव, विष्णु तथा दुर्गा जैसे महत्त्वपूर्ण देवी-देवताओं में से प्रत्येक का अपना अलग परिवार कायम हो गया है, जिसमें देवताओं तथा परिचरों को पाँच-पाँच या छह-छह प्रकार के आकारों

में तराशा गया है। तांत्रिक देवकुलों में प्राचीन देवताओं को सामंतों, परिचरों, द्वारपालों, दिक्पालों आदि के अधीनस्थ स्थान दिए गए, जबकि शिव, विष्णु तथा तारा को नए सामाजिक संबंधों के अनुरूप मुख्य स्थान दिया गया। यह भी ध्यान रहे कि देवमाला में जिन प्रतिमाओं के आकार छोटे हैं, उनकी संख्या अधिक है। पटना म्यूजियम (आर्किऑलॉजिकल नंबर 6502) में प्रदर्शित तारादेवी की देवमाला में तीसरे आकार की प्रतिमाओं की संख्या सत्रह है। इससे उस पिरामिडनुमा समाज-विन्यास का बोध होता है जिसमें किसानों की संख्या जमींदारों से बहुत अधिक थी। अतएव पूर्व-मध्यकाल के देवकुलों में नए उभरते परिवार-संगठन तथा सामाजिक वर्गीकरण की प्रतिच्छाया दिखाई देती है। समाजशास्त्रीय दृष्टि से सभी मानव प्राणियों के आकार भले ही समान न हों, परंतु कुछ अपवादों को छोड़ दें तो एक मानव प्राणी का आकार दूसरे के आकार से बहुत अधिक भिन्न नहीं हो सकता। किंतु मध्यकालीन देवमालाओं में जो देवी-देवता तथा मानव प्राणी सामने आते हैं उनके आकारों में भारी असमानता है। साथ ही बड़े आकार की प्रतिमाएँ कम हैं और छोटे आकार की प्रतिमाएँ बहुत अधिक हैं।

प्रबल सामाजिक असमानता तथा श्रेणी-विन्यास की संकल्पना की अभिव्यक्ति वास्तुकला में भी हुई है, यद्यपि उतनी नहीं जितनी कि मूर्तिकला में लक्षित होती है। *वैखानसागम* में मंदिर की सात स्तरीकृत संरचनाओं का विधान किया गया है, जिनमें से प्रत्येक संरचना विष्णु के परिवार के देवी-देवताओं तथा परिचरों को स्थान देती है।[2] हमें पंचायतन या पंचमंदिर के निर्माण के चलन की भी जानकारी मिलती है। बीच में गर्भगृह के ऊपर बना मंदिर विशाल संरचना है, और परिसर के चारों कोनों पर चार गौण मंदिरों के निर्माण की व्यवस्था की गई है। स्पष्ट है कि केंद्रीय मंदिर मुख्य देवता के लिए है, और चार गौण मंदिर छोटे देवताओं के लिए। नवीं सदी की समाप्ति होते-होते उत्तरी भारत में पंचायतन मंदिरों के निर्माण का चलन आम हो जाता है। मध्यकालीन मंदिरों में स्तरीकृत पिरापिडों के रूप में विशाल विमान बनाए गए हैं। उदाहरण के लिए, तंजावुर के बृहदीश्वर महाभगवान शिव के मंदिर में विमानों के 14 स्तर हैं, जिनके शीर्ष पर शिव स्थापित किया गया है। दसवीं सदी के बाद से ऐसे पिरामिड दक्षिण भारतीय मंदिरों की सामान्य विशेषता बन गए, यद्यपि लगता है उनकी शुरुआत छठी सदी के आसपास कानपुर जिले के भीतरगाँव नामक स्थान में ईंटों के बने बंदिर से हुई। भीतरगाँव के मंदिर में नौ स्तर हैं। यों तो ये स्तर सजावट के लिए बनाए जाते थे, लेकिन भूमिदानों के कारण उपसामंतीकरण से उत्पन्न होनेवाली सामाजिक परतों से मंदिर के ऐसे स्तर मेल खाते हैं।

श्रेणी-विन्यास की संकल्पना से तंत्र संप्रदाय तथा जैन संप्रदाय, दोनों का धार्मिक संगठन प्रभावित हुआ। यद्यपि तंत्र संप्रदाय ने सनातन ब्राह्मण-धर्म में अनेक महत्त्वपूर्ण धार्मिक अधिकारों से वंचित शूद्रों, कबायली लोगों तथा स्त्रियों को स्थान दिया, किंतु अंततः यह भी सामंती राज्यतंत्र एवं समाजव्यवस्था का शिकार हो गया और उस व्यवस्था से मिलती-जुलती पद्धति को इसने अपनाया। कालांतर में तांत्रिक धर्मसंघ का संगठन भी सोपानबद्ध सामाजिक पद्धति पर किया गया। सभी तांत्रिकों की स्थिति समान नहीं थी। सामान्य दीक्षित जन सबसे निचले स्थान

पर रखे गए। उन्हें 'साधक' की संज्ञा दी गई, जिनके ऊपर उपाध्याय, आचार्य जैसे पाँच और दर्जे थे। ऐसी ही सोपानबद्धता मध्यकालीन जैन धर्मसंघ में भी देखने को मिलती है। स्पष्ट है कि इस तरह के श्रेणी-विन्यास का आधार वर्णव्यवस्था नहीं बन सकती थी, क्योंकि उसमें केवल चार श्रेणियों के लिए ही गुंजाइश थी। भूसांपत्तिक श्रेणी-विन्यास से धर्म संप्रदायों के सोपानबद्ध संगठन की संगति बेहतर बैठती है, क्योंकि इसमें लगभग आधा दर्जन श्रेणियाँ दिखाई देती हैं। लेकिन तीन श्रेणियाँ सुप्रतिष्ठित थीं। ध्यातव्य है कि *पदानन्द सूत्र* के अनुसार तांत्रिक देवगण में भी एक के ऊपर एक तीन स्तर हैं। इस ग्रंथ के अनुसार, परमात्मा केवल एक है, जिसके नीचे ब्रह्मा, विष्णु, शिव, सूर्य, गणेश, शक्ति तथा भैरव, ये सात भगवान हैं, और इनके अलावा असख्य जीवात्माएँ भी हैं।[3] यहाँ असंख्य जीवात्माओं की तुलना बहुसंख्यक किसानों से की जा सकती है। पिछले अध्याय से स्पष्ट है कि तंत्र के सारे स्थल सात श्रेणियों में सोपानबद्ध थे। सबके उपर पीठ था, और फिर क्रमशः उपपीठ, क्षेत्र, उपक्षेत्र, छंदोह, उपछंदोह और दिलव होते थे।

पूर्व-मध्यकाल के मिथकों में अधिष्ठाता देवता या देवी का स्थान सर्वोच्च था। उसे अन्य देवी-देवताओं से उसी प्रकार भेंट-नजराने मिलते थे जिस प्रकार प्रभु को अपने सामंतों से मिलते थे। उदाहरण के लिए, दुर्गा को शिव से त्रिशूल, विष्णु से चक्र, इन्द्र से वज्र तथा अन्य देवी-देवताओं से दूसरे आयुध प्राप्त हुए।[4] यहाँ जागीरदारों अथवा सामंतों द्वारा अपने सर्वोच्च अधिपति के लिए सैनिक जुटाने का आभास होता है।

कतिपय पूर्व-मध्यकालीन अभिलेखों में राजा तथा देवता के संबंध को उसी रूप में चित्रित किया गया है जैसा अपने सामंतों के साथ अधिराज का संबंध होता था। राजा को इस संबंध के कारण अपने सिर आए सैनिक दायित्वों का निर्वाह करते हुए दिखाया गया है। यह बात खासकर कलिंग पर शासन करनेवाले गंगों पर लागू होती है। बारहवीं सदी से गंग अभिलेखों में राजा को राउत या भगवान पुरुषोत्तम का पुत्र कहा गया है।[5] राउत का अर्थ डेप्यूटी अथवा प्रतिनिधि से लगाया गया है।[6] लेकिन यह शब्द वस्तुतः राजपुत्र का अपभ्रंश है, और यहाँ राजपुत्र का अर्थ है भूमिदान-प्राप्त सैनिक सामंत। चन्देल तथा गाहडवाल अभिलेखों को देखने पर राजा और राउत के बीच पाए गए इस संबंध में कोई संदेह नहीं रह जाता।[7] राउत के रूप में राजा को देवता उसी प्रकार राज्य देने की कृपा करते हैं जिस प्रकार सामंत को उसका प्रभु सैनिक सेवा की एवज में भूमिदान देता है; राजा देवता के सामंत के रूप में देवता की लड़ाई लड़ता है।

चोल शासकों द्वारा धारण किए गए विरुदों से भी प्रकट होता है कि राजा देवता का सामंत माना जाता था। उदाहरण के लिए, प्रसिद्ध चोल सम्राट राजराज ने स्वयं को 'शिवापादशेखर' कहा है, जिसका मतलब यह हुआ कि वह अपना मुकुट शिव के चरणों पर अर्पित करता है।

श्रेणी-विन्यास की कल्पना कई मध्यकालीन मिथकों में अभिव्यक्त हुई है। एक नीति कथा के अनुसार, गंगा स्वर्गद्वार से निकलकर शिव की जटा पर अवतरित होती है, जहाँ से वह पहाड़ों पर उतरती है और तब धरती पर से होती हुई सागर में जा मिलती है। यह गंगा की स्थिति में

क्रमिक ह्रास का द्योतक है।[8] उस नदी की अवस्था के संबंध में इस कल्पना को एक प्रकार से मध्यकाल के सामंती श्रेणी-विन्यास का प्रतिबिंब माना जा सकता है। नीतिकथाओं में त्रिस्तरीय या चतुर्स्तरीय संरचना की कल्पना बार-बार दुहराई गई है। एक कथा के अनुसार, शेषनाग ने अपने फणों पर अनेक पृथ्वियों की श्रृंखला को धारण कर रखा है। उधर शेषनाग को अपनी पीठ पर कच्छपावतार विष्णु ने सँभाल रखा है और विष्णु को क्षीरसागर ने अपने अंक में बैठा रखा है।[9] यहाँ हमें क्षीरसागर से लेकर पृथ्वी-श्रृंखला तक चार स्तर देखने को मिलते हैं। औषधियों के देवता चन्द्रमा के अनुगामी सैकड़ों चिकित्सक हैं, और चन्द्रमा शिव के मस्तक का भूषण है।[10] इस प्रकार ऐसी क्रमपरंपरा की तस्वीर हमारे सामने आती है जिसमें सबसे ऊपर शिव है, उसके नीचे चन्द्रमा और सबसे नीचे चिकित्सक है। हमें यह भी मालूम होता है कि सुख की कामना करनेवाले के लिए हरि को प्रसन्न करना आवश्यक है, ताकि उसकी इच्छाएँ पूरी हों और उसे कृपालु स्वामी, निष्ठावान् सेवक, प्यार करनेवाली पत्नी, आज्ञाकारी पुत्र तथा सहृदय मित्र प्राप्त हों।[11] यदि इस श्रेणी-विन्यास से हरि को बाहर रखा जाए तो भी इसमें स्वामी, स्वामी का आदमी और उस आदमी के सेवक शामिल हैं। राहु को सूर्य तथा चन्द्रमा से श्रेष्ठ माना गया है, और ये दोनों बृहस्पति सहित पाँच-छह अन्य ग्रहों से ऊपर रखे गए हैं।[12] इस प्रकार इस संरचना में भी तीन स्तर हैं।

कुछ मामलों में सामंती और प्राक्-सामंती मान्यताओं के बीच कोई अंतर नहीं है। दोनों में शारीरिक श्रम को हेय दृष्टि से देखा गया है, नारी को पुरुष के प्रभुत्व के अधीन माना गया है, तथा शिक्षा-दीक्षा से संबंध रखनेवालों को शारीरिक श्रम से दूर रहने को कहा गया है। किंतु कुछ अन्य मान्यताएँ ठेठ सामंती प्रतीत होती हैं। उदाहरण के लिए सामंती व्यवस्था में कृषि को उत्तम, वाणिज्य को मध्यम, चाकरी या सेवा को निषिद्ध या निम्न तथा भिक्षा को जीविका का अंतिम उपाय माना गया है। साथ ही सामंती मान्यता में धरती को सबसे बड़ा धन समझा जाता था, और सोने या सिक्के का महत्त्व बहुत कम था। कहावत है : धन माने धरती धन माने गाय। कुछ-कुछ सोना और सब छाय॥

सामंती युग में लड़ाई-भिड़ाई का दौर बराबर चलता रहता था, जिसमें स्वभावतः पुरुष ही भाग लेते थे। इसलिए उस काल में स्त्रियों को उत्तरोत्तर अधिकाधिक निम्न स्थान देने और उन्हें संपत्ति मानने की प्रवृत्ति दिखाई देती है। इस प्रकार सामंती दौर में पुरुषों के प्रभुत्व में अपूर्व वृद्धि होती है, और उनकी इस संपूर्ण श्रेष्ठता के परिणामस्वरूप स्त्रियों पर तरह-तरह की बंदिशें लगती जाती हैं। यहाँ तक कि सती होना उनके लिए धर्म बना दिया जाता है। इस काल में सती देवियाँ और सती मंदिर राजस्थान की सामान्य विशेषता बन गए।

यद्यपि भेंट-उपहार और दान-दक्षिणा देना प्राक्-सामंती विनिमय-प्रणाली का अभिन्न अंग था, किंतु अब अचल संपत्ति, विशेष रूप से उत्पादन के मुख्य साधन भूमि का अनुदान करने का चलन नई ऊँचाई पर पहुँच गया। *महाभारत* के 'अनुशासन पर्व' में भूमिदान की महिमा पर एक पूरा अध्याय दिया गया है। स्पष्ट है कि यह अध्याय राजाओं तथा भूस्वामियों के अनुदेशन के लिए

दिया गया है। भूमिदान को सर्वश्रेष्ठ दान, स्वर्ण-दान तथा गोधन के दान से भी ऊँचा बताया गया है। भूमिदान देनेवाले को दाता, बंधु, सत्पुरुष, धर्मिष्ठ व्यक्ति, कुलीन और पराक्रमी कहा गया है।[13] वैसे तो दाता कुछ अनिवार्य कारणों से दान देता है और भूमिदान में उभयपक्षी दायित्वों का समावेश होता है। किंतु दान में भूमि, भोजन और अन्य वस्तुएँ प्राप्त करनेवालों के दायित्व दाता के दायित्वों से अधिक महत्त्वपूर्ण प्रतीत होते हैं। एक प्रकार से उसमें एकपक्षीय कृतज्ञता अपेक्षित है। अनुबंध का भाव समान स्तर के भोक्ता दाता या सामंत तथा प्रभु के बीच होता है, किंतु भूस्वामी तथा किसानों के संबंध का नियमन कृतज्ञता के भाव से होता है।

यह प्रथा कि अपने से श्रेष्ठ व्यक्ति के पास किसी को खाली हाथ नहीं जाना चाहिए, इसमें कृतज्ञता तथा परवशता दोनों भाव निहित हैं। सामंती काल में किसान या सामंत भूस्वामी जब अपने प्रभु के पास जाते थे तो सामान्यतः साथ में कोई-न-कोई भेंट-उपहार अवश्य ले जाते थे। जान पड़ता है यह प्रथा भोग की अवधारणा से उत्पन्न हुई। भूस्वामी तथा विभिन्न देवी-देवता भोग के अधिकारी थे। यह बहुत कुछ सामंती यूरोप में प्रचलित 'कमेंडेशन' या शरण ग्रहण करने की प्रथा के ही समान था। इस प्रथा के अनुसार साधारण व्यक्ति श्रेष्ठ पुरुष की शरण में जाता था, और उसे भेंट-उपहार भी देता था। हाँ, विशेष उत्सव-त्यौहार के अवसरों पर वह श्रेष्ठ व्यक्ति अपने शरणागतों को भोजन आदि कराता था या उन्हें दान और भेंट देता था।

मध्यवर्ती वर्गों की संस्था सामंती मानस का अभिन्न अंग है। राजा तथा साधारण किसानों के बीच धनी-मानी भूस्वामी वर्ग के उदय के कारण कृषि-संरचना में अनेक मध्यवर्ती वर्ग कायम हो जाते हैं। यह चीज देवता से मनुष्य के संबंधों को भी प्रभावित करती है। मध्यकालीन संप्रदायों की, और विशेष रूप से सभी संप्रदायों को प्रभावित करनेवाले तंत्र संप्रदाय की, मान्यता है कि गुरु की कृपा के बिना किसी को सिद्धि या मोक्ष नहीं प्राप्त हो सकता। पी.वी. काणे के अनुसार, तांत्रिकों में गुरुभक्ति तो कभी-कभी इस सीमा तक पहुँच जाती है कि अशोभन लगने लगती है।[14] शिष्य के लिए पूजा तथा गुरु-मंत्र को गोपनीय रखना आवश्यक है।[15] उसे गुरु के चरणों को अपने सिर पर उठाना पड़ता है और अपने शरीर, धन-धान्य तथा जीवन को गुरु को अर्पित करना पड़ता है।[16] यह पूरी प्रक्रिया 'कमेंडेशन' या शरण-ग्रहण की क्रिया जैसी लगती है और धार्मिक संबंधों में मध्यवर्ती वर्गों के महत्त्व को रेखांकित करती है। इसके अलावा अपने आचरण में इस बात पर अमल करना पड़ता है कि गुरु अन्य सभी मनुष्यों से श्रेष्ठ है, मंत्र गुरु से, देवता मंत्र से तथा परमात्मा देवता से ऊपर है।[17] इस प्रकार इस श्रेणी-विन्यास में एक के ऊपर एक पाँच स्तर दिखलाई पड़ते हैं। गरज यह कि सामंती व्यवस्था में पुरोहितों के अतिरिक्त गुरुओं के वर्ग का उदय होता है। पुरोहित विविध धार्मिक संस्कारों के संपादन में सहायता देता है किंतु गुरु आध्यात्मिक ज्ञान की प्राप्ति में शिष्य का मार्गदर्शन करता है, ताकि वह देवता का सान्निध्य प्राप्त कर सके। यह बात मध्यकाल में उदित होनेवाले प्रायः सभी संप्रदायों पर लागू होती है। उनमें भक्त देवता के सन्निध्य की प्राप्ति गुरु के प्रयत्नों के माध्यम से करता है। क्रांतिकारी माने जानेवाले संत कवि कबीर तक इसके उपवाद नहीं हैं; बल्कि उन्होंने तो 'गुरु' को 'गोविन्द' से

भी श्रेष्ठ स्थान दे दिया। इस प्रकार यहाँ गुरु इस लक्ष्य की प्राप्ति के माध्यम का काम करता है।

सामंती मानस का क्षितिज बहुत संकुचित था। सामंतवाद के आरंभिक दौर में वाणिज्य-व्यापार कम होता था, इसलिए एक ही राज्य में रहनेवाले विभिन्न वर्गों के लोगों के बीच भी संपर्क यदाकदा ही होता था। गतिशीलता मुट्ठी-भर ब्राह्मणों तथा सैनिक प्रयाणों तक सीमित थी। इससे अलग-अलग क्षेत्रों और वर्गों के लोग एक-दूसरे से कटते चले गए। शासक वर्ग परिवर्तन का विरोधी था। किसी प्रौद्योगिकीय परिवर्तन के प्रति उसमें तनिक भी उत्साह नहीं था। उदाहरण के लिए, अकबर के सामने छापाखाना और आधुनिक घड़ी की किस्म का यंत्र प्रस्तुत तो किए गए, लेकिन उन्हें बेकार के आविष्कार माना गया।

भूमिअनुदान को 'प्रभु-प्रसाद' माना जाता था। भूमिअुनदान के सतत और व्यापक चलन से यह भावना उत्पन्न हुई कि जो कुछ प्राप्त होता है, वह कृपा और संरक्षण से ही प्राप्त होता है, कर्म का कोई महत्त्व नहीं है। मध्य तथा पश्चिमी भारत के बारहवीं-तेहरवीं सदियों के अनेक दानपत्रों में धर्मेतर लोगों को दिए गए दानों को 'प्रसाद' या 'कृपा' कहा गया है।[18] किसी व्यक्ति के सामाजिक, आर्थिक तथा राजनीतिक उत्थान के मूल में उस पर की गई कृपा थी। सबकुछ प्रभु या स्वामी की कृपा पर निर्भर था। कर्म पर कुछ भी नहीं। महत्त्व मात्र कृपा या प्रसाद का था, पुरुषार्थ का नहीं। इससे परवशता की प्रबल भावना का जन्म लेना अवश्यम्भवी था। कोई भी व्यक्ति अपने लाभ-हानि का कोई बुद्धिसंगत कारण नहीं ढूँढ़ता था। पुरोहित पुनर्जन्म की कल्पना का प्रचार करते थे, जिसके अनुसार इस जन्म में मनुष्य जो कष्ट उठाता है वह उसके पूर्वजन्म के कर्मों का फल होता है। पुनर्जन्म की कल्पना जातक-कथाओं में भी है, किंतु सामंती दौर में इस कल्पना का प्रचार अविश्रांत रूप से किया जाता रहा। धर्म-कथाओं द्वारा इस कल्पना को किसानों के मानस में प्रतिष्ठित किया गया, और पुरोहित तथा महत्तर लोग पीढ़ी-दर-पीढ़ी इसका प्रचार-प्रसार करते रहे। भूमिदानपत्र की व्यवस्थाओं को भंग करने के लिए पुरुषार्थ का सहारा लेने का दुस्साहस करनेवाले किसानों या भूस्वामियों को अगले जन्म में नरक भोगने का भय दिखाया जाता था। भूमिदानपत्रों के अंत में बार-बार कहा गया है कि जो उनका उल्लंघन करेंगे वे साठ हजार वर्षों तक नरक भोगेंगे और दाता उतने ही काल तक स्वर्ग का उपभोग करेगा। इस प्रकार कृषक समुदाय तथा अन्य लोगों से सामंती पितृसत्तात्मक समाज की रीति-नीतियों को स्वीकार कराने के लिए स्वर्ग-नरक की कल्पना की गई। जान पड़ता है, ब्राह्मणों तथा अन्य लोगों की भूसंपत्ति को प्रतिद्वंद्वी पुरोहितों तथा सामान्य कृषक समुदायों के अतिक्रमण से बचाने के लिए पूर्व-मध्यकाल में इस भ्रम को खूब फैलाया गया।

भाग्य में विश्वास का प्रचार करके पुरुषार्थ की धार को और भी कुंठित किया गया। भर्तृहरि-कृत *नीतिशतक* में भाग्य या दैव के सिद्धांत पर पूरा एक अध्याय दिया गया है।[19] उसमें कहा गया है कि कर्म भी नियति से निर्धारित होता है।[20] इसलिए जो कुछ होता है उसका अंतिम कारण नियति ही है। स्वर्ग-नरक, नियति और पुनर्जन्म की कल्पनाओं के कारण किसानों में अकर्मण्यता, असहायता तथा दीनता की भावनाएँ आईं। इन भावनाओं से भूस्वामी वर्ग के जन्मना

श्रेष्ठता के दावे को शक्ति और पोषण मिला। वैसे भी इस वर्ग के लोग या तो सामान्यतः ऊँची जातियों के होते थे या ऊँचे माने जाते थे। भूस्वामी की कृपा या श्रेष्ठता की अभिव्यक्ति पितृत्व की अवधारणा के माध्यम से होती है। शायद मध्यकाल में प्रचलित एक लोकप्रिय श्लोक से जान पड़ता है कि शासक या संरक्षक पिता माना जाता था।[21] कल्पना यह थी कि स्थानीय प्रभु या राजा पिता की तरह समस्त प्रजा का ध्यान रखता है।

सोपानबद्धता की भावना ग्रामीण संस्कार में व्याप्त हो गई। सामान्य किसान तथा अन्य लोग ग्राम-प्रधान या गाँव के सबसे धनाढ्य व्यक्ति को राजा मानते थे और स्वयं को उसकी प्रजा कहते थे। स्थानीय श्रीमंत को राजा के रूप में देखना मूलतः सामंती दृष्टि है। किसी समय राजा का मतलब किसी गणतंत्र का प्रधान होता था और अब उसका अर्थ स्थानीय सामंती प्रभु हो गया। इस तरह का संबंध उस सामाजिक-आर्थिक संघटन का परिणाम प्रतीत होता है जिसमें सामंत अपने से ऊपर के सामंतों की श्रेष्ठता स्वीकार करते हैं और ये बड़े सामंत राजा की सत्ता स्वीकार करते हैं। राजा प्रजा की जाति का भी हो सकता था, और उससे ऊपर की जाति का भी। अगर राजा मूलतः किसी निम्न जाति का हो तो उसका कर्मकांडी दर्जा ऊपर कर दिया जाता था, और वह उच्च जाति जैसा माना जाने लगता था।

सामंती विचारधारा के पोषकों ने सामाजिक भेदभाव दर्शाने के लिए भाषा का भी उपयोग किया। प्राक्-सामंती काल में स्त्रियों तथा शूद्रों की भाषा प्राकृत है, जबकि उच्च वर्ण तथा ऊँचे पद-प्रतिष्ठावाले पुरुष संस्कृत बोलते हैं। किंतु राजाओं तथा देवताओं को भी मध्यम पुरुष में एक ही प्रकार से संबोधित किया जाता है। विभिन्न वर्गों के लोगों को संबोधित करने में वैदिक या क्लासिकीय संस्कृत में कोई भेद नहीं किया गया है। मध्यम पुरुष में केवल एक ही शब्द 'त्वम्' या उसके द्विवचन तथा बहुवचन का प्रयोग होता है। किंतु मध्यकालीन संस्कृत में उच्च वर्गों के लोगों के प्रति सम्मान दर्शाने के लिए 'भवान्' शब्द का प्रयोग किया जाता है। बहुत ही उच्च वर्ग के व्यक्ति के प्रति अतिरिक्त सम्मान के प्रदर्शन के लिए 'भवान्' शब्द का प्रयोग बहुवचन में किया जाता है। राजाओं तथा श्रेष्ठ जनों को आदरपूर्वक संबोधित किया जाता है, और इस संदर्भ में सामान्य तथा श्रेष्ठ लोगों के बीच का अंतर दर्शाने के लिए कर्मवाच्य का प्रयोग किया जाता है। इस प्रकार लोगों को स्पष्ट रूप से तीन श्रेणियों में विभाजित देखा जा सकता है। बाद में क्षेत्रीय बोलियों में सामाजिक भेदभाव की इस प्रवृत्ति का और भी परिष्कार हुआ। मैथिली भाषा में मध्यम पुरुष में संबोधन की चार पद्धतियाँ हैं, जो स्पष्ट ही अलग-अलग वर्गों के लोगों के लिए प्रयोग की जाती हैं। भारतीय भाषाओं में संबोधन की पद्धतियों से सामान्यतः त्रिस्तरीय समाज का संकेत मिलता है। यह बात बंगला, मराठी तथा तेलुगु पर लागू होती है। (अन्य भाषाओं के संबंध में मैंने पूछताछ नहीं की है।) संबोधित किए जानेवाले व्यक्ति की आयु तथा जाति के अनुसार भी संबोधन पद्धति बदलती है, किंतु बुनियादी तौर पर उनका मूल सामंती मानस में समाया हुआ है, जो हमेशा त्रिस्तरीय समाज को ध्यान में रखकर सोचता है।

भूमिदानपत्रों में बार-बार प्रयोग किए जानेवाले शब्दों से ताबेदारी अथवा पराधीनता की

धारणा का स्पष्ट आभास होता है। जिन्हें भूमिदान दिया जाता हैं उन्हें दाता का 'पादोपजीवी' या 'पादपद्मोपजीवी' कहा जाता है। उनका चित्रण 'प्रणत' या साष्टांग दंडवत् रूप में भी किया जाता है। पारिवारिक या धार्मिक संदर्भ में ऐसे शब्दों का प्रयोग किया जाए तो यह गुरुजनों, देवताओं और धर्मगुरुओं के प्रति सच्चे सम्मान का द्योतक हो सकता है। किंतु परिवार से बाहर के और धर्मेतर संदर्भ में उनसे राजा, प्रभु या महाप्रभु के प्रति पराधीनता की भावना भासित होती है।

भूस्वामी श्रीमंतों का ऐश्वर्य-प्रदर्शन में विश्वास होता है। इसलिए विवाहादि पारिवारिक संस्कारों तथा समारोहों के अवसर पर वे खुले हाथों खर्च करते हैं। मैथिल ब्राह्मण कर्मकांडी रूप से चार श्रेणियों में विभाजित हैं। जो श्रेणी जितनी ऊँची होती है, उसके भोज में उतने ही अधिक प्रकार के व्यंजन परोसे जाते हैं। भूस्वामी अपने से नीचे के लोगों को अपने ठाट-बाट और उदारता से प्रभावित करने के लिए अपनी औकात से ज्यादा खर्च करते हैं। संभव है, यह परंपरा कबायली अवस्था का अवशेष हो। उस समाज में हमें 'बड़ा आदमी' की कल्पना देखने को मिलती है। लेकिन सामंती दौर में हम भूस्वामियों को इस हद तक कर्ज लेते और धन का अपव्यय करते देखते हैं कि बहुधा उनकी जागीरें महाजनों के हाथों में चली जाती हैं।

इसी प्रकार भूस्वामी श्रीमंतों में आत्मसम्मान का भाव अहंकार की सीमा तक होता है। वे बराबर अपने ऊँचे दर्जे के एहसास की गिरफ्त में होते हैं। चूँकि भूस्वामियों को, चाहे उनका दर्जा कुछ भी हो, समस्त कृपा का स्रोत माना जाता है, इसलिए उनमें अहं की प्रबल भावना घर कर जाती है। उनके पुरोहित अपने यजमान के नामों के साथ प्रतिष्ठा और सत्ता के द्योतक विशेषण और विरुद जोड़ देते हैं। विक्रम, प्रताप आदि शब्दों का प्रयोग बहुधा किया जाता है। आज भी नेपाल के राजा के नाम के साथ दर्जन-भर से अधिक विरुद जुड़े हुए हैं। भर्तृहरि के अनुसार, कठिन परिस्थितियों में पड़ जाने पर भी महापुरुष को महापुरुष जैसा व्यवहार ही करना चाहिए। इस बात पर जोर देते हुए वह आगे कहता है कि अत्यंत भूखा होने पर भी सिंह सूखी घास नहीं खाता।[22] इसी प्रकार उम्र को दर्जे से बड़ा नहीं माना जाता है। उदाहरण के रूप में भर्तृहरि कहता है कि भोजन की जरूरत पड़ने पर सिंह शावक भी हाथी पर आक्रमण कर देता है, लेकिन कुत्ते और सियार पर नहीं।[23] पशु जगत् से ली गई ये उपमाएँ तत्कालीन सामाजिक श्रेणी-विन्यास के पीछे क्रियाशील मानस की प्रकृति को उजागर करती हैं।

भक्ति सामंती मानस की ठेठ उपज मालूम होती है। ध्यातव्य है कि देश में भक्ति का प्रचार लगभग सातवीं सदी से तेजी से हुआ। इस समय तक सामंती सामाजिक संरचना प्रायः प्रतिष्ठित हो चुकी थी। भक्त देवता की पूजा करता था, जिसके बदले में उसे उसकी कृपा या देव-प्रसाद प्राप्त होता था। ग्यारहवीं-बारहवीं सदियों के एक परमार अभिलेख में उल्लेख है कि एक सामंत ने अपनी 'भक्ति', 'बुद्धि' तथा 'पराक्रम' से अपने प्रभु का 'प्रसाद' पुनः प्राप्त किया।[24] भक्ति संप्रदाय के अनुसार, भक्त देवता को अपना संपूर्ण समर्पण कर देते थे, और उसमें उनकी अनन्य निष्ठा होती थी। भक्त मानता था कि उसने अपने आराध्य देव से घनिष्ठ व्यक्तिगत संबंध

स्थापित कर लिया है, और वह अपना संपूर्ण अवलंबन उसी पर रखता था। भक्ति संप्रदाय के आचार-विचारों की तुलना रैयतों के पूर्ण रूप से भूस्वामियों के वशवर्ती होने से की जा सकती है। रैयत अपनी पैदावार का हिस्सा अपने भूस्वामी को देते थे और अपने शरीर से भी उसकी सेवा करते थे। बदले में कृपा या प्रसाद के रूप में उन्हें भूमि तथा संरक्षण प्राप्त होता था। यह संबंध पूर्णरूपेण वैयक्तिक था। ऐसा ही संबंध व्यक्ति तथा उसके आराध्य के बीच स्थापित हुआ।

यह सच है कि किसान प्राक्-सामंती युग में भी देवताओं की भक्ति करता था, लेकिन तब देवता से उसका संबंध उसी ढंग का था जैसा करदाता किसान और राजा के बीच का संबंध था। किसान राजा के प्रति वफादार अवश्य था, लेकिन उससे उसका संबंध उतना घनिष्ठ नहीं था, जिसका कारण यह था कि उसे राजा के सतत संपर्क में रहने का अवसर नहीं मिलता था, राजा के लिए करों की उगाही उसके अमले करते थे। किंतु सामंती व्यवस्था में अधिकतर भूस्वामी मौके पर मौजूद रहते थे, और इसलिए बराबर किसानों के व्यक्तिगत संपर्क में रहते थे। अतएव किसान तथा उसके भूस्वामी प्रभु के घनिष्ठ संबंध के कारण भक्ति संप्रदाय को अपरिमित शक्ति प्राप्त हुई। सामंतों या अधीनस्थ सरदारों तथा सर्वोच्च शासक अर्थात् राजा के निकट संबंधों से भक्ति संप्रदाय को और भी समर्थन मिला। सामंत या सरदार किसानों के मुकाबले में अपनी स्थिति को वैध बनाने के लिए शासन-याचना किया करते थे। इस प्रकार के पारस्परिक संबंध ने भक्ति संप्रदाय को अवश्य प्रभावित किया होगा। सामंतवाद के तत्त्व समाज में काफी लंबे समय तक कायम रहे, इसलिए भक्ति ने भारतीय संस्कार में अपनी जड़ें काफी गहरी जमा लीं।

संदर्भ और टिप्पणियाँ

1. तिरुमलै, *लैंड ग्रांट्स एण्ड एग्रेरियन रिएक्शन इन चोल एण्ड पांड्य टाइम्स*, मद्रास विश्वविद्यालय, 1987, पृ. 60.
2. गोपीनाथ राव, *एलिमेन्ट्स ऑफ हिन्दू आइकॉनोग्राफी*, जिल्द 1, भाग 2, परिशिष्ट 'ए', पृ. 1-2.
3. 'एकः परमात्मा, ईश्वरः सप्तः, असंख्य जीवाः', पी.वी. काणे, *हिस्टरी ऑफ धर्मशास्त्र*, II, भाग 2, पुणे, 1977, पृ. 1053, पा.टि. 1698 में उद्धृत।
4. पी.वी. काणे, *हि.ध.शा.*, V, भाग 1, पृ. 155-56.
5. हरमन कुल्के, 'अर्ली रॉयल पैट्रोनेज ऑफ द जगन्नाथ कल्ट', एन्करलौट एशमेन, हरमन कुल्के एवं गयाचरण त्रिपाठी (सं.), *द कल्ट ऑफ जगन्नाथ एण्ड द रिजीनल ट्रेडिशन ऑफ ओडिसा*, मनोहर, नई दिल्ली, 1978, पृ. 139.
6. एम. मुकुंदराव, *कलिंग अण्डर द ईस्टर्न गंग्ज़*, पृ. 172-73.

7. रामशरण शर्मा, *इंडियन फ्यूडलिज़्म*, दिल्ली, 1980, पृ. 137-38, 140. मैथिली में कहावत है कि 'लाठी हाथे राउत बेबाक', अर्थात् राउत से देय की वसूली बल-प्रयोग से ही की जा सकती है।

8. *भर्तृहरि नीतिशतक*, श्लोक 11.

9. वही, श्लोक 29.

10. वही, श्लोक 89.

11. वही, *नीतिशतक* के पाठ (पृ. 234) में काले द्वारा शामिल किया गया श्लोक 3.

12. वही, श्लोक 28.

12अ. उत्तम खेती मध्यम बान।
निरघिन सेवा भीख निदान॥

13. *महाभारत*, XIII, 62.45.

14. 'गुरुर्ब्रह्मा गुरुर्विष्णुर्गुरुर्देवो महेश्वरः, गुरुदेव परम ब्रह्म तस्मै श्रीगुरवे नमः।' *लिंग पुराण*, 1, 85, 164-65.

15. पी.वी. काणे, *हि.ध.शा.*, II, भाग 2, पुणे, 1970, पृ. 1072, पा.टि. 1735.

16. वही, पृ. 1071.

17. वही, पृ. 1055.

18. रामशरण शर्मा, *इंडियन फ्यूडलिज़्म*, दिल्ली, 1980, पृ. 101.

19. इसे 'दैव-पद्धति' कहा गया है, श्लोक 83-92.

20. श्लोक 93-102 में यह दर्शाया गया है।

21. 'विद्यादाता जन्मदाता कन्यादाता तथैव च, अन्नदाता भयत्राता पञ्च पितरः स्मृताः।'

22. *भर्तृहरि नीतिशतक*, श्लोक 23-4.

23. वही, श्लोक 32.

24. *कॉरपस इंस्क्रिप्शनम इंडिकैरम*, 7. 2. नं. 76, श्लोक 11. इस संदर्भ के लिए मैं विश्वमोहन झा का आभारी हूँ।

Bibliography

Abhidhānacintāmaṇi of Hemachandra : In the *Abhidhānasaṃgraha* Vol. II, Chowkhamba Vidya Bhawan, Varanasi, 1964.

Acharya, P.K., *Hindu Architecture in India and Abroad*, Manasara Series, Oxford, 1946.

Agrawal, V.S., 'Dramma-Coins of the Gurjara-Pratihāra King Vināyakapāladeva, A.D. 914-933' in *JNSI*, X, Part I.

Agrawala, V.S., *Harshacharita—Ek Sānskritik Adhyayan*, Patna, 1953.

(The) *Agni Purāṇa*, H.N Apte, Sanskrit Series, 1900.

Aiyangar, K.V.Rangaswami, *Introduction to Vyavahārakāṇḍa of Kṛtyakalpataru of Laksmidhara*, Baroda, 1958.

Alberuni's India, ed. Edward C. Sachau, Delhi, 1964.

Anderson, Perry, *Passages from Antiquity to Feudalism*, London, 1974.

Aparājitaprcchā of Bhuvanadeva, ed. P.A. Mankad, GOS, Baroda, 1950.

Awasthi, A.B., *History from the Purāṇas*, Lucknow, 1975.

Bagchi, P.C., *Studies in the Tantras*, Part I, University of Calcutta, 1939.

____________, 'On Some Tantric Texts Studied in Ancient Kambuja' in *Indian Historical Quarterly*, V.

Bhandarkar, D.R., 'Foreign Elements in the Hindu Population' in *Journal of Ancient Indian History*, I.

Bhattacharya, Benoytosh, *The Indian Buddhist Iconography*, Calcutta, 1958.

Bhattacharya, Batuknath, *The Kalivarjyas*, Calcutta, 1943.

Bhāgavata Purāṇa, ed. J.L. Shastri, Delhi, 1983.

Bhatia, P., 'Note on the Physical Distribution of the Indo-Sassanian Sri Vi, Sri Vigraha and Sri Ādivarāha Coin in the Ganga Valley, *C.* AD 700-1000', Papar presented to the Platinum Session of Numismatic Society of India, Patna, 1987 (Unpublished).

Banerjee, J.N., *Puranic and Tantric Religion*, University of Calcutta, 1966.

Berkson, Carmel, *The Amazon and the Goddess Conates of Artistic Form*, Bombay, 1987.

Bloch, J., *L' Indo-Aryan*, Paris, 1934.

Bose, D.M. and others, *A Concise History of Science in India*, New Delhi, 1971.

Brahmāṇḍa Purāṇa, ed. Sriram Sharma Acharya, Bareilly, 1967.

Bṛhatkathākośa of Hariṣeṇācārya, Singhi Jain Granthamala, No.17.

Bṛhannāradīya Purāṇa, ed. P.H. Sastri, Calcutta, 1891.

Brahmavaivarta Purāṇa, B.I., Calcutta.

Chhabra, B.Ch. and others, 'Ten Years of Indian Epigraphy (1937-46)' in *Ancient India*, No. 5.

Chand, Mohan, *Jain Sanskrit Mahākāvyon men Bhārtīya Samāj*, Delhi, 1989.

Chanda, R.P., *The Indo-Aryan Races*, Rajashahi, 1916.

Chakravarty, Chintaharan, *The Tantras—Studies in their Religion and Literatures*, Calcutta, 1963.

Chattopadhyaya, Brajadulal, *The Making of Early Medieval India*, Oxford University Press, Delhi,1994.

Chattopadhyaya, B.D., *Coins and Currency System in South India*, New Delhi, 1978.

____________, 'Trade and Urban Centres in Early Medieval North India' in *Indian Historical Review*, I, 1974.

____________, 'Irrigation in Early Medieval Rajasthan in *Journal of the Economic and Social History of the Orient*, XVI, 1973.

____________, 'Urban Centres in Early Medieval India' in Sabyasachi Bhattacharya and Romila Thapar, eds., *Situating Indian History : For Sarvapalli Gopal*, Delhi, 1986.

____________, *Aspects of Rural Settlements and Rural Society in Early Medieval India*, K.P. Bagchi, Calcutta, 1990.

The Classical Law of India, tr. Robert Lingat, University of California, 1973.

Corpus Inscriptionum Indicarum, I-III, London, 1888-1929, IV, Ootacamund, 1955.

Cribb, Joe, 'India's Earliest Coins' in *Coin Hoards*, Vol. VII.

Dasgupta, Surendranath, *A History of Indian Philosophy*, I, Reprint, Delhi, 1975.

Desai, Devangana, 'Social Dimensions of Art in Early India', Presidential Address, Section I, Indian History Congress, 50th Session, Gorakhpur University, 1989.

Dhurva, K.H., 'Historical Contents of the Yugapurāṇa' in *Journal of the Bihar and Orissa Research Society*, XVI.

Dikshit, Bharati, 'Mobility in Ancient India' (in Hindi), D.Phil. Thesis, Allahabad University, 1978.

(The) Divyāvadāna, ed. E.B. Cowell and R.A. Neil, Cambridge, 1886.

Dyell, J.S., *Living Without Silver : The Monetary History of Early Medieval*

North India, Oxford University Press, Delhi, 1990.

'Early Islamic Output of Coins', prepared by a Seminar at the University of Michigan, *Journal of the Economic and Social History of the* Orient, IX, 1966, pp. 212-41.

Ehrenfels, D.R., *Mother-Right in India*, Hyderabad, 1941.

Farquhar, J.N., *An Outline of Hindu Religious Literature*, OUP, 1919.

Foss, Clive, 'Coin Archaeology and the Decline of Classical Cities in Asia Minor' in P.L. Gupta and A. K. Jha, *Numismatics and Archaeology*, 2nd International Colloquium, Indian Institute of Numismatics, Anjneri, Nasik.

Gankovsky, Yu. V., *The Peoples of Pakistan*, Moscow, 1974.

Ghoshal, U.N., *Contributions to the History of the Hindu Revenue System*, Second edn., Calcutta, 1972.

______________, 'The Authority of the King in Kauṭilya's Political Thought' in *IHQ*, XXVIII, 1952.

Gopal, Lallanji, *Economic Life of Northern India (c.* AD 700-1200), Banaras, 1965.

Gurukhal, Rajan, 'Non-Brahmana Resistance to the Expansion of Brahmadeyas: the Early Pāṇḍya Experience' in *Proceedings of the Indian History Congress*, 45th Session, Annamalai University, Annamalainagar, 1984.

Hall, Kenneth R., *Trade and Statecraft in the Age of the Colas*, New Delhi, 1980.

Hazra,, R.C., *Studies in the Puranic Records on Hindu Rites and Customs*, 2nd edn., Delhi, 1975.

Hendy, Michael, *Studies in Monetary Economy in the Byzantine Empire c. 300-1450*, Cambridge University Press, 1985.

Hevajra Tantra, Parts I and 2, ed. D.L. Snellgrove, Oxford, 1959.

Hopkins, Keith, *Conquerors and Slaves*, Cambridge,1978.

Hultzsch, *South Indian Inscriptions*, I.

Indian Archaeology—A Review, 1983-84.

Inscriptions of Bengal, III, ed. N.C. Majumdar, Rajshahi, 1929.

Jain, Balchandra, *Utkīrṇa-Lekh*, Raipur, 1961.

Jain, Rekha, *Ancient Indian Coinage*, A Systematic Study of Money Economy from *Janapada* to Early Medieval Period (600 BC to AD 1200), D.K. Print World, New Delhi, 1995.

Jaiswal, Suvira, *Origin and Development of Vaisnavism*, 2nd edn., Delhi, 1981.

______________, 'Studies in Early Indian Social History' in *Indian Historical Review*, VI, 1979-80.

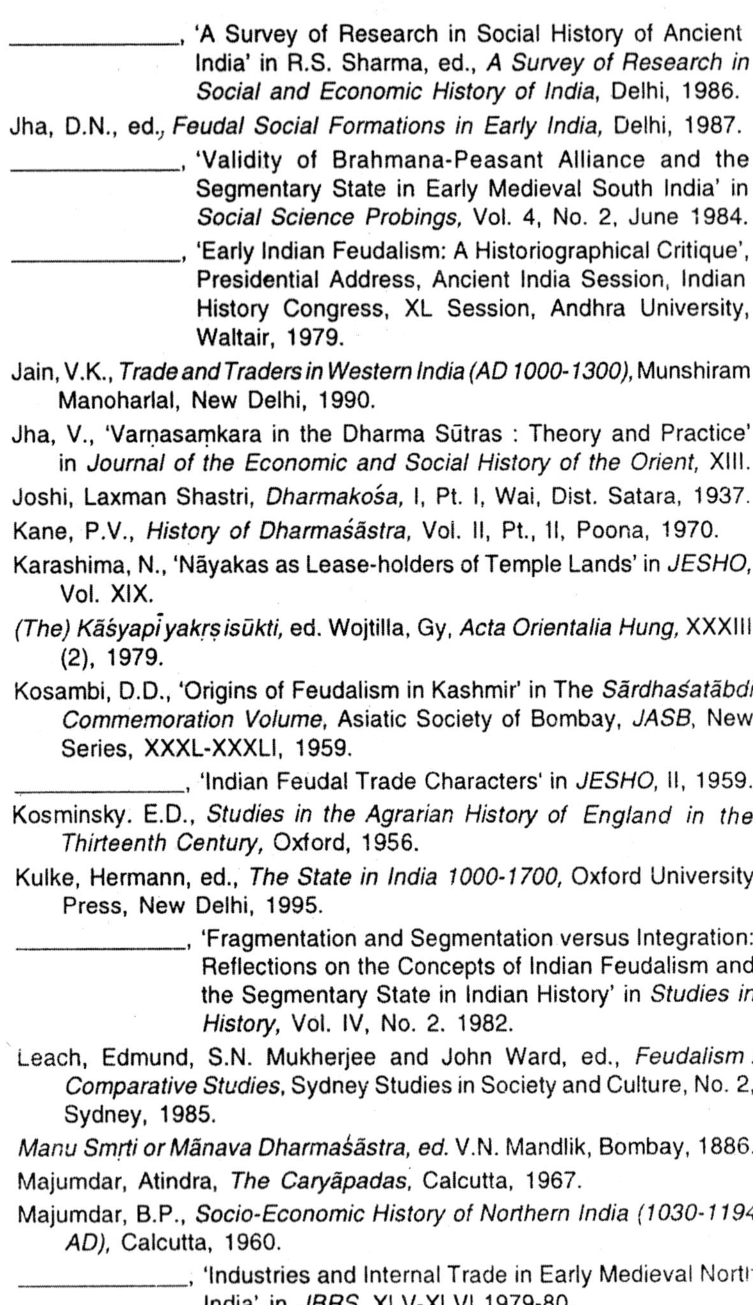

________, 'A Survey of Research in Social History of Ancient India' in R.S. Sharma, ed., *A Survey of Research in Social and Economic History of India*, Delhi, 1986.

Jha, D.N., ed., *Feudal Social Formations in Early India*, Delhi, 1987.

________, 'Validity of Brahmana-Peasant Alliance and the Segmentary State in Early Medieval South India' in *Social Science Probings*, Vol. 4, No. 2, June 1984.

________, 'Early Indian Feudalism: A Historiographical Critique', Presidential Address, Ancient India Session, Indian History Congress, XL Session, Andhra University, Waltair, 1979.

Jain, V.K., *Trade and Traders in Western India (AD 1000-1300)*, Munshiram Manoharlal, New Delhi, 1990.

Jha, V., 'Varṇasaṃkara in the Dharma Sūtras : Theory and Practice' in *Journal of the Economic and Social History of the Orient*, XIII.

Joshi, Laxman Shastri, *Dharmakośa*, I, Pt. I, Wai, Dist. Satara, 1937.

Kane, P.V., *History of Dharmaśāstra*, Vol. II, Pt., II, Poona, 1970.

Karashima, N., 'Nāyakas as Lease-holders of Temple Lands' in *JESHO*, Vol. XIX.

(The) Kāśyapīyakṛṣisūkti, ed. Wojtilla, Gy, *Acta Orientalia Hung*, XXXIII (2), 1979.

Kosambi, D.D., 'Origins of Feudalism in Kashmir' in The *Sārdhaśatābdi Commemoration Volume*, Asiatic Society of Bombay, *JASB*, New Series, XXXL-XXXLI, 1959.

________, 'Indian Feudal Trade Characters' in *JESHO*, II, 1959.

Kosminsky. E.D., *Studies in the Agrarian History of England in the Thirteenth Century*, Oxford, 1956.

Kulke, Hermann, ed., *The State in India 1000-1700*, Oxford University Press, New Delhi, 1995.

________, 'Fragmentation and Segmentation versus Integration: Reflections on the Concepts of Indian Feudalism and the Segmentary State in Indian History' in *Studies in History*, Vol. IV, No. 2. 1982.

Leach, Edmund, S.N. Mukherjee and John Ward, ed., *Feudalism : Comparative Studies*, Sydney Studies in Society and Culture, No. 2, Sydney, 1985.

Manu Smṛti or Mānava Dharmaśāstra, ed. V.N. Mandlik, Bombay, 1886.

Majumdar, Atindra, *The Caryāpadas*, Calcutta, 1967.

Majumdar, B.P., *Socio-Economic History of Northern India (1030-1194 AD)*, Calcutta, 1960.

________, 'Industries and Internal Trade in Early Medieval North India' in *JBRS*, XLV-XLVI, 1979-80.

Majumdar, R.C., *History of Ancient Bengal,* Calcutta, 1971.

______________, *The History of Bengal,* I, Dacca University, Dacca, 1943.

Marx and Engels, *Pre-Capitalist Socio-Economic Formations,* Moscow, 1979.

Marx, Karl, *Pre-Capitalist Economic Formations,* London, 1964.

______________, *Grundriss: Foundations of the Critique of the Political Economy,* Harmondsworth, 1973.

Mirashi, V.V., *Inscriptions of the Vākātakas, Corpus Inscriptionam Indicarum,* Vol. V, Ootacamund, 1955.

Monier Monier-Williams, *A Sanskrit-English Dictonary,* Oxford, 1951.

Mukerjee, R. and S.K. Maity, *Corpus of Bengal Inscriptions Bearing on History and Civilization of Bengal,* Calcutta,1967.

Mukhia, Harbans, 'Was there Feudalism in Indian History?' in *The Journal of Peasant Studies,* Vol. 8, No. 3, April, 1981.

Mahalingam,T.V., 'Genesis and Nature of Feudalism under the Pallavas of Kanchi' in S.K. Maity and U. Thakur, eds., *Indological Studies, Prof. D.C. Sircar Commemoration Volume,* New Delhi, 1987.

Memorial Stones, ed. S. Settar and D. Sontheimer, Dharwad, 1982.

Maity, S.K., *Economic Life of Northern India in Gupta Period c. AD 300-550,* Calcutta, 1957.

Mukherjee, B.N., 'Place of Harikela Coinage in the Archeology of Bangladesh' in *Journal of the Varendra Research Museum,* Vol. VII, 1981-82.

______________, 'Media of Exchange in Early Medieval North India', *Numismatic Digest,* X, December, 1986.

______________, 'Commerce and Money in the Western and Central Sectors of Eastern India (c. AD 750-1200)' in *Indian Museum Bulletin,* 1982.

______________, 'Bearing of the Excavations at Mainamati (Bangladesh) on the Local Silver Coinages' in P.L. Gupta and A.K. Jha, ed. *Numismatics and Archaeology,* Anjneri, Nasik, 1987.

Niyogi, Puspa, *Brahmanic Settlements in Different Subdivisions of Bengal,* Calcutta, 1967.

Nandi, R.N., 'Client, Ritual and Conflict in Early Brahmanical Order', *Indian Historical Review,* VI, 1979-80.

______________, 'Growth of Rural Economy in Early Feudal India', Presidential Address, Ancient India Section, Indian History Congress, XLV Session, Annamalai University, 1984.

(The) *Nāradasmṛti,* tr. Richard W. Lariviere, Pt. Two, University of Pennsylvania, Philadelphia, 1989.

Narayanan, M.G.S., 'Review Article: South Indian History and Society' in *Tamil Civilization,* Vol. 3, No.1, 1985.

O. Leary Brendan, *The Asiatic Mode of Production: Oriental Despotism, Historical Materialism and Indian History,* Basil Blackwell, Oxford, 1989.

Pankhurst, Richard, *An Introduction to the Economic History of Ethiopia,* London, 1961.

Pradhan, M.C., *The Political System of the Jats of Northern India,* Oxford, 1966.

Pathak, B.P.N., *Society and Culture in Early Bihar,* New Delhi, 1988.

Pathak, V.S., *The Hayaśīrṣa,* in *Journal of the UP Historical Society,* XXIV-XXV, 1951-52.

Prakash, Vidya, *Khajuraho,* Bombay, 1950.

Prasad, O.P., *Decay and Revival of Urban Centres in Medieval South India,* New Delhi, 1986.

Pargiter, F.E., *The Purāṇa Text of the Dynasties of the Kali Age,* Oxford, 1913, Reprint, Choukhamba Snsakrit Series, 1962.

Parmar, B.M.S., 'Ādivarāha Coins' in *JNSI,* XXVI, 1964.

Rai, G.K., *Involuntary Labour in Ancient India,* Allahabad, 1981.

Rājataraṅgiṇī of Kalhaṇa, tr. M.A. Stein, Westminster, 1900.

Rao, M. Mukunda, *Kalinga under the Eastern Ganges,* B.R. Publishing, Delhi, 1991.

Rao, T. Gopinath, *Elements of Hindu Iconography,* I, Pt. I.

Ramcaritam of Sandhyākaranandin, ed. H.P.Sastri and revised by R.G. Basak, Calcutta, 1969.

Rhodes, N.G. and C. Valdettaro, 'Coins in Medieval Nepal' in *Numismatic Chronicle,* Seventh Series, XVI.

Ray, Himanshu Prabha and Jean-Francis Salles, ed. *Tradition and Archaeology—Early Maritime Contacts in the Indian Ocean,* Manohar, New Delhi, 1996.

Ray, Niharranjan, *History of the Bengali People* (Ancient Period), tr. from Bengali, John W. Hood, Orient Longman, Calcutta, 1994.

A Record of the Buddhist Religion as Practised in India and the Malay Archipelago by I-tsing, tr. T.Takusu, Oxford, 1886.

Roy, P.C., *The Coinage of Northern India,* Delhi, 1980,

Roy, S.N., *Historical and Cultural Studies in the Purāṇas,* Allahabad, 1978.

Roy, S.C., *Stratigraphic Evidence of Coins in Indian Excavations and Some Allied Issues,* Varanasi, 1959.

Sastri, H.P., A Catalogue of Palm-leaf and Selected Paper MSS (belonging to the Darbar Library, Nepal), Calcutta, 1905.

Sastri, K.A. Nilakanta, *History of India, Part I, Ancient India*, Madras, 1950.

____________, *A History of South India*, OUP, 1958.

____________, 'The Place of the Arthaśāstra in the Literature of Indian Polity' in *ABORI*, XXVIII, 1947.

____________, 'Kautilya on Royal Authority' in *IHQ*, XXIX, 1953.

Sen, B.C., *Studies in the Buddhist Jatakas*, Calcutta, 1974.

Sen, P.N., *The General Principles of Hindu Jurisprudence, Tagore Law Lectures, 1909*, University of Calcutta, 1918.

Sethi, P.K., 'The Attribution of the Sri Vigra Coins' in *JNSI*, XXX, 1968.

Sharma, Dasharatha, *Early Chauhan Dynasties*, Second edn., Delhi, 1975.

Sharma, R.S., *Social Changes in Early Medieval India* (*c*. AD 500-1200), Delhi, 1993.

____________, 'From Gopati to Bhupati' in *Studies in History*, II, 1980.

____________, *Perspective in Social and Economic History of Early India*, New Delhi, 1995.

____________, *Origin of the State in India*, Department of History, Bombay University, Bombay, 1989.

____________, *The State and Varṇa Formation in the Mid-Ganga Plains—An Ethnoarchaeological View*, Manohar, Delhi, 1996.

____________, 'Superstition and Politics in the *Arthaśāstra* of Kauṭilya' in *JBRS*, Vol. XI, 1954.

____________, 'Indian Feudalism Retouched', *Indian Historical Review*, I, 1974.

____________, *Indian Feudalism*: c. 300-1200, Calcutta University, 1965; Revised edn., Macmillan, Delhi, 1996.

____________, 'Politico-Legal Aspect of the Caste System' in *Journal of Bihar Research Society*, XXXIX, Pt. III, 1953.

____________, *Urban Decay in India* (*c*.300-*c*.1000), New Delhi, 1987.

____________, 'Material Milieu of Tantricism' in R.S. Sharma and V. Jha, ed. *Indian Society: Historical Probings, Essays in Memory of D.D. Kosambi*, 7th edn., New Delhi, 1993.

____________, 'How Feudal Was Indian Feudalism' in *The Journal of Peasant Studies*, Nos. 2-3, January-April, 1985.

____________, *Aspects of Political Ideas and Institutions in Ancient India*, Fourth edn., Delhi,1996.

____________, *'Śūdras in Ancient India*, Third edn., Delhi, 1990.

______________, *Ancient India*, Delhi, 1990.

Sharma, B.N., *Social Life in Northern India (AD 600-1000)*, Delhi, 1966.

Sircar, D.C., 'The Śākta Pīthas in *JRASB*, XIV, 1948.

______________, *ed., Land System and Feudalism in Ancient India*, Calcutta, 1966.

______________, ed., *The Śakti Cult and Tārā*, University of Calcutta, 1967.

______________, *Landlordism and Tenancy in Ancient and Medieval India as Revealed by Epigraphical Records*, Lucknow, 1969.

______________, *Indian Epigraphy*. Delhi, 1965.

______________, *Select Inscriptions Bearing on Indian History and Civilization*, Vol. I, 2nd edn., Calcutta University, 1965; Vol.II, Motilal Banarsidass, Delhi, 1983.

Singh, Y.B., 'Halikākara: Crystallization of a Practice into a Tax', Paper presented to the 43rd Session of the Indian History Congress, Kurukshetra, 1982.

Shanmugam, P., *The Revenue System of the Cholas, 850-1279*, Madras, 1987.

Shrimali, K.M., 'Religion, Ideology and Society'. Presidential Address, Ancient India Section, Indian History Congress, Karnataka University, Dharwad, 1988.

______________, *Agrarian Structure in Central India and the Northern Deccan (A Study in Vākāṭaka Inscriptions)*, Delhi, 1987.

Skanda Purāṇa, Venkatesvara Press, Bombay.

Smṛticandrikā of Devanabhaṭṭa, ed. L. Srinivasacarya, Mysore, 1914.

Seminar Papers on the Chronology of the Punch-Marked Coins, ed. A.K. Narain and L.Gopal, Varanasi, 1958.

Suryavamsi, Bhagwan Singh, *The Ābhīras: Their History and Culture*, Baroda, 1962.

Shastri, A.M., *Early History of the Deccan, Problems and Perspectives*, Delhi, 1987.

Sidebotham, Stenven E., *Roman Economic Policy in the Erythra Thalassa*, Leiden, 1986.

Srivastava, A.K., *Coin Hoards of Uttar Pradesh 1882-1979*, The State Museum, Lucknow, 1980.

Shrivastav, V.K., 'Kushan Evam Gupta Mudraon Ka Tulanatmak Adhyayan', Ph.D. Thesis, Banaras Hindu University 1985.

Stein, Burton, 'The Segmentary State: Interim Reflections', Seminar on State Formation in the Pre-Colonial South India, Jawaharlal Nehru University, New Delhi, 1989 (Unpublished).

Tambiah, S.J., 'From Varṇa to Caste through Mixed Unions' in Jack Goody, ed., *The Character of Kinship*, Cambridge, 1973.

Tarafdar, M.R., 'Trade and Society in Early Medieval Bengal', in *The Indian Historical Review* IV, 1978.

Thapar, Romila, *From Lineage to State*, OUP, Delhi, 1984.

Thakur, Vijay Kumar, *Historiography of Indian Feudalism Towards a Model of Early Medieval Indian Economy, c.* AD 600-1000, New Delhi, 1989.

Tirumalai, R., *Land Grants and Agrarian Reactions in Cola and Pāṇdya Times*, University of Madras, 1987.

Travels of Fa-hian and Sung-Yun, tr. Samuel Beal, London, 1869.

Trivedi, H.V., 'Inscribed Gadhia Copper Coins' in *JNSI*, XVI, 1954.

Turner, R.L., *A Comparative Dictionary of the Indo-Aryan Languages*, Oxford, 1973.

Upadhyay, Vasudeva, *Socio-Religious Condition of North India* (700-1200 AD), Varanasi, 1964.

Upreti, G.B., 'Avadānas on the Political Role of the Traders' in *Buddhist Studies*, University of Delhi, 1974.

Vanamalai, N., 'Consolidation of Feudalism and Anti-feudal Struggles during Chola Imperial Rule' in *Proceedings of the Second International Conference Seminar of Tamil Studies*, III, Madras, 1968.

Varadrajan, Lotika, 'Indian Participation in Trade of the Southern Seas *circa* 9th to 13th Centuries, Typescript Paper Submitted to International Seminar on Indian Ocean, New Delhi, 1985.

Vāyu Purāṇa, ed. Mansukhram Mor, Calcutta, 1959.

Veluthat, Kesavan, 'Power Structure of Monarchy in South India (*c.* AD 600-1300)', Ph.D. Thesis of the University of Calicut, 1989.

Vidyabhusana, S.C., *A History of Indian Logic*, Reprint, Delhi, 1988.

Verma, H.C., 'Trade and Trade Routes in North-West Asia in the 10th-14th Centuries', in *Social Science Probings*, Vol. IV, 1987.

____________, *Medieval Routes of India : A Study of Trade and Military Routes*, Calcutta, 1978.

Viṣṇudharmottara Mahāpurāṇa, Bombay, Vikram Samvat, 1969.

Vyavahāramayūkha, tr. P.V. Kane and S.G. Patwardhan, Bombay, 1933.

Warder, A.K., *Indian Buddhism*, Delhi, 1970.

____________, *On Yuan Chwang's Travels in India;* First Indian Reprint, Delhi, 1961.

Watters, T., *On Yuan Chwang's Travels in India*, ed. T. Rhys Davids and S.W. Bushell, 2 Volumes, London, 1904-5.

Wicks, Robert S., 'The Numismatic Geography of Post-Gupta Gold and

Pre-Islamic Sliver from Bengal, Bangladesh, Assam and Arakan' in P.L.Gupta and A.K. Jha, ed. *Numismatics and Archaeology*, 2nd International Colloquium, Indian Institute of Research in Anjneri, District Nasik, 1987.

Winternitz, *A History of Indian Literature*, tr. R.C.Pandeya (into Hindi), Delhi, 1966.

Wroth, Warwick, *Catalogue of the Imperial Byzantine Coins in the British Museum*, Vol. I, London, 1908.

Yadava, B.N.S., 'Immobility and Subjection of Indian Peasantry in Early Medieval Complex', *The Indian Historical* Review, I, 1974.

______________, 'The Accounts of the Kali Age and the Social Transition from Antiquity to the Middle Ages' in *Indian Historical Review*, V, Nos. 1 and 2, 1978.

______________, *Society and Culture in Northern India in the Twelfth Century*, Central Book Depot, Allahabad, 1973.

______________, 'The Problem of the Emergence of Feudal Relations in Early India', Presidential Address, Ancient India Section, Indian History Congress, 41st Session, Bombay, 1986.

अनुक्रमणिका

●●●